大学受験 スーパーゼミ

瓜生・篠田

全解説

頻出英文法・語法問題1000

増補改訂版

河合塾講師
瓜生 豊／篠田重晃 ―編著

問題編

桐原書店

大学受験 スーパーゼミ

瓜生・篠田

全解説

頻出英文法・語法問題1000

増補改訂版

河合塾講師
瓜生 豊／篠田重晃―編著

問題編

桐原書店

―問題編の特色と利用法―

■問題編の特色

●「穴のない」構成　大学入試で問われる文法・語法上の必須項目をあらかじめ抜き出し，これまでに収集した多量の入試問題から，ベストのものを項目別に編集・収録しました。その結果，入試問題を無作為に選び文法項目別に配列した従来の問題集とは異なり，「穴のない」構成になっています。

●語法問題の充実　最近の入試で増加している語法問題には特にページを割き，文法―語法の両面をカバーしています。

■問題の種類と配列について

●客観 4 択問題　入試に出題される文法・語法問題の大半は客観 4 択問題で占められており，その実践的な対策の意味も含め，本書は客観 4 択問題で各文法項目の必須事項が習得できるようになっています。問題は，各文法項目を体系的に理解することができるように，細心の注意を払い配列されています。

●正誤指摘問題，整序問題　難関校を中心に出題が増加している正誤指摘問題，またセンター試験をはじめ幅広く出題されながら苦手意識を持つ学生の多い整序問題を，各文法項目セクションの後ろに「Extra」問題として置きました。各文法項目のまとめとして利用することができます。なお，正誤指摘問題の実際の出題は，その大半が誤っている箇所を指摘するだけですが，本書では正しい表現に直すところまで試みてください。

●選択肢　問題文や選択肢については英米のネイティブ・スピーカーと協議の上，一部変更したものもあります。また，客観 4 択問題と正誤指摘問題では，選択肢の数を 4 つに統一するために，3 択問題，5 択問題を 4 択問題にしたものがあります。

■本書の利用法

最初に問題を解いたときには，必ず「解答・解説編」を熟読してください。特に，間違った問題，答えは合っていたが自信がなかった問題については，「解答・解説編」を読むことで正しい知識を確実に身につけるようにしてください。

この「問題編」には，「解答・解説編」なしに電車やバス通学の途中でも学習できるように，左頁の問題解答は右頁の下欄に，右頁の問題解答は左頁の下欄に載せています。2 回目以降の学習では十分に活用してください。整序問題の解答は，問題編の巻末（p. 135 ～ 140）にまとめて掲載しました。

なお，最初から順番にすべての問題に取り組んでいく利用法以外にも，本書は客観 4 択問題だけで学習すべき文法項目は網羅されていますので，客観 4 択問題だけを先にすべて学習してから，正誤指摘問題や整序問題に取り組むという利用法も可能です。

問題編もくじ

［1］時制

☑ **1** Water (　　) at a temperature of 100 degrees centigrade.
①boils　②is boiling　③was boiling　④use to boil　(上智大)

☑ **2** On my way to school each day, I generally (　　) a lot of dogs and cats.
①was seeing　②am seeing　③see　④was seen　(明治大)

☑ **3** She usually sings very well, but today she (　　) very badly.
①sings　②is singing　③sing　④will sing　(横浜商大)

☑ **4** A: Which club (　　)?
B: I'm a member of the Glee Club.
①are you belonging　②do you belong to
③are you joining to　④do you take part　(愛知学院大)

☑ **5** The children (　　) very lazy this morning. They don't usually behave like that.
①are being　②become　③don't be　④get　(鹿児島国際大)

☑ **6** I (　　) to Hokkaido in the summer.
①am going　②think to go　③am thinking　④visit　(桜美林大)

☑ **7** "Have you seen Yuko recently?"
"No, but (　　) dinner with her on Sunday."
①I'm having　②I've been having
③I'd have　④I've had　(センター試験)

☑ **8** She is always (　　) the ball.
①to miss　②missed
③missing　④being missed　(愛知学院大)

☑ **9** Mahatma Gandhi, the apostle of nonviolence, (　　) in 1869.
①has been born　②is born
③have been born　④was born　(上智大)

10②　**11**③　**12**③　**13**①　**14**②　**15**②　**16**①　**17**③　**18**②　**19**②

☑ **10** Tetsuya didn't hear the doorbell when his visitors arrived, because he (　　) a shower.
① has been taking　② was taking
③ took　④ has taken　(センター試験)

☑ **11** She's alive!　She (　　) but her father saved her.
① drowns　② has drowned
③ was drowning　④ drowned　(センター試験)

☑ **12** She'll write to me as soon as she (　　) back to her own country.
① will get　② will have got　③ gets　④ got　(駒澤大)

☑ **13** Please lock the door when you (　　).
① leave　② will be leaving
③ will have left　④ will leave　(センター試験)

☑ **14** I wonder when Jane (　　) back here.
① comes　② will come　③ coming　④ come　(慶應大)

☑ **15** He told me he would be here about seven.　Anyway, I'll tell you when he (　　).
① came　② comes
③ will come　④ would come　(西南学院大)

☑ **16** The man decided to wait at the station until his wife (　　).
① came　② come
③ has come　④ will come　(センター試験)

☑ **17** I never expected that she (　　) us.
① joins　② will join
③ would join　④ has joined　(東京家政大)

☑ **18** John and Mary (　　) each other since 1976.
① have been knowing　② have known
③ were known　④ were knowing　(センター試験)

☑ **19** Peter (　　) to find a new apartment for some time.
① was tried　② has been trying
③ goes to try　④ is trying　(センター試験)

1①　2③　3②　4②　5①　6①　7①　8③　9④

☑ **20** Simon (　　) 12 films, and I think his latest is the best.
① made　② had made　③ has made　④ was making　(慶應大)

☑ **21** Now, you ask me if I've flown a major airline before. Like you, I (　　) been on any of the big ones until now.
① have　② have never　③ had never　④ had　(慶應大)

☑ **22** She has worn the same hat (　　).
① when I met her　② two years ago
③ just now　④ for a month　(南山大)

☑ **23** I'm sure I (　　) her two years ago.
① have seen　② saw　③ will see　④ see　(亜細亜大)

☑ **24** He (　　) home just now. Didn't you know that?
① has come　② had come
③ came　④ been coming　(昭和女子大)

☑ **25** By the age of 25, she (　　) in five different countries.
① has lived　② had lived　③ lives　④ lived　(桃山学院大)

☑ **26** I (　　) reading for an hour when he came in.
① was　② have been　③ had been　④ will be　(センター試験)

☑ **27** How long (　　) when they finally called your number?
① were you waiting　② have you waited
③ have you been waiting　④ had you been waiting　(桜美林大)

☑ **28** I was tired after the test last Friday, because I (　　) all day long every day for a week.
① had been working　② have been working
③ have worked　④ was working　(センター試験)

☑ **29** The meeting (　　) up by the time you get there.
① breaks　② will be broken
③ is broken　④ will have broken　(梅花女子大)

30④　**31**④　**32**④　**33**③　**34**④　**35**④　**36**③　**E-001** ①→ His uncle owns
E-002 ①→ was drowning

☑ **30** How long ( ) here by the end of next year?
① will you work ② are you working
③ you will have worked ④ will you have been working (亜細亜大)

☑ **31** Please return the book when you ( ) reading it.
① finished ② will have finished
③ will finish ④ have finished (福岡大)

☑ **32** When I was a child, I ( ) the piano.
① was playing ② had played
③ had been playing ④ played (慶應大)

☑ **33** I ( ) in China for three years when I was a child, but I can't speak Chinese at all.
① have been ② have once stayed
③ lived ④ had lived (センター試験)

☑ **34** It ( ) she last went back to her own country.
① has been over ten years after ② is less than ten years as
③ is more than ten years before ④ is over ten years since (センター試験)

☑ **35** ( ) since he went over to America to study English.
① It was two years ② Two years are passed
③ Two years passed ④ Two years have passed (玉川大)

☑ **36** My mother ( ) for three years.
① died ② has died
③ has been dead ④ is dead (千葉工大)

Extra

☑ **E-001** ①His uncle is owning ②no fewer than ten houses, and ③all of them are let at very ④high rents. (上智大)

☑ **E-002** A schoolboy ①drowned in the pond, ②but luckily a passerby ③saved ④him. (慶應大)

20③ **21**② **22**④ **23**② **24**③ **25**② **26**③ **27**④ **28**① **29**④

☑E-003 Most people ①have read more novels ②in the summer than they do ③during the school terms, when homework ④takes up their time.

（慶應大）

☑E-004 I ①have lived in Canada ②for five years with ③my mother and my uncle ④when I was a child. （獨協大）

☑E-005 I've been wondering ①whether I should buy a new computer ②or not for ③a couple of months now, but ④I don't decide yet. （清泉女子大）

☑E-006 ①As soon as he will arrive at Nagano Station, ②Yasuo is going to rent a car and ③drive to the church by the lake, ④where his sister is going to get married to one of his old classmates. （日本女子大）

☑E-007 John ①has been talking on the phone ②for hours when one of his friends ③dropped by his house ④the other night. （立命館大）

☑E-008 フィットネス教室にちゃんと通っていますか。
Have (been / classes / exercise / going / to / you / your) regularly?

（立命館大）

☑E-009 来年の今ごろには，君はそれに慣れているでしょう。
About (you will / it / next year / to / used / have / this time / gotten).

（東京家政大）

［2］態

☑ **37** People made use of paper long before printing (　　).
① invents　　② invented
③ was invented　　④ was inventing　（京都産業大）

☑ **38** Let's go ahead and do it. Nothing (　　) by just waiting.
① will be gained　② will gain　③ has gained　④ gains　（センター試験）

39②　**40**④　**41**④　**42**②　**43**①　**44**②　**45**④　**46**②　**47**④　**48**④

☑ **39** Several people (　　) of breaking the law.
① have accused　② have been accused
③ was accused　④ were accusing　(関西外大)

☑ **40** Some people claim that words are invented only because a need (　　) for them.
① feels　② felt
③ had felt　④ has been felt　(明治学院大)

☑ **41** The secretary opened the mail, which (　　) that morning.
① delivered　② is delivered
③ had delivered　④ had been delivered　(駒澤大)

☑ **42** I won't enter the room until it (　　) cleaned.
① is clearly　② has been properly
③ will be clearly　④ has properly　(南山大)

☑ **43** A railway bridge is already (　　) over the river.
① being built　② having built　③ builds　④ building　(慶應大)

☑ **44** There's somebody walking behind us. I think (　　).
① we are following　② we are being followed
③ we are followed　④ we are being following　(青山学院大)

☑ **45** Yesterday I was (　　) in Japanese by a foreigner.
① spoken　② being spoken
③ speaking to　④ spoken to　(京都産業大)

☑ **46** They were heard (　　) no more.
① with　② of　③ about　④ out　(青山学院大)

☑ **47** I was caught (　　) a shower on my way back home from school.
① for　② with　③ by　④ in　(神奈川大)

☑ **48** Her name is known (　　) everybody in this community.
① with　② for　③ when　④ to　(高千穂大)

E-003 ①→ read　**E-004** ①→ lived　**E-005** ④→ I haven't decided yet
E-006 ①→ As soon as he arrives　**E-007** ①→ had been talking　**E-008** → p. 135　**E-009** → p. 135
37 ③　**38** ①

Extra

⧄ E-010 ①Although his ideas about the flying machine ②were laughed in his time, now the airplane ③is as common as the horse was in his day ④as a means of transportation. （日本女子大）

⧄ E-011 ①A rickshaw is a two-wheeled vehicle ②for transporting people ③drawn by a human being, ④which invented in Japan in the early 1860s. （早稲田大）

⧄ E-012 Presumably, ①the general population ②will have some idea, before the official result ③has announced, ④of the result. （慶應大）

⧄ E-013 ①At the beginning of the war on terrorism, President Bush announced a doctrine: nations that ②protect terrorists will be ③dealing ④with as severely as the terrorists themselves. （慶應大）

⧄ E-014 キャンディをひんぱんに食べると虫歯になりやすい。
Teeth (if / be / eaten / ruined / candy / may / is) frequently. （立命館大）

⧄ E-015 Several of those who (accident / been / have / survived / taken / the) to hospital in a state of shock. （立教大）

［3］助動詞

⧄ **49** He (　　) be a good walker to have walked such a long distance.
① can't　② must　③ need　④ won't （明治学院大）

⧄ **50** The opera starts at seven. We (　　) be late.
① needn't　② mustn't
③ don't have to　④ haven't got to （専修大）

⧄ **51** (　　) this letter find you well and happy!
① I am afraid　② I think　③ May　④ Will （慶應大）

52④　**53**①　**54**①　**55**③　**56**②　**57**②　**58**③　**59**④　**60**④　**61**②

☑ **52** Tomoko (　　) be over thirty; she must still be in her twenties.
① may　② must　③ oughtn't　④ can't　（京都学園大）

☑ **53** I'm awfully sorry, but I had no alternative. I simply (　　) what I did.
① had to do　② have had to do
③ must do　④ ought to have done　（関東学院大）

☑ **54** It was only an informal party — you (　　).
① didn't have to dress up　② don't have to dress up
③ mustn't dress up　④ will have to dress up　（センター試験）

☑ **55** You (　　) tell her if you don't want to.
① need not to　② have not to　③ need not　④ don't have　（日本大）

☑ **56** You had better (　　) your hair cut.
① had　② have
③ to get　④ to have　（センター試験）

☑ **57** We (　　) attend the meeting.
① had no better　② had better not
③ not had better　④ had not better to　（東京家政大）

☑ **58** I would (　　) shopping than study this afternoon.
① like to go　② better go
③ rather go　④ more go　（広島修道大）

☑ **59** I tried to take the dog out for a walk, but he (　　) go out.
① were to　② had to
③ might not　④ would not　（愛知学院大）

☑ **60** We (　　) often play tennis in the park when we were young.
① can　② may　③ should　④ would　（大阪商大）

☑ **61** Sue's not the cheerful woman she (　　).
① is　② used to be
③ will be　④ would be　（関西学院大）

E-010 ②→ were laughed at in his time　**E-011** ④→ which was invented in Japan
E-012 ③→ has been announced　**E-013** ③→ dealt　**E-014** → p. 135　**E-015** → p. 135
49②　**50**②　**51**③

☑ **62** Mary doesn't dance much now, but I know she (　　) a lot.
① was used to　② used to　③ would　④ would have　(慶應大)

☑ **63** (　　) you speak about my husband in that disgusting way?
① What for　② How about
③ How dare　④ How would you say　(南山大)

☑ **64** The newspaper (　　) be delivered by 7 o'clock in the morning. Otherwise I can't read it before leaving for the office.
① could　② might　③ should　④ would　(神奈川大)

☑ **65** This is a very important meeting. You (　　) miss it.
① had not better　② must have
③ ought not to　④ should have　(慶應大)

☑ **66** It is necessary that every new member (　　) inform himself of the rules of the club as soon as possible.
① would　② might　③ should　④ could　(センター試験)

☑ **67** My father insisted I (　　) go to see the place.
① might　② ought　③ should　④ may　(千葉商大)

☑ **68** His proposal that the president (　　) the policy is out of the question.
① change　② changed
③ will change　④ is changing　(青山学院大)

☑ **69** We (　　) be too careful when choosing our friends.
① may not　② cannot　③ will not　④ ought not　(駒澤大)

☑ **70** The audience could not but (　　) the performance of the pianist.
① admire　② to admire
③ admired　④ admiring　(青山学院大)

☑ **71** I could not help (　　) he had not made great efforts to solve his economic problems.
① but think　② in thinking
③ think　④ to think　(武庫川女子大)

72①　**73**②　**74**②　**75**②　**76**③　**77**②　**78**②　**79**③　**80**①　**81**④

☑ **72** He may (　　) be proud of his father.
① well　② better　③ as　④ by far　(中央大)

☑ **73** You (　　) come with us, since you say you have nothing better to do tonight.
① would have　② might as well
③ would　④ shouldn't　(慶應大)

☑ **74** One may (　　) not know a thing at all as know it imperfectly.
① any more　② as well　③ had better　④ so much　(福岡大)

☑ **75** The English of this composition is too good. She can't (　　) it herself.
① have to write　② have written
③ had written　④ be written　(センター試験)

☑ **76** Richard studied so hard (　　) well on the test.
① that he had not done　② that he should not have done
③ that he must have done　④ that he had to be done　(センター試験)

☑ **77** She isn't here yet. I am afraid she (　　) her way.
① may be lost　② may have lost
③ may be having lost　④ may have been lost　(京都産業大)

☑ **78** You (　　) such a large house. Your wife would have been quite happy in a smaller house.
① need not buy　② needn't have bought
③ will need to buy　④ needed to buy　(玉川大)

☑ **79** I (　　) you last night, but I was too busy.
① had to telephone　② must have telephoned
③ should have telephoned　④ should telephone　(センター試験)

☑ **80** The picture was wonderful. You (　　) to have seen it.
① ought　② should　③ have　④ had　(センター試験)

☑ **81** My sister (　　) here by now; she took the early train.
① must arrive　② can arrive
③ may arrive　④ ought to have arrived　(センター試験)

62②　**63**③　**64**③　**65**③　**66**③　**67**③　**68**①　**69**②　**70**①　**71**①

☑ **82** The boys should not (　　) the ice cream, but they did.
① ate　② be eaten
③ be eating　④ have eaten　(センター試験)

☑ **83** You had better (　　) there.
① not going　② not have gone
③ not to go　④ have not gone　(上智大)

☑ **84** It's a pity we didn't visit Tom when we had the chance. I (　　) him before he left the country.
① would like to see　② should like to see
③ would like to have seen　④ would like having seen　(慶應大)

☑ **85** I went to Mexico last week, and I (　　) her then.
① could meet　② had met
③ cannot meet　④ was able to meet　(明治大)

☑ **86** Dorothy isn't in the office; she (　　) coffee in the cafeteria.
① can be having　② can have
③ might be having　④ might have　(センター試験)

☑ **87** Alice (　　) there yesterday, but we didn't see her.
① might have been　② might be
③ should be　④ must have to be　(龍谷大)

Extra

☑E-016 ①Although many workplaces ②have become more flexible, in the nineties women still ③must choose ④between having a serious career and having a family.　(上智大)

☑E-017 There was a time ①when I used to running ②on the banks of this river ③every morning before having breakfast, but unfortunately now ④I don't have enough free time.　(日本女子大)

☑E-018 They ①had a birthday party for Uncle Henry ②last night. He ③must have a wonderful time; he ④looks younger than before.　(学習院大)

E-019 ②→ should do または do　**E-020** → p. 135　**E-021** → p. 135　**E-022** → p. 135
88①　**89**④　**90**③　**91**①

☑E-019 Doctors always recommend ①that their patients ②would do ③light exercise at least two or three times ④a week. （昭和女子大）

☑E-020 だれでも，話の内容がわかっており，それを上手く話せる自信があれば，舞台上であがることはない。
Anyone who knows what he is going to say, and is confident that he can say it well, (struck / need / stage / be / by / fright / not). （上智大）

☑E-021 君は毎月給料の一部を銀行に預けるべきだったよ。
You (your salary / the / should / in / part / have / put / of) bank each month. （関西外大）

☑E-022 どんなに言論の自由があっても構わない，という意見もある。（1語不要）
According to one view, (be / cannot / care / freedom / much / of / speech / there / too). （東京理大）

---

［4］仮定法

☐ **88** If I (　　) the truth, I would tell you.
① knew　② know
③ have known　④ will know （京都産業大）

☐ **89** If you were really interested in what I'm saying, you (　　) staring out of the window.
① will be　② will have been
③ would have been　④ wouldn't be （センター試験）

☐ **90** If I (　　) about his illness, I would have visited him at the hospital.
① know　② have known
③ had known　④ might have known （東京家政大）

☐ **91** If I had had to do it, I (　　) it then.
① would have done　② will do
③ will have done　④ would do （センター試験）

82④　**83**②　**84**③　**85**④　**86**③　**87**①　**E-016** ③→ had to choose　**E-017** ①→ when I used to run
E-018 ③→ must have had

☑ **92** Jim (　　). Even if he hadn't trained, he still would have won.
① didn't win the race　② lost badly
③ should win　④ won the race easily　（センター試験）

☑ **93** If I (　　) breakfast this morning, I would not be hungry now.
① eat　② ate
③ had eaten　④ would have eaten　（東邦大）

☑ **94** If he had taken my advice, he (　　) happier now.
① would be　② will be
③ will have been　④ is　（青山学院大）

☑ **95** If I (　　) you, I would not have said such a nonsense.
① am　② have been　③ were　④ will be　（成城大）

☑ **96** If I were (　　) go abroad, I would go to France.
① on　② to　③ about　④ for　（近畿大）

☑ **97** (　　) his idleness, he would be a nice fellow.
① It were not for　② If it were not for
③ If he were not　④ If it were not　（センター試験）

☑ **98** (　　) for your help, I could not have done it.
① Unless there should be　② If there had not been
③ It were not　④ If it had not been　（福岡大）

☑ **99** (　　) a serious crisis to arise, the government would have to act swiftly.
① Were　② If　③ Did　④ Should　（上智大）

☑ **100** (　　) another chance, he would do his best.
① Be given he should　② Given he should be
③ He should be given　④ Should he be given　（京都産業大）

☑ **101** (　　) for her kind care, he would not have recovered so speedily.
① If he should not have　② Were there not
③ If it has not been　④ Had it not been　（福岡大）

102②　**103**④　**104**②　**105**①　**106**③　**107**②　**108**③　**109**②　**110**③

⧄ **102** Although he knows nothing about electronics, he speaks (　　) an expert.
① like his being　② as if he were
③ even if he were　④ as though being　(センター試験)

⧄ **103** You looked (　　) a ghost when you came out of the house. What happened?
① like to have seen　② like seeing
③ as though to have seen　④ as if you had seen　(中央大)

⧄ **104** He spoke (　　) he knew all about our plans when in fact he knew nothing about them.
① that　② as though　③ even though　④ although　(慶應大)

⧄ **105** A: I didn't know that she was so worried about money.
B: I wish you (　　) her some a couple of weeks earlier.
① had sent　② send
③ sent　④ will send　(センター試験)

⧄ **106** The boys wish that they (　　) better.
① can play　② will play
③ had played　④ are playing　(明治大)

⧄ **107** The play was a lot of fun. I wish you (　　) there.
① could be　② could have been
③ have been　④ would be　(日本大)

⧄ **108** If (　　) I could speak English as fluently as you!
① not　② so be　③ only　④ merely　(南山大)

⧄ **109** No doubt Mary is wrong, but I would rather (　　) too much, since nobody is perfect.
① you not to pick on her　② you didn't pick on her
③ you not picking on her　④ you don't pick on her　(慶應大)

⧄ **110** It's already eleven. It's high time you (　　) in bed.
① are　② have been
③ were　④ will be　(センター試験)

92④　**93**③　**94**①　**95**③　**96**②　**97**②　**98**④　**99**①　**100**④　**101**④

☑ **111** (　　) for the support of the public, the President could not have survived the revolt.
① But　② If there were not
③ Unless　④ Without　(立教大)

☑ **112** (　　) a little more effort, he would have succeeded.
① For　② But for　③ Owing to　④ With　(中央大)

☑ **113** (　　) your financial help, we wouldn't be able to carry out our plan.
① Except　② Instead of
③ Thanks to　④ Without　(センター試験)

☑ **114** He did what he had been told; (　　) he would have been scolded.
① but　② though
③ on the contrary　④ otherwise　(中央大)

☑ **115** He didn't realize the consequences of his action, or he (　　) such a stupid thing.
① would do　② would have done
③ wouldn't do　④ wouldn't have done　(関東学院大)

☑ **116** I (　　) happy to see him, but I didn't have time.
① will have been　② would be
③ will be　④ would have been　(慶應大)

☑ **117** One more step, (　　) I would have fallen off the cliff.
① so　② and　③ therefore　④unless　(センター試験)

☑ **118** I'm so hungry that I (　　) a horse.
① can eat　② ate　③ have eaten　④ could eat　(関西外大)

☑ **119** You have done very well, but you (　　) better.
① could have done　② will have done
③ could not have　④ had　(日本大)

☑ **120** It was a beautiful, sunny day. The weather couldn't have been (　　) for a picnic.
① worse　② worst　③ better　④ best　(南山大)

---

121 ④　**E-023** ③→ would　**E-024** ④→ had not been　**E-025** ①→ had been lying　**E-026** → p. 135
E-027 → p. 135　**E-028** → p. 135

☐ **121** Mark: How is your work coming along?
Susan: It couldn't be better.
How is Susan's work?　It is (　　).
① as good as before
② not so bad, but it would be nice if it were better than this
③ absolutely bad
④ absolutely fine　(慶應大)

Extra

☐**E-023** It is our ①neighbor's opinion that if Kennedy were ②alive today, the country ③will have ④fewer problems than it has.　(成蹊大)

☐**E-024** At the time of the accident I was sitting in ①the back of the car, because ②Tom's little boy was sitting ③beside him in front.　If Tom's boy ④was not there I would have been sitting in front.　(日本大)

☐**E-025** If he ①would have been lying quietly ②as instructed by the doctor, he might not ③have had ④a second heart attack.　(成蹊大)

☐**E-026** もう少し我慢していたらマリーは成功したのに。(4語不要)
(a / endure / has / little / more / if / patience / she / with), Mary would have succeeded.　(東京理大)

☐**E-027** 彼がカメラを借りていって1か月になる。もう返してもらったら？ (2語不要)
He's had your camera for a month now.　Don't you think (about / back / had / he / it / it's / time / to / you)?　(東京理大)

☐**E-028** 実際，フランス人ならばその光景を違う観点から表現したでしょうに。(1語(句)不要)
In fact, (described / from / have / would / if he / the scene / a Frenchman) a different point of view.　(東京理大)

111①　112④　113④　114④　115④　116④　117②　118④　119①　120③

☑E-029 ペンはまさに私が欲しいと思っていたものなので，これより良いプレゼントはありません。

You (couldn't / a / have / me / given / better / present), for a pen is just what I wanted. (明海大)

☑E-030 She wished she (attention / had / more / paid / to / what) the teacher had said. (立教大)

［5］ 不定詞

☑ **122** They have nothing to complain (　　).
① about　② by　③ for　④ with (千葉商大)

☑ **123** The question (　　) at today's meeting is whether we should postpone the plan till next month.
① discussing　② is discussed
③ to be discussed　④ to be discussing (センター試験)

☑ **124** I'm sorry (　　) you waiting so long. The train was delayed for an hour.
① while　② to have kept　③ to make　④ that (日本大)

☑ **125** He grew up (　　) a very reliable man.
① so that　② so as to
③ to be　④ in order to be (北海学園大)

☑ **126** This river is dangerous to (　　) in July.
① being swum　② swim in
③ swim it　④ swimming (センター試験)

☑ **127** Some Japanese youngsters do not feel that chopsticks are easy (　　).
① to pick up food　② to pick up food with
③ to pick up with it　④ to pick up food with it (慶應大)

☑ **128** Students should try (　　) late.
① not be　② to not be　③ to don't be　④ not to be (上智大)

---

129 ③　**130** ③　**131** ②　**132** ④　**133** ②　**134** ④　**135** ②　**136** ②　**137** ②　**138** ④

☑ **129** "Would you like to come to my party?"
"I'd love ( ), but I'm afraid I can't."
① do　② in　③ to　④ with　(関西外大)

☑ **130** The boy opened the window, although his mother had told him ( ).
① don't do　② not do it　③ not to　④ to not　(センター試験)

☑ **131** The question is which ( ).
① choose　② to choose　③ choosing　④ chosen　(南山大)

☑ **132** It is necessary ( ) his advice.
① you following　② your following
③ of you to follow　④ for you to follow　(京都産業大)

☑ **133** It was careless ( ) you to forget your homework.
① for　② of　③ with　④ to　(慶應大)

☑ **134** Mary is too clever for ( ) to be any disagreement concerning her intelligence.
① her　② it　③ me　④ there　(明治学院大)

☑ **135** All you have to do is ( ) the dishes.
① washing　② wash
③ for washing　④ to be washed　(関西学院大)

☑ **136** The victim is thought ( ) a large quantity of poison by mistake.
① to take　② to have taken
③ to be taken　④ to have been taken　(立教大)

☑ **137** At this corner there occurred an accident that ( ) for years.
① remembered
② was to be remembered
③ has remembered
④ was to have been remembered　(近畿大)

☑ **138** If you are ( ) your dreams, you must exercise your imagination.
① realize　② being realized
③ realized　④ to realize　(大東文化大)

E-029 → p. 135　**E-030** → p. 135　**122** ①　**123** ③　**124** ②　**125** ③　**126** ②　**127** ②　**128** ④

☑ **139** A: Did you rent an apartment?
B: No. We (　　) one, but the plan fell through.
① were to have rented　② are to have rented
③ are to rent　④ should rent　(慶應大)

☑ **140** To (　　) matters worse, it began to rain.
① do　② make　③ become　④ get　(センター試験)

☑ **141** She is very frugal, not to (　　) stingy.
① remark　② say　③ speak　④ tell　(日本大)

☑ **142** I hate to criticize my friend, but he lacks a sense of cleanliness, (　　). He seldom takes baths.
① not to mention　② to make both ends meet
③ to say nothing　④ to say the least　(武蔵大)

☑ **143** I went all the way to see my doctor, (　　) find him away.
① about to　② only to　③ enough to　④ as to　(センター試験)

☑ **144** I'm (　　) excited to eat anything.
① enough　② hardly　③ much　④ too　(関西学院大)

☑ **145** The window was (　　) to see through.
① dirty enough　② barely dirty enough
③ hardly dirty enough　④ not too dirty　(明治大)

☑ **146** The wall wasn't (　　) dogs out.
① high enough to keep　② so high as keep
③ higher than to keep　④ so high that can keep　(関西外大)

☑ **147** The wind was not (　　) to prevent us from sky-diving.
① as strong　② as strong as
③ so strong　④ so strong as　(センター試験)

☑ **148** His beard made him (　　) ten years older.
① look　② looked　③ looking　④ to look　(成蹊大)

---

149 ①　**150** ②　**151** ①　**E-031** ④→ concentrate　**E-032** ①→ efficient enough　**E-033** ④→ grow
E-034 ③→ for　**E-035** → p. 135　**E-036** → p. 135　**E-037** → p. 136

☑ **149** He was seen (　　) the room.
① to enter　　② enter into
③ enter　　④ to entering into　（日本大）

☑ **150** There was nothing to do (　　) wait until the next morning.
① as　　② but　　③ that　　④ with　（龍谷大）

☑ **151** He did nothing (　　) weep when he heard of his mother's death.
① but　　② as　　③ that　　④ to　（文化女子大）

Extra

☑ **E-031** The students in the classroom were too busy ①sending e-mails to their friends, ②talking to each other and ③fixing their make-up to ④concentrating on the lecture.　（中央大）

☑ **E-032** Our new secretary is ①enough efficient ②for ③any manager to ④rely on.　（法政大）

☑ **E-033** Oregano, ①which is commonly used in Italian food, ②is a plant with ③small leaves and is very easy to ④grow up.　（慶應大）

☑ **E-034** Concerned environmentalists and neighborhood residents are working together to ①ensure that local parks and other green areas ②are preserved and maintained ③to everyone to ④enjoy.　（上智大）

☑ **E-035** 彼女はそのビンを開けるために栓抜きを探しています。
She is looking for a (bottle / to / corkscrew / with / the / open).（中央大）

☑ **E-036** 木の葉一枚が落ちても聞こえるほど静かな夜でした。
The night was so quiet that even (fall / to / have / leaf / might / a / been / heard).　（獨協大）

☑ **E-037** 彼らはすっかり疲れてあくびしかでなかった。
They were (they could / yawn / nothing / tired / that / so / do / but).
（東京国際大）

139 ①　140 ②　141 ②　142 ④　143 ②　144 ④　145 ④　146 ①　147 ④　148 ①

☑E-038 急いでバス停に行ったのですが，バスは出てしまっていました。
I hurried to the bus stop (bus / had / that / to / left / only / find / the).
（愛媛大）

☑E-039 Everyone thought (of / you / it / to forget / very careless) to lock the door when you went out. （センター試験）

☑E-040 I cannot see how this kind (avoided / be / is / mistake / of / to). （立教大）

［6］動名詞

☑ **152** They are very proud of ( ) students of that college.
① being ② to be
③ being not ④ not to be （京都産業大）

☑ **153** Doesn't Betty's mother complain about ( ) every night?
① for your calling her up ② that you call her up
③ you call her up ④ your calling her up （センター試験）

☑ **154** The mother insisted on her children ( ) in the park after dark.
① not playing ② not to play
③ having not to play ④ not to have played （京都産業大）

☑ **155** I do not like ( ) those things by him in such a rude manner.
① being told ② having told ③ telling ④ to tell （日本女子大）

☑ **156** Nobody dreamed ( ) such a beautiful lake there.
① it to be ② of there being
③ there being ④ to be （明治学院大）

☑ **157** I don't mind leaving at six o'clock: ( ) up early.
① I used to getting ② I was used to get
③ I'm used to get ④ I'm used to getting （センター試験）

☑ **158** As the summer vacation nears, I'm looking forward ( ) my friends.
① to meet ② to meeting
③ for meeting ④ to be meeting （上智大）

159 ① 160 ④ 161 ① 162 ② 163 ③ 164 ④ 165 ① 166 ③ 167 ①

☑ **159** I object (　　) like that.
① to being treated　② to be treated
③ to be treating　④ being treated　（上智大）

☑ **160** She has devoted her life to (　　) blind people.
① have helped　② having been helping
③ help　④ helping　（福岡大）

☑ **161** John came near (　　) over by a truck last night.
① being run　② to be run
③ running　④ to run　（日本女子大）

☑ **162** My husband is an expert when it comes (　　) Chinese food.
① to cook　② to cooking
③ of cooking　④ for cooking　（東京電機大）

☑ **163** What do you say (　　) a cup of coffee?
① to have　② about having
③ to having　④ for having　（龍谷大）

☑ **164** I have a slight headache, so I don't (　　) like going out tonight.
① look　② mean　③ wish　④ feel　（センター試験）

☑ **165** It is no (　　) arguing about it, because he will never change his mind.
① use　② help　③ time　④ while　（センター試験）

☑ **166** You aren't allowed to take photographs, so (　　) a camera.
① it's no point in taking
② it's no point to take
③ there's no point in taking
④ there's no point to take　（センター試験）

☑ **167** This is a hospital. (　　) that pets are not allowed.
① It goes without saying　② Need I say more
③ One cannot but saying　④ Regardless of saying　（慶應大）

E-038 → p. 136　**E-039** → p. 136　**E-040** → p. 136　**152** ①　**153** ④　**154** ①　**155** ①　**156** ②
157 ④　**158** ②

☐ **168** (　　) is no telling how long their quarrel will last.
① He　② One　③ There　④ This　(玉川大)

☐ **169** Her mother was busy (　　) the dinner.
① cooking　② to cook
③ in cook　④ for cooking　(日本大)

☐ **170** Linda was sixteen but had no trouble (　　) for twenty.
① pass　② passed　③ passing　④ past　(センター試験)

Extra

☐ **E-041** ①The trouble is we are so busy ②to prepare for the class ③that we do not have ④enough time for club activities.　(青山学院大)

☐ **E-042** We have been looking forward ①to see ②the Smiths again since we ③heard about ④their visit to Japan.　(法政大)

☐ **E-043** ①Those who ②felt like to hear the story again ③came over and ④added themselves to the audience.　(関西学院大)

☐ **E-044** 私はこんな騒々しい町中にこんな静かな場所があるとは思わなかった。
I never dreamed (there / in / a / quiet / of / place / such / being) such a noisy town.　(獨協大)

☐ **E-045** 「夏休みはどうしていましたか」
「休みの大部分はノート型パソコンを買うお金を貯めるために働きました」
"How did you spend the summer vacation?"
"I (it / money / most / of / save / spent / to / working) for a notebook computer."　(東邦大)

☐ **E-046** 彼が次に何を発明するのかだれにもわからない。
(is / knowing / no / there / invent / what / will / he) next.　(中央大)

☐ **E-047** An excitement at (being / of / prospect / the / well) came over me.
(上智大)

E-048 → p. 136　**E-049** → p. 136　**E-050** → p. 136　**E-051** → p. 136　**171** ③　**172** ④　**173** ③
174 ①　**175** ④　**176** ④　**177** ④

☐E-048 They were (coming / angry / all / for / him / not / with) on time. （立教大）

☐E-049 I'm almost eighteen years old now. I (a / being / child / hate / like / really / treated). （立教大）

☐E-050 Until her eighteenth birthday, her parents (didn't / her / out / of / late / staying / approve). （中央大）

☐E-051 I didn't (early / ever / get / getting / to / up / used). （立教大）

---

［7］分詞

☐ **171** Mrs. White loves to watch the face of her ( ) baby.
① asleep ② sleep ③ sleeping ④ slept （専修大）

☐ **172** From space the seven continents look like little islands ( ) in a giant sea.
① are floating ② as floating ③ float ④ floating （明治学院大）

☐ **173** The history books this semester are like the books ( ) last semester.
① to use ② use ③ used ④ using （立命館大）

☐ **174** He was almost asleep when he heard his name ( ).
① called ② call
③ calling ④ to be called （センター試験）

☐ **175** My mother was happy to see her guest ( ) her cakes eagerly.
① eaten ② eats ③ to eat ④ eating （センター試験）

☐ **176** He was seen ( ) out of the house.
① go ② went ③ gone ④ going （西南学院大）

☐ **177** Can you make yourself ( ) in English?
① to understand ② understand
③ understanding ④ understood （神戸女子大）

---

168 ③　**169** ①　**170** ③　**E-041** ②→(in) preparing for　**E-042** ①→ to seeing
E-043 ②→ felt like hearing　**E-044** → p. 136　**E-045** → p. 136　**E-046** → p. 136　**E-047** → p. 136

☑ **178** The boy screamed for help but couldn't (　　).
① hear him　② make him heard
③ make himself hear　④ make himself heard　（センター試験）

☑ **179** It is necessary to make the fact (　　) to everyone.
① know　② known　③ knowing　④ to know（大阪電通大）

☑ **180** Please keep me (　　) of any change in the situation.
① informed　② to inform　③ informing　④ inform　（東京経大）

☑ **181** (　　) in a very difficult situation, the doctor never had any rest.
① Work　② Working
③ Worked　④ To work　（センター試験）

☑ **182** (　　) on the farm all day long, he was completely tired out.
① Worked　② Not working
③ Being working　④ Having worked　（京都産業大）

☑ **183** My stand (　　) what it is, I have to oppose this idea.
① alone　② being　③ off　④ on　（早稲田大）

☑ **184** There (　　) no bus, we had to walk all the way.
① being　② been　③ being been　④ was　（桃山学院大）

☑ **185** The audience applauded the singer loudly. (　　), he tried to express his thanks.
① Deeply moved　② Having been moving
③ Having moved　④ Moving　（慶應大）

☑ **186** The hostess, (　　) at the end of the table, was all smiles.
① having seated ② be seated　③ seated　④ seating　（立命館大）

☑ **187** I was called into the office first, my name (　　) at the head of the list.
① holding　② putting　③ making　④ being（センター試験）

☑ **188** Living as I (　　) in the country, I seldom have visitors.
① have　② was　③ will　④ do　（福岡大）

---

189 ②　190 ②　191 ③　192 ②　193 ②　194 ①　195 ③　196 ③　197 ④　198 ③

☑ **189** All things (　　), we cannot say that it is wrong.
① asking　② considered　③ gone　④ wanted　（早稲田大）

☑ **190** (　　) Mr. Tanaka, have you seen him lately?
① Talking　② Talking of
③ To talk　④ To talk about　（千葉商大）

☑ **191** I will come, (　　).
① weather is permitting　② weather will be permitting
③ weather permitting　④ weather permits　（東洋大）

☑ **192** (　　) that there is no law against that, I still think it is immoral.
① Thinking　② Granting　③ Asserting　④ Forgetting　（駒澤大）

☑ **193** (　　) that I was tired, I managed to play the piano pretty well.
① Considered　② Given　③ Providing　④ Thinking　（立教大）

☑ **194** (　　) his fear of heights, I was surprised to hear that he had taken up sky-diving.
① Given　② Known　③ Remembered　④ Reminded　（南山大）

☑ **195** As he was very tired, he was lying on the sofa with (　　).
① his closed eyes　② his closing eyes
③ his eyes closed　④ his eyes closing　（梅花女子大）

☑ **196** How can I feel relaxed, with (　　) me like that?
① your watching　② you to watch
③ you watching　④ you watch　（慶應大）

☑ **197** You can use a large plastic bottle, (　　) cut off, as a pot to grow young plants in.
① the top is　② the top of which
③ whose top　④ with its top　（センター試験）

☑ **198** The peace talks failed again, with both sides (　　) the other for the failure.
① blamed　② blamed with
③ blaming　④ blaming by　（慶應大）

---

178 ④　179 ②　180 ①　181 ②　182 ④　183 ②　184 ①　185 ①　186 ③　187 ④　188 ④

Extra

☑E-052 Sir Francis Bacon made important ①contributions to the development of science through his philosophical treatises, but today his most widely ②reading works ③are the essays ④which he himself scorned. （上智大）

☑E-053 The ①cloud-like Milky Way ②stretching across the night sky is ③actually a huge galaxy ④contained millions of stars. （広島修道大）

☑E-054 I will ①let you ②have my answer tomorrow. I ③won't keep you ④waited any longer than that. （日本大）

☑E-055 ①By eight o'clock, no decision ②having made, the committee ③decided to hold another meeting ④to elect the president for the next year. （日本女子大）

☑E-056 私は日常生活で困らない程度のドイツ語ならできる。
I (well / to / understood / know / myself / German / enough / make) in everyday life. （和光大）

☑E-057 彼女は空の一点に目をくぎづけにしてじっと立っていた。(1語不要)
She stood still (fixed / kept / on / with / eyes / her) a point in the sky. （千葉工大）

☑E-058 日本では話し相手の年齢がわからないと不安に感じる人が多い。
In Japan many people (not / someone / uncomfortable / knowing / of / the age / feel) they're talking to. （立命館大）

☑E-059 When I heard (while / the back of my car / a funny noise / coming from / driving) home, I stopped immediately to find out what was wrong. （センター試験）

☑E-060 (convinced / she / that / to poison / trying / was) him, he refused to eat anything. （日本大）

---

199 ①　200 ②　201 ④　202 ③　203 ①　204 ②　205 ②　206 ①　207 ②

[8] 動詞の語法

☐ **199** I always enjoy (　　) to classical music when I have some free time.
① listening　② to listen
③ that I listen　④ in listening　(センター試験)

☐ **200** You mustn't miss (　　) this wonderful film.
① in seeing　② seeing　③ to have seen　④ to see　(慶應大)

☐ **201** She didn't (　　) doing the dishes, since she hadn't wanted to go out anyway.
① oppose　② refuse　③ object　④ mind　(慶應大)

☐ **202** We considered (　　) but finally decided against it.
① go　② to go
③ going　④ about to go　(関西外大)

☐ **203** He escaped (　　).
① being punished　② to being punished
③ to be punished　④ of being punished　(立命館大)

☐ **204** He called and thanked me for offering (　　) him translate the letter.
① helping　② to help
③ having helped　④ to have helped　(京都産業大)

☐ **205** After a lot of problems she (　　) to learn to drive a car.
① gave up　② managed
③ put off　④ succeeded　(センター試験)

☐ **206** Don't (　　) to come and see me one of these days.
① fail　② succeed　③ mind　④ stop　(センター試験)

☐ **207** This book is too expensive. I can't (　　) to buy it.
① account　② afford
③ want　④ intend　(センター試験)

E-052 ②→ read　**E-053** ④→ containing　**E-054** ④→ waiting
E-055 ②→ having been made または made　**E-056** → p. 136　**E-057** → p. 136　**E-058** → p. 136
E-059 → p. 136　**E-060** → p. 136

☑ **208** I could tell he was only (　　) to read, because his book was upside down.
① acting　② behaving
③ deceiving　④ pretending　（センター試験）

☑ **209** You must remember (　　) him all that you know, when you see him next.
① telling　② having told
③ to tell　④ to be told　（東京薬大）

☑ **210** I am absolutely sure I locked the door when I left home. I clearly remember (　　).
① locked it　② locking it
③ to have locked it　④ to lock it　（玉川大）

☑ **211** I'll never forget (　　) when we were climbing in the Rockies last year.
① getting lost　② to get lost
③ us to get lost　④ for us to get lost　（上智大）

☑ **212** This car needs (　　).
① to repair　② repairing
③ having repaired　④ being repaired　（上智大）

☑ **213** We didn't (　　) to leave Mary out of the plan. It was simply an oversight.
① forget　② mean　③ neglect　④ seem　（京都産業大）

☑ **214** Have you ever tried (　　) on the river?
① skate　② skating
③ to be skating　④ to have skated　（京都産業大）

☑ **215** If the human population goes on increasing at its present rate, social life as we now know it will (　　) to be possible.
① stop　② give up　③ finish　④ cease　（センター試験）

☑ **216** He couldn't (　　) her to speak a word to him all the way back to her boarding house.
① have　② make　③ let　④ get　（名城大）

---

217 ③　218 ①　219 ③　220 ②　221 ②　222 ②　223 ①　224 ④　225 ④　226 ①　227 ④

☑ **217** As soon as you (　　) the wall painted, you can go home.
① do　② finish　③ get　④ make　(センター試験)

☑ **218** When he returns from lunch, please have (　　) to my office.
① him come　② him to come
③ he should come　④ his coming　(福島大)

☑ **219** I want to (　　). It seems to have gone wrong.
① have fixed this cassette recorder
② have this cassette recorder fix
③ have this cassette recorder fixed
④ have this cassette recorder fixing　(センター試験)

☑ **220** Doctor Tanaka always tries to make his patients (　　) before an operation.
① relaxation　② relax　③ relaxing　④ to relax　(京都外大)

☑ **221** She always (　　) her children do what they want to.
① makes　② lets　③ gets　④ allows　(同志社大)

☑ **222** The dog wants to go outside. Could you (　　) him out?
① call　② let　③ come　④ loose　(南山大)

☑ **223** Don't let your Queen (　　). If you do, you are sure to lose the chess match.
① be captured　② capture
③ captured　④ to be captured　(京都産業大)

☑ **224** John's vast knowledge didn't (　　) him solve the problem.
① cause　② save　③ allow　④ help　(関西学院大)

☑ **225** I would like you to help me (　　) my homework.
① for　② in　③ by　④ with　(駿河台大)

☑ **226** We don't (　　) the students to have visitors after ten o'clock.
① allow　② prevent　③ let　④ forgive　(成蹊大)

☑ **227** The doorman did not (　　) me to enter the theater.
① admit　② forgive　③ let　④ permit　(津田塾大)

---

208 ④　209 ③　210 ②　211 ①　212 ②　213 ②　214 ②　215 ④　216 ④

☑ **228** Taro was (　　) to one of the best universities in the U.S.
① entered ② forgiven
③ admitted ④ permitted （東京経大）

☑ **229** Please (　　) me for not having written for a long time.
① admit ② allow ③ forgive ④ permit （名古屋外大）

☑ **230** Please excuse (　　) you by your first name.
① me for calling ② for me to call
③ me to call ④ calling （南山大）

☑ **231** Eventually the salesman (　　) me to buy the more expensive one.
① insisted ② persuaded ③ talked ④ said （桜美林大）

☑ **232** This book will (　　) us to understand the country better.
① make ② get ③ take ④ enable （成蹊大）

☑ **233** They led (　　) that there was no danger.
① my believing ② me believing
③ me believe ④ me to believe （センター試験）

☑ **234** Don't you think advertisements sometimes (　　) people to buy things they don't need?
① let ② make ③ have ④ cause （名城大）

☑ **235** Uncle Bob has invited (　　) dinner with his family. Would you like to go?
① us for having ② us to have ③ that we have ④ our having （中央大）

☑ **236** The students in the Music Department (　　) to play at least one musical instrument.
① enjoy ② look forward
③ are devoted ④ are expected （慶應大）

☑ **237** You had better (　　) the students to find out for themselves.
① make ② let ③ have ④ leave （獨協大）

---

238 ② **239** ② **240** ③ **241** ① **242** ③ **243** ② **244** ④ **245** ① **246** ④ **247** ④

☑ **238** My friends were warned (　　) the mountain in such bad weather.
① in climbing　② not to climb
③ of no climbing　④ to climb　（センター試験）

☑ **239** As a trainee working in the kitchen of a luxury hotel, I was always warned (　　) eating on the job.
① for　② against　③ with　④ under　（関西学院大）

☑ **240** John has promised Mary to stay home. This means (　　) must stay home.
① both John and Mary　② either John or Mary
③ John　④ Mary　（慶應大）

☑ **241** Charlie's father (　　) him to become a teacher.
① advised　② considered　③ insisted　④ hoped　（南山大）

☑ **242** The president of our company suggested (　　) business with that major hotel chain.
① us to do　② to us to do　③ we do　④ we did　（早稲田大）

☑ **243** All this may (　　) strange, but it is true.
① echo　② sound　③ hear　④ hit　（南山大）

☑ **244** A man who is absorbed in his work (　　) animated.
① of a teacher　② got　③ likes　④ looks　（早稲田大）

☑ **245** You can't (　　) wrong if you read the instructions carefully.
① go　② have　③ make　④ move　（立教大）

☑ **246** Orangutans (　　) poor pets. When they are separated from their mother they turn into troublemakers.
① act　② call　③ have　④ make　（立教大）

☑ **247** She will (　　) him a good wife.
① become　② do　③ give　④ make　（千葉商大）

---

228 ③　229 ③　230 ①　231 ②　232 ④　233 ④　234 ④　235 ②　236 ④　237 ④

☑ **248** He finally made up his mind (　　) the girl he had met in Paris two years before.
① to be married　② to get married
③ to marry　④ to marry with　(学習院大)

☑ **249** I (　　) you for sixteen years and I still don't know what goes on inside your head.
① have been married to　② have got married to
③ have married　④ have married to　(日本大)

☑ **250** He came all the way to my office to discuss (　　) with me.
① the plan　② over the plan
③ about the plan　④ concerning the plan　(上智大)

☑ **251** He did not (　　) his mother's absence.
① mention about　② mention of
③ mention on　④ mention　(福岡大)

☑ **252** The girl closely (　　) my dead mother.
① resembles　② resembles of
③ resembles to　④ resembles with　(玉川大)

☑ **253** Over three thousand people (　　) the concert.
① participated　② gathered　③ listened　④ attended　(南山大)

☑ **254** The child was told to (　　) for being rude to the guests.
① excuse　② apologize　③ punish　④ pardon　(青山学院大)

☑ **255** She complained (　　).
① me his rudeness
② me of his rudeness
③ to me his rudeness
④ to me about his rudeness　(明治学院大)

☑ **256** Experts say too much exercise will (　　) you more harm than good.
① make　② give　③ do　④ get　(東邦大)

---

257 ③　**258** ②　**259** ①　**260** ①　**261** ②　**262** ②　**263** ②　**264** ④　**265** ④　**266** ①　**267** ②

☑ **257** Would you (　　) me a favor by moving that chair over to the corner so that I can sweep the floor?
① let　② make　③ do　④ give　(中央大)

☑ **258** Computer supplies are very expensive in Japan. Even this cable (　　) me 6,000 yen.
① charged　② cost　③ owed　④ paid　(慶應大)

☑ **259** The company (　　) me ten dollars (　　) taking my bag to the airport.
① charged / for　② demanded / of
③ imposed / from　④ took / in　(梅花女子大)

☑ **260** Ken's careless driving has (　　) his mother great anxiety.
① caused　② changed
③ expected　④ promoted　(東京電機大)

☑ **261** The affair (　　) me many sleepless nights.
① led　② cost　③ took　④ past　(日本大)

☑ **262** You'll (　　) yourself a lot of time if you take the car.
① obtain　② save　③ make　④ induce　(慶應大)

☑ **263** When I went to talk to the manager, he told me he could only (　　) me ten minutes.
① provide　② spare　③ hear　④ save　(慶應大)

☑ **264** He spends all the time he can (　　) from his business in reading.
① lose　② escape　③ break　④ spare　(獨協大)

☑ **265** The guests (　　) the happy couple a long and prosperous life.
① hoped　② wanted　③ supposed　④ wished　(福岡大)

☑ **266** Will you (　　) me a map to show me the way to the station?
① draw　② take　③ teach　④ write　(関西学院大)

☑ **267** Honesty doesn't (　　) under the current tax system.
① meet　② pay　③ reward　④ agree　(慶應大)

---

248 ③　**249** ①　**250** ①　**251** ④　**252** ①　**253** ④　**254** ②　**255** ④　**256** ③

☑ **268** This rule (　　) several ways.
① reads　② writes
③ interprets　④ understands　(西南学院大)

☑ **269** Will this much food (　　) for a week's camping?
① do　② enough　③ all right　④ content　(早稲田大)

☑ **270** The shelves I made for my wife didn't (　　) long. They all came down when the dog jumped onto them.
① go　② have　③ keep　④ last　(京都産業大)

☑ **271** I am going on a picnic tomorrow, and I hope this fine weather (　　).
① preserves　② maintains　③ succeeds　④ holds　(南山大)

☑ **272** Do you think that money really (　　) to me?
① concerns　② matters　③ bothers　④ troubles　(中央大)

☑ **273** He said it didn't (　　) whether we stayed or went.
① matter　② go　③ account　④ change　(成蹊大)

☑ **274** "What do you think of Mr. Owen's proposal for cutting costs in the factory?"
"It's an interesting idea, but I don't think it will (　　) very well."
① work　② spend　③ match　④ come　(センター試験)

☑ **275** If you want to ask a question, you have to (　　) your hand.
① put　② rise　③ raise　④ give　(東京国際大)

☑ **276** They are trying to (　　) money to build a new hospital.
① correct　② grow　③ increase　④ raise　(京都産業大)

☑ **277** The price of coffee (　　) early this month.
① has raised to 200 yen　② has rised by 200 yen
③ raised 200 yen　④ rose by 200 yen　(慶應大)

☑ **278** Was John honest? The question (　　) when he suddenly started spending a lot of money.
① arose　② grew　③ raised　④ aroused　(南山大)

---

279 ①　**280** ②　**281** ②　**282** ③　**283** ④　**284** ③　**285** ④　**286** ②　**287** ①　**288** ③　**289** ①

☑ **279** Jim was so tired that he ( ) down and slept.
① lay ② lied ③ lain ④ laid （東海大）

☑ **280** On the floor beside his bed a book ( ) open. He had been reading it before he fell asleep the previous night.
① laid ② lay
③ laying ④ was to lie （青山学院大）

☑ **281** Betty ( ) herself on the bed.
① lay ② laid ③ lies ④ lie （拓殖大）

☑ **282** She ( ) aside her book and went to answer the door.
① lied ② lain ③ laid ④ lay （慶應大）

☑ **283** I found my dog ( ) under the tree in our yard.
① lay ② laying ③ lie ④ lying （京都産業大）

☑ **284** You cannot believe a word he says. He has ( ) to me again and again.
① laid ② lain ③ lied ④ lien （愛知大）

☑ **285** This hen does not ( ) any eggs at all these days.
① bear ② find ③ make ④ lay （名城大）

☑ **286** Tom ( ) me of a boy I used to know.
① recalls ② reminds
③ remembers ④ remarks （センター試験）

☑ **287** Could you remind ( ) my academic adviser at 9:00 p.m. tomorrow?
① me to call ② me of calling
③ me into calling ④ my calling （慶應大）

☑ **288** From what I ( ) of him, Jack was an agreeable person.
① recognize ② memorize ③ recall ④ remind （南山大）

☑ **289** It was then that my father's criticism ( ) to me.
① came home ② recalled
③ reminded ④ was remembered （早稲田大）

---

268 ①　269 ①　270 ④　271 ④　272 ②　273 ①　274 ①　275 ③　276 ④　277 ④　278 ①

☑ **290** He (　　) me to his grandmother.
① reminded　② recalled
③ remembered　④ remained　（西南学院大）

☑ **291** He (　　) his teacher of his success in the examination.
① informed　② reported　③ noticed　④ suggested　（中央大）

☑ **292** The man is (　　) of having had a hand in the affair.
① respected　② expected　③ inspected　④ suspected　（南山大）

☑ **293** She (　　) of the truth of his statement.
① didn't persuade　② was not persuading
③ was not persuasive　④ was not persuaded　（立命館大）

☑ **294** They convinced us (　　) their innocence.
① against　② on　③ of　④ off　（中央大）

☑ **295** He was fully (　　) that everything in the contest would go on as he had originally planned.
① considered　② conserved
③ concluded　④ convinced　（慶應大）

☑ **296** The guide always (　　) tourists of the dangers of crossing the street in Rome.
① speaks　② recommends　③ remembers　④ warns　（学習院大）

☑ **297** If people who smoke are (　　) of their cigarettes, they get nervous and irritable.
① held　② reject　③ deprived　④ taken　（松山大）

☑ **298** The man robbed (　　).
① a thousand dollars from the bank
② the bank of a thousand dollars
③ a thousand dollars of the bank
④ the bank from a thousand dollars　（桃山学院大）

---

299 ②　**300** ②　**301** ④　**302** ①　**303** ③　**304** ①　**305** ③　**306** ③　**307** ④　**308** ②

☑ **299** The appointment of another doctor to help me has (　　) me of a lot of work.
① reduced　② relieved
③ reserved　④ revealed　（大阪産業大）

☑ **300** The poor old woman (　　) again.
① got robbed her bag　② had her bag stolen
③ let her bag to be robbed　④ was stolen her bag　（センター試験）

☑ **301** The campaign aims to prevent at least 100,000 teenagers a year (　　) smoking.
① of　② by　③ for　④ from　（早稲田大）

☑ **302** John drinks too much these days. We have to stop him (　　).
① from drinking any more　② in drinking any more
③ of drinking any more　④ to drink any more　（慶應大）

☑ **303** He (　　) a girl from drowning and was given a reward.
① helped　② supported　③ rescued　④ assisted　（南山大）

☑ **304** I looked in vain for the book at several bookstores, so I decided to order it directly (　　) the publisher.
① from　② for　③ by　④ on　（中央大）

☑ **305** Dust storms most often occur in areas where the ground has little vegetation to protect (　　) of the wind.
① from the effects　② it the effects
③ it from the effects　④ the effects from it　（清泉女子大）

☑ **306** He (　　) us with everything we needed.
① gave　② asked
③ provided　④ showed　（センター試験）

☑ **307** The single pipeline (　　) all the houses with water.
① deserves　② preserves　③ reserves　④ serves　（慶應大）

☑ **308** The library is (　　) with many good books.
① contained　② furnished
③ organized　④ registered　（千葉商大）

---

290 ③　**291** ①　**292** ④　**293** ④　**294** ③　**295** ④　**296** ④　**297** ③　**298** ②

☐ **309** Richard and Tom (　　) themselves for the accident. They admitted that they had been careless.
① blamed　② confessed　③ denied　④ said　（梅花女子大）

☐ **310** I know it was your fault. How can you (　　) it on her? She had nothing to do with it.
① suggest　② accuse　③ prove　④ blame　（慶應大）

☐ **311** She (　　) him of having broken his word.
① blamed　② condemned　③ forgave　④ accused　（福岡大）

☐ **312** A group of politicians (　　), and all of them resigned.
① were charged of getting involved in a scandal
② were charged of involving in a scandal
③ were charged with getting involved in a scandal
④ were charged with involving in a scandal　（慶應大）

☐ **313** Everybody except him (　　) her honest opinion.
① thanked the critic of　② thanked the critic for
③ was grateful of the critic for　④ was thankful to the critic of　（立教大）

☐ **314** I really (　　) your timely suggestion about what I should do.
① appreciate　② admire　③ recognize　④ thank　（青山学院大）

☐ **315** I would (　　) it if you would turn the music down.
① appreciate　② thank　③ assign　④ oblige　（中央大）

☐ **316** She is regarded by her parents (　　) the cleverest of their children.
① as　② for　③ on　④ to　（日本女子大）

☐ **317** Politics has often been (　　) as the art of compromise.
① alluded　② defined　③ manipulated　④ outlined　（明治大）

☐ **318** Mt. Fuji is sometimes referred (　　) Fujiyama in foreign countries.
① as　② as to　③ to　④ to as　（南山大）

☐ **319** I (　　) it entirely to you that I have succeeded thus far.
① thank　② take　③ owe　④ indebt　（福岡大）

---

320 ②　**321** ①　**322** ③　**323** ③　**324** ①　**325** ③　**326** ④　**327** ④　**328** ④　**329** ③　**330** ②　**331** ②

⧄ **320** If it isn't out of your way, please (　) this letter to the post office.
① bring　② take　③ fetch　④ send　（立正大）

⧄ **321** I had left a present for her at my house, so she waited for me while I (　) it.
① fetched　② missed
③ lost　④ neglected　（同志社大）

⧄ **322** You must (　) the diagnosis to your doctor.
① appoint　② commit　③ leave　④ turn　（中央大）

⧄ **323** How are the plans for the festival going? Have you (　) jobs to everybody yet?
① assisted　② assumed　③ assigned　④ assembled　（南山大）

⧄ **324** His bicycle got rusty because it had been (　) to rain.
① exposed　② faced　③ involved　④ met　（武蔵工大）

⧄ **325** He was an honest man, but poverty (　) him to crime.
① made　② caused　③ drove　④ got　（福岡大）

⧄ **326** John decided to (　) his savings account to another bank because he thought that the interest rate would be higher.
① put　② pass　③ refer　④ transfer　（南山大）

⧄ **327** I prefer staying at home (　) going fishing.
① but　② else　③ for　④ to　（大阪電気通信大）

⧄ **328** Is there a bank where I can (　) these dollars for pounds?
① arrange　② alter　③ take　④ exchange　（中央大）

⧄ **329** You will be (　) for an ill-mannered person if you do so.
① thought　② considered　③ taken　④ called　（中央大）

⧄ **330** I congratulated Bill (　) winning the game.
① at　② on　③ of　④ with　（上智大）

⧄ **331** Can you please (　) me what time the train leaves?
① teach　② tell　③ speak to　④ talk to　（京都産業大）

---

309 ①　310 ④　311 ④　312 ③　313 ②　314 ①　315 ①　316 ①　317 ②　318 ④　319 ③

⧄ **332** She (　　) me about her daughter's marriage.
① said　② spoke　③ talked　④ told　（桜美林大）

⧄ **333** I was (　　) by my father that I would not be allowed to go abroad by myself.
① told　② said　③ spoken　④ talked　（南山大）

⧄ **334** There are a lot of expressions used by English people when (　　) about the weather.
① discussing　② saying
③ talking　④ telling　（センター試験）

⧄ **335** She's hoping to (　　) her father into buying a new car.
① say　② speak　③ talk　④ tell　（慶應大）

⧄ **336** Did the newspaper (　　) it was going to rain?
① say　② talk　③ tell　④ write　（愛知学院大）

⧄ **337** There is no (　　) where love may appear.
① mentioning　② speaking　③ talking　④ telling　（千葉商大）

⧄ **338** You can use *Ms*. to (　　) a woman when you don't know if she is married.
① address　② attend　③ say　④ speak　（上智大）

⧄ **339** He explained (　　).
① the matter to me　② me the matter
③ the matter of me　④ to me of the matter　（慶應大）

⧄ **340** A: Japanese women in kimonos look very beautiful and graceful.
B: Yes. Kimonos really do (　　) them very well.
① suit　② resemble
③ agree　④ charm　（センター試験）

⧄ **341** Such conduct does not (　　) a gentleman.
① begin　② become
③ belong　④ behave　（センター試験）

---

342 ④　**343** ①　**344** ③　**345** ②　**346** ③　**347** ④　**348** ①　**349** ②　**350** ①　**351** ④　**352** ②

☐ **342** Those shoes don't (　　) your suit at all.
① match in　② match to　③ match on　④ match　(南山大)

☐ **343** What sort of curtains do you think would (　　) with the carpet?
① go　② fit　③ suit　④ become　(南山大)

☐ **344** I'd better not eat that. Fried food usually doesn't (　　) with me.
① suit　② fit　③ agree　④ match　(慶應大)

☐ **345** Does Kenji still have that book he (　　) from the library?
① asked　② borrowed
③ lent　④ rented　(センター試験)

☐ **346** We (　　) an apartment when we lived in New York, but it was very expensive.
① borrowed　② hired
③ rented　④ searched　(センター試験)

☐ **347** May I (　　) your lavatory? I'm bursting!
① borrow　② rent　③ take　④ use　(慶應大)

☐ **348** A few days ago he wrote us asking whether there were any houses to (　　) in our neighborhood.
① let　② borrow　③ hire　④ lend　(立命館大)

☐ **349** Please (　　) me your car. I'll return it tomorrow.
① sell　② lend　③ buy　④ borrow　(上智大)

☐ **350** Would you please pay back the $15 you (　　) me?
① owe　② give　③ offer　④ borrow　(南山大)

☐ **351** The company asked the bank to (　　) them some money to build a new shop.
① borrow　② rent　③ lease　④ loan　(杏林大)

☐ **352** When you put money in the bank, you (　　) it.
① borrow　② deposit　③ lend　④ rent　(立命館大)

---

332 ④　**333** ①　**334** ③　**335** ③　**336** ①　**337** ④　**338** ①　**339** ①　**340** ①　**341** ②

☑ **353** A lot of people (　　) their money in the stock market, instead of putting it in the bank.
① invest　② prosper　③ compare　④ gain　(上智大)

☑ **354** Jane works part-time as a pianist at a restaurant, and she (　　) 500 dollars a week.
① earns　② wins
③ catches　④ profits　(センター試験)

☑ **355** I hadn't seen her for more than 20 years, but I still (　　) her right away.
① realized　② recognized　③ resembled　④ resented　(慶應大)

☑ **356** I suddenly (　　) that it was past ten o'clock.
① allowed　② recognized　③ permitted　④ realized　(慶應大)

☑ **357** She had a dream of becoming a movie star even though she didn't know how to (　　) it.
① act　② become
③ play　④ realize　(センター試験)

☑ **358** I (　　) this tie is not the best present we could get for Dad, but it's quite nice.
① admit　② propose　③ intend　④ imagine　(学習院大)

☑ **359** Some people fear that World War Ⅲ may break out soon, but I (　　).
① am afraid it will　② doubt if it will
③ think if it does　④ wonder that it does　(センター試験)

☑ **360** I don't (　　) that he did this out of kindness; he's always considerate of others.
① doubt　② think　③ find　④ suspect　(福岡大)

☑ **361** I heard my parents whispering last night. I (　　) they are planning a surprise birthday party for me.
① satisfy　② suggest
③ supply　④ suspect　(センター試験)

---

362 ①　**363** ①　**364** ①　**365** ③　**366** ②　**367** ③　**368** ④　**369** ③　**370** ①　**371** ③　**372** ①

☑ **362** A: I (　　) if I can borrow this CD for a couple of days.
B: No problem.
① wonder　② asked　③ know　④ not sure　(東京経大)

☑ **363** I would never (　　) his honesty.
① question　② ask　③ inquire　④ search　(南山大)

☑ **364** I can hardly (　　) abroad.
① imagine him going　② imagine him go
③ imagine him to go　④ imagine him to be going　(慶應大)

☑ **365** I (　　) your success.
① hope　② am hoping　③ hope for　④ hope in　(立命館大)

☑ **366** The children (　　) for the summer holidays.
① anticipated　② longed　③ wanted　④ expected　(中央大)

☑ **367** I want this luggage (　　) to my room at once.
① take　② to take　③ taken　④ taking　(獨協大)

☑ **368** I am not able, and I do not (　　), to abandon the world view I acquired in childhood.
① hope　② mind　③ give up　④ want　(中央大)

☑ **369** I don't want (　　) to be any misunderstanding.
① it　② them　③ there　④ things　(東邦大)

☑ **370** I (　　) a strange dream last night.
① had　② looked　③ saw　④ watched　(千葉商大)

☑ **371** Ever since she was a child Louise has (　　) becoming a doctor so that she could help others.
① hoped of　② wanted to
③ dreamed of　④ intended for　(関西学院大)

☑ **372** I've only had time to (　　) at the report.
① glance　② see　③ read　④ scan　(慶應大)

---

353 ①　354 ①　355 ②　356 ④　357 ④　358 ①　359 ②　360 ①　361 ④

☑ **373** The young girl (　　) left and right before crossing the road.
① saw　② glanced　③ stared at　④ peeped　(慶應大)

☑ **374** The farmer caught the boys (　　) apples from his orchard.
① stolen　② stole　③ steal　④ stealing　(東京経大)

☑ **375** The careless words of the Prime Minister (　　) to the misunderstanding between the two countries.
① led　② came　③ brought　④ went　(南山大)

☑ **376** The boat was overturned by a great wave, (　　) of two lives.
① bringing to lose　② finishing with lost
③ following by the loss　④ resulting in the loss　(関西学院大)

☑ **377** His car was seriously (　　) when he backed into a telephone pole.
① injured　② scarred　③ damaged　④ hurt　(慶應大)

☑ **378** His wife is in hospital because she was (　　) in a car crash.
① broken　② damaged
③ destroyed　④ injured　(センター試験)

☑ **379** Our school trip was (　　) by an unusually heavy snowfall.
① avoided　② damaged
③ objected　④ spoiled　(センター試験)

☑ **380** Didn't it ever (　　) to them that they would be punished?
① enter　② notice　③ occur　④ strike　(神戸女学院大)

☑ **381** It suddenly (　　) me that the boat might be washed away by the waves.
① noticed　② thought　③ struck　④ left　(日本大)

☑ **382** It (　　) me as strange that my front door was open when I got home.
① seemed　② occurred　③ appeared　④ struck　(南山大)

☑ **383** Once I learned what to listen for, I (　　) to appreciate modern jazz.
① became　② came
③ took　④ turned　(センター試験)

---

384 ②　**385** ④　**386** ④　**387** ④　**388** ③　**389** ③　**390** ③　**391** ④　**392** ③　**393** ①　**394** ②

☑ **384** "Come downstairs as soon as possible. Dinner is ready."
"O.K., I'm (　　)."
① running down　② coming
③ going　④ going down　(天理大)

☑ **385** One hundred dollars will (　　) all your expenses for the trip.
① cost　② spend　③ give　④ cover　(センター試験)

☑ **386** Canada is the second-largest country in the world, (　　) nearly half of the North American continent.
① connecting　② excluding
③ extending　④ covering　(センター試験)

☑ **387** You have to (　　) the costs of the new system against the benefits it will bring.
① cover　② discover　③ pay　④ weigh　(慶應大)

☑ **388** When slaves were shipped across the ocean in the old days, a lot of them failed to (　　) the journey.
① live　② prejudice　③ survive　④ sink　(上智大)

☑ **389** The post office is down the street. You can't (　　) it.
① lose　② fail　③ miss　④ avoid　(南山大)

☑ **390** I can't (　　) $40 for one book! Haven't you got a cheaper edition?
① cost　② allow　③ afford　④ provide　(慶應大)

☑ **391** This watch (　　) about two minutes in every hour.
① guesses　② grows　③ gathers　④ gains　(大谷女子大)

☑ **392** This new model of car is so popular that they have had to open a new factory to (　　) the demand.
① beat　② eat　③ meet　④ seat　(慶應大)

☑ **393** His mother has been (　　) a drugstore for fifteen years.
① running　② having　③ taking　④ making　(福岡大)

☑ **394** Words (　　) me to describe the beauty of this landscape.
① miss　② fail　③ drop　④ lack　(慶應大)

---

373 ②　**374** ④　**375** ①　**376** ④　**377** ③　**378** ④　**379** ④　**380** ③　**381** ③　**382** ④　**383** ②

☑ **395** It ( ) him right that he missed the last train.
① causes ② does ③ gives ④ serves （青山学院大）

☑ **396** The early nineteenth century ( ) the rapid industrial and agricultural development of the United States.
① gave ② said ③ saw ④ took （京都外大）

☑ **397** The room ( ) a fine view of the lake.
① looks ② sees ③ oversees ④ commands （獨協大）

☑ **398** He always kept the dictionary on the desk so that he could ( ) it at any time.
① consult ② draw ③ refer ④ look （センター試験）

☑ **399** You had better ( ) a doctor about your health.
① hear ② watch ③ listen ④ consult （南山大）

☑ **400** A: I was ( ) you at 11:00 a.m. But it's almost half past eleven.
B: I'm sorry. I missed my usual train.
① thinking of ② expecting
③ considering ④ anticipating （慶應大）

☑ **401** Where in Australia ( )?
① did you grow up ② did you raise up
③ were you grown up ④ were you risen up （センター試験）

☑ **402** "Lunch is on me today."
"Oh, thanks. I'll ( ) you next time."
① borrow ② charge ③ deal ④ treat （学習院大）

☑ **403** He was taken to the hospital to ( ) for high blood pressure.
① be treated ② treat ③ be trusted ④ trust （桜美林大）

☑ **404** "I have too much homework to go out this weekend."
"We'll have to ( ) next weekend then."
① count in ② make it ③ survive ④ show （上智大）

E-061 ③→ say **E-062** ③→ has been lying **E-063** ④→ rises
E-064 ①→ would appreciate it very much **E-065** ④→ him in **E-066** ③→ feels comfortable
E-067 ②→ suggested to me または suggested **E-068** ②→ discussed または talked about
E-069 ②→ talking **E-070** ②→ come **E-071** ②→ tell you

Extra

☑E-061 I could have just ①walked past him ②in silence, but something made me turn and ③to say quickly, before I could ④stop myself, “Thank you for your great kindness.” （高崎経大）

☑E-062 Because the builders can work ①only on weekends, the wood ②for the flooring ③has been laying ④out in the yard. （成蹊大）

☑E-063 ①The value of the yen ②declines ③as the rate of inflation ④raises. （早稲田大）

☑E-064 I ①would appreciate very much if ②you could ③show me how to ④put the machine back together. （東京大）

☑E-065 ①By the time the messenger ②arrives, the gate ③will have been opened to let ④in him. （東京大）

☑E-066 Becky’s ①old job was ②very stressful, but she ③feels comfortably with her ④new one. （立命館大）

☑E-067 My ①brother-in-law ②suggested me that ③I select French ④as my foreign language. （関西学院大）

☑E-068 ①Among other things, they ②discussed about ③pollution-free vehicles ④in the meeting. （青山学院大）

☑E-069 It is time you ①stopped ②to talk. What you have to do now is ③put your plan ④into action. （上智大）

☑E-070 We ①have finally ②become to accept that her death ③was ④an accident. （上智大）

☑E-071 I ①was trying to ②say you ③something that wasn’t easy to ④put into words. （上智大）

---

395 ④　396 ③　397 ④　398 ①　399 ④　400 ②　401 ①　402 ④　403 ①　404 ②

☑E-072 I'll never forget ①to get lost ②when we ③were climbing in ④the Alps last year. （日本大）

☑E-073 ①After her election ②to office, the senator ③tried hard to persuade her colleagues ④giving their support to regional planning. （成蹊大）

☑E-074 仕事をうまくやってもらいたかったら，自分から始めよ。
If (to / want / done / the / have / you / job) well, go ahead and do it yourself. （立命館大）

☑E-075 両親の世話にならないことは彼にとってはどんなによいか知れない。
It will do (infinite / him / independent / be / good / of / to) his parents. （立命館大）

☑E-076 彼が e メールをくれたので，わざわざそこに出かける手間が省けました。
(me / e-mail / going / trouble / his / there / the / saved / of). （青山学院大）

☑E-077 両親は娘の帰宅が遅いのを許しているので批判された。
The (criticized / daughter / for / late / letting / out / parents / stay / their / were). （実践女子大）

☑E-078 この本はあまりにも難解なので理解できるかどうかわかりません。
This book is so difficult (wonder / figure / that / I'll ever / out / it / I / if). （愛媛大）

☑E-079 保険ですべての損害が補償されると思い込んではいけない。
Don't (all / assume / cover / damage / insurance / that / the / will / your). （明治学院大）

☑E-080 なぜここでタバコを吸ってはいけないかご存じですか。
Do you know (are / why / smoking / from / prohibited / we) here? （関西学院大）

☑E-081 そのことで状況が大きく改善されるとは思えません。
I (will / doubt / very / it / situation / that / improve / our) much. （愛媛大）

E-082 → p. 137 E-083 → p. 137 E-084 → p. 137 E-085 → p. 137 E-086 → p. 137
E-087 → p. 137 E-088 → p. 137 E-089 → p. 137 E-090 → p. 137 E-091 → p. 137

☑E-082 Personal relationships (obtain / to / have / consumers / enabled) safe and fresh farm products. （東洋大）

☑E-083 (cured / drinking / heavy / his / James / of / was). （国士舘大）

☑E-084 The teacher let (warning him / after / not / Tim / go) to read comics in class. （センター試験）

☑E-085 A: How can I improve my essay?
B: Well, being (help / more / specific / would / write / you) a better essay. （立教大）

☑E-086 I've had so much to do at work recently and I'm really tired. I'd prefer to (at home / drive / my weekend / rather than / spend) all the way to Kyoto. （センター試験）

☑E-087 Overwork and undernourishment may (her / cost / the / vision / have) in her left eye. （東洋大）

☑E-088 If you will (the privilege / allow / being / me / of / frank) on this occasion, I will tell you why. （関西外大）

☑E-089 Finally, (accept / allowed / I / myself / to) the way things were. （上智大）

☑E-090 I cannot imagine how anyone (could / convince / easy / expect / Sue / to / to be). She never listens to anyone. （東京大）

☑E-091 Let's not use any of these pictures for the poster. They (older / look / him / than) he really is. （1語不足） （東京大）

E-072 ①→ getting　E-073 ④→ to give　E-074 → p. 136　E-075 → p. 136　E-076 → p. 136
E-077 → p. 137　E-078 → p. 137　E-079 → p. 137　E-080 → p. 137　E-081 → p. 137

[9] 形容詞の語法

☑ **405** Japan has (　　) oil and is therefore almost entirely dependent on imports.
① a little　② few　③ little　④ small　(センター試験)

☑ **406** This year there were (　　) rainy days in August.
① a little　② few　③ little　④ any　(城西大)

☑ **407** She didn't have (　　) difficulty finding the answer to the problem.
① most　② much　③ some　④ many　(神戸女子大)

☑ **408** There were quite a (　　) interesting things to see.
① many　② number　③ few　④ much　(成蹊大)

☑ **409** The popularity of the telephone has led to (　　) people writing letters these days.
① almost　② fewer　③ hardly　④ least　(センター試験)

☑ **410** Heavy industry is moving in the direction of more automated machines and (　　) manpower.
① bigger　② few　③ less　④ many　(センター試験)

☑ **411** We suffered from (　　) troubles.
① great many　② greatly many
③ a great many　④ many a great　(南山大)

☑ **412** (　　) reader skips the words that he doesn't know.
① All　② Few　③ Many a　④ Most　(日本大)

☑ **413** A (　　) number of Japanese holidaymakers were to be found in New Zealand last summer.
① many　② large　③ much　④ lot　(龍谷大)

☑ **414** We found only a (　　) number of customers in the store.
① few　② less　③ small　④ little　(南山大)

---

415 ②　**416** ②　**417** ②　**418** ④　**419** ①　**420** ④　**421** ③　**422** ③　**423** ③　**424** ①

☑ **415** The music of Mozart is always (　　) to me.
① happy　② pleasing　③ glad　④ pleased（関西学院大）

☑ **416** They are (　　) with your work.
① pleasant　② pleased
③ pleasing　④ pleasure（センター試験）

☑ **417** Feeling nervous is a little bit like (　　), but it is the negative side of excitement.
① to feel excited　② feeling excited
③ to feel exciting　④ feeling exciting（慶應大）

☑ **418** Last night we went to the circus, which we all thought really (　　).
① excite　② excited
③ excitement　④ exciting（日本女子大）

☑ **419** It was (　　) that nobody ate the expensive raw fish I had served.
① disappointing　② disappointingly
③ disappointed　④ disappointment（早稲田大）

☑ **420** It was (　　) to see three very big dogs racing toward us.
① fright　② frighten
③ frightened　④ frightening（創価大）

☑ **421** The musical is so (　　) that it attracts lots of people.
① touched　② to be touched
③ touching　④ touch（東京電機大）

☑ **422** Would you like a (　　) drink?
① refresh　② refreshed
③ refreshing　④ refreshable（立命館大）

☑ **423** I (　　) to find that I was wearing my pants inside out.
① embarrassed　② embarrassed myself
③ was embarrassed　④ was embarrassing（名古屋工大）

☑ **424** They are so (　　) that it is difficult to tell which is which.
① alike　② likely　③ nearly　④ same（センター試験）

---

405 ③　**406** ②　**407** ②　**408** ③　**409** ②　**410** ③　**411** ③　**412** ③　**413** ②　**414** ③

☑ **425** The discussion the villagers had on the environment was quite (　　).
① alive　② lived　③ lively　④ living （センター試験）

☑ **426** He is a very (　　) writer. He is always writing about journeys to other planets.
① imaginable　② imaginative　③ imaginary　④ imagined （関西外大）

☑ **427** All the events described in this story are (　　). They didn't really happen.
① imaginary　② imaginable
③ images　④ imagine （名古屋外大）

☑ **428** It was very (　　) of him to reject the bribe.
① sensitive　② sensible
③ sense　④ sensibly （名古屋外大）

☑ **429** Sally's too (　　). She cries whenever anyone speaks to her in a loud voice.
① strong　② capable　③ sensitive　④ sensible （松山大）

☑ **430** Without your (　　) help, I should have failed in my attempt to cross the Pacific Ocean.
① valueless　② invaluable　③ invalid　④ vain （名古屋外大）

☑ **431** I foolishly interpreted the idiom in its (　　) sense.
① literal　② literally　③ literary　④ literate （梅花女子大）

☑ **432** The weather seemed (　　) for the test flight.
① favoring　② favorite　③ favorable　④ favored （南山大）

☑ **433** The Johnsons are very (　　) people. They love giving parties.
① society　② social　③ sociable　④ socially （上智大）

☑ **434** Her debut was the biggest (　　) event of the season.
① sociable　② social　③ socialist　④ society （同志社大）

☑ **435** You should be (　　) to your parents.
① respected　② respectful
③ respecting　④ respective （国学院大）

---

436 ①　**437** ④　**438** ③　**439** ③　**440** ①　**441** ④　**442** ①　**443** ②　**444** ①　**445** ②

第2章

⧄ **436** We may not win tomorrow. It's hard to win four (　　) games.
① successive　② successful
③ success　④ succession　(昭和女子大)

⧄ **437** Asked about the new car's outstanding features, the car dealer first mentioned (　　) of fuel.
① about its economic use　② about its economical use
③ its economic use　④ its economical use　(慶應大)

⧄ **438** I am very (　　) for what I said to her yesterday.
① regretted　② regrettable　③ regretful　④ regret　(文化女子大)

⧄ **439** It is (　　) that he should have lost his job.
① regret　② regretful
③ regrettable　④ regretted　(関西学院大)

⧄ **440** Paul left his book at home again. He's so (　　).
① forgetful　② forgettable
③ forgetting　④ forgotten　(センター試験)

⧄ **441** Most (　　) creatures in the sea are affected by pollution.
① alive　② livable　③ lived　④ living　(明治学院大)

⧄ **442** Harrison was last seen (　　) around 9:30 p.m., so we think he was killed sometime after that.
① alive　② live　③ lively　④ living　(慶應大)

⧄ **443** We were all somewhat (　　) of his behavior.
① shame　② ashamed
③ shameful　④ shamefully　(小樽商大)

⧄ **444** It is (　　) that you should have such a good friend.
① fortunate　② fortunately　③ happy　④ happily　(明治学院大)

⧄ **445** The results of the research were quite (　　).
① satisfied　② satisfactory　③ content　④ contented　(日本大)

---

425 ③　**426** ②　**427** ①　**428** ②　**429** ③　**430** ②　**431** ①　**432** ③　**433** ③　**434** ②　**435** ②

☐ **446** (　　) to come to the office an hour earlier than usual tomorrow?
① Are you possible　② Is it able for you
③ Is it capable for you　④ Is it possible for you　（センター試験）

☐ **447** Superman, almost invulnerable and (　　) fly through the air, is the last survivor of the planet Krypton.
① able to　② can　③ capable　④ ability to　（慶應大）

☐ **448** The chimpanzee is an intelligent creature, (　　) of solving simple problems.
① able　② enable
③ capable　④ possible　（センター試験）

☐ **449** As they grow old, many people become (　　) to look after themselves.
① necessary　② hard
③ unable　④ difficult　（センター試験）

☐ **450** This symphony is a real masterpiece. I think it's worth (　　) over and over again.
① be listened to　② listening to
③ to be listened to　④ to listen to　（センター試験）

☐ **451** Learning a foreign language is sometimes a difficult task, but usually it is (　　) the effort.
① deserve　② deserved　③ deserving　④ worth　（名古屋工大）

☐ **452** Betty enjoyed her summer vacation this August because she took (　　) trip to Europe with her friends.
① ten-days　② tens days
③ a ten-day　④ a tenth day　（京都外大）

☐ **453** When I bought the book ten years ago, it cost just (　　).
① one and a half dollar　② one and a half dollars
③ one and half dollar　④ one and half dollars　（センター試験）

☐ **454** I've been waiting for (　　).
① hours and halves　② an hour and a half
③ hour and a half　④ hour and half　（青山学院大）

---

455 ③　**456** ③　**457** ①　**458** ①　**459** ②　**460** ①　**461** ④　**462** ③　**463** ②　**464** ④

⧄ **455** The river carries a great amount of water and is (　　) in many places.
① wide several miles　② wide miles several
③ several miles wide　④ several wide miles　（南山大）

⧄ **456** Come and see me whenever (　　).
① you are convenient
② you will be convenient
③ it is convenient for you
④ it will be convenient of you　（関西学院大）

⧄ **457** We got up at four in the morning. We had to make a very (　　) start.
① early　② late　③ slow　④ soon　（センター試験）

⧄ **458** It will be (　　) autumn when you get to London.
① late　② lately　③ last　④ latest　（センター試験）

⧄ **459** Whenever I see Mr. Smith, I think (　　) Prof. Johnson.
① of latter　② of the late
③ the late　④ the latter　（明治学院大）

⧄ **460** In the grocery where I worked, an employee posted a sign advertising our (　　) meat special.
① latest　② last　③ latter　④ later　（関西学院大）

⧄ **461** Our PE teacher, a (　　) professional basketball player, is coaching the school team.
① previous　② late
③ once　④ former　（センター試験）

⧄ **462** This watch is three minutes (　　).
① late　② later　③ slow　④ slowly　（中京大）

⧄ **463** The price of books is getting (　　) these days.
① cheaper　② higher
③ more affordable　④ more expensive　（慶應大）

⧄ **464** She works hard in the office for a (　　) salary.
① little　② few　③ cheap　④ small　（センター試験）

---

446 ④　**447** ①　**448** ③　**449** ③　**450** ②　**451** ④　**452** ③　**453** ②　**454** ②

☑ **465** In spite of the (　　) traffic, I managed to get to the airport in time.
① heavy　② light　③ little　④ much　(センター試験)

☑ **466** Don't you think that the taxes in Japan are too (　　)?
① strict　② heavy　③ big　④ expensive　(南山大)

☑ **467** He could not come because of (　　) illness.
① big　② heavy　③ anxious　④ serious　(南山大)

☑ **468** There is a very (　　) rule forbidding smoking in bed.
① heavy　② severe　③ hard　④ strict　(慶應大)

☑ **469** No weather was (　　) enough to keep him indoors.
① sharp　② severe　③ strict　④ strong　(南山大)

☑ **470** It is no laughing matter. = The situation is very (　　).
① serious　② severe　③ strange　④ strict　(学習院大)

☑ **471** The station clock is not as (　　) as it should be; it is usually between one and two minutes fast.
① strict　② sure　③ accurate　④ certain　(慶應大)

☑ **472** You should always be (　　) for your appointments.
① strict　② accurate
③ precise　④ punctual　(大阪学院大)

☑ **473** I phoned Mary, but the line was (　　). So I had to call again later.
① busy　② full　③ off　④ taken　(関西学院大)

☑ **474** The soup is terribly (　　). You put far too much pepper in it.
① thick　② tasty　③ strong　④ hot　(慶應大)

☑ **475** I always drink a cup of (　　) coffee in the morning.
① strong　② dense　③ thin　④ heavy　(昭和女子大)

☑ **476** A: How is your steak, John? Is it tender?
B: No. It's very (　　), dear.
① solid　② strong　③ hard　④ tough　(神奈川大)

---

477 ①　**478** ②　**479** ①　**480** ③　**481** ④　**482** ④　**483** ①　**484** ③　**485** ④　**486** ④

☑ **477** "I'd like to speak to Mr. Frank Smith, if he's there."
"I'm afraid (　　)."
① you have the wrong number
② you are wrong
③ you misunderstood
④ you can't tell him that here　(立命館大)

☑ **478** A: Is this the way to the university?
B: Yes, this is the (　　) way.
① fine　② right　③ true　④ wrong　(獨協大)

☑ **479** The rain kept the baseball team (　　) yesterday.
① idle　② lazy　③ numb　④ stupid　(立命館大)

☑ **480** Fortunately, bus services are now back to (　　) after yesterday's strike.
① common　② ordinary
③ normal　④ regular　(センター試験)

☑ **481** It's difficult to find a well-paid (　　) job.
① dependent　② eternal
③ hopeful　④ permanent　(センター試験)

☑ **482** We didn't have far to drive; he lived in a (　　) town.
① close　② by　③ nearly　④ nearby　(神戸女子大)

☑ **483** When you write your name, you have to start not with a small letter but with a (　　) letter.
① capital　② great　③ grand　④ large　(センター試験)

☑ **484** I wish I were (　　) enough to invent something and make a fortune.
① virtuous　② happy　③ smart　④ strong　(上智大)

☑ **485** She is rather (　　) at tennis.
① short　② low　③ small　④ poor　(センター試験)

☑ **486** He was involved in a traffic accident and had a (　　) escape from death.
① close　② dangerous　③ bad　④ narrow　(立命館大)

---

465 ①　**466** ②　**467** ④　**468** ④　**469** ②　**470** ①　**471** ③　**472** ④　**473** ①　**474** ④　**475** ①
476 ④

☑ **487** A: I made this especially for you, so please have a little more.
B: Sorry, I'm (　　) and can't eat another bite.
① enough　② filled
③ full　④ satisfactory (西南学院大)

☑ **488** The airplane was late arriving, and so he was a (　　) one hour late for the meeting.
① enough　② good　③ much　④ lot (札幌大)

☑ **489** I am wondering if this rail pass is still (　　) for another week.
① good　② permissive　③ sure　④ well (青山学院大)

☑ **490** You are (　　) to any book in my library.
① free　② available　③ welcome　④ convenient (南山大)

☑ **491** Oh dear, I have a (　　) tire. I must put some air in it.
① shallow　② flat　③ broken　④ punk (神戸女学院大)

☑ **492** This is the (　　) place I saw in the photograph.
① very　② just　③ quite　④ here (流通経大)

☑ **493** I'll be busy for the next few weeks. I won't be (　　) until the fourth week of May.
① able　② good
③ clear　④ available (東京電機大)

☑ **494** If he drinks any more beer, I don't think he'll be (　　) to play this afternoon.
① fit　② possible　③ capable　④ unable (慶應大)

☑ **495** Our dog (　　) for many weeks, but in the end she came back.
① has missed　② missed
③ was missing　④ was to miss (センター試験)

☑ **496** He is a (　　) young politician.
① devoting　② declined
③ promising　④ progressed (南山大)

---

497 ④　**498** ③　**499** ③　**500** ④　**E-092** ③→ noting　**E-093** ④→ 80-year-old　**E-094** ③→ wrong
E-095 ②→ excited　**E-096** ①→ surprising　**E-097** ①→ can now be kept alive

☐ **497** The policeman came too late and found the thief (　　) and the room in disorder.
① go　　② to go　　③ going　　④ gone　　（福岡大）

☐ **498** Are there any good films (　　) this week?
① at　　② by　　③ on　　④ out of　　（早稲田大）

☐ **499** People are saying that the crisis is (　　).
① above　　② below　　③ over　　④ upon　　（立命館大）

☐ **500** John looked and sounded exceptionally unhappy. Not that it was unusual for him to be unhappy; he was seldom (　　).
① unhappy　　② unworthy　　③ though　　④ otherwise　　（慶應大）

Extra

☐ **E-092** A full ①analysis of the situation will ②be postponed to the end of this chapter, but it seems worth ③to note that the evidence actually suggests ④the opposite.　　（慶應大）

☐ **E-093** “A lot of ①young people don’t know how ②World War II started, and ③even more don’t know the terrible way it ended,” said ④80-years-old Banks.　　（慶應大）

☐ **E-094** I’m ①afraid you ②have the ③different number. What number are you ④calling?　　（広島経大）

☐ **E-095** I arrived ①at the party and was very ②exciting to ③meet a famous actress ④there.　　（明治大）

☐ **E-096** It is ①surprised to discover ②how little we know about Japan, particularly when we meet a foreigner ③who knows more about Japan than ④we do.　　（昭和女子大）

☐ **E-097** Patients ①can now be kept live even when their illness is ②so severe and advanced ③that their natural defenses ④are almost wholly destroyed.　　（明海大）

---

487 ③　**488** ②　**489** ①　**490** ③　**491** ②　**492** ①　**493** ④　**494** ①　**495** ③　**496** ③

☑E-098 Believe ①it or not, my husband's salary is not ②as ③expensive as my ④son's. （中央大）

☑E-099 ①There are ②machines capable ③to produce ④more noise than people can tolerate. （東京理大）

☑E-100 昨冬，ここではかなり多くの降雪があった。（1 語不要）
(the / good / last / deal / we / a / of / had / snow) winter. （中央大）

☑E-101 スミス氏はとても陽気で，亡くなった私の祖父を思い出させる。
Mr. Smith is a very cheerful person and (grandfather / he / late / me / my / of / reminds). （立命館大）

［10］副詞の語法

☑ **501** "Has the bell rung?" "No, it hasn't rung (　　)."
① already　② still　③ until　④ yet （関西学院大）

☑ **502** "Has the movie started yet?" "Yes, it has (　　) started."
① yet　② still　③ already　④ been （亜細亜大）

☑ **503** The car battery that I bought ten years ago is (　　) working.
① still　② yet　③ soon　④ already （立命館大）

☑ **504** I've told him several times but he (　　) doesn't understand.
① still　② yet　③ already　④ no long （獨協大）

☑ **505** Have you (　　) been to Canada?
① already　② yet　③ ever　④ still （関西学院大）

☑ **506** I'm going to stop her (　　) doing that again.
① ever　② never　③ once　④ yet （千葉商大）

☑ **507** You're late. The meeting finished (　　).
① before thirty minutes　② since thirty minutes
③ thirty minutes ago　④ thirty minutes before （センター試験）

508 ②　**509** ②　**510** ④　**511** ④　**512** ③　**513** ②　**514** ②　**515** ①　**516** ②　**517** ④

☑ **508** I recognized him at once, as I had seen him (　　).
① since　② before　③ ago　④ forward　(東海大)

☑ **509** It was so dark that they could (　　).
① hard see　② hardly see
③ see hard　④ see hardly　(千葉商大)

☑ **510** "Is Chris popular?" "No, she has (　　) friends."
① quite a few　② many
③ not a lot　④ hardly any　(名古屋工大)

☑ **511** We found there was (　　) any money left in the cash-box.
① no　② less
③ little　④ scarcely　(京都産業大)

☑ **512** We (　　) ever see Tom anymore. What has he been doing?
① almost　② mostly
③ hardly　④ usually　(追手門学院大)

☑ **513** I (　　) have fruit for breakfast.
① almost　② mostly　③ most　④ more　(南山大)

☑ **514** He was (　　) run over by a car.
① dangerously　② nearly　③ riskily　④ doubtfully　(駒澤大)

☑ **515** You shouldn't have bothered, Mrs. Owens; you're (　　) to me.
① much too kind　② too much kind
③ very much kind　④ very too kind　(センター試験)

☑ **516** Until recently the people of that country lived in (　　) same way as they had for centuries.
① most the　② much the
③ the most　④ the much　(明治学院大)

☑ **517** June is still at the airport because she (　　) her plane to Paris.
① almost missed　② is almost missing
③ is just missing　④ just missed　(センター試験)

E-098 ③→ high または large　**E-099** ③→ of producing　**E-100** → p. 137　**E-101** → p. 137
501 ④　**502** ③　**503** ①　**504** ①　**505** ③　**506** ①　**507** ③

☑ **518** This computer is (　　) difficult for me to use.
① hard　② pretty　③ some　④ much　（拓殖大）

☑ **519** Their child David always had a bedtime story at 7 o'clock (　　).
① flat　② sharp　③ right　④ just　（神戸女学院大）

☑ **520** I (　　) wanted to tell him how much I missed Mary.
① as　② badly　③ much　④ well　（立教大）

☑ **521** He always stays in bed (　　) as he can.
① as lately　② so lately　③ as late　④ so late　（近畿大）

☑ **522** We can see swallows (　　) in the sky.
① flying high　② are highly flying
③ flying highly　④ high flying　（関西外大）

☑ **523** (　　) I did not like him, but now I do.
① First　② First of all
③ For the first time　④ At first　（南山大）

☑ **524** What we should remember (　　) is that English is not our first language.
① at first　② first time
③ first of all　④ for the first time　（中央大）

☑ **525** Please let me know your decision by Friday; (　　), I'll have to offer the job to another applicant.
① unless　② else　③ otherwise　④ in case　（東海大）

☑ **526** In case of emergency, leave the building as quickly as possible (　　).
① if instructed otherwise　② so instructed otherwise
③ but otherwise instructed　④ unless otherwise instructed　（慶應大）

☑ **527** He looked forward to the (　　) job of night watchman because it would give him a chance to be alone.
① otherwise pleasant　② otherwise unpleasant
③ pleasant otherwise　④ unpleasant otherwise　（明治学院大）

---

528 ②　**529** ②　**530** ②　**531** ②　**532** ③　**533** ②　**534** ②　**535** ①　**536** ①　**537** ④　**538** ③

☑ **528** He is (　　) not intending to return to his own country again.
① reporting　② reportedly
③ to be reported　④ to report　(青山学院大)

☑ **529** (　　) a tough, unemotional man, the prime minister is actually quite sensitive.
① Suppose　② Supposedly
③ Supposing　④ Supposition　(明治学院大)

☑ **530** The children are playing (　　).
① in upstairs　② upstairs　③ at upstair　④ upstair　(慶應大)

☑ **531** In the cross-country race, Michael and Ben came first and third (　　).
① comparatively　② respectively
③ comparably　④ respectfully　(慶應大)

☑ **532** I'm a professor, or (　　) an associate professor.
① even　② then　③ rather　④ yet　(慶應大)

☑ **533** There aren't (　　) many people in the park.
① its　② that　③ these　④ those　(明治学院大)

☑ **534** (　　) with the wind and the rain, the game was spoiled.
① How　② What　③ Which　④ Why　(玉川大)

☑ **535** Books that can be enjoyed by young and old (　　) are rather rare.
① alike　② either
③ invariably　④ respectively　(早稲田大)

☑ **536** His salary is (　　) what it was seven years ago.
① double　② as double
③ by double　④ for double　(センター試験)

☑ **537** He reached home (　　) before five o'clock.
① suddenly　② timely　③ momentarily　④ shortly　(南山大)

☑ **538** (　　) used to be a lot of fireflies in Japan, but not any more.
① It　② Once　③ There　④ They　(京都産業大)

---

518 ②　519 ②　520 ②　521 ③　522 ①　523 ④　524 ③　525 ③　526 ④　527 ②

☐ **539** When a man and a woman marry, (　　) usually have to be big adjustments between their two personalities.
① it　② there　③ they　④ we　(明治学院大)

☐ **540** (　　) seemed to be nobody in that building.
① It　② That　③ They　④ There　(東京経大)

☐ **541** (　　) are said to be monsters in Loch Ness in Scotland, but no one has ever been able to prove that they actually exist.
① They　② Some　③ It　④ There　(早稲田大)

☐ **542** (　　) to be no possible solutions he could think of.
① It happened　② It seemed
③ It was　④ There happened　(明治学院大)

☐ **543** Rosalind says she couldn't get here through all the snow. (　　), her son is ill.
① Besides　② However　③ Likewise　④ Suchlike　(慶應大)

☐ **544** My sister can read Chinese; (　　), she can speak some Korean.
① at last　② thus
③ specifically　④ moreover　(亜細亜大)

☐ **545** This computer is powerful, efficient, and easy to use. (　　), it is too expensive.
① Although　② Despite
③ However　④ Whether or not　(慶應大)

☐ **546** A: Nice day.
B: Yes. Bit cold, (　　).
① although　② in spite　③ though　④ despite　(慶應大)

☐ **547** Mother was very tired; (　　), she kept on working.
① hence　② nevertheless
③ by the way　④ not in the least　(亜細亜大)

---

548 ④　**549** ②　**E-102** ④→ greatly　**E-103** ①→ came home　**E-104** → p. 137　**E-105** → p. 137
E-106 → p. 137　**E-107** → p. 138

☐ **548** The building did not pass a fire inspection. (　　) it will be closed for the rest of the year.
① Nevertheless　② Nonetheless
③ Since　④ Therefore　(慶應大)

☐ **549** This poses a threat to agriculture and the food chain, and, (　　), to human health.
① in comparison　② consequently
③ for instance　④ instead　(亜細亜大)

Extra

☐ **E-102** Dresses, skirts, shoes, and ① children's clothing ② were advertised ③ at ④ great reduced prices at the department store last weekend.　(早稲田大)

☐ **E-103** My father ① came to home ② late last night, and the noise ③ woke ④ me up.　(流通経大)

☐ **E-104** なんとなくいまだに彼女の家を訪れる気にはならない。
Somehow (don't / feel / I / ready / still / to / visit) her house.
(東北学院大)

☐ **E-105** だれの助けも借りずに英語でかなり長い文章を書いてみようと思います。
I'd like (a / in / long / to write / pretty / paragraph / to try) English without any help.　(立命館大)

☐ **E-106** 彼らは彼を立派な学者と思っているが，私の意見は違う。
They (an eminent scholar / as / but / him / think / look / I / upon / otherwise).　(慶應大)

☐ **E-107** She can't come to the phone. She is (in / middle / of / right / the) her work.　(東京大)

539 ②　540 ④　541 ④　542 ④　543 ①　544 ④　545 ③　546 ③　547 ②

［11］比較

☑ **550** A: It has suddenly got cold, hasn't it?
B: Yes, but it was unusually warm until yesterday. The rest of the winter is expected to be (　　).
① as cold as it is now　　② as it is cold now
③ as it was cold then　　④ as cold as it has been　（センター試験）

☑ **551** This car is (　　) mine.
① not as expensive as　　② not so expensive than
③ less expensive as　　④ not as expensive so　（駒澤大）

☑ **552** This one is prettier, but it costs (　　) that one.
① two times better than　　② two time so much as
③ as much twice as　　④ twice as much as　（関西外大）

☑ **553** The population of Italy is about (　　) that of Japan.
① half as large as　　② half less than
③ as half as　　④ half larger than　（センター試験）

☑ **554** The distance from the earth to the moon is about equivalent to (　　).
① twenty times the earth's diameter
② the earth's twenty times diameter
③ twenty times of the earth's diameter
④ the earth's diameter of twenty times　（慶應大）

☑ **555** She has made up her mind to read (　　) possible this summer vacation.
① as many books as　　② books as many as
③ many of books as　　④ many books as　（同志社女子大）

☑ **556** Jeff and Jenny saved (　　) they could to visit their uncle in Hawaii.
① as a lot of money as　　② as much money as
③ money as a lot as　　④ money as possible as　（センター試験）

☑ **557** This pen is as good as (　　) I've ever used.
① long　② though　③ any　④ ever　（久留米大）

---

558 ④　**559** ②　**560** ④　**561** ④　**562** ②　**563** ③　**564** ③　**565** ③　**566** ①　**567** ④　**568** ②

☑ **558** He was (　　) soldier as ever shouldered a gun.
① as brave　② as a brave　③ brave as a　④ as brave a　(福岡大)

☑ **559** It is not so (　　) what a man wears as the way he wears it that marks the gentleman.
① often　② much　③ many　④ long　(センター試験)

☑ **560** The ten-year-old boy cannot so (　　) as write his own name.
① far　② good　③ long　④ much　(千葉商大)

☑ **561** He departed (　　) saying good-bye.
① as much as　② not much as
③ too much for　④ without so much as　(芝浦工大)

☑ **562** The man who stops learning is as (　　) as dead.
① much　② good　③ soon　④ far　(センター試験)

☑ **563** He said he would lend me the money if I needed it, and he was as (　　) as his word.
① similar　② better　③ good　④ harsh　(上智大)

☑ **564** (　　) 1,100 people live on each square mile of land in that country.
① Many　② So many
③ As many as　④ So much as　(慶應大)

☑ **565** Some new bicycles cost as (　　) as 50,000 yen.
① good　② many　③ much　④ well　(千葉商大)

☑ **566** He found five mistakes (　　) lines.
① in as many　② like so many
③ at so many　④ as many as　(立命館大)

☑ **567** Like (　　) stars among the leaves and branches, the street lamps shed their light.
① very many　② some many　③ too many　④ so many　(玉川大)

☑ **568** She went (　　) to say that he was a swindler.
① too far　② so far as　③ so long as　④ too long　(上智大)

---

550 ①　551 ①　552 ④　553 ①　554 ①　555 ①　556 ②　557 ③

☑ **569** Do you know that Japan once produced more silk than (　　) country?
① different　② other
③ another　④ any other　(センター試験)

☑ **570** (　　) more pleasant than traveling.
① Nothing is　② Another thing is not
③ Anything is not　④ Not at all　(東京経大)

☑ **571** At (　　) time in my life have I been busier than I am today.
① any　② no　③ other　④ some　(センター試験)

☑ **572** Churchill was a more successful statesman than (　　) I ever knew.
① everyone　② each one
③ anyone　④ no one　(センター試験)

☑ **573** In those days artists wanted, more than (　　) else, to express their own emotions.
① something　② anything
③ whichever　④ someone　(センター試験)

☑ **574** The next train will be (　　) crowded than this one.
① much　② a little　③ as　④ less　(龍谷大)

☑ **575** You are (　　) to gain weight in summer than in winter because you tend to lose your appetite when it is hot.
① less likely　② less unlikely
③ very likely　④ very unlikely　(センター試験)

☑ **576** She is (　　) than unsociable.
① shy　② more shy
③ shyer　④ more shyer　(青山学院大)

☑ **577** Science is far (　　) a collection of facts and methods.
① away from　② down from
③ less as　④ more than　(センター試験)

☑ **578** The population of San Francisco is (　　) that of Tokyo.
① less of one tenth than　② less than one tenth
③ less than one tenths　④ one tenth less　(センター試験)

---

579 ①　**580** ①　**581** ②　**582** ③　**583** ②　**584** ④　**585** ②　**586** ③　**587** ②　**588** ③　**589** ③

☑ **579** My camera is (　　) better than yours.
① much　② more　③ very　④ further　(東京家政大)

☑ **580** The female lion, contrary to popular belief, is (　　) stalker and hunter than the male lion.
① a far better　② a more better　③ much more　④ better at　(北里大)

☑ **581** It was always difficult to enter university, but it is harder than (　　) now.
① any　② ever　③ never　④ once　(玉川大)

☑ **582** This wine is (　　) to that in flavor.
① better　② more　③ inferior　④ worse　(南山大)

☑ **583** His paper is superior (　　).
① than mine　② to mine　③ than me　④ to me　(東海大)

☑ **584** He is ten years senior (　　) you.
① above　② over　③ than　④ to　(東京理大)

☑ **585** For a growing child a small town seems (　　) a large city.
① more preferable to　② preferable to
③ preferable than　④ more preferable than　(龍谷大)

☑ **586** Which is (　　) of the two?
① one more expensive　② more expensive
③ the more expensive　④ the most expensive　(慶應大)

☑ **587** The harder Bob rowed the boat, (　　) he got.
① the more away　② the farther away
③ the more farther away　④ the more far away　(南山大)

☑ **588** I like the boy (　　) better for his naughtiness.
① some　② any　③ all the　④ much a　(福岡大)

☑ **589** We had been complaining to the director. And one of my colleagues said, “Don’t talk back to him. That’ll make it (　　).”
① as bad　② no sooner
③ all the worse　④ not at all　(東京家政大)

☑ **590** Although intonation is seldom taught in language courses, it is (　　) important for communicating accurately.
① all the more　② none the less
③ none the worse　④ much more　(慶應大)

☑ **591** He knows little of mathematics, (　　) of chemistry.
① as well as　② still less
③ no less than　④ still more　(センター試験)

☑ **592** It was about a mile to the base of the hill, and from the bottom it looked impossible to walk up, (　　) run.
① much less　② more or less
③ no less than　④ much more　(京都外大)

☑ **593** You are no (　　) at remembering things than I am.
① mistake　② more　③ better　④ sooner　(早稲田大)

☑ **594** I am no (　　) able to operate this machine than he is.
① far　② much　③ very　④ more　(中央大)

☑ **595** No one can tell another person in any definite way how he should spend his free time, (　　) how he ought to breathe.
① much less than　② no more than
③ any better than　④ any more than　(京都外大)

☑ **596** Sunlight is no (　　) necessary to good health than fresh air.
① more　② better　③ further　④ less　(昭和女子大)

☑ **597** My students were few in number, (　　) four or five altogether.
① as many as　② as little as
③ no less than　④ no more than　(千葉商大)

☑ **598** There was an audience of (　　) four thousand at the concert yesterday.
① no less than　② any less than
③ still more　④ quite a few　(関西学院大)

---

599 ③　**600** ②　**601** ③　**602** ④　**603** ④　**604** ③　**605** ②　**606** ①　**607** ②　**608** ②

☑ **599** Determining the sex of an unborn baby used to be impossible, but (　　).
① as it is　② no more so
③ not any more　④ something like that　(同志社女子大)

☑ **600** My brother has (　　) good books than I have.
① much more　② many more
③ very more　④ very much more　(西南学院大)

☑ **601** She knew (　　) than to ask such a stupid question.
① sooner　② some more
③ better　④ further　(センター試験)

☑ **602** She was (　　) far the best singer in the class.
① as　② above　③ from　④ by　(姫路獨協大)

☑ **603** Sapporo is the fifth (　　) city in Japan.
① as large as　② large　③ larger　④ largest　(札幌学院大)

☑ **604** I don't have the (　　) idea of the result.
① biggest　② smallest　③ faintest　④ most　(センター試験)

☑ **605** I have just finished reading this book. It is really (　　) best books I have ever read.
① any of the　② one of the　③ the　④ the one　(南山大)

☑ **606** There are three soccer teams in this town, (　　) which ours is the best.
① of　② for　③ at　④ in　(福島大)

☑ **607** The place is at its (　　) in spring.
① good　② best　③ better　④ most　(千葉商大)

☑ **608** Lost things have a way of appearing when (　　) expected.
① best　② least　③ worst　④ most　(立命館大)

---

590 ②　**591** ②　**592** ①　**593** ③　**594** ④　**595** ④　**596** ④　**597** ④　**598** ①

Extra

☑E-108 Your wife doesn't like it ①any more than you don't when your neighbor tells you ②yours is a wonderful family, ③even while he is saying mean things about you ④behind your back. (中央大)

☑E-109 Advertising targets children ①as never before. These days $3 billion is ②spent annually on advertising ③that is directed at kids — more than 20 ④time the amount a decade ago. (慶應大)

☑E-110 For the first time ①in a very long time, Miranda felt safe. She ②had handed a heavy burden to someone ③very better qualified than ④she to deal with it. It was a wonderful, suddenly overwhelming feeling of relief. (慶應大)

☑E-111 Samuel Johnson dominated the ①literary scene, not so ②many for what he wrote ③as for the manner of man he ④was. (上智大)

☑E-112 Charles Dickens was ①one of the ②most productive as ③well as one of the greatest ④novelist in English literature. (上智大)

☑E-113 ほとんどの人が，殴り合いをするよりは話し合う方がましだと思っている。
Most people (that / is / preferable / agree / talking / to) fighting.
(中央大)

☑E-114 どうしてこのバッグはあれよりもずっと高いのですか。
Why is this (much / expensive / one / that / bag / than / more)?
(愛媛大)

☑E-115 インターネットほど面白いものはない。(1語不要)
(is / more / the / than / Internet / there / as / interesting / nothing).
(中央大)

E-117 → p. 138 E-118 → p. 138 E-119 → p. 138

☑E-116 必死に隠そうとしているので，彼女の心配ぶりは見るも余計に痛ましかった。
Her anxiety was all (she / pitiful / the / to / more / see / because) took such pains to hide it. (立命館大)

☑E-117 この薬を飲んでも少しもよくなっていないのだよ。
I am (for / none / better / this / taking / the) medicine. (関西学院大)

☑E-118 It took (week / for / a / him / more / no / to / than) complete his essay. (静岡県立大)

☑E-119 In the 21st century, we can expect scientific advances to give (ever / leading / more people / than / the means of) a comfortable and easy life. (センター試験)

E-108 ①→ any more than you do　E-109 ④→ times　E-110 ③→ much または far など
E-111 ②→ much　E-112 ④→ novelists　E-113 → p. 138　E-114 → p. 138　E-115 → p. 138
E-116 → p. 138

［12］名詞の語法

☑ **609** I have done all of (　　) and I'd like to take a short break.
① a homework　　② homeworks
③ my homework　　④ my homeworks　（名古屋外大）

☑ **610** I wish he would give me (　　) about the college.
① an information
② some information
③ many information
④ some more informations　（センター試験）

☑ **611** My father never gave me (　　).
① many advice　　② much advice
③ many advices　　④ a lot of advices　（センター試験）

☑ **612** The beef and orange negotiations did not make (　　) last week.
① any progress　　② any progresses
③ a progress　　④ some progresses　（中央大）

☑ **613** A few years ago our apartment had (　　) furniture in it.
① few　② a few　③ little　④ many　（京都産業大）

☑ **614** We have just bought two (　　) of furniture.
① things　② goods　③ points　④ pieces　（亜細亜大）

☑ **615** He had to carry (　　) from his house to the station.
① much luggage　　② so many luggages
③ three pieces of luggages　　④ many luggage　（関西学院大）

☑ **616** Her sister bought three (　　) of stockings yesterday.
① cakes　② pairs　③ pieces　④ sheets　（関東学院大）

☑ **617** He always came to see me before (　　).
① a breakfast　　② breakfasts
③ each breakfast　　④ breakfast　（慶應大）

---

618 ③　619 ③　620 ④　621 ①　622 ②　623 ③　624 ④　625 ③　626 ④　627 ③　628 ②　629 ②

⧄ **618** There isn't (　　) I can do to help, I'm afraid.
① a little　② many　③ much　④ very few　(早稲田大)

⧄ **619** She's very good at tennis, but she's not (　　) of a swimmer.
① better　② good　③ much　④ skillful　(早稲田大)

⧄ **620** The fraction 11/16 is read as (　　).
① eleven sixteen　② eleventh sixteen
③ eleven sixteenth　④ eleven sixteenths　(慶應大)

⧄ **621** Be sure to remember (　　) at the next station.
① to change trains　② to change a train
③ changing trains　④ changing a train　(南山大)

⧄ **622** I would like to make (　　) with someone from another country.
① friend　② friends
③ a friend　④ friendly　(京都産業大)

⧄ **623** We shook (　　) and said goodbye at the end of our journey.
① arm　② arms　③ hands　④ hand　(センター試験)

⧄ **624** They drove to San Francisco taking (　　) at the wheel.
① changes　② places　③ rides　④ turns　(名古屋女子大)

⧄ **625** After a terrible argument we weren't on speaking (　　).
① moods　② connections　③ terms　④ circles　(甲南大)

⧄ **626** The boy took great (　　) to solve the problem.
① effects　② struggles　③ senses　④ pains　(中央大)

⧄ **627** He was one of the most famous men of (　　) of his time.
① books　② writings　③ letters　④ papers　(獨協大)

⧄ **628** Please give him my best (　　).
① hello　② regards　③ saying　④ words　(梅花女子大)

⧄ **629** You are living beyond your (　　).
① manners　② means　③ methods　④ ways　(千葉商大)

---

609 ③　610 ②　611 ②　612 ①　613 ③　614 ④　615 ①　616 ②　617 ④

☑ **630** We must avoid violence, and struggle for independence by peaceful (　　).
① ends　② goals　③ means　④ aims　（南山大）

☑ **631** My secretary has a good (　　) of English.
① interest　② speaker　③ command　④ gift　（名城大）

☑ **632** Our trip to Kyoto was just great. Among other things, I enjoyed your (　　).
① company　② friend
③ partner　④ togetherness　（上智大）

☑ **633** I saw two tall (　　) walking slowly in the dusk.
① fairs　② features　③ figures　④ flights　（中央大）

☑ **634** Everyone says that he is the very (　　) of his father.
① person　② figure　③ image　④ likelihood　（東洋大）

☑ **635** A nice roast chicken is one of my favorite (　　).
① bowls　② saucers　③ plates　④ dishes　（南山大）

☑ **636** The weather is a (　　) we can talk about quite safely.
① fact　② question　③ remark　④ subject　（学習院大）

☑ **637** The factory is working below (　　) because of a shortage of essential materials.
① capacity　② scope　③ range　④ extent　（南山大）

☑ **638** The doctor wrote a letter to the (　　) that his daughter would soon get better.
① result　② reply　③ answer　④ effect　（獨協大）

☑ **639** “Sit down!” Morel repeated. Clara took off her things and laid them on the couch. She had a slight (　　) of resentment.
① color　② sound　③ nervousness　④ air　（慶應大）

---

640 ③　**641** ③　**642** ②　**643** ④　**644** ②　**645** ④　**646** ③　**647** ①　**648** ②　**649** ①

☐ **640** Whether used as a reference book or read cover to cover, this dictionary is a (　　) for the bookshelf.
① necessary　② good
③ must　④ matter of course　（桜美林大）

☐ **641** He is entitled to have a (　　) in the decision.
① head　② mind　③ say　④ way　（上智大）

☐ **642** The human suffering which smoking causes is far more serious than the economic (　　) which society has to pay.
① danger　② price
③ attention　④ disadvantage　（京都外大）

☐ **643** He was out of (　　) as he had lost his wallet.
① ambition　② anxiety　③ difficulty　④ humor　（関西大）

☐ **644** What (　　) are you in?
① cord　② line　③ rope　④ thread　（早稲田大）

☐ **645** He is a man of his (　　), so if he said he'd help, he will.
① side　② act　③ power　④ word　（関東学院大）

☐ **646** It's an awful (　　) your wife couldn't come. I was looking forward to meeting her.
① shocking　② wrong　③ shame　④ deplore　（慶應大）

☐ **647** I told you over and over again, but you still failed to understand the (　　) of your task.
① nature　② center　③ means　④ duty　（上智大）

☐ **648** Nobody is free of (　　). We are not perfect.
① exceptions　② faults　③ obligations　④ sacrifices　（武蔵大）

☐ **649** This (　　) is for keeping valuables in.
① safe　② safety
③ secret　④ underground　（慶應大）

第3章

630 ③　631 ③　632 ①　633 ③　634 ③　635 ④　636 ④　637 ①　638 ④　639 ④

☐ **650** Because Mary had refused his offer, John was in no (　　) to enjoy the weekend.
① emotion　② feeling　③ mood　④ sense　(南山大)

☐ **651** His plan leaves no (　　) for change.
① emptiness　② environment　③ room　④ objection　(中央大)

☐ **652** In the bus, the boy made (　　) for an old woman.
① room　② seat　③ place　④ margin　(中央大)

☐ **653** Everything is in good (　　).
① chance　② order　③ hope　④ way　(関西学院大)

☐ **654** A: Would you like a cup of tea?
B: Only if it's not too much (　　).
① care　② labor
③ pain　④ trouble　(センター試験)

☐ **655** It will be to his (　　) if he studies hard in college.
① value　② advantage　③ wealth　④ worth　(南山大)

☐ **656** What (　　) do you have for this job?
① capacities　② rights
③ identification　④ qualifications　(学習院大)

☐ **657** Her (　　) will continue her research even if she fails.
① succession　② successor
③ success　④ succeeding　(関西学院大)

☐ **658** We don't sell foreign newspapers because there is no (　　).
① request　② order　③ demand　④ claim　(慶應大)

☐ **659** The generation (　　) makes it difficult for parents to understand their children's opinions.
① division　② gap
③ partition　④ separation　(青山学院大)

☐ **660** It's not his (　　) to tell me what to do.
① ability　② character　③ place　④ power　(千葉商大)

---

661 ③　**662** ①　**663** ④　**664** ②　**665** ③　**666** ②　**667** ④　**668** ②　**669** ②　**670** ②　**671** ①

☑ **661** Keiko is such a tidy person. Every pot and pan is in its (　　).
① shape　② hand　③ place　④ order　(南山大)

☑ **662** I'm sorry we gave you such short (　　) of our visit.
① notice　② news　③ information　④ readiness　(慶應大)

☑ **663** The political scandal was brought to (　　) by two journalists.
① public　② newspaper　③ day　④ light　(上智大)

☑ **664** Tom was late for class, as is often the (　　).
① accident　② case
③ chance　④ occasion　(東京電機大)

☑ **665** If better employment opportunities can be provided in small towns, the (　　) of country folk to the cities can be slowed.
① journey　② motion
③ movement　④ passage　(センター試験)

☑ **666** Susan hadn't seen him for twenty years, and he seemed a total (　　).
① alien　② stranger　③ foreigner　④ outsider　(南山大)

☑ **667** "Did you put the money in the bank?"
"I deposited part of it and spent the (　　)."
① whole　② little　③ remains　④ rest　(成蹊大)

☑ **668** The rich merchant adopted the boy and made him his (　　).
① hare　② heir　③ hire　④ hive　(京都産業大)

☑ **669** At this bar they never sell liquor (　　).
① on behalf　② on credit　③ in debt　④ for sale　(南山大)

☑ **670** Mary's dream of going abroad finally became a (　　).
① truth　② reality　③ fact　④ case　(南山大)

☑ **671** You have the (　　) of working hard or of leading a lazy life.
① alternative　② sense　③ difference　④ difficulty　(中央大)

---

650 ③　651 ③　652 ①　653 ②　654 ④　655 ②　656 ④　657 ②　658 ③　659 ②　660 ③

☑ **672** Mr. White is honest; I mean "honest" in the broadest ( ) of the word.
① view ② range ③ idea ④ sense (成蹊大)

☑ **673** It is a pity that Mary has no ( ) of humor.
① heart ② sense
③ consciousness ④ mind (南山大)

☑ **674** I bought ( ) to find out what was happening.
① a paper ② a piece of paper
③ a piece of papers ④ paper (千葉商科大)

☑ **675** Watching the football match on television was ( ).
① a funny ② fun ③ funs ④ a fun (昭和女子大)

☑ **676** It is no ( ) that a man of his ability is so successful.
① right ② wonder
③ thought ④ matter (センター試験)

☑ **677** It makes no ( ) to me whether he comes or not.
① difference ② importance
③ idea ④ problem (センター試験)

☑ **678** Catherine had no ( ) of spending the rest of her life working as a waitress.
① purpose ② intention ③ meaning ④ mind (京都外大)

☑ **679** Is there any ( ) of your coming to Tokyo again this year?
① accident ② event
③ time ④ chance (センター試験)

☑ **680** We'd better hurry. There's a ( ) to Uncle Timothy's patience.
① border ② bottom ③ limit ④ top (神戸女学院大)

☑ **681** In the advanced course, students must take objective tests at monthly ( ).
① length ② distance ③ intervals ④ gaps (センター試験)

---

682 ① **683** ① **684** ④ **685** ④ **686** ① **687** ③ **688** ③ **689** ② **690** ③ **691** ④

⧄ **682** She gave me ( ) to use her dictionary.
① permission ② admission
③ discussion ④ persuasion (関西外大)

⧄ **683** I'd like to make ( ) for the express train that leaves at 6:00 p.m.
① a reservation ② a promise
③ an appointment ④ a subscription (近畿大)

⧄ **684** I cannot see you tomorrow since I have ( ) to see Dr. Bean at 3:00.
① a reservation ② a meeting
③ a schedule ④ an appointment (学習院大)

⧄ **685** Since he is a born ( ), he tends to look at the worst side of things.
① liar ② gambler ③ optimist ④ pessimist (上智大)

⧄ **686** In one year, Earth makes one ( ) around the sun.
① revolution ② rotation ③ turn ④ circling (早稲田大)

⧄ **687** The traffic was limited to one ( ) because the road was being repaired.
① path ② row ③ lane ④ aisle (獨協大)

⧄ **688** He is paving the garden ( ) with flat stones of various shapes.
① way ② avenue ③ path ④ street (桜美林大)

⧄ **689** It has been raining for five days in ( ).
① a line ② a row
③ a while ④ meantime (青山学院大)

⧄ **690** In his shirt-sleeves he felt he wasn't properly dressed for the ( ).
① opportunity ② chance ③ occasion ④ possibility (慶應大)

⧄ **691** His failure to show up for the nine o'clock class was a rather frequent ( ).
① accident ② attitude
③ occasion ④ occurrence (早稲田大)

---

672 ④ **673** ② **674** ① **675** ② **676** ② **677** ① **678** ② **679** ④ **680** ③ **681** ③

☑ **692** In Africa today there are many people who do not have enough food, ( ) or shelter.
① cloth ② clothing ③ wear ④ coat (学習院大)

☑ **693** If the sun is too hot, perhaps you would like to sit in the ( ).
① darkness ② shade
③ shadow ④ sunlight (センター試験)

☑ **694** We secured a position where we could get a good ( ) of the festival.
① scenery ② point ③ scene ④ view (立命館大)

☑ **695** A ( ) is a son of one's brother or sister.
① cousin ② nephew ③ niece ④ uncle (京都産業大)

☑ **696** My sister had a baby daughter yesterday, and she is my first ( ).
① cousin ② nephew ③ niece ④ relative (成蹊大)

☑ **697** He has three times the ( ) of books that I have.
① dimension ② number ③ size ④ volume (玉川大)

☑ **698** Many teachers object to the ( ) of time children spend playing games.
① amount ② number ③ sum ④ variety (亜細亜大)

☑ **699** Fruit trees require a large ( ) of space in which to grow.
① amount ② number ③ measure ④ volume (南山大)

☑ **700** Since World War Ⅱ, a great ( ) of change has occurred in many parts of the world.
① deal ② volume ③ sum ④ quality (南山大)

☑ **701** The air becomes cooler in proportion to its ( ) from the ground.
① depth ② distance
③ width ④ length (センター試験)

☑ **702** There were about 200 ( ) asleep in the hotel when it caught fire.
① audience ② clients
③ guests ④ passengers (慶應大)

---

703 ④ **704** ② **705** ② **706** ② **707** ③ **708** ② **709** ① **710** ① **711** ② **712** ②

☑ **703** A theatre in London normally has a bar where the (　　) can enjoy drinks during the intervals.
① passengers　② passers
③ lookers-on　④ audience　(センター試験)

☑ **704** The Star Supermarket was very successful this year; it had twice as many (　　) as last year.
① guests　② customers
③ audience　④ visitors　(センター試験)

☑ **705** The (　　) in the stands at the baseball game cheered their team on.
① congregation　② spectators　③ players　④ bystanders　(立正大)

☑ **706** His clinic has lost many (　　) since the scandal.
① patents　② patients
③ patience　④ patiences　(神戸女学院大)

☑ **707** Banks earn their living by lending money. They also receive (　　) for certain special services, such as safe-deposit boxes, money orders, and handling investments for individuals.
① fares　② pays　③ fees　④ profits　(慶應大)

☑ **708** If both of us join the fitness club at the same time, the membership (　　) will be lower.
① fare　② fee　③ toll　④ tax　(東京経大)

☑ **709** The bus (　　) from here to the university is 170 yen.
① fare　② charge　③ cost　④ fee　(奈良産業大)

☑ **710** The (　　) of living is going up continuously.
① cost　② fee　③ pay　④ price　(梅花女子大)

☑ **711** There is an extra (　　) for mailing packages by express mail.
① price　② charge　③ pay　④ cost　(センター試験)

☑ **712** Banks in Japan tend to offer much lower (　　) rates than in America or Britain.
① benefit　② interest　③ cost　④ profit　(学習院大)

第3章

---

692 ②　693 ②　694 ④　695 ②　696 ③　697 ②　698 ①　699 ①　700 ①　701 ②　702 ③

☑ **713** I want to make a phone call but only have a five-dollar bill. I need some (　　).
① change　② small cash　③ little money　④return（センター試験）

☑ **714** Some manufacturers went out of (　　) because of the recent recession.
① work　② labor
③ job　④ business（桃山学院大）

☑ **715** Mind your own (　　)!
① business　② care　③ trade　④ trouble（西南学院大）

☑ **716** There are many students who are thinking of a (　　) in tourism.
① career　② grade　③ study　④ work（学習院大）

☑ **717** You did an excellent (　　).
① work　② business　③ occupation　④ job（慶應大）

☑ **718** The father of Abraham Lincoln was a carpenter by (　　).
① job　② work　③ trade　④ career（南山大）

☑ **719** He picked up a butterfly between his (　　) and forefinger.
① nail　② arm　③ thumb　④ wrist（センター試験）

☑ **720** A (　　) is one of the five movable parts at the end of each foot.
① toe　② heel　③ finger　④ leg（センター試験）

☑ **721** The words are on the tip of my (　　), but I don't quite know how to put what I want to say.
① tongue　② finger　③ nose　④ chin（大阪産業大）

☑ **722** Tom has (　　) for modern painting.
① an eye　② the eye　③ eyes　④ the eyes（慶應大）

☑ **723** The children were all (　　) as their father carefully unwrapped the parcel.
① eyes　② head　③ hands　④ feet（東海大）

E-120 ③→ two-thirds　**E-121** ②→ back to work　**E-122** ②→ a means　**E-123** ②→ information
E-124 ②→ very interesting news または a very interesting piece of news　**E-125** ③→ cards
E-126 → p. 138　**E-127** → p. 138　**E-128** → p. 138

Extra

☑E-120 According ①to the Smythe Research Center, ②which studies consumer trends, ③two-third of parents say their kids ④define their self-worth in terms of possessions. (慶應大)

☑E-121 I'll take ①a five-minute break and then get ②back to works. I'm ③really eager ④to finish the job this afternoon. (早稲田大)

☑E-122 Radio and television ①are important as ②a mean ③of spreading ④ideas. (名古屋外大)

☑E-123 These ①papers contain some ②informations on the ③shortcomings of Japan's ④medical system. (中央大)

☑E-124 There ①was ②a very interesting news ③on television this morning ④about pop music. (同志社女子大)

☑E-125 In Japan, ①exchanging ②business ③card or "meishi" is an indispensable part of doing business; it helps to indicate rank and credentials, and ④legitimizes an introduction. (慶應大)

☑E-126 生活費の上昇に十分対処できるだけの賃金引き上げを要求する。
We demand sufficient wage increases (cost / up / rising / keep / with / the / to) of living. (立命館大)

☑E-127 統計によれば，20 世紀において世界中で戦争のために死亡したとされる人びとの数は増加した。
Statistics show that the estimated (people / all over / killed in wars / of / was / the world / on / number) the increase in the twentieth century. (東京理大)

☑E-128 Let us be thankful for the poets. But (us / for / rest / the / them / of) could not appreciate the world so deeply. (立教大)

---

713 ①　714 ④　715 ①　716 ①　717 ④　718 ③　719 ③　720 ①　721 ①　722 ①　723 ①

［13］代名詞の語法

☐ **724** You can borrow an umbrella if you need (　　).
① it　② any　③ one　④ this　（同志社大）

☐ **725** She gave me a lovely watch, but I lost (　　).
① one　② it　③ some　④ any　（東北福祉大）

☐ **726** This rose does not smell as sweet as (　　) I bought the other day.
① the one　② it
③ such　④ which　（センター試験）

☐ **727** The earthquake was the biggest (　　) that we had ever experienced.
① so　② one　③ all　④ of　（小樽商大）

☐ **728** The new designs are much better than the old (　　).
① it　② that　③ those　④ ones　（東海大）

☐ **729** The only system which will help you remember what you hear at lectures is (　　) of keeping notes.
① some sort　② that　③ the manner　④ which　（明治学院大）

☐ **730** This year's fashions are quite different from (　　) of last year.
① one　② other　③ these　④ those　（京都産業大）

☐ **731** Changes have taken place in many areas of national life, especially in (　　) related to housing and employment.
① it　② that　③ these　④ those　（立教大）

☐ **732** His lecture left a deep impression on the minds of (　　) present.
① whom　② those　③ they　④ who　（センター試験）

☐ **733** We all consider (　　) wrong to cheat in exams.
① in　② it　③ of　④ its　（大阪産業大）

☐ **734** I will see to (　　) that everything is ready for the coming conference.
① it　② one　③ this　④ them　（北海学園大）

---

735 ④　**736** ④　**737** ④　**738** ①　**739** ④　**740** ④　**741** ②　**742** ②　**743** ④　**744** ④

☑ **735** (　　) that in August, 1984, my work obliged me to go to Okinawa.
① Happening was　② That happened
③ I happened　④ It happened　(センター試験)

☑ **736** She is a lady and expects to be treated as (　　).
① it　② that　③ she　④ such　(センター試験)

☑ **737** Science as (　　) is not primarily interested in the value or worth of things.
① itself　② known　③ seen　④ such　(上智大)

☑ **738** His point of view is quite different from (　　).
① mine　② me　③ I　④ my　(大阪産業大)

☑ **739** Take home (　　) and tell me what you think of them.
① his paintings of these　② his these paintings
③ these his paintings　④ these paintings of his　(千葉商大)

☑ **740** I can't stand (　　) any longer.
① that his nasty attitude　② his that nasty attitude
③ his nasty attitude of that　④ that nasty attitude of his　(慶應大)

☑ **741** It's nice if a child can have (　　).
① a room of himself　② a room of his own
③ his only room　④ a room of his　(慶應大)

☑ **742** This glove is too big and the other is too small. (　　) fits me, so they can't be mine.
① Both　② Neither　③ Either　④ It　(センター試験)

☑ **743** You can't have (　　) of these two books — not this one, nor that one.
① neither　② all　③ none　④ either　(関西外大)

☑ **744** Study is necessary, and so is practice. The combination will give one the ability to communicate in a foreign language, but (　　) will result in slow, incorrect speech.
① all of them　② both of them
③ neither of them　④ either of them alone　(京都外大)

第3章

---

724 ③　**725** ②　**726** ①　**727** ②　**728** ④　**729** ②　**730** ④　**731** ④　**732** ②　**733** ②　**734** ①

☑ **745** You can write to me or come to see me. (　　) will do.
① All　② One　③ Both　④ Either　(愛知大)

☑ **746** (　　) of these plans ever came anywhere near realization.
① Anyone　② Anything　③ No others　④ None　(センター試験)

☑ **747** "How much gasoline is left in the tank?" "(　　), I'm afraid."
① Not some　② None　③ Nothing　④ Not one　(慶應大)

☑ **748** There are a dozen of us in the group and (　　) has his own special interest.
① all　② every　③ each　④ no　(大阪産業大)

☑ **749** (　　) parents are coming to Tokyo.
① Both of his　② His both
③ The both his　④ The both of his　(センター試験)

☑ **750** Her report covered (　　) of the information that we had to consider.
① many　② every　③ all　④ both　(法政大)

☑ **751** Mr. Rose is a wonderful teacher. (　　) love studying with him.
① All his students　② Every one of his students
③ Every student of him　④ His all students　(京都産業大)

☑ **752** The Olympic Games are held (　　) four years.
① all　② each　③ every　④ for　(上智大)

☑ **753** I work (　　): Monday, Wednesday, and Friday.
① every day　② one another day
③ every other day　④ every two other days　(慶應大)

☑ **754** (　　) tourist naturally wants to see as much as possible of the country he is visiting.
① Any　② Some　③ Few　④ A lot of　(東京家政大)

☑ **755** He left the office without saying a word to (　　).
① someone　② anyone　③ one　④ no one　(龍谷大)

---

756 ②　**757** ③　**758** ②　**759** ③　**760** ③　**761** ④　**762** ③　**763** ④　**764** ③

☐ **756** “How about (　　) more coffee?” “Yes, please.”
① any　② some　③ few　④ much　(青山学院大)

☐ **757** (　　) students in this university don’t even know how to talk to teachers.
① Any　② Any of　③ Some　④ Some of　(慶應大)

☐ **758** (　　) understand what he was saying.
① Anything couldn’t　② Nobody could
③ Anybody couldn’t　④ Nothing could　(城西大)

☐ **759** A: What present shall I take to the party?
B: (　　) will do.
① All things　② Some things
③ Anything　④ Everything　(センター試験)

☐ **760** After a long walk in the fields I wanted to drink (　　).
① cold something
② some to cold things
③ something cold
④ something to make cold　(センター試験)

☐ **761** He is (　　) of a musician.
① anybody　② anyone
③ somebody　④ something　(センター試験)

☐ **762** He thinks himself to be somebody, but really he is (　　).
① anybody　② someone　③ nobody　④ none　(愛知工大)

☐ **763** There was always (　　) her.
① a little sad point of　② a little bit sad in
③ some of a little sadness into　④ something a little sad about　(創価大)

☐ **764** There’s (　　) like a long hot bath after a day’s climbing.
① anything　② everything
③ nothing　④ something　(千葉商大)

第3章

---

745 ④　**746** ④　**747** ②　**748** ③　**749** ①　**750** ③　**751** ①　**752** ③　**753** ③　**754** ①　**755** ②

☑ **765** We talked (　　) what we ought to do.
① each other　② one another
③ one another about　④ with each other about　(明治学院大)

☑ **766** There are two reasons for our decision, and you know one of them. Now I'll tell you (　　).
① another　② other
③ the other　④ the others　(センター試験)

☑ **767** I've already had one bad experience buying goods by mail order and I don't want (　　).
① another　② any longer　③ at all　④ other　(センター試験)

☑ **768** Two of these three students can speak English; (　　) cannot.
① another　② someone　③ the other　④ the others　(獨協大)

☑ **769** Only about a half of these students are natives of Tokyo; (　　) come from the provinces.
① the other　② the others　③ another　④ others　(青山学院大)

☑ **770** The students all got off the bus when it reached the park. In the park, (　　) sat on benches and others strolled about.
① boys　② many　③ people　④ some　(東京国際大)

☑ **771** What they say is one thing; what they actually do is (　　).
① other　② another　③ the other　④ others　(九州産業大)

☑ **772** We had better apologize to her for it in some way (　　).
① or else　② or other
③ or so　④ and so on　(早稲田大)

☑ **773** Some wise man once said that life consists of one disappointment after (　　).
① another　② any other
③ other　④ others　(センター試験)

☑ **774** In (　　) two weeks, I will be in San Francisco.
① another　② later　③ more　④ other　(近畿大)

---

775 ①　**776** ③　**777** ④　**778** ③　**779** ②　**780** ④　**781** ③　**782** ②　**783** ③

☑ **775** Can you bring (　　) dozen cookies for the bake sale?
① another　② more　③ other　④ about　(立命館大)

☑ **776** We were given nothing (　　) than dry bread and water for our evening meal.
① but　② except　③ other　④ particular　(日本大)

☑ **777** The man I saw was (　　) than the President himself.
① no one　② not other
③ not else　④ none other　(センター試験)

☑ **778** (　　) Japanese people eat rice at least once a day.
① Almost　② Most the
③ Most　④ Most of　(京都女子大)

☑ **779** (　　) the great nations of Europe hold first place in some special branch of art or of thought: Italy in painting, Germany in music and philosophy, England in poetry and science.
① Almost of　② Most of
③ The almost of　④ The most of　(センター試験)

☑ **780** (　　) my records were imported from Germany.
① Almost　② Most
③ Almost of　④ Almost all　(センター試験)

☑ **781** "Do you think we'll have good weather?" "I hope (　　)."
① for　② it　③ so　④ to　(関西学院大)

☑ **782** "Frank drives much too fast. Someday he'll have a terrible accident."
"Oh, (　　)."
① I don't hope so　② I hope not
③ I'm not afraid so　④ I'm afraid not　(センター試験)

☑ **783** Jim: Is Mary coming today?
Sue: I (　　). She is sick.
① don't suppose　② suppose her not
③ suppose not　④ don't suppose her to　(慶應大)

第3章

---

765 ④　**766** ③　**767** ①　**768** ③　**769** ②　**770** ④　**771** ②　**772** ②　**773** ①　**774** ①

⧄ **784** They played games, made good friends, and enjoyed (　　) very much.
① time　② there
③ them　④ themselves　（大東文化大）

⧄ **785** He was patience (　　).
① all　② at all　③ itself　④ himself　（玉川大）

⧄ **786** If you don't believe me, go and see (　　).
① it through　② your meaning
③ for yourself　④ by your own　（早稲田大）

⧄ **787** How lonely and helpless she must feel left all (　　)!
① over the world　② the more
③ work and no play　④ by herself　（早稲田大）

⧄ **788** Hard work (　　) is a rich source of happiness.
① for itself　② in itself　③ to itself　④ of itself　（奈良産業大）

⧄ **789** When I was invited to the party, I was (　　) myself with pleasure.
① at　② beside　③ for　④ over　（早稲田大）

⧄ **790** I burst out laughing (　　) myself.
① regardless of　② in spite of
③ forgetting about　④ against　（愛知学院大）

⧄ **791** This wide part of the river was a popular stretch for tourist boats, but today the party had it all (　　).
① in themselves　② to themselves
③ by themselves　④ with themselves　（関西学院大）

Extra

⧄ **E-129** ①Despite the rumor ②to the contrary, ③most of teachers at that university care about ④their students' progress.　（早稲田大）

⧄ **E-130** ①The prices of some vegetables ②as well as ③that of some fruits vary ④with the season.　（津田塾大）

E-131 ①→ Almost all languages　**E-132** ②→ with each other　**E-133** ②→ its　**E-134** ③→ years
E-135 ④→ the other　**E-136** → p. 138　**E-137** → p. 138　**E-138** → p. 138　**E-139** → p. 138
E-140 → p. 138

☑E-131 ①Almost every languages have beautiful names meaning “moon” and “sun”. ②Early peoples often worshipped the moon and sun as gods and made up elaborate stories ③to explain their daily journeys across ④the heavens. (上智大)

☑E-132 They ①tried to communicate ②each other ③to solve ④their problems. (静岡県立大)

☑E-133 New England, ①with ②it's abundance ③of colleges and universities, ④is a good place to study. (上智大)

☑E-134 ①For the past 30 years, the Ministry of Education ②has conducted a survey every two ③year to record ④the number of foreign students. (日本女子大)

☑E-135 ①Almost everybody had ②a racket in one hand ③and a ball in ④another. (日本大)

☑E-136 読みかけの本を読み終わらないうちに，新しい本を読み出すな。
Don't start reading a (book / finishing / new / before / one / are / the / you) reading. (獨協大)

☑E-137 I'd like to inquire after (to / friend / who / of / a / was / mine) have arrived this afternoon by ship. (立教大)

☑E-138 He was shocked when he was arrested, because (he / he / think / had / didn't / done / wrong / anything). (小樽商大)

☑E-139 I don't know what it is, (about / but / her / is / mysterious / something / there). (立教大)

☑E-140 I can't get into my room. I was (enough / lock / out / stupid / to). (1語不足) (東京大)

---

784 ④　785 ③　786 ③　787 ④　788 ②　789 ②　790 ②　791 ②
E-129 ③→ most of the teachers　E-130 ③→ those of some fruits

[14] 関係詞の用法

☑ **792** I know a woman (　　) first and last names are the same as mine.
① which　② what　③ who　④ whose　(日本大)

☑ **793** What is the name of the building (　　)?
① which roof you can see　② that you can see its roof
③ whose roof you can see　④ which you can see the roof　(上智大)

☑ **794** He mentioned a book (　　) I can't remember now.
① which title　② with the title which
③ in which the title　④ the title of which　(慶應大)

☑ **795** Who (　　) has read Shakespeare's beautiful poems can forget their fascination?
① that　② which　③ who　④ whom　(成城大)

☑ **796** He is not the man (　　) he was when I first knew him.
① that　② what　③ which　④ whom　(梅花女子大)

☑ **797** She is not such a bad girl (　　) you imagine.
① that　② but　③ who　④ as　(九州共立大)

☑ **798** Remember (　　) I've just told you. It'll be very important when you grow up.
① as　② that
③ what　④ which　(センター試験)

☑ **799** (　　) seems easy at first often turns out to be difficult.
① It　② That
③ What　④ Which　(センター試験)

☑ **800** Poor planning may result in choosing a job (　　) you will not be truly successful.
① to whom　② that
③ of which　④ in which　(センター試験)

---

801 ②　802 ①　803 ③　804 ①　805 ②　806 ③　807 ①　808 ②　809 ①

☑ **801** This is the magazine I ( ).
① spoke to you　② spoke to you about
③ spoke you　④ spoke you about　(昭和女子大)

☑ **802** This is ( ) you have to do now.
① all　② only　③ that　④ which　(日本大)

☑ **803** ( ) last night wasn't very comfortable.
① The bed I slept　② The bed in that I slept
③ The bed I slept in　④ The bed in I slept　(慶應大)

☑ **804** A friend of mine ( ) I supposed would pass the examination has failed.
① who　② whom　③ of whom　④ as　(福岡大)

☑ **805** There are some tools ( ).
① with which the job to do easily
② with which to do the job easily
③ which to do the job easily with
④ easily with which to do the job　(京都女子大)

☑ **806** The firemen had trouble getting to the street ( ) the houses were on fire.
① how　② that
③ where　④ which　(センター試験)

☑ **807** Stratford-upon-Avon, ( ) is on the river Avon, is famous as Shakespeare's birthplace.
① which　② what
③ as　④ where　(センター試験)

☑ **808** New York is a city ( ) I have long wanted to visit.
① where　② which　③ what　④ who　(駒澤大)

☑ **809** Last night Cindy told me about her new job in Tokyo, ( ) she appears to be enjoying very much.
① which　② where　③ what　④ when　(センター試験)

第4章

792 ④　793 ③　794 ④　795 ①　796 ①　797 ④　798 ③　799 ③　800 ④

☑ **810** This is the reason for ( ) he did it.
① why ② what ③ which ④ that (札幌学院大)

☑ **811** The enemy was within about twenty paces of ( ) we had been sitting.
① which ② the place of ③ what ④ where (福岡大)

☑ **812** Pat is very talkative. That's ( ) I don't like him.
① what ② why
③ that ④ because (徳島文理大)

☑ **813** A large proportion of ( ) English-speaking people watch on TV is of American origin.
① that ② what
③ where ④ which (センター試験)

☑ **814** He said he couldn't speak Russian, ( ) was untrue.
① which ② what ③ why ④ how (名古屋外大)

☑ **815** He was a foreigner, ( ) they perceived from his accent.
① what ② as ③ because ④ so (福岡大)

☑ **816** ( ) of a novelist, he has the ability to make acute observations of people.
① As might be expected ② Judging
③ As a viewpoint ④ Viewing (駒澤大)

☑ **817** Were I wealthy, ( ) I'm not, I would still go to work every day.
① so ② what ③ which ④ while (明治学院大)

☑ **818** There is no one ( ) knows that the earth is round.
① as ② but ③ who ④ that (大阪電気通信大)

☑ **819** Tom has a lot of friends, many of whom ( ).
① he was at school together ② he was at school with
③ he was at school with them ④ he was together at school (慶應大)

☑ **820** He is ( ) is called a self-made man.
① that ② which ③ what ④ who (センター試験)

---

821 ③ **822** ④ **823** ② **824** ④ **825** ④ **826** ③ **827** ① **828** ③ **829** ③ **830** ② **831** ①

⧄ **821** Never forget that you owe (　　) you are to your parents.
① that　② where
③ what　④ why　(四天王寺国際仏教大)

⧄ **822** I was told to go not on foot but by bus, (　　) I followed.
① but consequently　② however
③ though　④ which advice　(早稲田大)

⧄ **823** I may have to work, (　　) I'll call you.
① for which　② in which case
③ whereby　④ wherefore　(慶應大)

⧄ **824** Please feel free to contact me. I'm willing to give you (　　) help I can.
① that　② which　③ whose　④ what　(東邦大)

⧄ **825** (　　) will be welcome.
① Whoever　② Whoever that comes
③ Whoever that can　④ Whoever comes　(センター試験)

⧄ **826** I copied in my notebook (　　) he wrote on the blackboard.
① however　② that　③ whatever　④ whoever　(千葉商大)

⧄ **827** We will elect (　　) we believe is trustworthy.
① whoever　② whomever　③ those who　④ of whom　(福岡大)

⧄ **828** (　　) happens you may rely on my friendship.
① Whenever　② However　③ Whatever　④ Whoever　(桜美林大)

⧄ **829** I want that picture (　　) what I have to do to get it.
① and all that　② so that
③ no matter　④ no wonder　(早稲田大)

⧄ **830** (　　) sport or outdoor activity you enjoy, there's probably somewhere in Britain that offers it.
① However　② Whatever　③ Whenever　④ Wherever　(中部大)

⧄ **831** (　　) you go, you have to remember that you can use your credit card.
① Wherever　② Whatever　③ Whichever　④ How　(大東文化大)

---

810 ③　**811** ④　**812** ②　**813** ②　**814** ①　**815** ②　**816** ①　**817** ③　**818** ②　**819** ②　**820** ③

☑ **832** I'd rather have a room of my own, (　　) small it may be.
① however　② no matter
③ even if　④ whatever　（センター試験）

☑ **833** (　　) busy I am in the morning, I make a point of glancing at the newspaper.
① Although　② Even if
③ No matter how　④ Whatever　（南山大）

☑ **834** It has often been said that facts are to the scientist (　　) words are to the poet.
① for　② of　③ what　④ which　（明治学院大）

☑ **835** The day was rainy, and (　　) was worse, stormy.
① so　② such　③ what　④ which　（梅花女子大）

☑ **836** The time will come (　　) every one of us uses a computer.
① why　② wherever　③ when　④ whatever　（小樽商大）

☑ **837** I wish that when I was eighteen, I had known somebody like I am now at fifty-three, an older person with hard-won wisdom (　　) I could have gone for advice.
① which　② for whom
③ to whom　④ with which　（京都外大）

☑ **838** Understanding is (　　) penetrating knowledge that grows from theory, practice, and humility.
① that　② that the　③ that which　④ what　（明治学院大）

☑ **839** What can you do to make those immature boys (　　) they should be?
① what　② who　③ that　④ why　（京都学園大）

☑ **840** The hospital has two spare beds on the second floor, (　　) has been used for years. You are welcome to use either one of them.
① both of which　② one of which
③ all of which　④ neither of which　（京都外大）

---

841 ④　**E-141** ②→ how hard I work　**E-142** ④→ to which　**E-143** ④→ which
E-144 ②→ which または that　**E-145** → p. 139　**E-146** → p. 139　**E-147** → p. 139　**E-148** → p. 139

☑ **841** From (　) they look, I would say that they failed.
① what　② at which　③ the point　④ the way　（早稲田大）

Extra

☑**E-141** ①No matter ②how I work hard, I cannot ③finish reading the book ④we've been assigned by tomorrow.　（関西学院大）

☑**E-142** I ①cannot but respect a man who is engaged ②in work, ③whatever it may be, ④which he is willing to devote his life.　（獨協大）

☑**E-143** She ①told me to finish my ②homework ③within an hour, ④that I found impossible.　（津田塾大）

☑**E-144** She lives ①in an apartment ②where is restricted ③to ④female students.　（中央大）

☑**E-145** われわれの探検はあまり成功ではなかったが，それから生じた結果は重要であるかもしれない。
Though our expedition was only a partial success, the results (came / it / may / of / that / be / out) significant.　（立命館大）

☑**E-146** この本は英語が母国語でない学生向けです。(1 語不要)
This book (English / for / is / isn't / native / students / language / which / whose).　（東京理大）

☑**E-147** お探しの銀行はリンカーン通りにあります。
(for / located / looking / you / the / is / are / bank) on Lincoln Avenue.　（愛媛大）

☑**E-148** 校長は自分と合わない反対意見は，みな無視してしまうところがあった。(2 語不要)
The principal tended to brush aside (agree / any / did / from / he / not / objections / something / with).　（東京理大）

---

832 ①　**833** ③　**834** ③　**835** ③　**836** ③　**837** ③　**838** ①　**839** ①　**840** ④

☑E-149 犯罪を犯す者は，だれであろうと厳しく処罰されねばならない，と彼は主張している。
He (a crime / be / commits / insists / must / severely punished / that / whoever). (明治学院大)

☑E-150 そのアニメーションは，思っていたものとは異なっていた。
The animation (it / not / I / what / thought / would / be / was). (青山学院大)

☑E-151 She is intelligent, but she just doesn't have (be / takes / to / what) a good journalist. (1 語不足) (東京大)

☑E-152 You can look through your textbook and choose (you / want to / topic / whatever / write about) for your essay. (センター試験)

---

[15] 接続詞の用法

☑ **842** (　　) your trust in your ability, and you will never fail completely.
① If you place　② Place　③ Placed　④ Placing (明治学院大)

☑ **843** George was good at arithmetic, (　　) he never got an A.
① and　② yet
③ then　④ on the contrary (慶應大)

☑ **844** Tenants must not use the apartment for (　　) business or profit.
① all　② either　③ neither　④ no (学習院大)

☑ **845** Poor woman! She doesn't have any friends (　　) relatives to take care of her.
① either　② or　③ and　④ neither (上智大)

☑ **846** What he says is based on supposition, not (　　).
① a few　② a bit　③ on fact　④ at all (早稲田大)

---

847 ④ **848** ③ **849** ③ **850** ① **851** ④ **852** ③ **853** ② **854** ② **855** ③ **856** ①

☑ **847** Energy needs are not going to decrease, (　　) are energy sources going to increase.
① or　② though　③ but　④ nor　(京都外大)

☑ **848** (　　) there is a difficulty in the plan is obvious.
① What　② Whatever　③ That　④ Therefore　(南山大)

☑ **849** John asked Mary (　　) she would like to go shopping in the afternoon.
① what　② that　③ if　④ whom　(南山大)

☑ **850** Physical and mental tests determine (　　) applicants will be admitted into one of the military services.
① whether　② unless　③ that　④ how　(慶應大)

☑ **851** I'm worried (　　) she is happy.
① as if　② about that
③ about if　④ about whether　(立命館大)

☑ **852** Every man's work, (　　) literature or music or architecture or anything else, is always a portrait of himself.
① however　② no matter what it is
③ whether it is　④ whichever it is　(明治学院大)

☑ **853** The reason I came late was (　　) I overslept.
① which　② that　③ why　④ as　(西南学院大)

☑ **854** I regard myself as fortunate in (　　) I have so many friends.
① how　② that　③ what　④ which　(京都産大)

☑ **855** I know nothing about Mr. Brown (　　) that he lives next door.
① else　② without　③ except　④ excluding　(南山大)

☑ **856** There is no certainty (　　) the meeting will be successful.
① that　② which　③ if　④ what　(福岡大)

第4章

E-149 → p. 139　**E-150** → p. 139　**E-151** → p. 139　**E-152** → p. 139　**842** ②　**843** ②　**844** ②
845 ②　**846** ③

☐ **857** The rumor passed from mouth to mouth ( ) he was alive somewhere in the mountains.
① which ② what ③ that ④ however (福岡大)

☐ **858** My uncle broke his promise to take us to the beach. ( ) my sister was disappointed, her face didn't show it.
① Even ② However ③ If ④ Then (センター試験)

☐ **859** Don't just sit around waiting for someone to help you. Nobody is going to help you ( ) you ask.
① else ② unless
③ what ④ without (センター試験)

☐ **860** I'll be surprised ( ) an accident. He drives too fast.
① if Tom doesn't have ② unless Tom has
③ unless Tom doesn't have ④ if Tom has (センター試験)

☐ **861** ( ), I still say we drop the project, because it has already cost too much.
① Even if the performance is good
② Unless the performance is good
③ Since the performance is good
④ Whereas the performance is good (慶應大)

☐ **862** Dark ( ) it was, we managed to find our way home.
① after ② although ③ as ④ before (関西学院大)

☐ **863** ( ) winters in Britain are cold and there is usually snow, there are very few ski resorts.
① Although ② As ③ Since ④ When (センター試験)

☐ **864** ( ) I don't like carrots, I eat them because my doctor has ordered me to.
① Even so ② Even though ③ Despite ④ In spite of (上智大)

☐ **865** It is often said that an American starts a speech with a joke, ( ) a Japanese has an apology to make.
① which ② what ③ while ④ that (センター試験)

---

866 ④ **867** ④ **868** ② **869** ② **870** ③ **871** ① **872** ④ **873** ④ **874** ③ **875** ③

☑ **866** (　　) spring comes, many professors move their classes outdoors.
① Although　② However　③ Since　④ When　(慶應大)

☑ **867** How silly it is of you to take a taxi (　　) you could easily walk home!
① after　② as　③ unless　④ when　(広島修道大)

☑ **868** (　　) you condemn him, put yourself in his place.
① Because　② Before　③ While　④ Unless　(早稲田大)

☑ **869** (　　) he graduated from high school, he has not done anything.
① Until　② Since　③ Before　④ When　(亜細亜大)

☑ **870** I'll be back in Japan (　　) this letter reaches you.
① if　② until
③ by the time　④ now that　(名古屋経大)

第4章

☑ **871** You can't vote (　　) you have satisfied all the formal conditions.
① until　② when　③ whenever　④ since　(桜美林大)

☑ **872** The trouble is, (　　) we get used to watching TV, we gradually watch it more and more.
① what　② so　③ that　④ once　(福岡大)

☑ **873** It was not (　　) I was away from home that I realized how much I loved my parents.
① if　② as　③ during　④ until　(昭和女子大)

☑ **874** Mr. Smith grew colder and colder (　　) finally he got up and left the room.
① as　② than　③ until　④ whenever　(愛知大)

☑ **875** Hanako hardly ever goes out any more, even with friends, (　　) she's married and has two kids.
① as soon as　② unless
③ now that　④ in case　(センター試験)

---

857 ③　**858** ③　**859** ②　**860** ①　**861** ①　**862** ③　**863** ①　**864** ②　**865** ③

☑ **876** (　　) she was tired, she decided to take the bus instead of walking home.
① However　② Ever since
③ No matter how　④ Since　(南山大)

☑ **877** A book is not always a good book just (　　) it is written by a famous writer.
① because　② for
③ since　④ though　(センター試験)

☑ **878** It was a long while (　　).
① before she understood me
② unless she understood
③ until she did not understand me
④ after she understood me　(東洋大)

☑ **879** (　　) he heard the fire bell, he rushed out of the room.
① No sooner　② The moment
③ In an instant　④ To the minute　(福岡大)

☑ **880** (　　) the first page of the book when the doorbell rang.
① Hardly I had read　② I had hardly read
③ I had read hardly　④ I hardly had read　(センター試験)

☑ **881** The ship had (　　) gone out to sea when she was overtaken by a storm.
① seldom　② scarcely　③ rarely　④ merely　(獨協大)

☑ **882** No sooner had we got up on deck (　　) a native gave a loud shout.
① when　② than　③ where　④ that　(龍谷大)

☑ **883** She should have done (　　) she was told. Then she wouldn't have made mistakes.
① that　② which　③ so　④ as　(神戸女子大)

☑ **884** If you pronounce it (　　) I taught you, you'll always get it right.
① when　② the way
③ as the way　④ the same　(京都産業大)

---

885 ①　886 ①　887 ③　888 ①　889 ②　890 ④　891 ②　892 ③　893 ①　894 ④

☑ **885** I wonder if we are able to see those who are very close to us (　　).
① as they really are　② as if they really are
③ as it is　④ as it were　(日本大)

☑ **886** So (　　) as I am concerned, you may leave whenever you like.
① far　② many　③ much　④ long　(センター試験)

☑ **887** You can borrow my bicycle, (　　) you are careful with it.
① when　② even if　③ as long as　④ while　(慶應大)

☑ **888** A: Does Jack live in the suburbs or in the center of the city?
B: (　　) I know, he lives near the center.
① As far as　② As long as
③ As much as　④ So long as　(センター試験)

☑ **889** Let's take an express train (　　) we can get there 20 minutes earlier.
① in order　② so that　③ such as　④ while　(センター試験)

☑ **890** Mary didn't want to walk at night on her own (　　) something terrible would happen to her.
① so that　② unless
③ despite the fact that　④ for fear that　(慶應大)

☑ **891** Let's get going now in case the bus (　　) early.
① doesn't leave　② leaves
③ will leave　④ won't leave　(センター試験)

☑ **892** (　　) an accident, report it to me at once.
① Being had　② If you will have
③ In case there is　④ In addition to　(東北学院大)

☑ **893** Kinesics, the study of body language, is so new as a science (　　) its authorities can be counted on the fingers of one hand.
① that　② unless　③ as　④ since　(京都外大)

☑ **894** Pollution has reached (　　) proportions that we are barely able to cope with it.
① great　② many　③ so　④ such　(立教大)

第4章

876 ④　877 ①　878 ①　879 ②　880 ②　881 ②　882 ②　883 ④　884 ②

☑ **895** It was (　　) nice weather that we were able to go swimming.
① much　　② quite　　③ so　　④ such　　(日本女子大)

☑ **896** When she saw all her children safe at home, her delight was (　　) that she could not speak a word.
① so　　② such　　③ very much　　④ great　　(愛知大)

☑ **897** I don't mind lending you the money (　　) you pay it back within a year.
① which　　② supposed　　③ whether　　④ provided　　(福岡大)

☑ **898** You can borrow two books (　　) condition that you bring them back within a week.
① at　　② with　　③ by　　④ on　　(センター試験)

☑ **899** (　　) was Linda's disappointment that she burst into tears.
① This　　② It　　③ So　　④ Such　　(中央大)

☑ **900** Living (　　) I do so remote from town, I rarely meet people.
① though　　② as　　③ while　　④ if　　(青山学院大)

☑ **901** I taped the artist's speech (　　) my students could listen to it later.
① in case　　② if　　③ so　　④ which　　(城西大)

☑ **902** Literature (　　) we understand it should interest everyone.
① as　　② that　　③ what　　④ which　　(東京理科大)

☑ **903** They say Bob has been arrested. (　　) it true or not, I will still be his friend.
① Let　　② Be　　③ Have　　④ Make　　(南山大)

Extra

☑ **E-153** No sooner ①<u>had</u> she crossed a small bridge near the farm ②<u>then</u> the storm ③<u>resumed</u> with even ④<u>greater intensity</u>.　　(慶應大)

☑ **E-154** ①<u>What</u> I want to know is ②<u>that</u> Mike really wants to become a doctor, ③<u>for</u> he doesn't make any effort ④<u>at all</u>.　　(青山学院大)

E-155 ③→ or　**E-156** ①→ such good milk　**E-157** → p. 139　**E-158** → p. 139　**E-159** → p. 139
E-160 → p. 139　**E-161** → p. 139　**E-162** → p. 139　**E-163** → p. 139

E-155 The word "church" can be used to indicate either ① a body of people united by ② the bond of common belief and worship ③ and the actual building ④ in which the worship is carried out. （上智大）

E-156 It was ① so good milk that they ② couldn't stop drinking ③ it. ④ The weather was also warm. （早稲田大）

E-157 まもなく彼は現れた。（1 語不要）
I (before / had / he / not / long / showed / until / up / waited).
（東京理大）

E-158 その一家の財産はあまりにも莫大《ばくだい》すぎて，いちいち数えあげることができない。
So numerous (possessions / the family's / cannot / name / are / that / they) them all. （立命館大）

E-159 ものごとはいつも思いどおりにいくとはかぎらない。
Things (them / want / go / the / always / to / don't / way / we).
（東京理大）

E-160 I didn't tell Mr. Yamamoto anything about the project, (all / as though / but / he knew / he spoke) about it. （センター試験）

E-161 We made sure that the gate (come into / so that / could / no one / was locked) the factory without permission. （センター試験）

E-162 Barbara has always been interested in history, so the news (made / that / the museum / to close / was) her very sad. （センター試験）

E-163 No one (any / as / behaves / has / he does / idea / John / why). He is so unusual. （東京大）

---

895 ④　**896** ②　**897** ④　**898** ④　**899** ④　**900** ②　**901** ③　**902** ①　**903** ②　**E-153** ②→ than
E-154 ②→ whether

［16］前置詞と群前置詞の用法

☑ **904** You can hire a bicycle (　　) the hour at this shop.
① at　② by　③ to　④ with　(センター試験)

☑ **905** (　　) the last war, coffee has been getting more popular with the English.
① During　② Over　③ Since　④ As　(センター試験)

☑ **906** (　　) four years in Greece, Taro longed for the familiar sights of Kyoto.
① After　② As　③ By　④ Since　(センター試験)

☑ **907** We shall go on studying this book (　　) the end of the year.
① for　② till　③ since　④ by　(徳島文理大)

☑ **908** If we take an express, we'll get home (　　) seven o'clock.
① by　② on　③ in　④ until　(センター試験)

☑ **909** That bus will get her to Osaka (　　) five hours.
① at　② for　③ in　④ with　(慶應大)

☑ **910** Your mail is due to arrive here (　　) a week.
① for　② on　③ until　④ within　(青山学院大)

☑ **911** There will be one ten-minute interval (　　) the performance.
① during　② for　③ since　④ while　(芝浦工大)

☑ **912** The heavy rainfall has caused vegetable prices to rise daily (　　) the last two months.
① by　② for　③ since　④ with　(センター試験)

☑ **913** This store stays open all (　　) the night.
① by　② for　③ through　④ within　(実践女子大)

☑ **914** I went back to my hometown for the first time (　　) ten years.
① before　② during　③ in　④ of　(センター試験)

---

915 ④　**916** ④　**917** ②　**918** ③　**919** ②　**920** ④　**921** ③　**922** ③　**923** ②　**924** ①　**925** ①　**926** ④

☑ **915** (　　) a cold night in February I had an unexpected visit from him.
① At　② To　③ In　④ On　(慶應大)

☑ **916** (　　) noon the fog began to disappear, and the sun broke through.
① Over　② Against
③ To　④ Toward　(センター試験)

☑ **917** The sun rises (　　) the east.
① to　② in　③ at　④ under　(千葉商大)

☑ **918** He was born in a small town (　　) the Thames.
① in　② at　③ on　④ of　(駒澤大)

☑ **919** It takes only a few hours to fly (　　) the Atlantic.
① along　② across　③ through　④ past　(徳島文理大)

☑ **920** Life changes constantly. Change will always be (　　) us.
① besides　② doing　③ happening　④ with　(関西学院大)

☑ **921** Mr. Miller walked (　　) the forest.
① among　② cross　③ through　④ over　(京都産業大)

☑ **922** My brother's an authority (　　) philosophy.
① with　② at　③ on　④ to　(中央大)

☑ **923** The Prime Minister made a short speech in America (　　) an interpreter.
① from　② through　③ between　④ in　(センター試験)

☑ **924** We danced (　　) the music of that famous band for hours.
① to　② with　③ by　④ of　(大東文化大)

☑ **925** This chimney is (　　) brick.
① made of　② built by
③ making by　④ building of　(桜美林大)

☑ **926** Water turns (　　) ice at 32° F.
① off　② out　③ up　④ into　(桜美林大)

第4章

---

904 ②　**905** ③　**906** ①　**907** ②　**908** ①　**909** ③　**910** ④　**911** ①　**912** ②　**913** ③　**914** ③

☑ **927** ( ) all the magazines on the shelf, there was one that was very interesting.
① Among ② By ③ Between ④ From (拓殖大)

☑ **928** The proposal was dropped because seven people out of ten voted ( ) it.
① against ② contrary to ③ for ④ in (早稲田大)

☑ **929** It is more difficult to swim ( ) the stream than to swim with it.
① against ② for ③ within ④ down (センター試験)

☑ **930** This city is three hundred feet ( ) sea level.
① on ② beyond ③ up ④ above (センター試験)

☑ **931** ( ) our surprise, she has gone to Brazil alone.
① For ② In ③ To ④ With (センター試験)

☑ **932** That girl ( ) white is a nurse.
① in ② of ③ on ④ with (センター試験)

☑ **933** Do you have any money ( ) you?
① with ② to ③ in ④ over (センター試験)

☑ **934** Tonight the stars are shining out brilliantly ( ) a black sky.
① towards ② against ③ to ④ around (南山大)

☑ **935** He bought a new camera ( ) twenty thousand yen.
① by ② for ③ in ④ on (千葉商大)

☑ **936** ( ) are you moving the furniture for?
① What ② How ③ Where ④ Why (センター試験)

☑ **937** These kinds of books are ( ) little value.
① having ② of ③ with ④ without (慶應大)

☑ **938** This problem is too difficult. It's ( ) me.
① below ② behind
③ beside ④ beyond (センター試験)

---

939 ④ **940** ③ **941** ④ **942** ④ **943** ③ **944** ① **945** ③ **946** ② **947** ③ **948** ② **949** ① **950** ①

☑ **939** (　　) you and me, John's idea doesn't appeal to me very much.
① Both　② Either
③ Among　④ Between　(センター試験)

☑ **940** The population in this city rose (　　) 15,000 last year to 2.5 million.
① with　② into　③ by　④ at　(東京電機大)

☑ **941** The president and the secretary talked (　　) a cup of coffee.
① of　② off　③ on　④ over　(中央大)

☑ **942** A language may extend (　　) national and cultural boundaries.
① on　② in
③ out　④ beyond　(センター試験)

☑ **943** The world population is increasing (　　) a surprising rate.
① by　② for　③ at　④ to　(立正大)

☑ **944** These two streets separate (　　) the branches of a Y.
① like　② by　③ on　④ from　(桜美林大)

☑ **945** Tom is very tall, (　　) his brothers and sisters.
① for　② in　③ unlike　④ out of　(京都産業大)

☑ **946** I'm not worried about anything (　　) the money.
① more　② except　③ less　④ mainly　(南山大)

☑ **947** I have read all (　　) the last page.
① with　② by　③ but　④ for　(東京電機大)

☑ **948** Three of my friends, (　　) me, were admitted to the bar.
① along　② besides
③ except　④ save for　(明治学院大)

☑ **949** He stared me (　　) the face.
① in　② on　③ at　④ to　(千葉商大)

☑ **950** She shook the child roughly (　　) the arm.
① by　② under　③ with　④ on　(中央大)

第4章

927 ①　928 ①　929 ①　930 ④　931 ③　932 ①　933 ①　934 ②　935 ②　936 ①　937 ②　938 ④

☑ **951** Today's high temperature set a new record. It's extremely hot (　　) this time of the year.
① for　② on　③ in　④ to　(南山大)

☑ **952** (　　) his many hours of study, he did not make much progress in German.
① Because of　② Besides
③ Despite　④ Instead of　(センター試験)

☑ **953** I don't think the car is going (　　) the right direction.
① in　② to　③ on　④ at　(センター試験)

☑ **954** Though he is poor, he is (　　) telling lies.
① on　② within　③ above　④ under　(立命館大)

☑ **955** (　　) taking the regular tests, we have to hand in a long essay.
① Above all　② As well
③ Behind　④ In addition to　(センター試験)

☑ **956** The thief ran away at the (　　) of a policeman.
① screen　② scenery
③ sight　④ seeing　(センター試験)

☑ **957** I have never seen him smile (　　) the presence of others.
① at　② by　③ in　④ under　(千葉商大)

☑ **958** He wanted to succeed even at the (　　) of his health.
① danger　② service
③ expense　④ mercy　(センター試験)

☑ **959** Farmers are always (　　) the weather.
① at the mercy of　② depended on
③ dependent in　④ merciful of　(慶應大)

☑ **960** We express our thoughts by (　　) of words.
① ways　② help
③ means　④ method　(桃山学院大)

---

961 ④　**962** ④　**963** ①　**964** ③　**965** ③　**966** ②　**967** ③　**968** ②　**969** ①　**970** ②　**971** ④

☑ **961** (　　) the sunny weather, the air was rather chilly.
① In place of　② Instead of
③ In front of　④ In spite of　(センター試験)

☑ **962** We had to drive very slowly (　　) fog.
① instead of　② according to
③ by means of　④ on account of　(東京経大)

☑ **963** Lawyers argue on (　　) of their clients.
① behalf　② board　③ target　④ side　(中央大)

☑ **964** I stayed home all day (　　) going to work.
① beside　② except　③ instead of　④ without　(慶應大)

☑ **965** (　　) respect to these letters, the best thing is to burn them.
① On　② By　③ With　④ Without　(関西大)

☑ **966** Several members preferred the second resolution and spoke in (　　) of it.
① benefit　② favor　③ opinion　④ opposition　(慶應大)

☑ **967** She sat still for (　　) of waking the baby.
① a rest　② the purpose　③ fear　④ the sake　(早稲田大)

☑ **968** He succeeded in the (　　) of many difficulties.
① cause　② face　③ shape　④ way　(日本大)

☑ **969** The plan was a good one (　　) from its cost.
① apart　② away　③ far　④ fresh　(日本大)

☑ **970** He is (　　) the men's clothing department.
① charge of　② in charge of
③ the charge of　④ charging to　(上智大)

☑ **971** New evidence in (　　) of the existence of an ancient village at the foot of Mt. Asama has recently been published.
① place　② relief
③ help　④ support　(センター試験)

第4章

---

951 ①　952 ③　953 ①　954 ③　955 ④　956 ③　957 ③　958 ③　959 ①　960 ③

☑ **972** The fine statue of Hachiko, a faithful dog, stands ( ) the middle of the busy square in front of Shibuya Station.
① at ② in ③ among ④ on (センター試験)

☑ **973** Some writers have used the term 'civilization' in ( ) with the term 'culture'.
① contract ② contact
③ contrast ④ contrary (センター試験)

☑ **974** ( ) his good education, Taro knew little about Japan, because he had left Japan when he was very young.
① In place of ② Instead of
③ Along with ④ With all (東京電機大)

☑ **975** She was unhappy ( ) all her wealth.
① for ② to ③ from ④ on (中央大)

☑ **976** We should admit that there are still many things whose worth cannot be expressed ( ) money.
① in part for ② in exchange for
③ in favor of ④ in terms of (神奈川大)

☑ **977** Car manufacturing is carried out by computer-programmed robots ( ) human workers.
① by way of ② in opposition to
③ in place of ④ in spite of (立教大)

☑ **978** She was able to go to college ( ) the scholarship.
① to ② in
③ according to ④ thanks to (京都産業大)

☑ **979** His ideas were far in ( ) of the age in which he lived.
① addition ② advantage
③ advance ④ adventure (センター試験)

☑ **980** This company does not discriminate but employs people ( ) their sex or race.
① regardless of ② because of ③ according to ④ in favor of (南山大)

---

981 ④ **982** ④ **983** ② **984** ④ **985** ③ **986** ③ **987** ② **988** ② **989** ① **E-164** ④→ by

☑ **981** A "red-letter day" was originally a holy day on which a church festival took place (　　) a saint.
① in spite of　　② in terms of
③ for fear of　　④ in honor of　　(京都外大)

☑ **982** Mark gave her a gold brooch (　　) his love and esteem.
① in back of　　② in spite of
③ in charge of　　④ in token of　　(青山学院大)

☑ **983** Their salaries are set (　　) their sales.
① of proportion to　　② in proportion to
③ in proportion of　　④ proportion to　　(北海学園大)

☑ **984** She studied hard with a (　　) to becoming a teacher of Japanese.
① means　　② purpose
③ hope　　④ view　　(松蔭女子学院大)

☑ **985** (　　) case of fire, break this window and go down the emergency staircase.
① At　　② For　　③ In　　④ On　　(南山大)

☑ **986** According (　　) the newspapers, he will be here today.
① with　　② by　　③ to　　④ for　　(上智大)

☑ **987** I have done the best I could to help you. The rest is (　　) you.
① up for　　② up to　　③ up against　　④ up on　　(名城大)

☑ **988** The landlady asked Kitty to leave her apartment immediately, and she was quite at a loss (　　) where she would move.
① as far　　② as to　　③ for to　　④ so much　　(慶應大)

☑ **989** I'm going to sketch in a bit of the background (　　) introduction.
① by way of　　② according to
③ because of　　④ with respect to　　(獨協大)

Extra

☑ **E-164** Everybody ①in this class ②has to ③hand in an essay ④until the end of this week.　　(法政大)

972 ②　973 ③　974 ④　975 ①　976 ④　977 ③　978 ④　979 ③　980 ①

☑E-165 The reporter said that ①the typhoon ②would arrive ③at the next ④few hours. （亜細亜大）

☑E-166 There were no customers ①without a group of Japanese ②tourists in the department store ③at that time. They were ④looking for some good souvenirs. （昭和女子大）

☑E-167 Because of ①a bad stomachache, Lucy could ②neither sleep nor eat ③while her flight ④over to Singapore. （学習院大）

☑E-168 Telling a good joke ①well is the highest art. It is an art because it is ②up for you: if you do not ③get a laugh, you have told it ④poorly. （慶應大）

☑E-169 どうしたらこのお金をもっとも有効に使えるか，何かよい考えがありませんか。
Have you any good ideas (the / as / best / make / to / how / can / we) use of the money? （立命館大）

☑E-170 女の子は塀にもたれて立っていた。(2 語不要)
The girl stood (against / back / her / support / the wall / toward / with). （東京理大）

☑E-171 彼の説明を聞いてもさっぱりわからない。(3 語(句) 不要)
(above / can't / far / from / his explanation / is / me / realize). （東京理大）

☑E-172 Will (favor / in / of / suggestion / the / those) please signify their agreement by raising their hands? （立教大）

☑E-173 There is sometimes a great difference between theory and practice. Theoretical knowledge is often (can / it / no / of / unless / use) be applied in a practical way. （立教大）

E-174 → p. 140

☐E-174 Maybe you should try again. I'm (afraid / essay / last / not / up / was / your) to standard. （立教大）

E-165 ③→ in　E-166 ①→ except または but　E-167 ③→ during　E-168 ②→ up to　E-169 → p. 139
E-170 → p. 139　E-171 → p. 140　E-172 → p. 140　E-173 → p. 140

［17］主語と動詞の一致

☑ **990** (　　) was happy over the victory.
① Both the players and the coach
② Either the coach or the players
③ Not only the players but also the coach
④ The players as well as the coach （慶應大）

☑ **991** (　　) I am mistaken.
① Both you and　② Neither you nor
③ You as well as　④ Whether you or （獨協大）

☑ **992** Two thirds of the work (　　) finished.
① are　② did　③ is　④ will （成城大）

☑ **993** Make sure that the sick (　　) properly looked after.
① are　② has　③ is　④ will have （慶應大）

☑ **994** Five kilometers (　　) a long way if people have to walk.
① are　② is　③ was　④ were （京都産業大）

☑ **995** Statistics (　　) a required course for majors in economics.
① are　② is　③ are being　④ is being （千葉商大）

☑ **996** The poet and scholar (　　) dead.
① is　② are　③ am　④ have been （獨協大）

☑ **997** The English (　　) hardy people.
① is a　② are a　③ are to be　④ is （日本工大）

☑ **998** The number of students who came up with some answer or other (　　) small.
① was　② were　③ have been　④ being （上智大）

---

999 ②　**1000** ②　**E-175** ②→ has shown　**E-176** ③→ promises または promised　**E-177** ②→ were　**E-178** ②→ know　**E-179** ②→ was to be　**E-180** ②→ is　**1001** ③

☑ **999** In America a number of parents (　　) angry and worried that guns might easily fall into the hands of their children.
① is　② are　③ who is　④ who are　(上智大)

☑ **1000** Extra police (　　) to the scene of the trouble.
① was sent　② were sent
③ has been sent　④ has sent　(大東文化大)

Extra

☑ **E-175** The ① number of tourists in this city ② have shown ③ a steady increase from two thousand visitors ④ five years ago to ten thousand this year.
(日本女子大)

☑ **E-176** ① Figuring out ② how human genes work ③ promise to lead ④ to many new medical treatments.　(学習院大)

☑ **E-177** The door ① being locked and bolted, the police ② was forced to ③ break into the apartment ④ through the bathroom window.　(成蹊大)

☑ **E-178** Neither Elizabeth ① nor her sisters ② knows to ③ whom this kind of note ④ must be sent.　(成蹊大)

☑ **E-179** ① One way to deal with the problems ② were to be ③ suggested by ④ the committee.　(東京大)

☑ **E-180** As nuclear physicists have discovered, even the atom, once ① thought to be the irreducible element of matter, ② are a system ③ whose complexities have hardly ④ begun to be unraveled.　(慶應大)

[18] 疑問文と語順

☑ **1001** (　　) do you think of the new teacher?
① How　② Which　③ What　④ Whom　(桜美林大)

990 ③　991 ②　992 ③　993 ①　994 ②　995 ②　996 ①　997 ②　998 ①

☑ 1002 We'd like to hear some more ideas. (　　) of this matter?
① Do you say any ideas　② How do you think
③ What do you speak　④ What's your opinion　（センター試験）

☑ 1003 (　　) do you think the population of Osaka is?
① How　② How many
③ How large　④ How much　（大阪学院大）

☑ 1004 (　　) the population of Japan?
① How many are　② What is
③ How much is　④ What number is　（南山大）

☑ 1005 (　　) are you to talk to me like that?
① Why　② Who　③ How　④ When　（南山大）

☑ 1006 "How (　　) does the bus leave?"
"It will start in a few minutes."
① fast　② hastily　③ rapidly　④ soon　（梅花女子大）

☑ 1007 We know that the museum opens at nine o'clock, but we don't know (　　) it is open.
① up to when　② by when　③ how late　④ what time　（中央大）

☑ 1008 Do you know how (　　) in the evening the show begins?
① early　② fast
③ quickly　④ rapidly　（センター試験）

☑ 1009 "(　　) you're so late?" "I got lost on the way."
① How about　② How come
③ Why　④ What do you say　（南山大）

☑ 1010 "(　　) about going on a hike?" "That's a good idea."
① How　② When
③ Why　④ Which　（センター試験）

☑ 1011 What is the weather in your home town (　　) about this time of the year?
① likely　② like　③ liked　④ alike　（センター試験）

1012 ④　1013 ④　1014 ④　1015 ②　1016 ④　1017 ②　1018 ③　1019 ④　1020 ③

☑ **1012** Do you have any idea (　　)
① when does close the bank?
② when closes the bank?
③ when does the bank close?
④ when the bank closes?　（センター試験）

☑ **1013** (　　) was the writer of this novel?
① Whom do you think　② Do you think who
③ Do you think whom　④ Who do you think　（センター試験）

☑ **1014** It is a pity that nobody was saved in the accident, (　　) it?
① does　② doesn't　③ was　④ isn't　（センター試験）

☑ **1015** Tom almost never studied while he was at college, (　　)?
① didn't he　② did he　③ wasn't he　④ was he　（日本大）

☑ **1016** Let's go for a walk, (　　)?
① do you　② don't you
③ will you　④ shall we　（九州共立大）

☑ **1017** Let me take a look at that photo, (　　)?
① don't you　② will you
③ don't we　④ shall we　（松蔭女子学院大）

☑ **1018** Mary scarcely seems to care for me, (　　)?
① does not she　② doesn't she
③ does she　④ does she not　（津田塾大）

☑ **1019** Tom: I can't decide which one to buy.
Liz: You've got plenty of money, so (　　) all of them?
① why not to buy　② why don't buy
③ why buy not　④ why not buy　（慶應大）

☑ **1020** "Hey, what do you say to a cup of coffee?"
"OK, (　　) not?"
① certainly　② could　③ why　④ if　（龍谷大）

第5章

1002 ④　**1003** ③　**1004** ②　**1005** ②　**1006** ④　**1007** ③　**1008** ①　**1009** ②　**1010** ①　**1011** ②

☑ 1021 I hear that a farewell party for Mr. Anderson is to be held (　　).
① on the 21st Tuesday, April
② in April the 21st Tuesday
③ on Tuesday, April the 21st
④ in April Tuesday the 21st (センター試験)

☑ 1022 My brother was born (　　).
① on March, 1970　② in March, 1970
③ 1970, on March　④ 1970, in March (センター試験)

☑ 1023 Philosophy is not (　　) as you imagine it is.
① so difficult subject　② so a difficult subject
③ a so difficult subject　④ so difficult a subject (慶應大)

☑ 1024 The businessman was leading (　　) to spend weekends with his family.
① a life so busy　② too busy a life
③ so a busy life　④ too busy life (獨協大)

☑ 1025 It's (　　) today that we ought to take advantage of it by doing something outside.
① such a fine weather　② so beautiful a day
③ such nice day　④ so a beautiful day (神田外大)

☑ 1026 The waiter was (　　) we didn't like to complain about the meal.
① so a nice man that　② such nice man that
③ a so nice man that　④ such a nice man that (慶應大)

☑ 1027 She has been here before, and (　　).
① so am I　② so have I　③ so did I　④ so I did (日本大)

☑ 1028 You said she was kind and so (　　).
① do you　② is she　③ she is　④ you are (東京理大)

☑ 1029 My wife doesn't usually drink coffee at night, and (　　).
① I do neither　② I neither do
③ neither do I　④ neither I do (センター試験)

1030 ③　**1031** ④　**1032** ③　**E-181** ④→ people laugh　**E-182** ④→ there　**E-183** ④→ will Mary
E-184 ④→ What do you think about　**E-185** → p. 140　**E-186** → p. 140　**E-187** → p. 140

☐ **1030** Not until the end of the nineteenth century (　　) become a scientific discipline.
① plant breeding have　② have plant breeding
③ did plant breeding　④ plant breeding had　(獨協大)

☐ **1031** Under no circumstances (　　) unlocked.
① must not the door be left　② must the door leave
③ the door must not leave　④ must the door be left　(上智大)

☐ **1032** His father, (　　), is over seventy.
① he looks like　② he seems
③ it seems　④ he seems like　(南山大)

Extra

☐**E-181** ①Examining the language ②can help to ③explain why ④do people laugh.　(上智大)

☐**E-182** There ①have been ②several complaints ③about the design of the building, haven't ④they?　(日本大)

☐**E-183** A: ①Will you go ②shopping this afternoon?
B: No, and ③neither ④Mary is.　(獨協大)

☐**E-184** We were ①discussing politics ②when ③all of a sudden John said, "④How do you think about the situation in the United States?"　(清泉女子大)

☐**E-185** 一日でどれくらい遠くまで行けると思いますか。
(you / can / go / we / think / far / do / how) in a day?　(青山学院大)

☐**E-186** 私は彼が一等賞をとるとは思ってもみなかった。(1語不要)
(did / he / I / would / little / of / think / win) the first prize.　(東京理大)

☐**E-187** Not (did / it / later / occur / until) to me that something was wrong.　(上智大)

1021 ③　1022 ②　1023 ④　1024 ②　1025 ②　1026 ④　1027 ②　1028 ③　1029 ③

☑E-188 Before I went to the U.S., I had (would be like / what / it / no idea / to live) in a foreign country. (センター試験)

☑E-189 Ask somebody (what / Kate / knows / is / who / like / she). (小樽商大)

☑E-190 Look at the sign. It says, "At no (be / door / left / must / this / time / unlocked)." I wonder what's inside. (東京大)

[19] 否定・省略・強調

☑ **1033** John didn't go to the party, and Mary didn't either. That is, ( ).
① either of them didn't go to the party
② either of them went to the party
③ John and Mary never went to the party together
④ neither of them went to the party (慶應大)

☑ **1034** The Tigers lost the first game of the doubleheader, but didn't lose ( ) the games.
① all ② both
③ either ④ neither of (奈良県立商大)

☑ **1035** You cannot ( ) see the star with the naked eye.
① help ② necessarily ③ hardly ④ scarcely (中央大)

☑ **1036** I am not in the ( ) anxious about it.
① last ② all ③ least ④ latest (愛知工大)

☑ **1037** These chairs are ( ). They are just not good enough.
① by all means satisfactory
② by no means satisfactory
③ not by some means satisfactory
④ not satisfied by all means (センター試験)

☑ **1038** On ( ) account should you leave the door unlocked while driving.
① good ② no ③ every ④ some (慶應大)

☑ **1039** There can be no doubt (　　) about it.
① whoever　② whomever　③ whatever　④ whichever (中央大)

☑ **1040** He never climbs a mountain (　　) bringing home a little rock.
① but　② on　③ without　④ if (中央大)

☑ **1041** It never rains (　　) it pours.
① as　② and　③ while　④ but (芝浦工大)

☑ **1042** You are the (　　) person I would have expected to see here.
① surprising　② rare　③ least　④ last (成蹊大)

☑ **1043** Despite the careful treatment, life in the hospital was (　　) comfortable.
① anything but　② anything from
③ far more　④ more than (津田塾大)

☑ **1044** Everybody expected the musical to be a great hit, but it was (　　) from being a success.
① away　② distant
③ far　④ opposite (センター試験)

☑ **1045** Most of the job is complete, but a few things (　　) done.
① have remain to be　② remain to be
③ remainder to be　④ remaining to be (慶應大)

☑ **1046** It is yet (　　) whether this plan will succeed.
① impossible　② unfinished
③ much to do　④ to be seen (早稲田大)

☑ **1047** I don't like cats and my brother doesn't, (　　).
① too　② also　③ either　④ neither (愛知学院大)

☑ **1048** Some books, if (　　) carelessly, will do more harm than good.
① read　② to read
③ in reading　④ reading (センター試験)

第5章

E-188 → p. 140　**E-189** → p. 140　**E-190** → p. 140　**1033** ④　**1034** ②　**1035** ②　**1036** ③　**1037** ②
1038 ②

☑ **1049** He is not a talkative man; he does not speak ( ) spoken to.
① lest ② although ③ unless ④ whether (中央大)

☑ **1050** If ( ) kept to oneself, a secret will cease to be one.
① it ② not ③ only ④ you (明治学院大)

☑ **1051** In 1939, ( ), everybody wanted war.
① as 1914 ② such as 1914 ③ like as 1914 ④ as in 1914 (慶應大)

☑ **1052** My father is as fond of books as my uncle is ( ) paintings.
① to ② for ③ of ④ at (獨協大)

☑ **1053** ( ) they will win the game in the end.
① No doubt ② Not doubt
③ No doubtfully ④ Not any doubt (京都産業大)

☑ **1054** Science is based on very careful observations; ( ) possible, these observations must be measured.
① wherever ② whomever
③ whoever ④ whichever (センター試験)

☑ **1055** Would you read my letter and correct the mistakes, if ( )?
① ever ② any ③ not ④ never (センター試験)

☑ **1056** It is possible, if ( ) probable, that there will be a war between the two countries.
① so ② ever ③ any ④ not (南山大)

☑ **1057** There is little, ( ) any, hope of her recovery.
① when ② if ③ but ④ unless (中京大)

☑ **1058** He has seldom, if ( ), spoken in public.
① any ② little ③ so ④ ever (南山大)

☑ **1059** Is anybody feeling cold? If ( ), let's turn the central heating off.
① ever ② not ③ yes ④ so (千葉商大)

1060 ③ **1061** ④ **1062** ② **1063** ① **1064** ② **1065** ③ **1066** ④ **E-191** ④→ either
E-192 ③→ when viewed **E-193** ①→ It

☑ **1060** He seems a very nice person. Even (　　), I don't really trust him.
① if　② nice　③ so　④ though　（千葉商大）

☑ **1061** His condition was, if (　　), worse than in the morning.
① at all　② ever　③ something　④ anything　（成蹊大）

☑ **1062** (　　) if she should find this out?
① How　② What　③ Which　④ Who　（千葉商大）

☑ **1063** Why on (　　) did you sell your newly-built house?
① earth　② place　③ reason　④ ground　（中央大）

☑ **1064** It was this hospital (　　).
① that I first met her
② which I visited last month
③ that I was born
④ where was investigated by the police　（慶應大）

☑ **1065** What is it (　　) you really want to say?
① what　② how　③ that　④ where　（立命館大）

☑ **1066** It wasn't Mary that he went to the museum with. He (　　).
① didn't go anywhere　② didn't go with anyone else
③ went only with Mary　④ went with Sue　（センター試験）

Extra

☑ **E-191** If you ① really don't want to go ② on that tour to ③ the Galapagos Islands, I won't go, ④ too.　（中央大）

☑ **E-192** ① A suggestion of ② Sesame Street's teaching potential, ③ when viewing with high regularity in controlled circumstances, is provided by a study ④ carried out in Mexico.　（慶應大）

☑ **E-193** ① He was only by a supreme ② effort of will and courage ③ that he was able ④ to pull himself together.　（慶應大）

1049 ③　1050 ②　1051 ④　1052 ③　1053 ①　1054 ①　1055 ②　1056 ④　1057 ②　1058 ④
1059 ②

☐E-194 For centuries London ①had been growing as ②a commercial port of world importance. But it was ③the north of England that industrial power brought new prosperity ④to the country. (獨協大)

☐E-195 良書を読めば，かならずそれだけ賢くなる。
You (a / being / better / book / good / never / read / the / without) for it. (立命館大)

☐E-196 フットボール選手を死から守るのは彼らの防具のみである。
It is only (that / from / killed / being / keeps / football players / their protective equipment). (関西学院大)

☐E-197 アンがその難局を克服できたのは，大変な努力をしたおかげだった。
(able / Ann / due / efforts / great / it was / overcome / that / the difficulties / to / to her / was). (愛媛大)

☐E-198 コンピュータ化された教育が嫌いな理由は何ですか。(1 語不要)
What (it / dislike / about / is / reason / computerized / that / you) education? (名古屋外大)

☐E-199 She (ear / no / whatever / for / has) modern jazz. (札幌大)

☐E-200 (if / of / out / run / we / what) water before we cross the desert? (近畿大)

☐E-201 (for / newspapers / the / the last / they / thing / wanted / was) to find out that they were soon to be married. They had not even told their friends or relatives about it. (東京大)

E-194 ③→ in the north of England **E-195** → p. 140 **E-196** → p. 140 **E-197** → p. 140
E-198 → p. 140 **E-199** → p. 140 **E-200** → p. 140 **E-201** → p. 140

Extra 整序問題解答

第 1 章　動詞とその周辺

[1] 時 制

☑E-008 Have **you been going to your exercise classes** regularly?

☑E-009 About **this time next year you will have gotten used to it.**

[2] 態

☑E-014 Teeth **may be ruined if candy is eaten** frequently.

☑E-015 Several of those who **survived the accident have been taken** to hospital in a state of shock.

[3] 助動詞

☑E-020 Anyone who knows what he is going to say, and is confident that he can say it well, **need not be struck by stage fright.**

☑E-021 You **should have put part of your salary in the** bank each month.

☑E-022 According to one view, **there cannot be too much freedom of speech.** (care 不要)

[4] 仮定法

☑E-026 **With a little more patience,** Mary would have succeeded. (endure, has, if, she 不要)

☑E-027 He's had your camera for a month now. Don't you think **it's about time you had it back**? (he, to 不要)

☑E-028 In fact, **a Frenchman would have described the scene from** a different point of view. (if he 不要)

☑E-029 You **couldn't have given me a better present,** for a pen is just what I wanted.

☑E-030 She wished she **had paid more attention to what** the teacher had said.

[5] 不定詞

☑E-035 She is looking for a **corkscrew to open the bottle with.**

☑E-036 The night was so quiet that even **a leaf might have been heard to fall.**

☑E-037 They were **so tired that they could do nothing but yawn.**

☑E-038 I hurried to the bus stop **only to find that the bus had left.**

☑E-039 Everyone thought **it very careless of you to forget** to lock the door when you went out.

☑E-040 I cannot see how this kind **of mistake is to be avoided.**

[6] 動名詞

☑E-044 I never dreamed **of there being such a quiet place in** such a noisy town.

☑E-045 “How did you spend the summer vacation?”
“I **spent most of it working to save money** for a notebook computer.”

☑E-046 **There is no knowing what he will invent** next.

☑E-047 An excitement at **the prospect of being well** came over me.

☑E-048 They were **all angry with him for not coming** on time.

☑E-049 I’m almost eighteen years old now. I **really hate being treated like a child.**

☑E-050 Until her eighteenth birthday, her parents **didn’t approve of her staying out late.**

☑E-051 I didn’t **ever get used to getting up early.**

[7] 分詞

☑E-056 I **know German well enough to make myself understood** in everyday life.

☑E-057 She stood still **with her eyes fixed on** a point in the sky. (kept 不要)

☑E-058 In Japan many people **feel uncomfortable not knowing the age of someone** they’re talking to.

☑E-059 When I heard **a funny noise coming from the back of my car while driving** home, I stopped immediately to find out what was wrong.

☑E-060 **Convinced that she was trying to poison** him, he refused to eat anything.

[8] 動詞の語法

☑E-074 If **you want to have the job done** well, go ahead and do it yourself.

☑E-075 It will do **him infinite good to be independent of** his parents.

☑E-076 **His e-mail saved me the trouble of going there.**

☑E-077 The **parents were criticized for letting their daughter stay out late.**

☑E-078 This book is so difficult **that I wonder if I'll ever figure it out.**

☑E-079 Don't **assume that your insurance will cover all the damage.**

☑E-080 Do you know **why we are prohibited from smoking** here?

☑E-081 I **doubt that it will improve our situation very** much.

☑E-082 Personal relationships **have enabled consumers to obtain** safe and fresh farm products.

☑E-083 **James was cured of his heavy drinking.**

☑E-084 The teacher let **Tim go after warning him not** to read comics in class.

☑E-085 A: How can I improve my essay?
B: Well, being **more specific would help you write** a better essay.

☑E-086 I've had so much to do at work recently and I'm really tired. I'd prefer to **spend my weekend at home rather than drive** all the way to Kyoto.

☑E-087 Overwork and undernourishment may **have cost her the vision** in her left eye.

☑E-088 If you will **allow me the privilege of being frank** on this occasion, I will tell you why.

☑E-089 Finally, **I allowed myself to accept** the way things were.

☑E-090 I cannot imagine how anyone **could expect Sue to be easy to convince.** She never listens to anyone.

☑E-091 Let's not use any of these pictures for the poster. They **make him look older than** he really is.（不足語 make）

第2章　形容詞・副詞とその周辺

［9］形容詞の語法

☑E-100 **We had a good deal of snow last** winter.（the 不要）

☑E-101 Mr. Smith is a very cheerful person and **he reminds me of my late grandfather.**

［10］副詞の語法

☑E-104 Somehow **I still don't feel ready to visit** her house.

☑E-105 I'd like **to try to write a pretty long paragraph in** English without any help.

☑E-106 They **look upon him as an eminent scholar but I think otherwise.**

☑E-107 She can't come to the phone. She is **right in the middle of** her work.

[11] 比較

☑E-113 Most people **agree that talking is preferable to** fighting.

☑E-114 Why is this **bag much more expensive than that one**?

☑E-115 **There is nothing more interesting than the Internet**. (as 不要)

☑E-116 Her anxiety was all **the more pitiful to see because she** took such pains to hide it.

☑E-117 I am **none the better for taking this** medicine.

☑E-118 It took **no more than a week for him to** complete his essay.

☑E-119 In the 21st century, we can expect scientific advances to give **more people than ever the means of leading** a comfortable and easy life.

第３章 名詞とその周辺

[12] 名詞の語法

☑E-126 We demand sufficient wage increases **to keep up with the rising cost** of living.

☑E-127 Statistics show that the estimated **number of people killed in wars all over the world was on** the increase in the twentieth century.

☑E-128 Let us be thankful for poets. But **for them the rest of us** could not appreciate the world so deeply.

[13] 代名詞の語法

☑E-136 Don't start reading a **new book before finishing the one you are** reading.

☑E-137 I'd like to inquire after **a friend of mine who was to** have arrived this afternoon by ship.

☑E-138 He was shocked when he was arrested, because **he didn't think he had done anything wrong**.

☑E-139 I don't know what it is, **but there is something mysterious about her**.

☑E-140 I can't get into my room. I was **stupid enough to lock myself out**.

第4章 関係詞・接続詞・前置詞とその周辺

[14] 関係詞の用法

☑E-145 Though our expedition was only a partial success, the results **that came out of it may be** significant.

☑E-146 This book **is for students whose native language isn't English**. (which 不要)

☑E-147 **The bank you are looking for is located** on Lincoln Avenue.

☑E-148 The principal tended to brush aside **any objections he did not agree with**. (from, something 不要)

☑E-149 He **insists that whoever commits a crime must be severely punished**.

☑E-150 The animation **was not what I thought it would be.**

☑E-151 She is intelligent, but she just doesn't have **what it takes to be** a good journalist. (不足語 it)

☑E-152 You can look through your textbook and choose **whatever topic you want to write about** for your essay.

[15] 接続詞の用法

☑E-157 I **had not waited long before he showed up**. (until 不要)

☑E-158 So numerous **are the family's possessions that they cannot name** them all.

☑E-159 Things **don't always go the way we want them to.**

☑E-160 I didn't tell Mr. Yamamoto anything about the project, **but he spoke as though he knew all** about it.

☑E-161 We made sure that the gate **was locked so that no one could come into** the factory without permission.

☑E-162 Barbara has always been interested in history, so the news **that the museum was to close made** her very sad.

☑E-163 No one **has any idea why John behaves as he does**. He is so unusual.

[16] 前置詞と群前置詞の用法

☑E-169 Have you any good ideas **as to how we can make the best** use of the money?

☑E-170 The girl stood **with her back against the wall**. (support, toward 不要)

☑E-171 **His explanation is far above me.** (can't, from, realize 不要)

☑E-172 Will **those in favor of the suggestion** please signify their agreement by raising their hands?

☑E-173 There is sometimes a great difference between theory and practice. Theoretical knowledge is often **of no use unless it can** be applied in a practical way.

☑E-174 Maybe you should try again. I'm **afraid your last essay was not up** to standard.

第５章 その他の重要項目

[17] 主語と動詞の一致

[18] 疑問文と語順

☑E-185 **How far do you think we can go** in a day?

☑E-186 **Little did I think he would win** the first prize. (of 不要)

☑E-187 Not **until later did it occur** to me that something was wrong.

☑E-188 Before I went to the U.S., I had **no idea what it would be like to live** in a foreign country.

☑E-189 Ask somebody **who knows Kate what she is like.**

☑E-190 Look at the sign. It says, "At no **time must this door be left unlocked.**" I wonder what's inside.

[19] 否定・省略・強調

☑E-195 You **never read a good book without being the better** for it.

☑E-196 It is only **their protective equipment that keeps football players from being killed.**

☑E-197 **It was due to her great efforts that Ann was able to overcome the difficulties.**

☑E-198 What **is it that you dislike about computerized** education? (reason 不要)

☑E-199 She **has no ear whatever for** modern Jazz.

☑E-200 **What if we run out of** water before we cross the desert?

☑E-201 **The last thing they wanted was for the newspapers** to find out that they were soon to be married. They had not even told their friends or relatives about it.

\ 瓜生・篠田の全解説シリーズ /

大学受験スーパーゼミ

全解説 頻出英語整序問題850

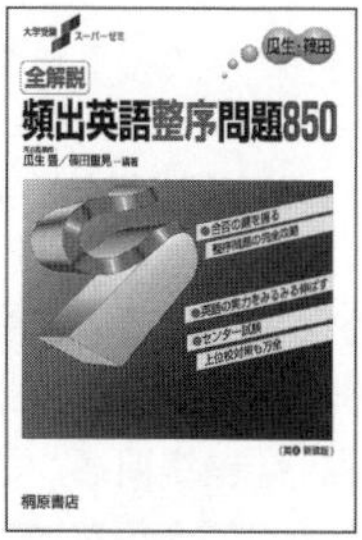

●大学入試の出題形式としてますます増加傾向にある整序問題から標準的な問題を厳選し，文法項目別・問題形式別に配列。

● 整序問題特有の誤りやすいポイントを文法・語法・語彙の面から懇切丁寧に解説。

瓜生　豊・篠田重晃 編著
A5判 問題編 112頁／解答・解説編 224頁

基本　標準　共通テ　2次

大学受験スーパーゼミ

全解説 入試頻出 英語標準問題1100

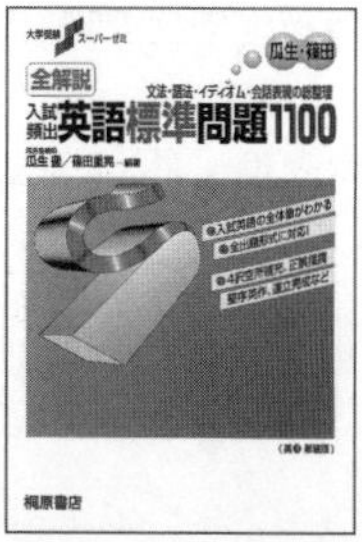

●入試英語の三本柱，文法・語法・イディオムの頻出問題を精選し，学びやすく配列。

●解答・解説編では，基礎から入試レベルまで，重要ポイントを体系的に徹底解説。

●客観4択，語句整序を中心にあらゆる問題形式に対応。

瓜生　豊・篠田重晃 編著
A5判 問題編 128頁／解答・解説編 280頁

基本　標準　共通テ　2次

大学受験スーパーゼミ

全解説 頻出英文法・語法問題1000 増補改訂版

問題編

桐原書店

大学受験 スーパーゼミ

瓜生・篠田

全解説

頻出英文法・語法問題1000

増補改訂版

河合塾講師
瓜生 豊／篠田重晃 ―編著

解答・解説編

桐原書店

はじめに

本書『全解説　頻出英文法・語法問題 1000』は，1993 年の刊行以来，「文法・語法 1000」という愛称とともに，数多くの読者からの厚い支持を受け，文法・語法参考書のパイオニアとしての地位を確立してきました。

そもそも私たちが 1993 年に本書を刊行した目的は，「空所補充 4 択問題の演習と解説を通して体系的かつ実践的な文法・語法の参考書を書く」というものでした。そのねらいはおおむね達成され，好評のうちに世に迎えられてきましたが，この 10 年余の大学入試の質的・形式的変化の中で，4 択問題以外の問題でより実践的な演習を行いたいという読者の声が日増しに多く聞こえてくるようになりました。

このような状況に応えるべく，このたびの「増補改訂版」では，4 択問題を中心に据える一方でその約 2 割を新しい問題に差し替え，さらに，とりわけ難関大学での出題が多い正誤指摘問題を，および受験生諸君の苦手意識が強い整序問題を，各セクションのポイントを概観するように最後に加えました。なお，4 択問題は 1000 題→ 1066 題と増加しましたが，書名は慣れ親しんだ「頻出英文法・語法問題 1000」のままとさせていただきます。

近年の大学入試では「文法」的な問題よりも，むしろ「語法」的な問題が数多く出題されますが，「増補改訂版」では，その「語法分野」にさらに多くのページを割き，文法と語法の両面をカバーしました。センター試験については，本試験・追試ともに完全に分析し，そこから多数の問題を収録しておりますので，センター試験対策としても万全な内容になっています。

解説編では，その構成を見直してよりわかりやすいものとし，また従来より高い評価をいただいておりました解説の記述においても，さらにていねいにわかりやすく全面的な書きかえと情報の追加を行いました。

本書は，問題を解き，解答・解説を読み進めることで「文法・語法」の全体像が読者に体系的に定着するようになっています。本書の内容をマスターすれば，単に「文法・語法」問題で合格ラインに達するだけでなく，読解や英作文でも，ここで獲得した知識は有効な「根拠」として駆使できると確信しています。受験生諸君が，大学入試を軽やかにクリアーすることを願ってやみません。

2005 年夏　　　　　　　　　　　　　　　　　　　　編著者記す

解答・解説編の構成

「解答・解説編」は，単に解答の正誤を確かめるだけでなく，解説を読むことで，文法・語法の体系的知識が定着できるようになっています。ことに入試レベルの英語力を身につけるための情報はできるだけ多く載せました。

さらに，「問題編」とは切り離して，電車やバス等のなかでこの「解答・解説編」だけでも学習できるように，問題英文と和訳を載せるなどの使用上の便利さも追求しました。言わば「文法・語法の参考書」としても活用できるようになっています。

●本編問題（1 ～ 1066）および Extra 問題（E-001 ～ E-201）の解説

解説は次の順に示しています。

①正解の番号　②難易の標示　③問題英文（解答部分は太字）　④問題文の和訳　⑤問題のテーマ　⑥解説

解説は次の３つの角度から書かれています。

▶　問題でテーマとして取り上げられた事項の解説です。解説の中で最も重要なことが書かれていますので，じっくり読んで理解するように努めてください。

!　誤りの選択肢に対する解説です。誤った解答を出してしまったときなど，この解説を読んで，自分がどこを間違えていたのかを確認しておきましょう。

PLUS　問題で取り上げられたテーマと関連する項目を解説しています。問題のテーマとともに，一緒に確認しておきたい大切な事項です。

なお，解説中での英語表記の部分で［　］は言いかえができることを，また（　）は省略できることを原則として表しています。

●難易の表示　本編問題には，３段階で難易度を表示してあります。

基本　入試時には正答を出す受験生の方が多い問題。言いかえれば「間違うと落ちる」レベルの問題。

標準　入試時には正答・誤答がほぼ半分に分かれる問題。言いかえれば「合否を決める」レベルの問題。

発展　入試時でも，誤答の方が多い問題。言いかえれば「正解すれば他の受験生に差をつけられる」レベルの問題。

●〈整理〉と〈拡充〉欄　文字どおり，知識を「整理」して覚えた方がよいと思われる箇所を〈整理〉欄として独立させました。また，単に「暗記」レベルではなく，内容理解に向けた情報や，ワンランク上の「知っていて欲しいこと」に関しては，〈拡充〉欄として独立させました。

●「整理・拡充一覧」は目次のあとに(p. 7)，**「さくいん」**は巻末にそれぞれおいていますので，十分に活用してください。

追記：本書は『全解説頻出英熟語問題 1000』，『全解説英語整序問題 850』とともに三部作を構成しています。本書と合わせてご利用いただければ，大学入試に対する盤石な構えができることと思います。また，入試直前の最終仕上げ用として，種々の文法・語法問題を様々な工夫とともにアトランダムに配置し，各回 50 題× 10 回のテスト形式で構成した，大判サイズの『全解説　実力判定英文法ファイナル問題集』も用意しております。「標準編」「難関大学編」の２種類がありますので，志望大学のレベルに合わせてお使いいただければ幸いです。

もくじ

整理・拡充一覧

第 1 章　動詞とその周辺

第 1 章　動詞とその周辺

[1] 時制

1　①　基本

Water **boils** at a temperature of 100 degrees centigrade.
(水は摂氏 100 度で沸騰する)

《現在時制 —— 不変の真理》

▶ **現在時制は**瞬間的な「現在」だけを表すのではなく**「現在」の時間を中心にして「過去」や「未来」にも当てはまる状態・動作を表す**。したがって，**不変の真理は現在時制で表す**。

> **拡充 1　時制の一致の例外**
> 通常，**不変の真理・格言**は常に**現在時制**で表し，時制の一致を受けない。
> The teacher said to my daughter, "Water boils at a temperature of 100 degrees centigrade."→ The teacher told my daughter that water *boils* at a temperature of 100 degrees centigrade.
> ＊なお，**歴史上の事実**も，通例，時制の一致を受けず，**過去時制**で表す。

2　③　基本

On my way to school each day, I generally **see** a lot of dogs and cats.
(毎日学校に行く途中で，私はふつう，多くの犬や猫を目にする)

《現在時制 —— 現在の習慣》

▶ **現在の習慣も現在時制で表す**。

> **整理 1　現在時制が表すもの**
> 現在時制 …㋐ **不変の真理**　㋑ **現在の習慣**　㋒ **現在の事実**

3　②　基本

She usually sings very well, but today she **is singing** very badly.
(いつもは彼女は歌がとてもうまいが，今日歌っているのはとても下手だ)

《進行形の用法》

▶ **動作がある時点で進行していることを表す場合，進行形(be doing)を用いる**。本問は，現在の進行中の動作を表すので，現在進行形の② is singing が入る。進行形にできるこの種の動詞は一般に動作動詞と呼ばれるが，動作動詞が現在時制で用いられると，通例，**「現在」の時間を中心にして「過去」から「未来」にわたって反復的に継続される現在の習慣・事実を表す**。本英文の前半部分がその用法であることを確認しておこう。

4　②　基本

A: Which club **do you belong to**?　B: I'm a member of the Glee Club.
(A「どのクラブに入っているの」　B「グリークラブだよ」)

《belong —— 進行形不可》

▶ **belong to A**「A に属する／A の一員である」は重要表現。ただし，**belong は，状態を表す動詞（以後，状態動詞と呼ぶ）で，進行形にはできない**。一般に，知覚，感情，状態を表す動詞には，進行形にしないものが多い。

整理 2　原則として進行形にしない動詞

belong「所属する」，**resemble**「…に似ている」，**be**，**contain**「…を含む」，**consist**「成り立つ，ある」，**exist**「存在する」，**have**「…を持っている」，**possess**「…を所有する」，**own**「…を所有する」，**see**，**hear**，**know**，**like**，**want**，**love**，**smell**「…のにおいがする」，**taste**「…の味がする」

＊ **have は**「…を持っている」**の意味では進行形にしないが**，「…を食べる」**などの意味では進行形にできる。**

＊ **smell が**「…のにおいをかぐ」**の意味の場合**，**taste が**「…の味見をする」**の意味の場合は進行形にできる。**

＊ **listen**，**look**，**watch は進行形にできる。**

5　①　標準

The children **are being** very lazy this morning. They don't usually behave like that.
（今朝，子どもたちはなまけてばかりいる。いつもは，そのようにはふるまわないのだが）

《「be being」の一時的状態》

▶ 問題 4《整理 2》で述べたとおり，**be 動詞**はふつう進行形にしないが，**一時的状態であることを強調する場合「be being」の進行形にする**。「今日はいつもと違って」といった語感を含むことが多い。

▶ The children *are* very lazy.（その子どもたちはとてもなまけものだ）であれば，今の一時的状態ではなく「その子どもたちの普段の性質」を表す。

6　①　基本

I **am going** to Hokkaido in the summer.
（私は夏に北海道に行きます）

《現在進行形で未来の予定 —— be going to A》

▶ 主として，**往来・発着を表す動詞**（**go**，**come**，**start**，**leave**，**arrive** など）**の場合，進行形で未来の予定を表す**ことがある。

! ② think to go は不可。現代英語では think to do は用いない。**be thinking of doing**「…しようかと考えている」（＝**be planning to do**）を用いて，I *am thinking of going* to Hokkaido in the summer. と表現することはできる。

整理 3　未来の予定を表す表現

以下の表現はいずれも可。(3) の用法が，未来の予定の確定度が一番高い。

(1) The train *will leave* the station at nine.

(2) The train *is leaving* the station at nine.

(3) The train *leaves* the station at nine.

7　①　標準

"Have you seen Yuko recently?"

"No, but **I'm having** dinner with her on Sunday."

(「最近，ユウコに会いましたか」「いいえ，でも私は彼女と日曜日に夕食を食べることになっています」)

《現在進行形で未来の予定 —— be having dinner with A》

▶ 進行形で未来の予定を表す動詞は，主として往来・発着を表す動詞であると問題 6 で述べたが，進行形にできる動作動詞 **have**「…を食べる」(問題 4《整理 2》参照) も現在進行形で未来の予定を表すことがある。本問の be having dinner with A は「A と夕食を食べることになっている」の意味を表す。

PLUS　be having dinner with A は一時的な動作を表して，「A と夕食を食べている」の意味もあるので注意。

I'*m having* dinner with her now.（今，彼女と夕食を食べています）

! ③ I'd have は I'll have なら可。

8　③　標準

She is always **missing** the ball.

(彼女はいつもボールを捕りそこなってばかりいる)

《進行形による反復的行為 —— 話者の感情の内包》

▶ **進行形を用いて，反復的・習慣的行為を表す場合がある。**この場合，通常，**always**，**constantly**，**all the time** などを伴って用いる。「不平，非難，焦燥」(まれに「満足」) といった話者の感情を含んでいる点が特徴。

9　④　基本

Mahatma Gandhi, the apostle of nonviolence, **was born** in 1869.

(非暴力主義の指導者，マハトマ・ガンジーは 1869 年に生まれた)

《過去時制 —— 歴史上の事実》

▶ **歴史上の事実は過去時制で表す**。

PLUS　なお，**歴史上の事実は，通例，時制の一致を受けず，常に過去時制で表す**ことも押さえておこう。問題 1《拡充 1》参照。

! ① has been born は不可。in 1869 は過去を明示する副詞句なので現在完了とともには用いない。問題 22《整理 4》参照。

10 ②　基本

Tetsuya didn't hear the doorbell when his visitors arrived, because he **was taking** a shower.

(客が到着したときに，テツヤはシャワーを浴びていたので，ドアの呼び鈴が聞こえなかった)

《過去進行形 ―― 過去の時点での動作の進行》

▶ **過去のある時点で，動作が進行していることを表す場合は，過去進行形(was [were] doing)を用いる。**

11 ③　標準

She's alive!　She **was drowning** but her father saved her.

(彼女は生きている！　おぼれかけていたのだが，父親が助けたのだ)

《過去進行形 ―― was drowning》

▶ 考え方は問題 10 と同じ。drown「おぼれ死ぬ」の進行形 **be drowning** は「**おぼれかけている**」の意味を表す。本問は，過去進行形の③ was drowning が入る。

! ④ drowned にすると，動作が完結したことを表し，「おぼれ死んだ」という意味になり，文意が合わないので不可。

12 ③　基本

She'll write to me as soon as she **gets** back to her own country.

(祖国に帰るとすぐに彼女は私に手紙をくれるだろう)

《時・条件の副詞節 ―― 未来のことでも現在時制》

▶ **時・条件を表す副詞節中**では，未来のことでも未来時制を用いず，**現在時制**を用いる。「時制」に関する最頻出事項。

▶ till，as soon as などの接続詞は，副詞節しか形成しないから，さほど困難ではないが，when，if については，節の見分けが大切。

拡充 2　when 節／if 節の見分け

・when 節の場合

(1) **副詞節「…するとき」**― when は接続詞。

I'll stay at home when she *comes* next.

(彼女が今度来るときには，家にいます)

(2) **名詞節「いつ…するか」**― when は疑問副詞。when 節は文中で，主語，目的語，補語，前置詞の目的語になる。

I don't know when she *will come* next.

(彼女が今度いつ来るか，私は知らない)

(3) **形容詞節「…する A (A は先行詞)」**― when は関係副詞。以下の when 節は先行詞 The time を修飾。

The time will come when she *will regret* what she has said.

(彼女が自分の言ったことを後悔するときがくるだろう)

＊(3)の形容詞節では，will の重複を避けるため，when 節に現在時制を用いる

こともある。したがって，文法問題で焦点となるのは(1)副詞節と(2)名詞節の場合の見分けと考えてよい。

・**if 節の場合**

(1)**副詞節「もし…すれば」**— if は条件を表す副詞節を導く接続詞。
I'll stay at home if it *rains* tomorrow.（明日雨が降れば，私は家にいます）

(2)**名詞節「…するかどうか」**— if は名詞節を導く接続詞。通例，動詞の目的語で用いられる。
I can't tell if it *will rain* tomorrow.
（明日雨が降るかどうか，私にはわからない）

13 ① 基本

Please lock the door when you **leave**.
（出かけるときには，ドアに鍵をかけてください）

《when 節が副詞節 —— 未来のことでも現在時制》

▶ この when 節は副詞節。よって，未来時制ではなく現在時制を用いる。

14 ② 標準

I wonder when Jane **will come** back here.
（ジェーンはいつここに戻ってくるのだろう）

《when 節が名詞節 —— 未来のことは未来時制》

▶ when 節は wonder の目的語。よって**名詞節**という判断ができればよい。名詞節では未来のことは未来時制を用いる。

15 ② 発展

He told me he would be here about seven.　Anyway, I'll tell you when he **comes**.
（彼は，7時ごろここに来ると私に言った。いずれにせよ，彼が来たら，あなたにお知らせします）

《when 節は名詞節か副詞節か》

▶ 後半の英文だけでは，「彼が来ればあなたに知らせる」(when 節は副詞節)，「彼がいつ来るかあなたに知らせる」(when 節は名詞節)のどちらとも解釈できる。ここは，前半の英文の内容から，後半の英文の when 節が**副詞節**であることを判断するという，ハイレベルな問題。

16 ① 基本

The man decided to wait at the station until his wife **came**.
（その男は，妻が来るまで駅で待とうと決心した）

《主節が過去時制での「時の副詞節」》

▶「決心した」時点は過去で，妻が来るのはそれからあとのことであるが，until 節は**時を表す副詞節**。よって，未来の助動詞は入りえない（選択肢にはないが，would come も不可）。

17 ③ 基本

I never expected that she **would join** us.
（彼女が私たちに加わるなんて，思ってもいなかった）

《時制の一致 —— expected that A would do》

▶ expect は **expect that A will do** の形で「A は…するだろうと思う［期待する］」（= **expect A to do**）の意味を表す。本問は expected となっているから，that 節内は時制の一致を受けて A would do となる。

18 ② 基本

John and Mary **have known** each other since 1976.
（ジョンとメアリーは 1976 年以来の知り合いです）

《現在完了 —— 状態を表す動詞の継続》

▶ **現在を基点として，それまでの完了・結果，経験，（状態の）継続を表すには，現在完了（have done）を用いる。**本問は，1976 年から今までの間の状態の継続を表す。時の基点は，現在である点に注意。**know は状態動詞で通常進行形にできないので**（問題 4《整理 2》参照），**現在完了で現在までの状態の継続を表す。**

▶ なお，each other は，know の目的語。**each other**，**one another**「おたがい」**は代名詞であって，副詞句ではない**点に注意してほしい。

19 ② 標準

Peter **has been trying** to find a new apartment for some time.
（ピーターは，ここしばらくの間，新しいアパートを探し続けている）

《現在までの動作の継続 —— 現在完了進行形》

▶ **動作動詞（進行形にできる動詞）で，現在までの動作の継続を表す場合は現在完了進行形（have been doing）を用いる。**なお，**現在完了進行形が表すのは継続のみ**であり，完了・結果，経験の意味は表せないことに注意。

! for some time「しばらくの間」という期間を表す副詞句があるので，④ is trying の現在進行形は不可。現在進行形は今の一時的な動作しか表せない。

20 ③ 標準

Simon **has made** 12 films, and I think his latest is the best.
（サイモンは 12 本の映画を作ったが，私は最新のものが最高だと思う）

《現在完了の用法 —— 完了・結果》

▶ 現在完了で，**現在を基点にして，完了・結果を表す用法。**

! 過去時制が単に過去の事実を述べるのに対して，現在完了は過去の事実と現在とのつながりを前提としている。本問の has made は現在までの動作の完了を示し，その結果として現在に関心があることを表す。and のあとの文で「現在の関心」が述べられている。よって，① made は不可。② had made は，基点となる過去を明示する表現がないので不可。

21　②　標準

Now, you ask me if I've flown a major airline before. Like you, I **have never** been on any of the big ones until now.
（さて，君は私に一流の航空便に乗ったことが今までにあるかと聞いているのだね。君同様，大手の便には今までどれにも乗ったことはないよ）

《現在完了の用法 ―― 経験》

▶ 現在完了で，**現在を基点にして，これまでの経験を表す用法。**

！ 基点となる過去を明示する表現がないから，③ had never は不可。

22　④　基本

She has worn the same hat **for a month.**
（彼女は 1 か月同じ帽子をかぶっている）

《現在完了 ―― 過去を明示する副詞表現との併用不可》

▶ **現在完了**は，現在を基点にして，それまでの完了・結果，経験，継続を表す表現だが，あくまでも現在を中心にしているため，**過去を明示する副詞（句，節）とは使えない。**

！ ① when I met her は過去を明示する副詞節，② two years ago は過去を明示する副詞句なので不可。③の **just now** は，「今しがた／たった今」の意味では，過去時制で用い，現在完了とは併用できない。just と now がそれぞれ単独であれば，現在完了とともに使える。なお，just now は，「ちょうど今」の意味で，主として状態を示す動詞の現在時制と用いられることがあるので注意。
Mother *is* very busy *just now.*（私の母はちょうど今とても忙しいのです）

整理 4　現在完了ではなく過去時制で用いる表現

yesterday「昨日」，**... ago**「…前」，**last ...**「この間の…／昨…」，**just now**「今しがた／たった今」，**When ... ?**「いつ…したか」，**when I was six years old**「私が 6 歳のとき」など過去を明示する副詞節，など

23　②　基本

I'm sure I **saw** her two years ago.
（彼女に 2 年前会ったことは確かです）

《two years ago ―― 現在完了とは併用不可》

▶ 現在から，過去の事実を振り返った内容。**過去の事実は過去時制で表す。**

！ 現在完了は，過去を表す副詞（句・節）などの表現とともに使うことはできない。two years ago は過去を表す副詞句（問題 22《整理 4》参照）。よって，① have seen は不可。

24　③　基本

He **came** home just now.　Didn't you know that?
（彼は今しがた，帰ってきたところだ。知らなかったの？）

《just now「今しがた」―― 現在完了とは併用不可》

▶ **just now** は「今しがた／たった今」の意味では過去時制を用い，現在完了とは併用しない。問題 22 および問題 22《整理 4》参照。

25 ② 基本

By the age of 25, she **had lived** in five different countries.
(25 歳までに，彼女は 5 つの異なった国々で暮らしていた)

《過去完了 ―― 副詞句が過去の基点》

▶ **過去のある時点を基点として，それまでの完了・結果・経験・(状態の) 継続は，過去完了 (had done) で表す。**

▶ 本問は By the age of 25「25 歳までに」という副詞句が，過去を示す基点であることを見抜き，過去完了の② had lived を選ぶ。

26 ③ 標準

I **had been** reading for an hour when he came in.
(彼が入ってきたとき，私は 1 時間読書をしていた)

《過去完了進行形》

▶ when 節によって，基点が過去であることが示され，さらに，for an hour「1 時間」という表現で，それまでの継続を表すことが明示されている。read は動作動詞。**ある過去の時点を基点として，動作動詞でそれまでの継続を表すのは，過去完了進行形 (had been doing)**。

! for an hour がなければ，① was が正解。「彼が入ってきたとき，私は本を読んでいた」の意味になる。過去進行形と過去完了進行形の違いは，この例で確認するのがよい。

27 ④ 標準

How long **had you been waiting** when they finally called your number?
(やっと彼らが君の番号を呼んだとき，君はどれくらい待っていたの)

《過去進行形か，過去完了進行形か》

▶ 考え方は，問題 26 のとおり。

! How long は，期間の長さを問う疑問詞だから，① were you waiting の過去進行形は不可。過去進行形は，単に，過去のある時点で動作が進行していることを表すにすぎない。問題 10 参照。

28 ① 標準

I was tired after the test last Friday, because I **had been working** all day long every day for a week.
(この間の金曜日のテスト終了後，私はぐったりした。テストまでの 1 週間，毎日一日中勉強したからだ)

《過去完了進行形 ―― 過去の基点を文意から判断》

▶ 考え方は，問題 26 のとおりだが，I was tired が過去の基点を示し，それまでの動作の継続を because 節の内容として表していることが見抜けたかがポイント。

29　④　**標準**

The meeting **will have broken** up by the time you get there.
(あなたがそこに着くまでには，その会合は散会となっているでしょう)

《未来完了の用法》

▶ **未来のある時点における完了・結果，経験，継続を表す**ためには**未来完了**(**will have done**)を用いる。なお，本問の **break up** は「(会合などが)終わりとなる」の意味を表す。

▶ **by the time** は，「…するまでには」の意味を形成する接続詞句。時を表す副詞節だから，未来のことでも現在時制を用いている。なお，**till**，**until**「…するまでずっと」との違いも重要。

30　④　**標準**

How long **will you have been working** here by the end of next year?
(来年末までで，ここで働き始めてどれくらいの期間になりますか)

《未来完了進行形》

▶ 問題 19 で，現在までの動作の継続を表す現在完了進行形(have been doing)について述べたが，基点となる時点が現在でなく未来の場合は，**未来完了進行形**(**will have been doing**)を用いる。本問では，基点となる時点が by the end of next year「来年末までに」と未来になっている点に注意。

31　④　**標準**

Please return the book when you **have finished** reading it.
(その本を読み終えたら，返してください)

《時の副詞節 ―― 未来完了は用いず現在完了》

▶ 時・条件を表す副詞節では，未来のことでも現在時制を用いるのであった(問題 12，13 参照)。同様に，**時・条件の副詞節では，未来完了ではなく現在完了を用いる**ことになる。

32　④　**標準**

When I was a child, I **played** the piano.
(私は子どものころ，ピアノを弾いていた)

《過去のある期間にわたる動作を表す過去時制》

▶ **過去のある期間にわたる反復的な動作を示す場合，動作動詞の過去時制を用いる。**本問は「子どものころという過去の一定の期間，反復的にピアノを弾いていた」のだから，④ played が正解。

! 日本語に引きずられて① was playing にしないこと。when I was a child は「時間の幅がある過去」だから，過去進行形は用いない。

33 ③ 標準

I **lived** in China for three years when I was a child, but I can't speak Chinese at all.
(私は子どものころ，中国に3年間住んでいたが，中国語がまったく話せない)
《過去のある期間にわたる状態を表す過去時制》

▶ **過去のある期間にわたる状態を表す場合，状態動詞の過去時制を用いる。** live は瞬間的な動作ではなく，「ある一定の期間生活する」といった継続的な状態を表す動詞。したがって，本問は「子どものころの3年間という過去の一定の期間中国に暮らした」のだから③ lived が入る。

! for three years という期間を表す副詞句があるからといって④ had lived にしないこと。when I was a child は，「子どものころ」という過去の一定の期間を表す。このように漠然とした時間の幅をもつ副詞節は，過去完了の基点にはならない。この副詞節が when the war broke out「戦争が勃発したとき」など**過去の一時点**を表す場合には，過去完了の基点とすることができる。
I *had lived* in China for three years *when the war broke out.*
(戦争が勃発したときに，私は3年間中国に住んでいた)

34 ④ 標準

It **is over ten years since** she last went back to her own country.
(彼女が最後に母国へ帰ってから10年以上になる)
《It is[has been]＋時間＋ since ...》

▶ **It is[has been]＋時間＋ since S ＋動詞の過去形 ...**「Sが…してから〜になる」は，重要表現。この場合の It は「時」を表す it。

35 ④ 標準

Two years have passed since he went over to America to study English.
(彼が英語を学ぶためにアメリカに渡ってから2年になる)
《時間＋ have passed since ...》

▶ 「**時間＋ have passed since S ＋過去形 ...**」「Sが…してから〜になる」も重要表現。

▶ 時間の長さを表す表現は，一般に複数形であっても単数扱いとなるが，この表現は，複数形なら原則として複数扱いとなる点に注意。下が単数扱いとなる例。
Two years *is* a long time to wait. (2年とは，待つには長い時間だ)

36 ③ 標準

My mother **has been dead** for three years.
(私の母が死んで，3年になる)
《have been dead for A の表現》

▶ 現在完了の継続用法の一つだが，**have been dead for A**「死んでAの期間になる←死んだ状態がAの期間続いている」は，英語独特の表現として押さえておこう。

! 文尾が three years ago なら① died が正解になる。

整理 5　「…して〜になる」の表現

以下の英文は，伝わる内容はほぼ同意と考えてよい。

(1) It *has been*[*is*] three years *since* my mother died.

(2) Three years *have passed since* my mother died.

(3) My mother *died three years ago*.

(4) My mother *has been dead for* three years.

*(1)〜(3)は他の「…して〜になる」の表現に一般化することが可能だが，(4)はdieの形容詞deadの場合のみ成り立つ表現。

Extra

E-001　① His uncle is owning → His uncle owns　標準

His uncle owns no fewer than ten houses, and all of them are let at very high rents.
(彼のおじは10軒もの家を所有しているが，それらのすべてがとても高い家賃で貸されている)

《own —— 進行形不可》

▶ **own**「…を所有する」は，状態を表す動詞で，進行形にはできない。問題4《整理2》参照。

▶ **no fewer than A**(Aは「数詞＋複数名詞」)はAが「数」的に多いことを表し「Aも(たくさん)」の意味を持つ。**no less than A**と同意だが，no less than Aは**no less than 10,000 yen**「1万円も」のように，「量」的に多いことも表せることに注意。

▶ 本問の**let**は「(家・土地など)を貸す」の意味。

E-002　① drowned → was drowning　標準

A schoolboy **was drowning** in the pond, but luckily a passerby saved him.
(男子生徒が池でおぼれかけていたが，幸いにも，通りがかった人が彼を救助した)

《be drowning「おぼれかけている」》

▶ 問題11でテーマ化したwas drowning「おぼれかけていた」が本問のポイント。drownedだと，動作が完結したことを表し「おぼれ死んだ」の意味を表すことになる。

E-003　① have read → read　基本

Most people **read** more novels in the summer than they do during the school terms, when homework takes up their time.
(ほとんどの人は，学期中より夏に，より多くの小説を読む。というのも学期中は宿題に時間が取られるからだ)

《現在時制 —— 現在の事実》

▶ **現在の事実は現在時制で表す。**問題2《整理1》参照。

E-004 ① have lived → lived 標準

I **lived** in Canada for five years with my mother and my uncle when I was a child.
（私は子どものころ，私の母とおじと一緒に，カナダに 5 年間住んでいた）

《過去時制 —— 過去のある期間にわたる状態を表す》

▶ 過去のある期間にわたる状態を表す場合，状態動詞の過去時制を用いるのであった。問題 33 参照。過去完了 had lived にすることは不可である理由も問題 33 で確認しておこう。

E-005 ④ I don't decide yet → I haven't decided yet 標準

I've been wondering whether I should buy a new computer or not for a couple of months now, but **I haven't decided yet**.
（私はここ 2，3 か月，新しいコンピュータを買うべきかどうか考えているが，まだ決めていない）

《現在完了の用法 —— 完了・結果》

▶ 問題 20 でテーマ化した**現在完了（have done）**が本問のポイント。「2，3 か月迷った結果，まだ決めていない」という文脈をとらえること。

E-006 ① As soon as he will arrive → As soon as he arrives 基本

As soon as he arrives at Nagano Station, Yasuo is going to rent a car and drive to the church by the lake, where his sister is going to get married to one of his old classmates.
（長野駅に着いたらすぐ，ヤスオは車を借りて，湖のそばにある教会まで運転するつもりだ。そこでは，彼の姉［妹］が彼の昔の同級生の 1 人と結婚式を挙げることになっている）

《時・条件の副詞節 —— 未来のことでも現在時制》

▶ 接続詞 **as soon as** が形成する副詞節は時を表す副詞節。**未来のことでも現在時制**を用いる。問題 12 参照。

E-007 ① has been talking → had been talking 標準

John **had been talking** on the phone for hours when one of his friends dropped by his house the other night.
（ジョンは先日の夜，友人の 1 人が立ち寄ったとき，何時間も長電話をしていた）

《過去完了進行形》

▶ **ある過去の時点を基点として，動作動詞でそれまでの継続を表すのは，過去完了進行形（had been doing）**。問題 26 参照。

E-008 基本

Have **you been going to your exercise classes** regularly?
（フィットネス教室にちゃんと通っていますか）

《現在までの動作の継続 —— 現在完了進行形》

▶ **動作動詞（進行形にできる動詞）で，現在までの動作の継続を表す場合は現在完了進行形（have been doing）**を用いる。問題 19 参照。本問は疑問文なので，Have you been going to とまとめればよい。

E-009 標準

About **this time next year you will have gotten used to it.**

(来年の今ごろには，君はそれに慣れているでしょう)

《未来完了の用法》

▶ **未来のある時点における完了・結果，経験，継続を表す**ためには**未来完了**(**will have done**)を用いる。本問は **get used to A**「A に慣れる」を will have gotten used to A の形にできるかがポイント。問題 29 参照。

▶ **about this time ...**「…の今ごろ」は重要表現。「来年の今ごろ」は about this time next year。本問は文頭に about があるので，この表現で始める。なお「明日の今ごろ」であれば about this time tomorrow と表現できる。

[2] 態

37 ③ 基本

People made use of paper long before printing **was invented.**

(印刷が発明されるはるか前に，人々は紙を利用していた)

《受動態の基本／by A の省略》

▶ **受動態は be done** で表す。

▶ 受動態では，㋐**動作主が不明な場合**，㋑**動作主が一般的な人の場合**，㋒**動作主が明らかな場合は，by A が省略される**。本問は㋐の場合である。

▶ **long before ...**「…するよりもずっと以前に」は重要表現として押さえておこう。

38 ① 基本

Let's go ahead and do it. Nothing **will be gained** by just waiting.

(先に進めて，実行に移そう。待っているだけでは，何も得られないだろう)

《助動詞＋ be done》

▶ 助動詞がある場合の受動態は「**助動詞＋ be done**」の形になる。

▶ 本問では動作主が by us であることは明らかなので，省略されている。

39 ② 標準

Several people **have been accused** of breaking the law.

(何人かの人が，法律を犯したとして告訴された)

《完了形の受動態 —— have been done》

▶ **完了形の受動態は have been done で表す**。本問は，**accuse A of B**「A を B の理由で訴える／A を B の理由で責める」の動詞表現が，完了形の受動態となり，A have been accused of B となったもの。

❗ ③ was accused にしないこと。主語の Several people「何人かの人々」は複数扱いの表現だから，were accused ならば可。

40 ④ 標準

Some people claim that words are invented only because a need **has been felt** for them.
（言葉が発明されたのは，それに対する必要性が感じられたからにすぎないと主張する人がいる）
《完了形の受動態 —— a need has been felt》
▶ 考え方は問題 39 と同じ。a need と feel が受動関係であることを見抜く。

41 ④ 標準

The secretary opened the mail, which **had been delivered** that morning.
（秘書はその郵便を開封したが，それはその朝届けられた）
《完了形の受動態 —— had been done》
▶ **2 つの過去の事柄があって，一方が他方より「前」にあったことを表す場合，「大過去」と言うが，形は過去完了と同じ had done を用いる。**
▶ 問題 39 で述べたように完了形の受動態は have been done で表すが，本問では「開封した」時点よりも前に「郵送されていた」のだから，had been delivered となる。

42 ② 標準

I won't enter the room until it **has been properly** cleaned.
（部屋がきちんときれいにされるまで，私は入りません）
《時の副詞節中での完了形受動態》
▶ 時の副詞節では，未来時制の代わりに現在時制を用いるのであった（問題 12 参照）。また，完了形の受動態は，**have been done** であった（問題 39 参照）。以上 2 点から，正答を導き出すことができるはず。
! ① is clearly は不可。clean the room properly とは言うが，clean the room clearly とは言わない。

43 ① 基本

A railway bridge is already **being built** over the river.
（その川には，鉄橋がすでに建設中だ）
《進行形の受動態 —— be being done》
▶ **進行形の受動態は，be being done で表す。**
▶ **be being built**「建設中である」はよく用いられる表現。同意表現の **be under construction** と一緒に覚えておこう。

44 ② 標準

There's somebody walking behind us. I think **we are being followed.**
（だれかが私たちの後ろを歩いている。私たちはつけられていると思う）

《進行形の受動態 —— we are being followed》

▶ 考え方は問題 43 と同じ。**follow A**「A を尾行する」の進行形の受動態，A is being followed が正解となる。

❗ ③ we are followed だと，「尾行されている」という動作の進行を表さないので不可。

45 ④ 基本

Yesterday I was **spoken to** in Japanese by a foreigner.
(私は昨日，外国人に日本語で話しかけられた)

《群動詞の受動態》

▶ 成句表現で 1 つの動詞と同じ働きをするものを群動詞というが，**群動詞を受動態にする場合，その群動詞をまとめて 1 つの固まりとして考える。**

▶ **A spoke to B**「A は B に話しかけた」であれば，B was spoken to by A となる。本問は was spoken to のあとに in Japanese「日本語で」が入ったもの。

46 ② 標準

They were heard **of** no more.
(彼らのうわさは，もはや聞かれることはなかった)

《群動詞の受動態 —— A is heard of》

▶ **hear of A**「A のうわさを聞く」の受動態は A is heard of で表す。

▶ **no more** は否定を表す副詞句で「もはや…しない」の意味を表す。They were heard of *no more.* は They were never heard of again. と同意。

47 ④ 基本

I was caught **in** a shower on my way back home from school.
(学校から家に帰る途中，私はにわか雨にあった)

《be caught in A》

▶ be done の表現には，by 以外の前置詞と結合して，成句的な表現を表すものがある。**be caught in A**「A(雨や交通渋滞など)にあう」は，その代表例。

▶ この種の表現は，受動態というよりも，過去分詞を形容詞と考え，全体をイディオム表現ととらえる方が自然である。

48 ④ 基本

Her name is known **to** everybody in this community.
(彼女の名は，この地域社会のすべての人に知られている)

《be known to A》

▶ 考え方は，問題 47 と同じ。**be known to A**「A に知られている」をイディオム表現として押さえる。

整理 6　by 以外の前置詞と結びつく be done 表現

be caught in A「A（雨や交通渋滞など）にあう」
be interested in A「A に興味がある」
be known to A「A に知られている」
be covered with A「A におおわれている」
be satisfied with A「A に満足している」

Extra

E-010　② were laughed in his time → were laughed at in his time　標準

Although his ideas about the flying machine **were laughed at in his time**, now the airplane is as common as the horse was in his day as a means of transportation.
（彼が生きていた時代には，空飛ぶ装置についての彼の考えは嘲笑されたが，現在では，飛行機は交通手段として彼の時代の馬と同じぐらいに一般的である）

《群動詞の受動態》

▶ **群動詞を受動態にする場合，その群動詞をまとめて 1 つの固まりとして考える。laugh at A**「A を笑う」の受動態は A is laughed でなく，**A is laughed *at*** になる。問題 46 参照。

E-011　④ which invented in Japan → which was invented in Japan　基本

A rickshaw is a two-wheeled vehicle for transporting people drawn by a human being, **which was invented in Japan** in the early 1860s.
（人力車は，人間によって引かれる，人を運ぶための 2 輪の乗り物であるが，それは 1860 年代初期に，日本で発明された）

《受動態の基本／ by A の省略》

▶ **受動態は be done で表し，動作主が不明な場合は，by A が省略される**。問題 37 参照。本問では，which が指す先行詞は a rickshaw「人力車」だから，which と invent「…を発明する」との間は受動関係になる。よって④の invented は was invented という受動態にしなければならない。

E-012　③ has announced → has been announced　標準

Presumably, the general population will have some idea, before the official result **has been announced**, of the result.
（おそらく，世間一般の人々はその結果について，公式の結果が発表される前に，いくらか想像はつくだろう）

《完了形の受動態 —— have been done》

▶ the official result と announce「…を公表する」は受動関係だから，**完了形の受動態**（問題 40 参照）にしなければいけない。なお，**時の副詞節では，未来完了ではなく現在完了**を用いることも確認しておこう。問題 31 参照。

E-013　③ dealing → dealt　　標準

At the beginning of the war on terrorism, President Bush announced a doctrine: nations that protect terrorists will be **dealt** with as severely as the terrorists themselves.

（対テロ戦争の手始めに，ブッシュ大統領は政策を発表した。つまり，テロリストを擁護する国家は，テロリスト自身と同じぐらいに厳しい扱いを受けるだろうと）

《deal with A → A is dealt with》

▶ 群動詞の受動態（問題 46 参照）が本問のポイント。**deal with A**「A に対処する」の受動態は **A is dealt with** になる。

E-014　　基本

Teeth **may be ruined if candy is eaten** frequently.

（キャンディをひんぱんに食べると虫歯になりやすい）

《助動詞＋ be done》

▶ **助動詞がある場合の受動態は「助動詞＋ be done」**（問題 38 参照）の形になる。本問の主節の述語動詞は may be ruined とまとめればよい。

E-015　　標準

Several of those who **survived the accident have been taken** to hospital in a state of shock.

（事故で助かった人々の何人かは，ショック状態で病院に運ばれた）

《完了形の受動態 ―― have been done》

▶ 主語を several of those who survived the accident とまとめ，述語動詞を**完了形の受動態**（問題 40 参照）にすればよい。なお，**take A to B**「A を B に連れて行く」の受動態は **A is taken to B** となる。

［3］助動詞

49　②　　基本

He **must** be a good walker to have walked such a long distance.

（こんなに長い距離を歩いたなんて彼は健脚家に違いない）

《「…に違いない」の must》

▶ 文意から判断。この意味と逆の意味を表すのは **cannot[can't]**「…のはずがない」であることも押さえておこう。

50　②　　基本

The opera starts at seven.　We **mustn't** be late.

（オペラは 7 時に始まる。遅れてはいけない）

《「…してはならない」の mustn't》

▶ 文意から判断。**mustn't[must not]** は禁止を表す。この意味とは逆の，許可「…してもよい」を表すのは may または can である。

51 ③ 標準

May this letter find you well and happy !
（あなたのご多幸をお祈りします[お祈りして，この手紙をお送りします]）

《祈願文の may》

▶ 「**May S＋原形 …(!)**」の形で，「S が…でありますように」という**祈願の意味**を表す。日常的にはあまり用いない儀礼的で格式ばった表現。本問は，手紙の決まり文句。

52 ④ 基本

Tomoko **can't** be over thirty; she must still be in her twenties.
（トモコは 30 歳を越えているはずはない。まだ 20 代に違いない）

《「…のはずがない」の can't》

▶ 文意から判断。問題 49 で触れたように，**can't[cannot]** には「**…のはずがない**」の意味がある。

整理 7　may ／ can ／ must の用法

(1) **may** ㋐「…かもしれない」，㋑「…してもよい」，㋒（否定文で）「…してはいけない」，㋓（**May＋S＋原形 … (!) の形で**）「S が…でありますように」
(2) **can** ㋐「…できる」，㋑「…でありうる」，㋒（疑問文で）「はたして…だろうか」，㋓（否定文で）「…のはずがない」，㋔「…してもよい（＝ may）」
(3) **must** ㋐「…に違いない」（↔ cannot「…のはずがない」），㋑「…しなければならない」（↔ need not「…する必要はない」），㋒（否定文で）「…してはいけない」

53 ① 標準

I'm awfully sorry, but I had no alternative. I simply **had to do** what I did.
（大変申し訳ありませんが，ほかに選択肢がなかったのです。私はただ，自分のやったことをしなければならなかったのです）

《must do と have to do》

▶ 「…しなければならない」の意味の **must do** は，**have to do** に言いかえられる。ただし，must は語形変化がなく，一般に現在時制以外には使わない。have to do は，あらゆる時制に用いられ，完了形で使うこともある。本問は過去の文脈なので，① had to do を選ぶ。

54 ① 基本

It was only an informal party — you **didn't have to dress up**.
（ほんの気楽なパーティーだったのだから，君は正装する必要はなかった）

《don't have to do》

▶ have to do の否定形 **don't have to do** は「**…する必要はない**」の意味になる。本

問は過去の文脈なので① didn't have to dress up を選ぶ。なお，**dress up**「正装する」は重要表現。

55　③　標準

You **need not** tell her if you don't want to.
（言いたくなければ，彼女に言う必要はありません）
《need not do = don't have to do》

▶ 助動詞の need は **need not[needn't] do** で「**…する必要はない**」の意味を表す。問題 54 で述べた **don't have to do** と同意表現。動詞の need で表現すれば，**don't need to do** となる。

▶ need が助動詞として使えるのは疑問文（Need S do ...?）と否定文（need not do）の場合のみ。肯定文では need は一般動詞（need to do）としてしか使えないことに注意。

! ① need not to は不可。動詞用法であれば don't need to do，助動詞用法であれば need not do となるはず。

56　②　基本

You had better **have** your hair cut.
（髪を切ってもらった方がいいよ）
《had better「…した方がよい」の用法》

▶ **had better**「**…した方がよい**」は助動詞と考えるのがよい。次には動詞の原形が来る。

▶ you が主語の場合，押しつけがましさが加わることがあるので，通例目下の人に対して用いる。

57　②　標準

We **had better not** attend the meeting.
（その会合には参加しない方がよい）
《had better not do「…しない方がよい」》

▶ **had better do** の否定形は，**had better not do**「**…しない方がよい**」の形になる。

58　③　標準

I would **rather go** shopping than study this afternoon.
（私は今日の午後，勉強するくらいならむしろ買い物に行きたい）
《would rather do ... than do ～》

▶ **would rather do** は「**むしろ…したい**」の意味を表す。本問のように than do ～を伴い，**would rather do ... than do** ～で「**～するよりはむしろ…したい**」の意味を表すことも多い。

▶ **would rather do**「むしろ…したい」の否定形は，**would rather not do** の形で表すことも押さえておこう。

! ① like to go を用いるのならば，I *would like to* go shopping *rather than* (to) study this afternoon. となる。

59 ④ 標準

I tried to take the dog out for a walk, but he **would not** go out.
（犬を散歩に外に連れ出そうとしたが，どうしても外に出ようとしなかった）

《主語の拒絶を表す will not》

▶ **主語の拒絶の意志を表す**ためには，**will not** を用いる。**過去の拒絶**は **would not** となる。なお，この表現は，無生物主語でも用いるので注意。
This door *will not* open.（このドアはどうしても開かない）

60 ④ 基本

We **would** often play tennis in the park when we were young.
（私たちは若いころ，公園でよくテニスをしたものだ）

《過去の習慣的動作を表す would》

▶ **would には，過去の習慣的動作「…したものだ」を表す用法がある。**本問の when 節のように，過去を表す副詞表現とともに用いられたり，頻度を表す副詞 always，often，sometimes を伴ったりすることも多い。

61 ② 標準

Sue's not the cheerful woman she **used to be**.
（スーは以前のような快活な女性ではない）

《used to do の用法》

▶ **used to do は，現在と対比させて，過去の習慣的動作「…したものだ」と，過去の継続的状態「以前は…だった」を表す。**本問は，過去の継続的状態を表す用法。

! ④ would be は不可。would には過去の継続的状態「以前は…だった」を表す用法はない。つまり，used to の場合は，動作動詞も状態動詞も用いられるが，would の場合は，動作動詞しか用いない。したがって，以下の例では used to の代わりに would を用いることはできないことに注意。
I *used to* [× *would*] like walking in the rain when I was a child.
（私は子どものころ，雨の中を歩くのが好きだった）

62 ② 発展

Mary doesn't dance much now, but I know she **used to** a lot.
（メアリーは，今はあまりダンスをしないが，昔はよくしたものだ）

《used to と would の違い》

▶ 問題 60，61 で述べたように，would にも used to にも過去の習慣的動作を表す用法があり，同じように使われる用法も多いが，次の点では厳密に用法を区別する。**used to は，現在と対照させた過去の動作を表しうるが，would は現在と対照させた本問のような文脈では使えない**という点である。つまり，used to は通例，

「今ではその習慣は行われていない」の意味を含み，would にはその意味はなく，個人的な回想をする場合に用いられることが多い。

▶ 本問の used to のあとには，前文との共通語句 dance が省略されている。また文尾の a lot は副詞で「とても／たくさん」の意味。

63　③　標準

How dare you speak about my husband in that disgusting way?
（私の夫について，よくもそんないやらしい言い方ができるわね）

《How dare you do ...?[!]》

▶ **dare「あえて…する」**は，一般動詞としても用いるが，疑問文・否定文では助動詞として使うことができる。

▶ **How dare you do ...?[!]「よくも…できるね」**は，定式化した表現として押さえておくこと。

64　③　標準

The newspaper **should** be delivered by 7 o'clock in the morning. Otherwise I can't read it before leaving for the office.
（朝，7時までに新聞は配達されなくてはならない。そうでないと仕事に出かけるまでに読めない）

《should の用法》

▶ **should「…すべきだ」，should not「…すべきでない」**をまず押さえる。

▶ should は，他に「**当然…のはずだ**」の意味で用いられることもあるので注意。

65　③　標準

This is a very important meeting. You **ought not to** miss it.
（これはとても大切な会合だ。欠席してはいけないよ）

《ought to do の用法》

▶ **ought to do「…すべきだ」**の否定形は，**ought not to do** で表す。

▶ ought to do と should do は以下のように押さえる。

整理 8　ought to do と should do の基本用法

(1) **ought to do ／ should do**　㋐「…すべきだ」，㋑「当然…するはずだ」

(2) **ought not to do ／ should not do**「…すべきでない」

＊(1)の㋑「当然…するはずだ」の用例は，以下を参照。

He has left home now. He *should*[*ought to*] get to the office in an hour.
（彼は，今，家を出たところです。1時間で会社に着くはずです）

66　③　標準

It is necessary that every new member **should** inform himself of the rules of the club as soon as possible.
（すべての新メンバーができるだけ早く，クラブの規則を知ることが必要だ）

《It is ... that S should do ～》

▶ It is ... that ～の形式主語構文で，補語に「必要・要求」などを表す形容詞が来る場合，that 節中は原則として**「S ＋ should ＋原形」**（主としてイギリス用法）の形，または should を省略して**「S ＋原形」**（主としてアメリカ用法）の形になる。なお，It was ... that ～と過去時制であっても，「S should ＋原形」，「S ＋原形」は変わらない点も注意。

67 ③ 標準

My father insisted I **should** go to see the place.
（私の父は，私がその場所を見に行くようにと要求した）

《S insist that S′ should do ... など》

▶ **insist**，**demand**，**order**，**propose** など，**要求・命令・提案などを表す動詞の目的語**となる that 節中は，問題 66 の場合と同様，**「S ＋ should ＋原形」**，または**「S ＋原形」**の形をとる。動詞が過去であっても，that 節中の形は変わらない点も問題 66 と同じ。

PLUS insist が，「事実の主張」を表すときは，that 節中は通常の動詞表現（以下**直説法**と呼ぶ）をとる。
He insisted that he *was* right.（彼は自分が正しいと言い張った）

整理 9 「that ＋ S（＋ should）＋原形」の形を従える形容詞・動詞

(1)形容詞 ── **necessary**，**essential**「不可欠な」，**desirable**「望ましい」，**important**，**right**「正しい」など。
(2)動詞 ── **insist**「主張する」，**demand**「要求する」，**order**「命令する」，**propose**「提案する」，**suggest**「提案する」，**recommend**「勧める」，**require**「要求する」，**request**「懇願する」など。
＊過去時制でも that 節中の**「should ＋原形」**または**「原形」**は変化しないことに注意。

68 ① 発展

His proposal that the president **change** the policy is out of the question.
（社長は方針を変えるべきだという彼の提案は，不可能である）

《his proposal that S ＋原形》

▶ 問題 67《整理 9》で述べた動詞の名詞形が同格の that 節を伴う場合も，that 節中は「that ＋ S（＋ should）＋原形」の形になる。

PLUS その名詞が補語として that 節をとる場合も，that 節中は「that ＋ S（＋ should）＋原形」の形になる。
His proposal was that the president (*should*) *change* the policy.
（彼の提案は，社長が方針を変えるべきだというものだった）

69 ② 標準

We **cannot** be too careful when choosing our friends.
（友人を選ぶにはどんなに注意してもしすぎることはない）

《cannot ... too ～》

▶ **cannot ... too ～**は，「**どんなに～しても…しすぎることはない**」の意味を表す重要表現。

整理 10 「cannot ... too ～」の変化形

この表現は，enough や過剰を表す動詞「over-」や exaggerate「…を誇張する」などと対応させたり，さらには cannot のニュアンスを It is impossible to do の形で言いかえたりした次のような形がある。

You *cannot* emphasize this point *enough*[*too much*].
= You *cannot overemphasize* this point.
= *It is impossible to overemphasize* this point.
= *It is impossible to emphasize* this point *enough*[*too much*].
（この点はどんなに強調してもしすぎることはない）

70 ①　基本

The audience could not but **admire** the performance of the pianist.
（聴衆は，そのピアニストの演奏を称賛せずにはいられなかった）

《cannot but do》

▶ **cannot[can't] but do** は「**…せざるをえない**」の意味を表す。慣用表現として押さえておこう。

PLUS 同意表現の **cannot[can't] help doing**，**cannot[can't] help but do** も重要。

71 ①　標準

I could not help **but think** he had not made great efforts to solve his economic problems.
（私は，彼が自分の経済上の問題を解決するために多くの努力を払わなかったと考えずにはいられなかった）

《cannot help but do》

▶ 問題 70 で述べた **cannot[can't] help but do**「…せざるをえない」が本問のポイント。

72 ①　標準

He may **well** be proud of his father.
（彼が父親を誇りに思うのも当然だ）

《「…するのも当然だ」の may well》

▶ **may well**「**…するのも当然だ**」で押さえる。

▶ may well には，「**（おそらく）…するだろう**」の意味もあり，実際には，この意味で用いられることの方が多い。本問も特定の文脈では，He is very likely to be proud of his father.「彼はおそらく父親を誇りに思うだろう」の意味にもなり得る。
It *may well* rain tonight.（たぶん，今晩，雨が降るだろう）

73 ② 標準

You **might as well** come with us, since you say you have nothing better to do tonight.

(今夜ほかにすることがないと言っているのなら，私たちと一緒に来てはどうですか)

《might as well の用法》

▶ **may[might] as well「…する方がいいだろう」**で押さえる。この表現は，may [might] as well ...(as not)の省略で，「(…しないのも)…するのも同じだろう」が本来の意。したがって had better などよりもはるかに強制度は弱い。

74 ② 標準

One may **as well** not know a thing at all as know it imperfectly.

(物事を中途半端にしか知らないくらいなら，まったく知らない方がましだ)

《may[might] as well do ... as do ～》

▶ **may[might] as well do ... as do ～**は，**「～するくらいなら…する方がよい／～するのは…するようなものだ」**という意味で押さえておく。

整理 11 助動詞を用いた慣用表現

(1) **cannot ... too ～**「どんなに～しても…しすぎることはない」
(2) **cannot help doing＝cannot but do＝cannot help but do**「…せざるをえない」
(3) **may well** ㋐「…するのも当然だ」，㋑「おそらく…するだろう」
(4) **may[might] as well do ... as do ～**「～するくらいなら…する方がよい」
「～するのは…するようなものだ」
(5) **may[might] as well**「…する方がいいだろう」

75 ② 基本

The English of this composition is too good. She can't **have written** it herself.

(この英作文はよくできすぎている。彼女が自分で書いたはずはない)

《can't have done の意味》

▶ **can't[cannot] have done「…したはずがない」**　現在の視点から，過去の事柄に対する強い否定の推量を表す。

76 ③ 基本

Richard studied so hard **that he must have done** well on the test.

(リチャードは一生懸命勉強したので，テストで良い成績をとったに違いない)

《must have done の意味》

▶ **must have done「…したに違いない」**　現在の視点から，過去の事柄に対する断定的推量を表す。

77 ② 基本

She isn't here yet. I am afraid she **may have lost** her way.

（彼女はまだここに来ていない。道に迷ったかもしれないと思う）

《may have done の意味》

▶ **may have done**「**…したかもしれない**」　現在の視点から，過去の事柄に対する推量を表す。

78　②　基本

You **needn't have bought** such a large house. Your wife would have been quite happy in a smaller house.

（こんなに大きな家を買う必要はなかったのに。もっと小さな家でもあなたの奥さんは十分満足したでしょう）

《needn't have done の意味》

▶ need は，疑問文・否定文で助動詞として用いることができる。問題 55 参照。**needn't[need not] have done** は「**…する必要はなかったのに（実際はした）**」の意味を表す。一般動詞で用いる didn't need to do は「…する必要はなかった」の意味で，実際にしたかどうかは，前後の文脈しだいである。

! ① need not buy は，後半の文意から不可。

79　③　標準

I **should have telephoned** you last night, but I was too busy.

（君に昨夜電話をすべきだったのだが，忙しすぎた）

《should have done の意味》

▶ **should have done** には，㋐「**…すべきだったのに（実際はしなかった）**」，㋑「**当然…した［している］はずだ**」の意味がある。本問は㋐の用法。

80　①　基本

The picture was wonderful. You **ought** to have seen it.

（その絵はすばらしかった。君にも見せたかったよ［君も見ておくべきだったのに］）

《ought to have done の意味》

▶ **ought to have done** は，**should have done と同意の表現**で，㋐「**…すべきだったのに（実際はしなかった）**」，㋑「**当然…した［している］はずだ**」の意味を表す。本問は㋐の用例。

81　④　標準

My sister **ought to have arrived** here by now; she took the early train.

（妹［姉］は，もうここに着いていてもいいはずだ。早い時間の列車に乗ったのだから）

《ought to have done「当然…した［している］はずだ」》

▶ **ought to have done** を問題 80 で述べた ㋑ の意味「**当然…した［している］はずだ**」で用いる。

▶ なお，否定形の **ought not to have done ＝ should not have done** は「**…すべきではなかったのに（実際はした）**」の意味しか表さないことも押さえておこう。

82 ④ 基本

The boys should not **have eaten** the ice cream, but they did.
(その少年たちは，アイスクリームを食べるべきではなかったのに，食べた)

《should not have done の意味》

- ▶ 問題81で述べた **should not have done「…すべきではなかったのに（実際はした）」**が本問のポイント。
- ▶ 問題75～82は，「助動詞＋have done」の形を扱ったが，これは大学入試では助動詞の用法で一番問われる箇所。以下，整理しておくので，正確に覚えておこう。

整理 12 「助動詞＋ have done」の意味

(1)	**must have done**	「…したに違いない」
(2)	**can't[cannot] have done**	「…したはずがない」
(3)	**may have done**	「…したかもしれない」
(4)	**needn't[need not] have done**	「…する必要はなかったのに（実際はした）」
(5)	**should have done** / **ought to have done**	㋐「…すべきだったのに（実際はしなかった）」 ㋑「当然…した[している]はずだ」
(6)	**should not have done** / **ought not to have done**	「…すべきではなかったのに（実際はした）」

83 ② 発展

You had better **not have gone** there.
(君は，そこへ行かない方がよかったのに)

《had better have done の意味》

- ▶ **had better have done「…した方がよかったのに（実際にはしなかった）」**の肯定形と，**had better not have done「…しない方がよかったのに（実際はした）」**の否定形とで押さえておく。ただし，これらの表現は文語なので，英作文では避ける方がよいだろう。

84 ③ 発展

It's a pity we didn't visit Tom when we had the chance. I **would like to have seen** him before he left the country.
(訪問する機会があったのに，トムを訪問しなかったのは残念だ。彼がこの国を離れるまでに会っておきたかったのだが)

《would like to have done》

- ▶ **would like to have done** は，**「…したかったのだが（実際はできなかった）」**の意味で，過去の実現できなかった願望を表す表現。

85 ④ 発展

I went to Mexico last week, and I **was able to meet** her then.
(私は先週メキシコに行き，そのとき彼女に会うことができた)

《could do と was able to do》

▶「(過去に)…する能力が備わっていた［…することが可能だった］」の場合は，**could do** も **was[were] able to do** もともに用いられるが，「**(過去のある時に)…する能力があり［…することが可能であり］，実際にその行為・動作を行った**」**の場合**，was[were] able to do は用いられるが，**could do は不可**であることに注意。本問はその用法。

PLUS 否定文の場合は「実際にその行為・動作は行われなかった」のだからどちらを用いても意味に大差はない。下記の例文では，wasn't able to の代わりに couldn't を用いても可。
She *wasn't able to*[*couldn't*] reach the restaurant on time then.
(そのとき，彼女はレストランに時間どおりに着くことができなかった)

86　③　発展

Dorothy isn't in the office; she **might be having** coffee in the cafeteria.
(ドロシーは職場にいない。カフェテリアでコーヒーを飲んでいるのかもしれない)

《「…かもしれない」の might》

▶ **might** には，「(ひょっとして)…かもしれない」の**弱い推量**の意味で用いる場合がある。もともと仮定法からきた表現だが，may とほぼ同じと考えてよい。have は，問題 4 で述べたように，「…を持っている」以外の意味では動作動詞。よって③ might be having が正解。

! ① can be having は不可。**can** も「…の可能性がある」の意味で使うことがあるが，その場合は，推量的視点ではなく，理論上の可能性について言及するという視点が前提。本問のような，現実の状態についての単なる推量には用いない。下記の例文の sports can be dangerous は「スポーツにおける過去の実例から判断して，理論上，危険になりうる場合もある」の意味を表す。
Sports *can* be dangerous if safety is ignored.
(スポーツは安全を無視すれば，危険になりかねない)
= Sports are sometimes dangerous if safety is ignored.

87　①　発展

Alice **might have been** there yesterday, but we didn't see her.
(アリスは，昨日そこにいたのかもしれないが，私たちは会わなかった)

《might have done の意味》

▶ **might have done** は，「**…したかもしれない**」という，現在の視点から，過去の事柄に対する推量を表す用法がある。これも仮定法からきた用法だが，may have done とほぼ同じと考えておけばよい。

Extra

E-016　③ must choose → had to choose　標準

Although many workplaces have become more flexible, in the nineties women still **had to choose** between having a serious career and having a family.

（多くの職場が今では，より融通がきくようになったが，90年代には，女性は依然として，本業としての仕事に就くか家庭を持つか，どちらかを選ばなければならなかった）

《must do と have to do》

▶ must は語形変化がなく，一般に現在時制以外には使わない。**have to do** は，あらゆる時制に用いられ，完了形で使うこともある。本問は in the nineties「90年代には」という過去を明示する副詞句があることから，過去の文脈だとわかる。よって③ must choose は had to choose でなければならない。問題53参照。

E-017 ① when I used to running → when I used to run 標準

There was a time **when I used to run** on the banks of this river every morning before having breakfast, but unfortunately now I don't have enough free time.

（毎朝朝食をとる前に，この川の土手を走っていた時期があったが，あいにく今は暇な時間が十分にない）

《used to do の用法》

▶ 問題61, 62でテーマ化した **used to do**「…したものだった」が本問のポイント。

E-018 ③ must have → must have had 標準

They had a birthday party for Uncle Henry last night. He **must have had** a wonderful time; he looks younger than before.

（昨夜，彼らはヘンリーおじさんのために誕生日パーティーを開いた。彼はすばらしい時を過ごしたに違いない。というのも，彼は前より若く見えるからだ）

《must have done「…したに違いない」》

▶ 問題76でテーマ化した **must have done**「…したに違いない」が本問のポイント。文脈から「彼がすばらしい時を過ごした」と思われる時が現在ではなく過去であることに気づくこと。

E-019 ② would do → should do または do 標準

Doctors always recommend that their patients **(should) do** light exercise at least two or three times a week.

（医者は患者に対して，少なくとも週に2, 3回は軽い運動をするようにと，つねに勧める）

《recommend that ＋ S（＋ should）＋原形》

▶「**recommend that ＋ S（＋ should）＋原形**」「Sが…することを勧める」が本問のポイント。問題67《整理9》参照。

E-020 標準

Anyone who knows what he is going to say, and is confident that he can say it well, **need not be struck by stage fright.**

（だれでも，話の内容がわかっており，それを上手く話せる自信があれば，舞台上であがることはない）

《need not be done「…される必要がない」》

▶ 問題55でテーマ化した **need not (do)** のあとに **strike A**「（恐怖などが）Aを襲

う」の受動形 be struck by ... を続ける。by のあとには stage fright がくるが，これは「舞台であがること／初舞台の不安感」といった意味の表現。

E-021 標準

You **should have put part of your salary in the** bank each month.
(君は毎月給料の一部を銀行に預けるべきだったよ)
《should have done「…すべきだったのに」》

▶ 問題 79 でテーマ化した **should have done**「…すべきだったのに」と **put A in the bank**「A を銀行に預ける」が本問のポイント。A は part of your salary「給料の一部」とまとめる。

E-022 標準

According to one view, **there cannot be too much freedom of speech**. (care 不要)
(どんなに言論の自由があっても構わない，という意見もある)
《There cannot be too much A.》

▶ 問題 69 でテーマ化した **cannot ... too ～**「どんなに～しても…しすぎることはない」を there is much A (不可算名詞)「たくさんの A がある」に組み入れた形の **There cannot be too much A.**「どんなに A があってもありすぎることはない」を想定できるかが本問のポイント。なお，too much A は too much freedom of speech とまとめるので，care が不要になる。

[4] 仮定法

88 ① 基本

If I **knew** the truth, I would tell you.
(真実を知っていれば，君に話すだろう)
《仮定法過去の基本形》

▶ **仮定法過去の基本形は，現在の事実と反対の仮定や実現の可能性の低い仮定を行い，それに基づく推量を表す。**仮定法の「法」とは動詞の形を表す文法用語であり，動詞の使い方が何よりも重要なポイントになる。

▶ 本問は，仮定法過去の従節なので，動詞の過去形を選ぶ。

整理 13 仮定法過去の基本形

If ＋ S ＋動詞の過去形..., S′＋ would ／ could ／ might ／ should ＋動詞の原形～.
(If ＋ S ＋動詞の過去形...: 従節／S′＋ would ／ could ／ might ／ should ＋動詞の原形～: 主節)

「もし S が…するなら，S′は～するだろう(に)」

＊従節中の be 動詞は原則として were を用いる。(今では，単数扱いの主語の場合 was も使われる)

＊主節中の助動詞に should を用いるのは，原則として 1 人称主語 (I，we) の場合のみ。

89 ④ 基本

If you were really interested in what I'm saying, you **wouldn't be** staring out of the window.
(私の言っていることに本当に興味があるなら，窓の外をじっと見ていたりしないだろう)

《仮定法過去の主節》

▶ 問題 88 で述べた，仮定法過去の主節表現。進行形となっている点に注意。

90 ③ 基本

If I **had known** about his illness, I would have visited him at the hospital.
(彼の病気のことを知っていたなら，病院に彼を見舞いに行っただろう)

《仮定法過去完了の基本形》

▶ **仮定法過去完了の基本形は，過去の事実と反対の仮定を行い，それに基づく推量を表す。**

▶ 本問は，仮定法過去完了の従節なので，動詞の過去完了形を選ぶ。

整理 14 仮定法過去完了の基本形

If ＋ S ＋動詞の過去完了形 (had done) ...,
└──── 従節 ────┘

S′＋ would ／ could ／ might ／ should ＋ have done ～.
└──────── 主節 ────────┘

「もし S が…したなら，S′は～しただろう(に)」

＊従節中の動詞表現が「助動詞の過去形＋ have done」となり，助動詞の意味が含まれる場合がある。

＊主節の助動詞に should を用いるのは，原則として 1 人称主語 (I，we) の場合のみ。

91 ① 基本

If I had had to do it, I **would have done** it then.
(それをしなければならなかったのなら，そのときにしていただろう)

《仮定法過去完了の主節の動詞》

▶ 問題 90 の《整理 14》で述べた仮定法過去完了の主節表現を完成させる。

92 ④ 標準

Jim **won the race easily**. Even if he hadn't trained, he still would have won.
(ジムは競走に楽に勝った。たとえ練習していなくても，勝っただろう)

《直説法と仮定法》

▶ 後半の仮定法の文意を正確に把握して，前半の直説法の文意をそれに合わせる。

! 後半の仮定法の文から「ジムはすでに勝った」という文意をとらえれば，③ should win が不可なのは容易にわかるはず。

93 ③ 標準

If I **had eaten** breakfast this morning, I would not be hungry now.

（今朝，朝食をとっていたなら，今，空腹ではないだろうに）

《仮定法過去完了・仮定法過去の併用形》

▶ **仮定法表現では，主節・従節において仮定法過去と仮定法過去完了が併用されることがある。**本問は，従節に仮定法過去完了を用い，過去の事実と反対の仮定を行い，主節に仮定法過去を用い，現在の事実と反対の推量を行ったものである。従節に this morning，主節に now という表現が使われていることに着目すること。

▶ 仮定法の基本を押さえたなら，今度はパターン化して考えることから脱却して，文意から判断していくという姿勢を持つことも大切。

94　①　標準

If he had taken my advice, he **would be** happier now.

（彼が私の忠告を聞いていたなら，彼は今もっと幸福だろうに）

《従節 —— 仮定法過去完了，主節 —— 仮定法過去／now に着目》

▶ 考え方は，問題 93 と同じ。今度は主節の仮定法過去を完成させる。主節に now があることに注意。

95　③　標準

If I **were** you, I would not have said such a nonsense.

（僕が君なら，そんなばかげたことは言わなかっただろう）

《従節 —— 仮定法過去，主節 —— 仮定法過去完了》

▶ **従節は仮定法過去で，主節は仮定法過去完了**となる。if 節で仮定法過去完了が用いられていないのは，「僕が君でない」という事実が，過去から現在にまで引き継がれた，時を越えた内容という認識があるからである。つまり，現在においても当てはまる事実だから，仮定法過去が用いられている。下記の例文も本問と同じ形。

If she *were* clever, she *wouldn't have made* a mistake like that.

（彼女が利口な人間ならば，そのような間違いはしなかっただろうに）

96　②　基本

If I were **to** go abroad, I would go to France.

（外国に行くことがあれば，フランスに行くだろう）

《if S were to do ...》

▶ **If S were to do ..., S′＋would／could／might／should＋動詞の原形～.** の形は，一般に未来の事柄に対する仮定を表す。仮定法過去の一つの表現形式だが，were to do は「be＋to 不定詞」の過去形であり，未来の意味を含んでいる。

▶ この表現は，比較的実現の可能性の低い仮定を表すとされているが，現実には，かなり実現の可能性の高い場合にも用いる。

If it were to rain tomorrow, how disappointed would my son be?

（明日，雨が降れば，息子はどんなにがっかりするだろうか）

拡充3 if S should do ...

・**if S should do ...**で従節を表す表現も**if S were to do ...**とほぼ同意だが，前者は，主節に助動詞の過去形だけでなく，助動詞の現在時制が用いられる場合も多く，さらには主節が命令文になっていることもある。
If anything should happen, please *let* me know immediately.
(もし何かあれば，すぐに私に知らせてください)

・**if S should do ...**は「まずあり得ないだろう」という話者の判断を表す表現なので，未来[現在]の実現性の低いことを仮定する場合には用いるが，実現性のないことを仮定する場合には用いない。たとえば，「息子が生きているなら 20 歳になっているだろう」は If my son were alive, he would be twenty years old. と表現できるが，If my son should be alive, ... とすることはできない。

97 ② 基本

If it were not for his idleness, he would be a nice fellow.
(怠惰でなければ，彼はいい奴なのだが)
《if it were not for A》

▶ **if it were not for A**「もし A がなければ」は，慣用化した仮定法過去の表現。

98 ④ 基本

If it had not been for your help, I could not have done it.
(あなたの助けがなかったなら，それをすることはできなかっただろう)
《if it had not been for A》

▶ 問題 97 で扱った if it were not for A の仮定法過去完了版が，**if it had not been for A**「もし A がなかったなら」。

▶ 両者とも，**without A**，**but for A**の副詞句に置きかえることができる。

99 ① 標準

Were a serious crisis to arise, the government would have to act swiftly.
(深刻な危機が生じれば，政府は速やかに行動しなければならないだろう)
《接続詞 if の省略》

▶ 仮定法の従節に，**倒置形を用いることによって**，**接続詞 if は省略**されることがある。英文読解においても，重要な点。

▶ 問題 96 でテーマ化した **If S were to do ...**を，**Were S to do ...**という if を省略した倒置形で表す。

100 ④ 標準

Should he be given another chance, he would do his best.
(もう一度チャンスが与えられれば，彼は最善を尽くすだろう)
《If S should do ... → Should S do ...》

▶ 問題 96《拡充 3》でテーマ化した **If S should do ...**を，**Should S do ...**という

if を省略した倒置形で表す。

101　④　標準

Had it not been for her kind care, he would not have recovered so speedily.
(彼女の親切な介護がなければ，彼はこんなに速く回復しなかっただろう)
《If it had not been for A → Had it not been for A》

▶ 問題 98 でテーマ化した **If it had not been for A** を **Had it not been for A** という if を省略した倒置形で表す。

102　②　基本

Although he knows nothing about electronics, he speaks **as if he were** an expert.
(彼は電子工学について何も知らないのに，まるで専門家であるかのように話す)
《as if ＋仮定法過去の従節形》

▶ 「**as if ＋仮定法過去の従節形**」「まるで…であるかのように」，「**as if ＋仮定法過去完了の従節形**」「まるで…であったかのように」は比較的よく知られた表現。注意すべき点は，動詞表現が，仮定法の基本形（問題 88《整理 13》，90《整理 14》参照）の従節（つまり if 節）の形をとるということである。また，as if の代わりに，**as though** も同様の用法がある点，そして，今では，as if 節内に直説法の動詞表現も用いられる点も，押さえていてほしい。
He walks as if he *is*[*were*] drunk.
(彼は酔っているかのような歩き方をする)

! ①の like his being an expert は like an expert なら可。前置詞の like は like A で「A のように」の意味を表す。

103　④　基本

You looked **as if you had seen** a ghost when you came out of the house. What happened?
(君は家から出てきたとき，幽霊でも見たかのような顔つきをしていたよ。どうしたの)
《as if ＋仮定法過去完了の従節形》

▶ You looked の時点より前に「幽霊を見た」という仮定状況があったのだから，**as if** 節は仮定法過去完了を伴う。詳細は次問の解説で。

104　②　基本

He spoke **as though** he knew all about our plans when in fact he knew nothing about them.
(彼は，我々の計画について実際には何も知らないのに，何でも知っているかのように話した)
《as though ＋仮定法過去の従節形》

▶ 問題 102 で述べたように，**as though** は，**as if** と同じように用いる。

▶ 「He spoke と過去時制なのに，as though he **had known** とならなくてもいいのだろうか」と思った人は，以下を参照。

拡充 4 直説法と仮定法の「時の位相」

「**主節＋ as if 節**」の形は，**主節は直説法，as if 節には仮定法を用いる混合表現**。ここで重要なのは，**仮定法動詞は，直説法動詞の時制の支配を受けない**という点である。したがって，主節の動詞が現在であれ過去であれ，その時点で「…するかのように」であるなら仮定法過去を用いるし，それよりも前の時点で「…したかのように」であれば，仮定法過去完了を用いるのである。

(1) He *speaks* as if he were an expert.（彼はまるで専門家のように話す）

(2) He *spoke* as if he were an expert.（彼はまるで専門家のように話した）

(3) She said to him, “You speak as if you were an expert.”

→ She told him that he *spoke* as if he *were* an expert.

[時制の一致]　[直説法の時制の一致は受けず]

105 ①　標準

A: I didn’t know that she was so worried about money.

B: I wish you **had sent** her some a couple of weeks earlier.

(A「彼女がお金のことでそんなに悩んでいるなんて知らなかった」 B「もう 2, 3 週間早く，いくらか送ってやればよかったのに」)

《S wish ＋仮定法》

▶「**S wish ＋仮定法過去の従節形**」「…すればよいのにと S は思う」，「**S wish ＋仮定法過去完了の従節形**」「…すればよかったのにと S は思う」の表現も，比較的よく知られた表現。これも，「as if ＋仮定法」と同様，S wish の主節部分は直説法であり，全体は，直説法と仮定法の併用形である点に注意。I wish の時点よりも前に「送ってやっている」ことを願望しているのだから，仮定法過去完了となる。「I wish は現在時制→現在の事実と反対の仮定は，仮定法過去→よって答えは③ sent」というのは，よくある誤った思考回路。wish が現在時制かどうかによって，仮定法表現は直接，決定されはしないのである。

整理 15 S wish ＋仮定法

(1) **S wish ＋ S′＋動詞の過去形（仮定法過去）… .**

「S は S′が…すればよいのにと思う（現在の事実と反対の事柄の願望）」

(2) **S wish ＋ S′＋動詞の過去完了形（仮定法過去完了）… .**

「S は S′が…すればよかったのにと思う（過去の事実と反対の事柄の願望）」

106 ③　標準

The boys wish that they **had played** better.

(その少年たちは，もっとうまくプレーしていたらよかったのだがと思っている)

《The boys wish ＋仮定法》

▶「**S wish ＋仮定法**」の構文を，「I wish ＋仮定法」と覚えてしまい，主語が「I」でない場合に，文構造が見えなくなる人がいる。本問では，主語は「I」とは限らないことを確認してくれればよい。

107　②　標準

The play was a lot of fun. I wish you **could have been** there.
（その芝居はとてもおもしろかった。君も来られたらよかったのに）

《S wish ＋ S′could have done》

▶「had done」の形がないので驚いたかもしれない。問題 90《整理 14》の＊印で**従節中の動詞表現に助動詞の意味が含まれる場合**，「**助動詞の過去形＋ have done**」**の形となる**ことに触れている。本問は，その例。

108　③　標準

If **only** I could speak English as fluently as you !
（あなたと同じくらい英語がすらすらと話せればいいのだが）

《If only ＋仮定法 ... !》

▶「**If only ＋ S ＋動詞の過去形（仮定法過去）... !**」で，現在の事実と反対の事柄に対する話者の願望を表し，「**If only ＋ S ＋動詞の過去完了（仮定法過去完了）... !**」で，過去の事実と反対の事柄に対する話者の願望を表す。

▶「**If only ＋仮定法 ... !**」**は**，「**I wish ＋仮定法 ...**」**の同意表現**と考えてよい。

109　②　発展

No doubt Mary is wrong, but I would rather **you didn’t pick on her** too much, since nobody is perfect.
（確かにメアリーは間違っているが，完璧な人間なんていないのだから，あまり彼女をいじめないでほしい）

《S would rather ＋仮定法の従節形》

▶「**S would rather ＋ S′＋仮定法過去／仮定法過去完了...**」という定式化した表現があるが，これも問題 105，106 および《整理 15》で扱った「**S wish ＋ S′＋仮定法過去／仮定法過去完了...**」とほぼ同意の表現と考えてよい。本問は仮定法過去を用いた形を入れる。仮定法過去完了は以下の例を参照。
I would rather you *hadn’t told* her the truth.
（あなたが彼女に本当のことを言うのはやめてほしかったと思うのですが）

▶ **pick on A**「A をいじめる」は重要イディオム。

110　③　基本

It’s already eleven. It’s high time you **were** in bed.
（11 時になっているよ。お前はもう寝る時間でしょ）

《It is time ＋仮定法過去》

▶「**It is time ＋ S ＋動詞の過去形（仮定法過去）...**」の形で，「S は…してもよい時期［時間］だ」の意味を表す。定式化した表現として覚えておくのがよい。

▶ **It is high time ...**であれば，「当然…してもよい時期［時間］だ」，**It is about time ...**であれば「そろそろ…してもよい時期［時間］だ」の意味になる。

111 ①　基本

But for the support of the public, the President could not have survived the revolt.
（大衆の支持がなかったなら，大統領は，反乱を切り抜けることはできなかったろう）

《but for A の用法》

▶ 問題 98 で触れたように **but for A** は，仮定法において，「A がなければ／A がなかったら」の意味で用いる慣用表現。**without A** も同意。

112 ④　標準

With a little more effort, he would have succeeded.
（もう少し努力していれば，彼は成功していただろう）

《if 節の代用 —— 副詞句の場合》

▶ 仮定法では，if 節の意味を，他の表現で表すことがある。本問では **with A**「もし A があれば」の副詞句に if 節の意味を含ませている。問題 111 の but for A ＝ without A も，副詞句に if 節の意味を含ませているという点では同じと考えてよい。この種の仮定法は，動詞表現に仮定法の主節の形が残っているから，それを手がかりに読みとる必要がある。

❗ ③の **Owing to A** は，「A の理由で」という意味なので，不可。

113 ④　基本

Without your financial help, we wouldn't be able to carry out our plan.
（あなたの財政的援助がなければ，私たちは計画を実行することはできないだろう）

《仮定法での without A》

▶ 問題 112 で述べたとおり。なお，問題 111，112，113 はいずれも，**副詞句に仮定の意味**を持たせた例である。

114 ④　標準

He did what he had been told; **otherwise** he would have been scolded.
（彼は言われたことをした。さもないと叱られたことだろう）

《if 節の代用 —— otherwise》

▶ 仮定法の文脈での副詞 **otherwise** は，**前述の内容を受けて，その反対の内容を仮定する表現**で用いられる。「そうしなかったら／さもなければ」の意味。本問の otherwise の内容を言いかえると，if he had not done what he had been told，となる。

115 ④　標準

He didn't realize the consequences of his action, or he **wouldn't have done** such a stupid thing.
（彼は自分の行為の影響を理解していなかった。そうでなければ，彼はそのような愚かなことはしなかっただろう）

《or に条件の意味》

▶ 接続詞の **or**「さもなければ」は**前文の内容を受けて，その反対の内容を仮定する**

表現で用いられることがある。本問の or は，and if he had realized the consequences of his action と書きかえることができる。したがって，仮定法過去完了の主節の形④ wouldn't have done が正解となる。

116　④　標準

I **would have been** happy to see him, but I didn't have time.
(彼に会えばうれしかっただろうが，私には時間がなかった)

《不定詞に条件の意味》

▶ 副詞用法の不定詞 to see him に「私が彼に会っていたならば」という条件の意味を含ませたもの。to see him は if I had seen him の意味を表す。

! ② would be，③ will be なら，I *would*[*will*] *be* happy to see him, but I *don't have* time. となるはず。

117　②　標準

One more step, **and** I would have fallen off the cliff.
(もう一歩進んでいれば，私はがけから落ちていただろう)

《名詞, and ＋仮定法》

▶ 「**名詞, and ＋仮定法**」も「…すれば，～だっただろう」の意味を形成する。「命令文，and ...」と類似の表現。本問は If I had taken one more step, I would have fallen off the cliff. と同意。

PLUS 「**副詞句, and ＋仮定法**」も同類の表現。
Five minutes earlier, and we could have caught the last train.
(5分早ければ，私たちは最終列車に間に合うことができただろう)

拡充5　条件の意味を表す表現

問題112～117まで，if節を用いずに，条件を表す代表例を見てきたが，以下はその他の例。

(1) **主語に仮定の意味が含まれている場合**
A wise man would have acted differently.
(賢明な人なら，別の行動をとったことだろう)

(2) **分詞構文に仮定の意味が含まれている場合**
Born a hundred years ago, he would have become a great man.
(100年前に生まれていたら，彼は偉大な男になっていただろう)

118　④　発展

I'm so hungry that I **could eat** a horse.
(とてもお腹がすいているので，(食べようと思えば)馬一頭でも食べられるくらいだ)

《条件を表す表現のない仮定法過去》

▶ 仮定法表現で条件を表す表現が一切なく，**話者の意識の中でのみ「…しようと思えば」「…するとしても」といった気持ちが働いている場合がある**。仮定法の真髄とも言うべき表現形式，ぜひ理解してほしい。

❗ ② ate は時制としてもおかしいが，① can eat，② ate，③ have eaten とも直説法の表現なので不可。これでは「馬一頭を本当に食べる」ことを意識していることになる。

119 ①　発展

You have done very well, but you **could have done** better.
(君はとてもうまくやったよ，でも(やろうと思えば)もっとうまくやれただろう)
《条件を表す表現のない仮定法過去完了》

▶ 考え方は問題 118 と同じ。

❗ ② will have done は未来完了(問題 29 参照)の形で文脈に合わないので不可。

120 ③　発展

It was a beautiful, sunny day. The weather couldn't have been **better** for a picnic.
(美しく晴れわたった日だった。ピクニックに(ふさわしい天気があるにしても)これ以上いい天気はありえなかったろう)
《仮定法の否定文中の比較表現》

▶ 考え方の基本は，問題 118 と同じだが，このような形になるとかなり内容をとらえにくいだろう。以下の対応参照。(**条件を表す表現のない仮定法の否定文で比較級がある場合，最上級的な意味を内在した表現となる**点に注意)
The weather *couldn't be better* for a picnic. [仮定法過去]
＝ The weather *is best* for a picnic.
The weather *couldn't have been better* for a picnic. [仮定法過去完了]
＝ The weather *was best* for a picnic.

121 ④　発展

Mark : How is your work coming along?
Susan : It couldn't be better.
How is Susan's work? It is **absolutely fine**.
(マーク「君の仕事の調子はどうだい」　スーザン「(いい状態があるにしても)これ以上うまくいくなんてありえないわ」　さて，スーザンの仕事の状態はどうなのでしょうか。スーザンの仕事は，最高の状態です)
《It couldn't be better.》

▶ 問題 120 で述べた内容が，ストレートに問題になった形。**It couldn't be better.**「この上なくよい」(＝ It is best.)は仮定法の否定文中の比較表現であり，最上級的な意味を表す。本問では，その意味を表した④ absolutely fine を選ぶ。

Extra

E-023　③ will → would　基本

It is our neighbor's opinion that if Kennedy were alive today, the country **would** have fewer problems than it has.

（もしケネディが今日生きていれば，この国は現在より問題が少ないだろう，というのが私たちの近所の人の意見である）

《仮定法過去の主節》

▶ 従節の if Kennedy were alive today「もしケネディが今日生きていれば」は現在の事実と反対の仮定なので，主節も仮定法過去の形「**助動詞の過去形＋動詞の原形**」にしなければいけない。問題 88，89 参照。なお，文頭の it は that 以下を指す形式主語。

E-024　④ was not → had not been　標準

At the time of the accident I was sitting in the back of the car, because Tom's little boy was sitting beside him in front.　If Tom's boy **had not been** there I would have been sitting in front.

（事故があったとき，私は車の後部座席に座っていた。トムの幼い息子が前で彼の横に座っていたからだ。もしトムの息子がそこにいなかったら，私は前に座っていただろう）

《仮定法過去完了の従節》

▶ 仮定法過去完了の従節の形は「**If ＋ S ＋動詞の過去完了形（had done）...**」であった。問題 90 参照。主節の I would have been sitting in front が仮定法過去完了の形となっていることに気づくこと。

E-025　① would have been lying → had been lying　標準

If he **had been lying** quietly as instructed by the doctor, he might not have had a second heart attack.

（もし彼が医者に言われたように安静にしていたならば，別の心臓発作を起こすことはなかったかもしれない）

《仮定法過去完了の従節》

▶ 考え方は問題 E-024 と同じ。従節の動詞を過去完了形の had been lying にすればよい。

▶ ② as instructed by the doctor の箇所は，as (he was) instructed by the doctor という副詞節中の「S ＋ be 動詞」の省略で，間違いではない。問題 1048 参照。

E-026　標準

With a little more patience, Mary would have succeeded.（endure，has，if，she 不要）

（もう少し我慢していたらマリーは成功したのに）

《前置詞句に条件の意味 ―― with A》

▶ 前置詞で始まる副詞句に条件の意味が含まれることがある。問題 113 でテーマ化した **without A**「A がなければ／A がなかったなら」と問題 112 の **with A**「A があれば／A があったなら」はその代表例。本問は with A を with a little more patience とまとめればよい。なお，本問の副詞句を if 節で書くならば，if she had had a little more patience または if she had been a little more patient となるが，与えられた語ではこの表現は作れない。

E-027 標準

He's had your camera for a month now. Don't you think **it's about time you had it back**? (he, to 不要)
(彼がカメラを借りていって1か月になる。もう返してもらったら？)

《It is about time ＋仮定法過去》

▶ 問題110でテーマ化した「**It is about time ＋ S ＋動詞の過去形(仮定法過去)…**」「そろそろ…してもよい時期[時間]だ」を用いて表現する。

▶ **have A back**「Aを返してもらう」を用いることにも注意。

E-028 標準

In fact, **a Frenchman would have described the scene from** a different point of view. (if he 不要)
(実際，フランス人ならばその光景を違う観点から表現したでしょうに)

《主語に仮定の意味》

▶ 問題117《拡充5》で述べたように，**主語に仮定の意味が含まれる**場合がある。本問は主語にa Frenchmanをたてて，「フランス人だったら」という仮定の意味を持たせ，動詞表現を仮定法過去完了の主節の形にすればよい。なお，a Frenchmanに仮定の意味が含まれるので，if heは使う余地がない。

E-029 標準

You **couldn't have given me a better present**, for a pen is just what I wanted.
(ペンはまさに私が欲しいと思っていたものなので，これより良いプレゼントはありません)

《仮定法の否定文中の比較表現》

▶ **条件を表す表現のない仮定法の否定文で比較級がある場合，最上級的な意味を内在した表現となる**。問題120，121参照。本問は「これより良いプレゼントはありません」という最上級的な意味を表す和文を仮定法の否定文中の比較表現で表すことができるかがポイント。

E-030 標準

She wished she **had paid more attention to what** the teacher had said.
(彼女は，先生が言っていたことをもっとよく聞いておけばよかったと思った)

《「S wish ＋仮定法」》

▶ 問題105《整理15》でテーマ化した「**S wish ＋ S′＋動詞の過去完了形(仮定法過去完了)….**」「SはS′が…すればよかったのにと思う(過去の事実と反対の事柄の願望)」を用いて表現する。

▶ **pay attention to A**「**Aに注意を払う**」は重要イディオム。

[5] 不定詞

122　①　基本

They have nothing to complain **about**.
（彼らには，不平を言うべきことは何もない）

《形容詞用法の不定詞 ―― 目的格関係，前置詞の残留》

▶ 名詞を修飾する不定詞は，形容詞用法の不定詞と呼ばれるが，その場合修飾される名詞Aと不定詞の間には主として，以下の3つの関係が成り立つ。㋐ **主格関係**（「Aが…する」の関係），㋑ **目的格関係**（「Aを…する」の関係），㋒ **同格関係**（名詞の内容を説明するもの　*ex.* the decision *to tell* her the truth「彼女に真実を言うという決心」）。本問は㋑目的格関係の用例で，nothing が complain about の目的語となっている。complain about A「Aについて不平を言う」が A to complain about「不平を言うべきA」の形となり，前置詞が残る。

123　③　基本

The question **to be discussed** at today's meeting is whether we should postpone the plan till next month.
（今日の会合で議論されるべき問題は，我々は計画を来月まで延期すべきかどうかだ）

《形容詞用法の不定詞 ―― 主格関係》

▶ 問題122で述べた，形容詞用法の不定詞の3つの用例の中で，本問は㋐主格関係の用例。the question と be discussed の間に「S＋V」関係が成立している。なお，the question to be discussed「議論されるべき問題」は，選択肢にはないが，the question to discuss「議論すべき問題」（㋑目的格関係）としてもほぼ同意となる。また，形容詞用法の不定詞が名詞を修飾する場合，原則としてその行為・動作は，これから行われることを表すことも押さえておこう。

! ① discussing にしないこと。分詞で名詞を修飾する場合，名詞と分詞との間が能動関係なら現在分詞を，受動関係なら過去分詞を用いる（問題171参照）。本問は「問題が議論される」の受動関係なので，現在分詞の discussing は不可。

124　②　基本

I'm sorry **to have kept** you waiting so long. The train was delayed for an hour.
（こんなに長い間待たせてごめんなさい。電車が1時間遅れたのです）

《副詞用法の不定詞 ―― 感情の原因／完了不定詞》

▶ glad ／ happy ／ angry ／ sorry や surprised ／ delighted「喜んで」／ hurt「感情を害して」などの感情や気持ちを表す形容詞や過去分詞の分詞形容詞のあとに不定詞を用いることで，**感情の原因「…して」**を表す。

▶ **完了不定詞（to have done）は，文の述語動詞の時点よりも「前」であることを表す**。現在時制と完了不定詞とが用いられている場合，完了不定詞が「過去」の内容を表しているか「現在完了」の内容を表しているかは，文脈によって決まる。本問は「今までずっと待たせてきた」のだから「現在完了」の内容。以下のように書きかえられる。

I'm sorry that I *have kept* you waiting so long.

! ③ to make は不可。make A doing の形はない。

125 ③ 標準

He grew up **to be** a very reliable man.

(彼は大きくなって，とても信頼できる人となった)

《副詞用法の不定詞 —— 結果》

▶ 副詞用法の結果を表す不定詞は，固定化した表現で用いられる。㋐ **grow up to be ...**「成長して…になる」，㋑ **wake (up)[awake] to find[see] ...**「目がさめると…だと知る」，㋒ **live to do ...**「…するまで生きる(←生きて…する)」以外の表現では，使わない方が無難。

126 ② 標準

This river is dangerous to **swim in** in July.

(この川は，7月に泳ぐのは危険です)

《副詞用法の不定詞 —— 形容詞の意味の限定》

▶「**A is ＋形容詞＋ to do**」の形には，「**A は…するには〜だ**」の意味を表し，不定詞が形容詞を修飾してその意味を限定させる用法がある。この場合，主語が不定詞句の目的語となる関係が内在しており，一般に，形式主語 It を用いて，「**It is ＋形容詞＋ to do A**」の形へと言いかえられる。本問では，以下のようになる。

It is dangerous to swim in *this river* in July.

本問は，この this river が主語になった形だから，② swim in が正答になるのである。

▶「A is ＋形容詞＋ to do」の形で「A は…するには〜だ」という話者の A に対する評価を表す場合，用いられる形容詞は限られている。大学入試でねらわれるのは，**dangerous** ／ **safe** ／ **pleasant**「楽しい」／ **comfortable** ／ **convenient**「便利な」や「難・易」を表す **easy** ／ **difficult** ／ **hard** ／ **impossible** などである。ただし，possible は用いられないことに注意しよう。

127 ② 標準

Some Japanese youngsters do not feel that chopsticks are easy **to pick up food with**.

(日本の若者の中には，はしでは食べ物をつまみにくいと感じている人もいる)

《形容詞の意味の限定 —— 複雑な形》

▶ 考え方は問題 126 と同じ。that 節内の主語 chopsticks が不定詞句の前置詞 with の目的語となる関係が内在している。that 以下は it is easy to pick up food with chopsticks と書きかえることができる。

整理 16 副詞用法の不定詞の意味と用法

(1) 目的「…するために／…する目的で」

We must study hard *to pass the exam.*

（その試験に受かるためには一生懸命勉強しなければならない）

(2) **感情の原因「…して」**

I was very glad *to hear the news.*（その知らせを聞いてとてもうれしかった）

(3) **判断の根拠「…するなんて／…するとは」**

He must be rich *to have such a luxury car.*

（彼はそんな高級車を持っているなんて，金持ちに違いない）

(4) **結果「その結果…する」**

She grew up *to be a famous scientist.*（彼女は大きくなって有名な科学者になった）

(5) **条件「…すれば」**

To hear her talk, you would take her for a Japanese.

（彼女が話すのを聞けば，君は彼女を日本人だと思うだろう）

(6) **形容詞の限定「…するには」**

This river is dangerous *to swim in.*（この川は泳ぐには危険だ）

128　④　基本

Students should try **not to be** late.

（学生は遅刻しないようにすべきだ）

《不定詞を否定する語 —— 不定詞の直前》

▶ 不定詞を否定する語は不定詞の直前に置く。

129　③　基本

"Would you like to come to my party?"

"I'd love **to**, but I'm afraid I can't."

（「私のパーティーにいらっしゃいませんか」「行きたいのですが，行けそうもないんです」）

《代不定詞》

▶ **前述の動詞表現の反復を避けるため，to だけを用いて不定詞の意味を表す**用法がある。これを**代不定詞**という。本問は，I'd love to (come to your party) の意味。

130　③　標準

The boy opened the window, although his mother had told him **not to**.

（母親は窓を開けないようにと言ったのに，その少年は窓をあけた）

《否定の代不定詞》

▶ 不定詞を否定する語は不定詞の直前に置くので，**否定の代不定詞は，not to で表す**。本問はその形を問うたもので，his mother had told him not to (open the window) の内容と考えればよい。

131　②　基本

The question is which **to choose**.

（問題は，どっちを選ぶかだ）

《**which to do「どちらを…すべきか」**》

▶ 「**疑問詞＋ to 不定詞**」は，文中で名詞表現として機能する。

132 ④ 基本

It is necessary **for you to follow** his advice.
(君は彼の忠告に従うことが必要だ)

《**不定詞の意味上の主語**》

▶ **不定詞の意味上の主語**を明示する場合「**for ＋名詞**」を不定詞の直前に置く。「It is ... to do」の形式主語構文に限らず，以下のような形も可能。
For her to go abroad was a mistake.
(彼女が外国に行ったのは間違いだった)

133 ② 基本

It was careless **of** you to forget your homework.
(君が宿題を忘れたのは不注意だった)

《**It is ... of A to do**》

▶ It is ... to do の構文で，人を不定詞の意味上の主語として用い，**性質・性格を表す語が補語にくる場合**，「**It is ... of A to do**」**の形**となる。本問は次のように書きかえてもほぼ同意。
You were careless to forget your homework.

PLUS It is ... of A to do が，感嘆文になると，以下のように it is は省略されることが多い。
How careless of you to forget your homework!

整理 17 It is ... of A to do のパターンで用いられる形容詞

careless，**clever**，**wise**，**kind**，**foolish**，**polite**「礼儀正しい」，**rude**「無作法な」，**considerate**「思いやりがある」，**cruel**「冷酷な」，**stupid**「愚かな」など

134 ④ 発展

Mary is too clever for **there** to be any disagreement concerning her intelligence.
(メアリーはとても賢いので，彼女の知性について見解の相違はありえない)

《**for there to be A の形**》

▶ **there is A 構文**において形式的に主語の位置を占める there が，**for there の形で不定詞の意味上の主語**となる場合がある。本問は次のように書きかえることができる。
Mary is so clever that there cannot be any disagreement concerning her intelligence.

PLUS there は以下のように，動詞の目的語として用い「**V ＋ there ＋ to be A**」の形となることもある。
I don't want *there* to be any trouble. (もうごたごたはいやだ)

135　②　標準

All you have to do is **wash** the dishes.
（君は皿を洗いさえすればよい）

《**All S have to do is ＋原形不定詞**》

▶「**All S have to do is ＋原形不定詞［または to 不定詞］**」は，「S は…しさえすればよい（← S がしなければならないすべてのことは…することだ）」という意味を表す定式化した表現。All のあとに関係代名詞 that が省略されている。**S have only to do**「S は…しさえすればよい」との書きかえでもよく問われる。

▶ なお，補語となる不定詞が一般に原形不定詞になるわけではなく，主語を形成する部分に「動詞の do」を用いる場合のみ可能となる。つまり My wish was to sleep.「私の望みは眠ることでした」のような英文の補語では，必ず to 不定詞を用いなければならない。主語を形成する部分に「動詞の do」を用いた以下の文では，補語として原形不定詞，to 不定詞いずれも用いられる。
What I want to *do* is (*to*) *make* money.
（私がやりたいことは，お金をもうけることだ）

PLUS 同類の表現，「**All S can do is ＋原形不定詞［または to 不定詞］**」「S にできることは…することだけだ」も頻出。

136　②　標準

The victim is thought **to have taken** a large quantity of poison by mistake.
（その犠牲者は，誤って大量の毒を飲んだと考えられている）

《**完了不定詞の用法 —— be thought to have done**》

▶ 問題 124 で述べたように，**完了不定詞（to have done）は文の述語動詞よりも「前」に起こったことを表す**のだが，その完了不定詞を用いた表現 **be thought to have done** は「…したと考えられている」の意味を表す。本問は，以下の内容。
It is thought that the victim *took* a large quantity of poison by mistake.

! ④ to have been taken にしないこと。take に take A B「A に B を飲ませる」の形があれば，A is taken B「A は B を飲まされる」の受動態が成立するが，take にその形はない。take A「A を飲む」の観点から，to have been taken を用いた場合，主語は the victim「その犠牲者」ではなく poison になるはず。

137　②　標準

At this corner there occurred an accident that **was to be remembered** for years.
（この角でその後何年間も記憶に残ることになった事故が起こった）

《**be ＋ to do —— 予定・運命**》

▶「**be ＋ to 不定詞**」の形で，**予定・運命**「…する予定だ／…することになっている」を表す用法がある。主語のあとに「be ＋ to 不定詞」の形が続いて「S は…すること」と訳出できなければ，いわゆる「be ＋ to 不定詞」の用法だと考える。

! ④ was to have been remembered は不可。was[were] to have done の意味は問題 139 参照。

138 ④ 標準

If you are **to realize** your dreams, you must exercise your imagination.
(君の夢を実現するつもりなら，想像力を働かせなくてはならない)

《be ＋ to do —— 意図・目的》

▶ **「be ＋ to 不定詞」で意図・目的**「…するつもりなら／…するためには」**を表す**用例。ただし，意図・目的を表すこの用法は，**if 節で用いるのが原則**と押さえておく。なお，本問などは，「君の望みを実現するためには」と「目的」風に訳出しても可。

整理 18 be ＋ to 不定詞

問題 137 で (1) **予定・運命**，問題 138 で (2) (if 節中で) **意図・目的**を表す「**be ＋ to 不定詞**」の形を見てきたが，それ以外の用法をまとめておく。

(3) **可能**「…**できる**」(to be done と受動形になっている場合が多い)

The pen *was not to be found.* (ペンは見つからなかった)

(4) **義務・命令**「…**すべきだ**／…**しなさい**」

You *are to come* home by six. (6 時までに帰ってらっしゃい)

139 ① 発展

A: Did you rent an apartment?
B: No. We **were to have rented** one, but the plan fell through.
(A「アパートを借りたかい」 B「借りてないんだ。借りるつもりだったんだが，計画がうまくいかなかったんだ」)

《was[were] to have done の用法》

▶ **was[were] to have done** で，**過去の実現しなかった意図・予定を表す**。「…するつもりだったができなかった」の意味。

拡充 6 完了不定詞を用いる過去の実現されなかった計画・予定

問題 139 の **was[were] to have done** で表す方が今では一般的だが，mean ／ hope ／ intend ／ expect などを用いて，**meant to have done** (**過去形＋ to have done**)，**had meant to do** (**過去完了形＋ to do**) のような形でも，過去の実現されなかった計画・予定を表す用法がある。

I *intended to have finished* the task in an hour.
＝ I *had intended to finish* the task in an hour.
(1 時間でその仕事を終わらせるつもりだったのだが)

140 ② 基本

To **make** matters worse, it began to rain.
(さらに悪いことには，雨が降りだした)

《独立不定詞 —— to make matters worse》

▶ **to make matters worse**「さらに悪いことには」は，独立不定詞と呼ばれる慣用表現。このまま覚えるのがよい。**what is worse** も同意の表現。

141　②　標準

She is very frugal, not to **say** stingy.
（彼女は，ケチとは言わないまでも，非常に倹約家だ）
《独立不定詞 —— not to say A》

▶ **not to say A**「Aとは言わないまでも」も独立不定詞。**to say nothing of A**「Aは言うまでもなく」と混同しないこと。

142　④　標準

I hate to criticize my friend, but he lacks a sense of cleanliness, **to say the least**. He seldom takes baths.
（私は友人を批判するのが嫌いだが，控えめに言っても彼は清潔感が欠けている。彼はめったに風呂に入らないのだ）
《独立不定詞 —— to say the least》

▶ **to say the least (of it)**「控えめに言っても」も独立不定詞。

整理 19　独立不定詞

問題 140 ～ 142 で扱ったもの以外に，次のようなものがある。英作文でも使えるように正確に押さえること。
to tell the truth「本当のことを言うと」
to begin[start] with「まず第一に」
to be frank with you「率直に言えば」
to be sure「確かに，なるほど」
to make a long story short「手短に言えば」
strange to say「奇妙な話だが」
needless to say「言うまでもなく」
so to speak = **so to say**「いわば（= **as it were**）」
to do A justice「Aを公平に評すると」
to say nothing of A = **not to speak of A** = **not to mention A**
「Aは言うまでもなく」

143　②　標準

I went all the way to see my doctor, **only to** find him away.
（私ははるばる主治医に診てもらいに行ったが，彼はいなかった）
《only to do —— 逆接的結果》

▶ **only to do** で，**逆接的結果を表す**用法。「…したが，結局～だった」の意味。なお，only to do がすべてこの意味になるわけではなく，場合によっては，「…するためにのみ」という「目的」を表す副詞用法の不定詞に only がついた場合もあるので注意。

▶ 本問は，以下のように言いかえることができる。
I went all the way to see my doctor, *but* (*I*) *found* him away (*after all*).

144 ④ 基本

I'm **too** excited to eat anything.
(ぼくは興奮していて，何ものどを通らない)

《too ... to do の形》

▶ **too ... to do** で「とても…なので～できない」の構文を確認してくれればよい。問題 134 において，もっと複雑な形ですでに登場している。

145 ④ 発展

The window was **not too dirty** to see through.
(その窓は，通して見ることができないほど汚れてはいなかった)

《not too ... to do の意味》

▶ **not too ... to do** は，**too ... to do 全体を否定する表現**。したがって，not too ... to do は「～しないほど…ではない←とても…なので～しない，ということはない」の意味を表す。

PLUS 本英文は，以下のように書きかえることができる。(so の前の not は文全体を否定するのであり，not が否定する領域は that 節を含むことに注意)
The window was *not* so dirty that we couldn't see through it.

! 「窓はほとんど汚れていなかったので通して見ることができた」と誤訳して③ hardly dirty enough も可だと考えないこと。hardly は dirty だけを否定するのではなく，dirty enough to see through 全体を否定するので，③を入れると，hardly dirty enough to see through「通して見ることができるほど汚いということはなかった」というわけのわからない内容となってしまう。

146 ① 標準

The wall wasn't **high enough to keep** dogs out.
(その塀は，犬が入れないようにしておくほど高くはなかった)

《形容詞・副詞＋ enough to do》

▶ 「**形容詞・副詞＋ enough to do**」は，「～するほど…／とても…なので～する」の意味を表す。**enough が形容詞・副詞を修飾する場合，その語のあとに置く**ことも重要。

PLUS **so ... as to do** も同意表現として押さえておこう。本英文は以下の形に書きかえられる。
The wall wasn't *so* high *as to* keep dogs out.

! ④ so high that can keep は，The wall wasn't so high that *it could* keep dogs out. なら可。問題 145 参照。

147 ④ 標準

The wind was not **so strong as** to prevent us from sky-diving.
(風は，我々がスカイダイビングをすることができないほど強くはなかった)

《so ... as to do》

▶ 問題 146 で述べた **so ... as to do** の形を完成させる。

! ② as strong as にしないこと。比較の原級表現 not so[as] ... as A「A ほど…ない」と違って，この表現は so を as にすることはできない。正確に覚えておこう。

148　①　基本

His beard made him **look** ten years older.
（あごひげがあるために，彼は実際より 10 歳老けてみえた）

《原形不定詞の用法》

▶ **使役動詞（make，have，let），感覚動詞（see，hear，feel，watch，look at，listen to など）の目的格補語となる不定詞は原形不定詞になる**。つまり「**V＋O＋do**」の形になるのである。なお，動詞 **help** は，「help＋O＋do／to do」のいずれの形でも用いられることに注意。

! make A doing の形はない（問題 124 参照）ので，③ looking は不可。

149　①　基本

He was seen **to enter** the room.
（彼は部屋に入るところを見られた）

《原形不定詞→ to 不定詞》

▶ 問題 148 で触れた**原形不定詞**は，英文が**受動態になると**，**to 不定詞となる**。本問の能動態は，以下のとおり。
They *saw* him *enter* the room.

150　②　標準

There was nothing to do **but** wait until the next morning.
（翌朝まで待つしかなかった）

《There is nothing to do but ＋原形》

▶「**There is nothing to do but ＋原形**」「…するより仕方ない」は，成句化した表現。このまま押さえるのがよい。

PLUS 同意の表現で，「**There is nothing (for it) but＋to 不定詞**」，「**S have no choice[alternative] but＋to 不定詞**」がある。この場合 to 不定詞となる点に注意。

151　①　標準

He did nothing **but** weep when he heard of his mother's death.
（彼は，母親の死の知らせを聞くと，ただ泣くばかりだった）

《do nothing but ＋原形》

▶「**do nothing but＋原形**」「…してばかりいる／ただ…するだけである」も成句化した表現として，このままの形で押さえてほしい。

Extra

E-031 ④ concentrating → concentrate 標準

The students in the classroom were too busy sending e-mails to their friends, talking to each other and fixing their make-up to **concentrate** on the lecture.
（そのクラスの生徒たちは，友だちに電子メールを送ったり，互いに話をしたり，化粧を直したりするのにあまりに忙しかったので，授業に集中することができなかった）

《too ... to do の複雑な形》

▶ 本問が，問題 144 でテーマ化した **too ... to do**「とても…なので～できない」の構造であることに気づくかどうかがポイント。**be busy (in) doing** は「…するのに忙しい」の意味だが，were too busy のあとに，sending ...，talking ... and fixing ... と 3 つ動名詞句が並んでいることに注意。

▶ **concentrate on A**「A に集中する」は重要イディオム。

E-032 ① enough efficient → efficient enough 標準

Our new secretary is **efficient enough** for any manager to rely on.
（新しい秘書はとても有能なので，管理職の人間はだれでも，彼女を頼りにすることができる）

《形容詞・副詞＋ enough to do》

▶ 問題 146 でテーマ化した **... enough to do**「～するほど…／とても…なので～する」が本問のポイント。**enough が形容詞・副詞を修飾する場合，その語のあとに置く**のであった。本英文は for any manager という不定詞の意味上の主語が不定詞 to rely on の直前，enough のあとに入り込んでいる。

E-033 ④ grow up → grow 発展

Oregano, which is commonly used in Italian food, is a plant with small leaves and is very easy to **grow**.
（オレガノは通例イタリア料理で使われるが，これは葉の小さな植物で，栽培するのがとても簡単だ）

《副詞用法の不定詞 ―― 形容詞の意味の限定》

▶ 問題 126 でテーマ化した「**A is ＋形容詞＋ to do**」「A は…するには～だ」は「難・易」を表す形容詞 easy をとることができる。**A is easy to do** は **It is easy to do A** を前提とする文なので，本問の Oregano is very easy to grow up. が正しければ，It is very easy to grow up Oregano. と書きかえることができるはず。しかし，**grow up**「**育つ**」は自動詞なので Oregano を目的語にとらない。したがって，他動詞 **grow**「**…を育てる／…を栽培する**」を用いて Oregano is very easy to *grow*. ← It is very easy to *grow* Oregano. とすれば正しい英文になる。

E-034 ③ to → for 標準

Concerned environmentalists and neighborhood residents are working together to ensure that local parks and other green areas are preserved and maintained **for** everyone to enjoy.

(関心がある環境保護主義者と近所の住民たちは，地元の公園やそのほかの緑地が，みんなで楽しめるように，確実に保護され，維持されるように，協力しあっている)

《不定詞の意味上の主語》

▶ **不定詞の意味上の主語**を明示する場合「**for＋名詞**」を不定詞の直前に置くのであった。問題 132 参照。本問は，to everyone を for everyone にすれば，to enjoy の意味上の主語として機能する。

▶ **concerned** は形容詞で「社会的［政治的］意識を持った／関心［興味］のある」の意味。

E-035　標準

She is looking for a **corkscrew to open the bottle with.**

(彼女はそのビンを開けるために栓抜きを探しています)

《形容詞用法の不定詞 ―― 目的格関係，前置詞の残留》

▶ まず，She is looking for のあとに「探している対象」の a corkscrew を置く。次に，a corkscrew を形容詞用法の不定詞で a corkscrew to open the bottle with と修飾すればよい。この場合，「道具」を表す前置詞の with「…を使って」を最後に置くことに注意。a corkscrew to open the bottle with は open the bottle with a corkscrew を前提とした表現。問題 122 参照。

E-036　標準

The night was so quiet that even **a leaf might have been heard to fall.**

(木の葉一枚が落ちても聞こえるほど静かな夜でした)

《hear A do → A is heard to do》

▶ 問題 149 で述べたように，**hear A do** の受動態は **A is heard to do** となる。本問は，is heard に仮定法過去完了の主節の動詞の形 might have done を組み入れた A might have been heard to do を完成させる問題。

E-037　標準

They were **so tired that they could do nothing but yawn.**

(彼らはすっかり疲れてあくびしかでなかった)

《do nothing but＋原形》

▶ 全体の文構造を so ... that ～「とても…なので～」の形にした上で，that 節中で問題 151 でテーマ化した「**do nothing but＋原形**」「…してばかりいる／ただ…するだけである」の形を作ればよい。

E-038　標準

I hurried to the bus stop **only to find that the bus had left.**

(急いでバス停に行ったのですが，バスは出てしまっていました)

《only to do ―― 逆接的結果》

▶ 問題 143 でテーマ化した **only to do**「～したが，結局…だった」を用いて，only to find that ... の形を作ればよい。

E-039 基本

Everyone thought **it very careless of you to forget** to lock the door when you went out.

(出かけるときにドアの鍵をかけ忘れるとは，君はとても不注意だと，みんなが思った)

《think it careless of A to do》

▶ 問題 133 で述べたように，「人の性質」を表す **careless** は形式主語を用いた **It is ... of A to do** の形をとる形容詞だった。本問は，it を think の形式目的語として用いた **think it careless of A to do** の形を作る。

E-040 標準

I cannot see how this kind **of mistake is to be avoided.**

(どうすればこのような間違いが避けられるのか，私にはわからない)

《be to be done「…されることができる」》

▶ how 節の動詞表現を「可能」を表す **be to be done**「…されることができる」で表現できるかがポイント。問題 138《整理 18》参照。

[6] 動名詞

152 ① 基本

They are very proud of **being** students of that college.

(彼らはその大学の学生であることをとても誇りに思っている)

《動名詞 —— 前置詞の目的語》

▶ **動名詞は文中で，主語・目的語・補語・前置詞の目的語として用いられる。**

! **不定詞にも主語・目的語・補語となる名詞用法があるが，前置詞の目的語として用いることはできない。**よって② to be は不可。

153 ④ 基本

Doesn't Betty's mother complain about **your calling her up** every night?

(ベティのお母さんは君が毎晩ベティに電話することについて文句を言わないかい)

《動名詞の意味上の主語》

▶ **動名詞の意味上の主語は，代名詞の場合は所有格または目的格，名詞の場合も所有格またはそのままの形で表す。**本問の場合，④ your calling her up の他，you calling her up の形も可能。

▶ 動名詞句が文中で主語として用いられる場合，その動名詞の意味上の主語は原則として所有格にする。

! 前置詞のあとに節が来ることはないので，② that you call her up は不可。

154 ① 基本

The mother insisted on her children **not playing** in the park after dark.

(子どもたちに暗くなってから公園で遊ばないようにと，その母親は強く言った)

《動名詞の否定語》

▶ **動名詞を否定する語は，動名詞の直前に置く**。本問は，前置詞の on の目的語となる表現を形成しなければならないので，動名詞を用いることになる。her children は動名詞の意味上の主語。問題 153 参照。

! insist は insist on A to do の形をとれないので，② not to play は不可。

155　①　基本

I do not like **being told** those things by him in such a rude manner.

(私はあのようなことを，彼にあんなに失礼な態度で言われるのは好きではない)

《受動態の動名詞 —— being done》

▶ **受動態の動名詞は，being done の形をとる**。

! like は like doing，like to do の形がともにあるので，④ to tell は to be told とすれば可。

156　②　標準

Nobody dreamed **of there being** such a beautiful lake there.

(だれもそこにそれほど美しい湖があるとは，夢にも思わなかった)

《there is A 構文の動名詞化→ there being A》

▶ **there is A 構文を動名詞化した場合**，形式的に主語の位置を占める there を残して，**there being A の形にする**。ただし，there は本来副詞なので，所有格にすることはできない。

! ③ there being は不可。dream は **dream of A**「A を夢見る」の形をとるので前置詞 of が必要となる。

157　④　基本

I don't mind leaving at six o'clock: **I'm used to getting** up early.

(6 時に出発するのは気にならないよ。早起きには慣れているから)

《be used to doing「…することに慣れている」》

▶ **be used[accustomed] to A ／ doing** で，「A に／…することに慣れている」の意味。この to は，不定詞を作る to ではないことに注意。

PLUS **get used[accustomed] to A ／ doing** にすると，「A に／…することに慣れる」になり，動作的な意味が強調される。

158　②　基本

As the summer vacation nears, I'm looking forward **to meeting** my friends.

(夏休みが近づくにつれて，友だちに会うのが楽しみだ)

《look forward to doing「…するのを楽しみに待つ」》

▶ **look forward to A ／ doing** で，「A を／…するのを楽しみに待つ」の意味。

159　①　標準

I object **to being treated** like that.
（そのような扱いを受けるのはいやだ）
《object to doing「…することに反対する」》

▶ **object to A／doing** で，「A に／…することに反対する」の意味。

! ② to be treated にしないこと。object to A の to は不定詞を作る to ではなく，前置詞の to だから，to のあとは受動態の動名詞 being done になる。

160　④　標準

She has devoted her life to **helping** blind people.
（彼女は目の不自由な人を助けることに，人生をささげてきた）
《devote A to doing「A を…することにささげる」》

▶ **devote A to B／doing** で，「A を，B に／…することに，ささげる」の意味。

161　①　標準

John came near **being run** over by a truck last night.
（ジョンは昨晩，もう少しでトラックにひかれるところだった）
《come near (to) doing「もう少しで…するところだ」》

▶ **come near (to) doing** で，「もう少しで…するところだ」の意味。本問のように前置詞 to が省略されることも多い。

▶ **be run over (by A)**「(A に) ひかれる」は重要表現。

162　②　標準

My husband is an expert when it comes **to cooking** Chinese food.
（中国料理を作るとなると，私の夫はプロ並みだ）
《when it comes to doing「話が…することになると」》

▶ **when it comes to A／doing** で，「話が，A に／…することになると」の意味。

163　③　標準

What do you say **to having** a cup of coffee?
（コーヒーをお飲みになりませんか）
《What do you say to doing?「…しませんか」》

▶ **What do you say to A／doing?** で，「A はいかがですか／…しませんか」の意味。

PLUS 同意表現として，**How[What] about A／doing?** を押さえておくこと。

▶ 問題 157 ～ 163 の to do ではなく to doing となる表現は，正誤指摘問題などでも頻出なので，正確に覚えておこう。以下にまとめておく。

整理 20　**to do ではなく to doing となる表現**

object to A／doing「A に／…することに反対する」
look forward to A／doing「A を／…することを楽しみに待つ」

be used[accustomed] to A ／ doing「A に／…することに慣れている」
devote A to B ／ doing「A を，B に／…することに，ささげる」
come near (to) doing「もう少しで…するところだ」
when it comes to A ／ doing「話が，A に／…することになると」
What do you say to A ／ doing ? = What[How] about A ／ doing ?
「A はいかがですか／…しませんか」

164　④　基本

I have a slight headache, so I don't **feel** like going out tonight.
(少し頭痛がするので，今夜は外出する気になれない)
《feel like doing「…したい気がする」》

▶ **feel like doing** で，「…したい気がする」という意味の成句表現。同意表現として **feel inclined to do** という不定詞を用いた形を押さえておくこと。

165　①　基本

It is no **use** arguing about it, because he will never change his mind.
(それについて議論してもむだだ，彼は決心を変えないだろうから)
《It is no use doing「…してもむだだ」》

▶ **It is no use[good] doing** で,「…してもむだである」という意味。**It is useless to do** の書きかえで問われることも多い。

166　③　標準

You aren't allowed to take photographs, so **there's no point in taking** a camera.
(写真をとることは禁じられているので，カメラを持っていってもむだだ)
《There is no point (in) doing「…しても意味がない」》

▶ **There is no point[sense] (in) doing** で，「…してもむだだ／…しても意味がない」という意味の成句表現。問題 165 でテーマ化した **It is no use[good] doing** の同意表現として押さえておくとよい。

167　①　基本

This is a hospital. **It goes without saying** that pets are not allowed.
(ここは病院だ。ペットが禁止されているのは言うまでもないことだ)
《It goes without saying that ...「…は言うまでもないことだ」》

▶ **It goes without saying that ...**「…は言うまでもないことだ」も成句化した表現。

PLUS 問題 142《整理 19》で扱った独立不定詞 **needless to say** を用いて次のように表現しても同意。*Needless to say*, pets are not allowed.

168　③　基本

There is no telling how long their quarrel will last.

(彼らのけんか状態がどれくらい続くのかわからない)

《**There is no doing「…できない」**》

▶ **There is no doing** で,「…できない」という意味の成句表現。**It is impossible to do / No one can do / We cannot do** の書きかえで問われることも多い。

169 ① 基本

Her mother was busy **cooking** the dinner.

(彼女の母親は夕食を作るのに忙しかった)

《**be busy (in) doing「…するのに忙しい」**》

▶ **be busy (in) doing** で,「…するのに忙しい」という意味の成句表現。本問のように前置詞 in は省略されることが多い。

170 ③ 標準

Linda was sixteen but had no trouble **passing** for twenty.

(リンダは 16 歳だったが,難なく 20 歳で通った)

《**have no trouble (in) doing「…することが容易だ」**》

▶ **have trouble[difficulty] (in) doing** で,「…するのが難しい」という意味の成句表現。**have no trouble[difficulty] (in) doing** になると,「…するのが容易だ/難なく…する」の意味になる。本問のように in は省略されることが多い。

▶ **pass for A**「A として通る」は押さえておくべき表現。

▶ (in) doing の形を従える表現を以下にまとめておく。

整理 21 (in) doing の形を従える表現

be busy (in) doing「…するのに忙しい」
spend A (in) doing「…するのに A(時間)を使う」
have trouble[difficulty] (in) doing「…するのが困難だ」
have no trouble[difficulty] (in) doing「…することが容易だ/難なく…する」

Extra

E-041 ② to prepare for →(in) preparing for 基本

The trouble is we are so busy **(in) preparing for** the class that we do not have enough time for club activities.

(困ったことに,私たちは授業の予習でとても忙しいので,クラブ活動のための時間が十分にない)

《**be busy (in) doing「…するのに忙しい」**》

▶ 問題 169 でテーマ化した **be busy (in) doing**「…するのに忙しい」が本問のポイント。

▶ **The trouble is that 節**「困ったことに…」は押さえておくべき表現。

E-042　① to see → to seeing　基本

We have been looking forward **to seeing** the Smiths again since we heard about their visit to Japan.

(私たちはスミス一家が日本に来ると聞いてから，彼らと再会するのを楽しみにしている)

《look forward to doing「…するのを楽しみに待つ」》

▶ 問題 158 でテーマ化した **look forward to doing**「…するのを楽しみに待つ」が本問のポイント。ここでの to は不定詞を作る to ではないことに注意。

E-043　② felt like to hear → felt like hearing　基本

Those who **felt like hearing** the story again came over and added themselves to the audience.

(その話をもう一度聞きたいと思った人たちがやって来て，聴衆に加わった)

《feel like doing「…したい気がする」》

▶ 問題 164 でテーマ化した **feel like doing**「…したい気がする」が本問のポイント。

▶ **add A to B**「A を B に加える」は押さえておくべき表現。

E-044　標準

I never dreamed **of there being such a quiet place in** such a noisy town.

(私はこんな騒々しい町中にこんな静かな場所があるとは思わなかった)

《there is A 構文の動名詞化→ there being A》

▶ 問題 156 で述べたように **there is A 構文を動名詞化した場合**，**there being A** となる。dream は **dream of A**「A を夢みる／A を思う」の形をとるので，まず，of を置き，of の目的語として there being A を続け，**dream of there being A**「A があると夢みる／A があると思う」の形を作ればよい。

E-045　標準

“How did you spend the summer vacation?”

“**I spent most of it working to save money** for a notebook computer.”

(「夏休みはどうしていましたか」「休みの大部分はノート型パソコンを買うお金を貯めるために働きました」)

《spend A (in) doing「…するのに A(時間)を使う」》

▶ 問題 170《整理 21》でテーマ化した **spend A (in) doing**「…するのに A(時間)を使う」を用いて表現できるかがポイント。

▶ **save A for B**「A(お金)を B のために貯めておく」は押さえておくべき表現。

E-046　基本

There is no knowing what he will invent next.

(彼が次に何を発明するのかだれにもわからない)

《There is no doing「…できない」》

▶ 問題 168 でテーマ化した **There is no doing**「…できない」の形を作るのがポイント。

E-047 基本

An excitement at **the prospect of being well** came over me.
(私は回復の見込みに興奮を覚えた)

《前置詞の目的語になる動名詞 —— the prospect of doing》

▶ prospect は the prospect of A「A の見込み／可能性」の形をとる名詞。したがって，of の目的語として動名詞 being well を置けばよい。問題 152 参照。

▶ なお文構造どおり訳出すれば，「回復するという見込みへの興奮する気持ちが私を襲った」となる。

E-048 標準

They were **all angry with him for not coming** on time.
(彼らはみな，彼が時間どおりに来なかったことに腹を立てていた)

《動名詞の否定語 —— for not coming on time》

▶ angry は **be angry with A**「A に腹を立てる」の形をとるので，(They were) all angry with him とまとめる。前置詞 for があるので，for A「A のために／A が理由で」を想定し，A の箇所に否定の動名詞 not coming (on time) を置けばよい。問題 154 参照。

▶ all は主語の they と同格の代名詞として用いる。主語と同格の all は，原則として be 動詞を用いる場合，be 動詞のあとに置く。They were all angry ... は All of them were angry ... と同意。

E-049 標準

I'm almost eighteen years old now. I **really hate being treated like a child**.
(私はもうすぐ 18 歳だ。子ども扱いされるのは，本当に嫌だ)

《受動態の動名詞 —— being done》

▶ 他動詞 **hate**「…を嫌う」の目的語に**受動態の動名詞**(**being done**)を用いる。問題 155 参照。本問の場合，really は動詞を強調する語として hate の前に置くしかない。

E-050 標準

Until her eighteenth birthday, her parents **didn't approve of her staying out late**.
(彼女の 18 歳の誕生日まで，彼女の両親は，彼女が遅くまで外出していることを許可しなかった)

《動名詞の意味上の主語》

▶ approve は **approve of A**「A に賛成する／A を認める」の形をとる。of の目的語である A は，動名詞の意味上の主語として her をまず置き，そのあとに動名詞句 staying out late とまとめればよい。問題 153 参照。

▶ **stay out**「外出したままである」は押さえておくべき表現。

E-051 基本

I didn't **ever get used to getting up early**.
(私は今まで早起きに慣れることはなかった)

《get used to doing「…することに慣れる」》

▶ 問題 157 でテーマ化した **get used to doing**「…することに慣れる」を用いて文を完成させる。

▶ **not ever** は **never**「決して…ない」の意味。I didn't ever get used ... よりも I never got used ... の方が一般的な表現。

［7］分詞

171　③　基本

Mrs. White loves to watch the face of her **sleeping** baby.

（ホワイト婦人は眠っている赤ん坊の顔を見るのがとても好きだ）

《分詞 1 語の名詞修飾 —— 名詞の前》

▶ **分詞 1 語が名詞を修飾する場合，名詞の前に置く。また，分詞が他の語句を伴って長くなっている場合は名詞のあとに置く。**

▶ **修飾される名詞と分詞との間が能動関係なら現在分詞を，受動関係なら過去分詞を用いる。**本問は，「赤ちゃんが眠っている」という能動関係なので現在分詞を用いる。

! ① asleep「眠って」は不可。asleep は叙述用法（形容詞が補語で用いられる用法）だけであって，限定用法（形容詞が名詞修飾で用いられる用法）はないことに注意。

172　④　基本

From space the seven continents look like little islands **floating** in a giant sea.

（宇宙から見ると，七大陸は巨大な海に浮かぶ小さな島のように見える）

《現在分詞句の後置修飾》

▶ little islands と float「浮かぶ」の間は能動関係になるので，現在分詞が入る。in a giant sea という語句を伴っているため，floating は little islands のあとに置かれている。問題 171 参照。

173　③　基本

The history books this semester are like the books **used** last semester.

（今学期の歴史の教科書は，前学期に使われた教科書と似ている）

《過去分詞句の後置修飾》

▶ the books と use の間は受動関係になるので，過去分詞が入る。last semester という語句を伴っているため，used は the books のあとに置かれる。問題 171 参照。

! ① to use は不可。問題 123 で述べたように，不定詞が名詞を修飾する場合，原則としてその行為・動作はこれから行われることを表すのであり，the books to use は「（これから）使用する本」の意味になり，last semester「前学期に」と対応しない。

174 ①　基本

He was almost asleep when he heard his name **called**.
（彼は，名前を呼ばれたとき，もう少しで眠り込むところだった）

《過去分詞が目的格補語》

▶ 分詞は，目的格補語として用いられる。**目的語との間に能動関係が成立すれば現在分詞を，受動関係が成立すれば過去分詞を用いる。**

▶ **hear** は目的格補語が原形不定詞になる場合もあるが（問題 148 参照），目的格補語に分詞をとる「**hear ＋ O ＋ doing ／ done**」の形もある。本問では，his name と call との間は受動関係が成立するので過去分詞の① called が入る。

整理 22　S ＋ V ＋ O ＋ doing ／ done の形で用いる動詞

see，**hear**，**watch**，**feel**，**look at**，**listen to**，**leave**「O を C のままにしておく」，**keep**「O を C の状態にしておく」，**find**「O が C であるのに気づく」など
＊一般に see などの感覚動詞は，この形をとる。

175 ④　基本

My mother was happy to see her guest **eating** her cakes eagerly.
（私の母は，お手製のケーキをお客が夢中になって食べているのを見てうれしく思った）

《現在分詞が目的格補語》

▶ 問題 174《整理 22》で述べたように，**see** は「S ＋ V ＋ O ＋ doing ／ done」の形をとる動詞。her guest と eat との間は能動関係が成り立つため，本問では現在分詞の④ eating が入る。

▶ 問題 148 で述べたように，感覚動詞の目的格補語として原形不定詞もくるので，eat が選択肢にあれば，それも可。なお，eating と現在分詞を用いた方が，「動作が進行中」のニュアンスが強まる。

176 ④　標準

He was seen **going** out of the house.
（彼は家から出かけているところを見られた）

《「S ＋ V ＋ O ＋ doing」の受動態》

▶ 問題 175 で扱った現在分詞が目的格補語となる形が受動態になったもの。

! 問題 149 でテーマ化したように，目的格補語となる原形不定詞は，受動態では to 不定詞になるのであった。したがって① go は不可。to go の形であれば可。

整理 23　「感覚動詞＋ O ＋ do」と「感覚動詞＋ O ＋ doing」

いずれも，目的語と目的格補語との間に能動関係が成り立つ点は同じ。

(1)「**感覚動詞＋ O ＋ do**」一般に，動作の始めから終わりまでが対象。受動態では to 不定詞になる。

We heard him *sing* that song. → (受) He was heard *to sing* that song.
（私たちは，彼がその歌を歌うのを聞いた）

(2)「**感覚動詞＋O＋doing**」一般に，動作の途中が対象。受動態でも，現在分詞は変化せず。

We heard him *singing* that song. → (受) He was heard *singing* that song.

(私たちは，彼がその歌を歌っているのを聞いた)

＊「感覚動詞＋O＋done」を使えば，以下の形もありうる。問題 174 参照。

We heard that song *sung* by him.

(私たちは，その歌が彼によって歌われるのを聞いた)

177　④　基本

Can you make yourself **understood** in English?

(英語で話を通じさせることができますか)

《make oneself understood「話を通じさせる」》

▶ **make oneself understood**「自分の言うことを相手にわからせる／話を通じさせる」は，「V＋O＋done」の形を前提とした成句表現。

178　④　標準

The boy screamed for help but couldn't **make himself heard**.

(その少年は助けを求めて叫んだが，自分の声を届かせることはできなかった)

《make oneself heard「自分の声を届かせる」》

▶ **make oneself heard**「自分の声を届かせる」も，「V＋O＋done」の形を前提にした成句表現。

179　②　標準

It is necessary to make the fact **known** to everyone.

(その事実を全員に知らせることが必要である)

《make A known to B「AをBに知らせる」》

▶ **make A known to B**「AをBに知らせる」も，「V＋O＋done」の形を前提にした表現。the fact と know の間は受動関係が成り立っていることを見抜く。

▶ **be known to B**「Bに知られている」は問題 48《整理 6》参照。

180　①　標準

Please keep me **informed** of any change in the situation.

(状況のどのような変化でも，私に知らせ続けてください)

《keep A informed of B「AにBを知らせ続ける」》

▶ **keep** は「S＋V＋O＋doing／done」の形をとる動詞。me と inform との間は，inform A of B「AにBを知らせる」の観点から受動関係が成り立つ。よって，過去分詞の① informed が入る。**keep A informed of B**「AにBを知らせ続ける」で押さえておこう。

181 ②　基本

Working in a very difficult situation, the doctor never had any rest.
(非常に困難な状況で働いていたため，その医者はまったく休息がとれなかった)

《分詞構文の基本》

▶ 分詞句が副詞句として機能し，述語動詞などを修飾するものは，分詞構文と呼ばれる。

▶「**時**(…するとき)」「**理由**(…なので)」「**付帯状況**(…しながら／そして…する)」「**条件**(…ならば)」「**譲歩**(…だけれども)」を表すとされるが，条件・譲歩の用例は慣用的なものを除けば少ない。また時・理由・付帯状況などは判断できない場合も多く，つねに接続詞を用いて「書きかえ」られるわけではない。

▶ なお，「**分詞構文の基本は，現在分詞によって表す**」とまずは理解しておくこと。

▶ **分詞を否定する語は分詞の直前に置く**ことも押さえておこう。
Not having anything else to buy, she went out of the store.
(買うべきものが他になかったので，彼女は店を出た)

❗ 副詞用法の不定詞には，感情の原因「…して(うれしい，悲しいなど)」，判断の根拠「…するとは／…するなんて」の意味はあっても，一般的に「理由」を表す用法はないので，④ To work は不可。

182 ④　標準

Having worked on the farm all day long, he was completely tired out.
(一日中農場で働いていたので，彼はすっかり疲れきっていた)

《完了分詞構文》

▶ **文の述語動詞の時点よりも「前」であることを表すためには，完了分詞(having done)を用いた分詞構文を作る。**

▶ 本問の分詞構文は，*Because* he *had worke*d ..., とほぼ同意。

183 ②　標準

My stand **being** what it is, I have to oppose this idea.
(私の立場はこのようなものなので，この考えには反対しなければならない)

《独立分詞構文》

▶ **分詞の意味上の主語が文の主語と異なる場合，分詞の意味上の主語を分詞の前に置く**。この形は，一般に独立分詞構文と呼ばれる。ただし，it 以外の I ／ we ／ you などの人称代名詞は独立分詞構文では用いられない点に注意。

▶ 本問は，*Because* my stand *is* what it is, とほぼ同意。

184 ①　標準

There **being** no bus, we had to walk all the way.
(バスがなかったので，私たちはずっと歩かなければならなかった)

《there is A の分詞構文→ there being A》

▶ **there is A 構文で，形式上，主語の位置を占める there は，分詞構文でも主語の位置に残る**。動名詞となる場合の問題 156 も参照。

第1章

185　①　標準

The audience applauded the singer loudly. **Deeply moved,** he tried to express his thanks.
(聴衆は，その歌手に盛大な拍手をおくった。彼は深く感動して，感謝の言葉を述べようとした)

《受動態の分詞構文 —— 過去分詞で始まる場合》

▶ 分詞構文は，基本的には現在分詞で表す(問題 181 参照)ので，**受動態(be done)の分詞構文は being done の形に，また受動態の完了分詞構文**(問題 182 参照)**は having been done の形になる。**

▶ ここで注意してほしいことは，**分詞構文では，be 動詞の現在分詞 being，完了分詞 having been は省略されることがあるという点である**(having のみ，been のみの省略は不可)。したがって，本問の場合，Having been を省略した① Deeply moved が正答となる。また，上記内容を言いかえれば，**過去分詞で始まる分詞構文は，being ／ having been を省略した受動態の分詞構文**ということになる。なお，**being ／ having been が省略され，形容詞**(**または名詞**)**で始まる分詞構文も**あるので注意。次の文では Curious の前に Being が省略されている。
Curious to know what had happened, he began to run toward the accident scene. (何が起こったのか知りたくて，彼は事故現場の方へ走り始めた)

▶ 本問の move は他動詞で「(人)を感動させる」の意味。**be moved** で「(人が)感動する」の意味を表す。

186　③　標準

The hostess, **seated** at the end of the table, was all smiles.
(女主人は，テーブルの端に座って，満面の笑みを浮かべていた)

《分詞構文の位置》

▶ **分詞構文**は，文頭に置かれることが多いが，**文尾や前後にカンマを置いて文中で用いられることもある**。本問は文中で用いられたもの。文尾の場合は以下のとおり。
The audience walked out of the theater, *looking* bored.
(聴衆は，退屈した表情で，劇場から出ていった)

▶ seat は「(人)を座らせる」の意味を表す他動詞。受動態の **be seated** で「**座っている**」という「状態」を表すので，本問は受動態の分詞構文で being が省略された形の③ seated を選ぶ。なお，**be seated** は「**座る**」(＝ **sit down**)という「動作」を表すこともあるので注意しよう。

187　④　標準

I was called into the office first, my name **being** at the head of the list.
(私の名前がリストの一番上にあったため，私が最初にオフィスに入るよう呼ばれた)

《独立分詞構文が文尾にきた形》

▶ 問題 183，186 の融合された形。本問の独立分詞構文は *because* my name *was* at the head of the list の意味。

188 ④ 発展

Living as I **do** in the country, I seldom have visitors.
(このとおり田舎に住んでいるため，めったに訪れてくる人はいません)

《分詞構文の強調形 as S do》

▶ **分詞構文で，分詞を強調する場合，分詞の直後に as S do を置くことがある。**S は文の主語に一致する。またこの do は代動詞であり，本問の場合は，live の代用。パターンで押さえてよい。

▶ **過去分詞で始まる分詞構文の強調形は，過去分詞のあとに「as＋S＋be 動詞」を置く。**
Written *as it is* in easy English, this book is suitable for beginners.
(この本は，ご覧のとおり簡単な英語で書かれていますので，初心者に適しています)

189 ② 標準

All things **considered**, we cannot say that it is wrong.
(あらゆることを考慮に入れると，それは間違いだとは言えない)

《受動態の独立分詞構文》

▶ 独立分詞構文で being が省略された形。**All things considered**「あらゆることを考慮に入れると」はよく用いられる表現。なお，**All things taken into consideration** ／ **Taking all things into consideration** と表現しても同意。定型表現としてこのまま覚えてしまおう。

190 ② 基本

Talking of Mr. Tanaka, have you seen him lately?
(田中さんと言えば，最近彼に会ったかい)

《talking of A「A と言えば」》

▶ **talking[speaking] of A**「A と言えば」は，慣用化した分詞構文。この種の表現はイディオムとして覚えてしまうのがよい。

整理 24 慣用的分詞構文

frankly speaking「率直に言えば」，**generally speaking**「一般的に言えば」
strictly speaking「厳密に言えば」，**roughly speaking**「大ざっぱに言えば」
talking[speaking] of A「A と言えば」，**judging from A**「A から判断すると」
considering A「A を考慮に入れると」
granting[granted] (that) ...「仮に…だとしても」
provided[providing] (that) ...「もし…なら」
supposing (that) ...「もし…なら」，**seeing (that) ...**「…なので」
given (that) ...「…を考慮に入れると／…と仮定すると」
given A「A を考慮に入れると／ A と仮定すると」
weather permitting「天気がよければ」

191　③　標準

I will come, **weather permitting.**
（天気が許せば，私は行きます）

《weather permitting「天気がよければ」》

▶ **weather permitting**「天気が許せば／天気がよければ」は，独立分詞構文であるが，よく使われる表現なのでこのままの形で覚えるのがよい。問題 190《整理 24》参照。

192　②　標準

Granting that there is no law against that, I still think it is immoral.
（そういったことを規制する法律はないにしても，それはやはり社会的倫理に反すると思う）

《granting that ...「仮に…だとしても」》

▶ **granting[granted] (that) ...**「仮に…だとしても」は慣用的な分詞構文として押さえておく。問題 190《整理 24》参照。

▶ なお，**granting[granted] (that) ...** には仮定法動詞は用いず，直説法動詞を従える点に注意。

193　②　標準

Given that I was tired, I managed to play the piano pretty well.
（疲れていたことを考えると，私はかなり上手くピアノを弾くことができた）

《given (that) ...「…を考慮に入れると」》

▶ **given (that) ...** は「…を考慮に入れると／…と仮定すると」の意味を表す。問題 190《整理 24》参照。

！ ① Considered は Considering なら可。③ Providing は「もし…なら」の意味。問題 190《整理 24》参照。④ Thinking を入れると「疲れていると思ったので」といった意味になり，後半の文意と合わない。

194　①　標準

Given his fear of heights, I was surprised to hear that he had taken up sky-diving.
（彼が高所恐怖症であることを考えると，彼がスカイダイビングを始めたのを聞いて私は驚いた）

《given A「A を考慮に入れると」》

▶ **given A** は「A を考慮に入れると／A と仮定すると」の意味を表す慣用的な分詞構文。問題 190《整理 24》参照。

195　③　標準

As he was very tired, he was lying on the sofa with **his eyes closed**.
（彼はとても疲れていたので，目を閉じてソファーの上に横になっていた）

《with A done の付帯状況表現》

▶「**with ＋名詞＋分詞**」の形で，付帯状況「…の状態で／…しながら」を表す表現。

名詞と分詞との間が能動関係なら現在分詞，受動関係なら過去分詞を用いる。本問の場合，close one's eyes「目を閉じる」の表現が前提。英文中の his eyes と close との間は受動関係になるので，分詞は過去分詞の closed になる。

196 ③ 標準

How can I feel relaxed, with **you watching** me like that?
(君がそんなにぼくをじっと見ているのに，どうしてリラックスできるんだい)

《with A doing の付帯状況表現》

▶ 考え方は問題 195 で述べたとおり。you と watch との間は能動関係が成立することを見抜く。

▶「君がそんなにぼくをじっと見ている状態で」の意味だが，付帯状況を表す表現は，文意をくみとって，自然な訳出を心がけるようにしたい。

PLUS なお，付帯状況の with は，**「with ＋名詞＋形容詞［前置詞句／副詞］」**の形でも用いる。以下の例参照。

・*with* one's mouth *full*「口にものをほおばって（形容詞）」
・*with* a pipe *in one's mouth*「パイプをくわえて（前置詞句）」
・*with* one's hat *on*「帽子をかぶったまま（副詞）」

197 ④ 発展

You can use a large plastic bottle, **with its top** cut off, as a pot to grow young plants in.
(この大きなプラスチックのビンは，口のところを切り落とせば，苗木を育てる鉢として使えますよ)

《付帯状況表現が文中で用いられた場合》

▶ 考え方は問題 195 で述べたとおり。付帯状況が文中で使われている点，選択肢の微妙さなどから，かなり難しい問題。**cut off A ／ cut A off**「A を切り落とす」の観点から，its top と cut off との間は受動関係が成立している。

! ① the top is は，独立した文になってしまい接続詞が必要。② the top of which，③ whose top は，文構造上，cut off の前に is が必要。

198 ③ 標準

The peace talks failed again, with both sides **blaming** the other for the failure.
(和平会談は再度失敗したが，双方とも相手方に失敗の責任ありと非難した)

《with ＋名詞＋ blaming A for B》

▶ これも付帯状況表現である。**S blame A for B** で「S は，A を B のことで非難する」の意味。「A for B」の形が残っているから both sides と blame との間には，能動関係が成り立っている。

Extra

E-052 ② reading → read 標準

Sir Francis Bacon made important contributions to the development of science

through his philosophical treatises, but today his most widely **read** works are the essays which he himself scorned.
(フランシス・ベーコン卿は，哲学の学術論文を通して，科学の発展に重要な貢献をした。しかし今日，彼の最も読まれている著作は，彼自身が軽蔑していた随筆である)

《現在分詞か過去分詞か》

▶ 問題 171 で述べたように**修飾される名詞と分詞との間が能動関係なら現在分詞を**，**受動関係なら過去分詞を用いる**のであった。本問は，「作品が読まれる」の関係なので現在分詞 reading ではなく過去分詞 read を用いる。

▶ **make a contribution to A**「A に貢献する」(＝ **contribute to A**) は重要表現。

E-053 ④ contained → containing 標準

The cloud-like Milky Way stretching across the night sky is actually a huge galaxy **containing** millions of stars.
(夜空に広がる雲のような天の川は，実際には無数の星を含む巨大な星雲である)

《現在分詞句の後置修飾》

▶ a huge galaxy「巨大な星雲」と **contain**「…を含む」との間は能動関係なので現在分詞 containing を用いる。問題 172 参照。

E-054 ④ waited → waiting 標準

I will let you have my answer tomorrow. I won't keep you **waiting** any longer than that.
(明日，お返事します。それ以上，お待たせすることはありません)

《現在分詞が目的格補語 —— keep A waiting》

▶ **keep** は「**keep ＋ O ＋ doing ／ done**」の形をとる動詞。目的語の you と wait「待つ」の間には能動関係が成立するので現在分詞 waiting を用いる。**keep A waiting**「A を待たせ続ける」で押さえておこう。問題 174《整理 22》，問題 175 参照。

E-055 ② having made → having been made または made 標準

By eight o'clock, no decision **having been made**, the committee decided to hold another meeting to elect the president for the next year.
(8 時まで決定に至らなかったので，その委員会は，来年度の会長を選出するために，会をもう 1 度召集することに決めた)

《完了分詞を用いた受動態の独立分詞構文》

▶ no decision having made は完了分詞を用いた独立分詞構文の形だが，意味上の主語の no decision と make「…をする／行う」の間には受動関係が成立するので，having been made としなければいけない。なお，分詞構文では，having been は省略できるので made でも可。問題 182，183，185，189 参照。

▶ hold には **hold A** で「**A(会議／式など) を開く**」の意味があることに注意。

E-056 基本

I **know German well enough to make myself understood** in everyday life.
（私は日常生活で困らない程度のドイツ語ならできる）
《make oneself understood「話を通じさせる」》

▶ 問題 177 でテーマ化した **make oneself understood**「自分の言うことを相手にわからせる／話を通じさせる」を用いて，「**形容詞・副詞＋ enough to do**」「～するほど…／とても…なので～する」（問題 146 参照）を完成させる。

E-057 標準

She stood still **with her eyes fixed on** a point in the sky.（kept 不要）
（彼女は空の一点に目をくぎづけにしてじっと立っていた）
《with A done の付帯状況表現》

▶ **fix** には **fix A on B** で「A（目・注意）を B にじっと向ける」の意味を表す用法がある。この fix を用いて，問題 195 でテーマ化した **with A done** を完成させる。

▶ **stand still**「じっと立っている」は押さえておくべき表現。still は「静止して／動かない」の意味を表す形容詞。

E-058 基本

In Japan many people **feel uncomfortable not knowing the age of someone** they're talking to.
（日本では話し相手の年齢がわからないと不安に感じる人が多い）
《否定の分詞構文 ―― 文尾》

▶ まず，主語 many people のあとに動詞 feel uncomfortable を置く。そのあとに，否定の分詞構文 **not knowing A**「A を知らないと」をまとめられるかがポイント。問題 181，186 参照。

▶ 文尾に分詞構文を置く場合，分詞の前にカンマを置くのが原則だが，本問のように省略されることもある。

E-059 基本

When I heard **a funny noise coming from the back of my car while driving** home, I stopped immediately to find out what was wrong.
（車を運転して家に帰る途中，車の後ろから変な音が聞こえたとき，私はどこがおかしいのか見つけるために，車をすぐに止めた）
《hear A doing》

▶ 問題 174 でテーマ化した **hear A doing** を用いて文を完成させる。

▶ **stop to do** は「…するために止まる」の意味。

E-060 標準

Convinced that she was trying to poison him, he refused to eat anything.
（彼は，彼女が彼を毒殺しようとしていることを確信したので，食べ物を一切口にしようとしなかった）

《受動態の分詞構文》

▶ **convince** には **convince A that** 節で「A に…を確信させる」の意味を表す用法があり，その受動態形 A is convinced that 節は，「A は…を確信する」の意味を表す。この受動態を前提として，問題 185 でテーマ化した過去分詞から始まる受動態の分詞構文を作るのがポイント。Convinced that ... の形で始めて，**poison**「…を毒殺する」を動詞で用いて，that 節内を she was trying to poison (him) とまとめる。

［8］動詞の語法

199　①　基本

I always enjoy **listening** to classical music when I have some free time.
(暇な時があると，いつもクラシック音楽を聴いて楽しんでいます)

《enjoy doing —— 動名詞を目的語にとる》

▶ **enjoy doing** は「…するのを楽しむ」の意味。**enjoy** は不定詞ではなく動名詞を目的語にとる動詞。

! enjoy は不定詞や that 節を目的語にとれないので② to listen, ③ that I listen は不可。

整理 25　不定詞を目的語にせず動名詞を目的語にとる動詞

mind「…するのを気にする」，**miss**「…しそこなう」，**enjoy**「…するのを楽しむ」，**give up**「…するのをあきらめる」，**admit**「…するのを認める」，**avoid**「…するのを避ける」，**finish**「…するのを終える」，**escape**「…するのを逃れる」，**practice**「…する練習をする」，**put off**「…するのを延期する」，**postpone**「…するのを延期する」，**stop**「…するのをやめる」，**consider**「…するのを考慮する」，**deny**「…するのを否定する」など

200　②　基本

You mustn't miss **seeing** this wonderful film.
(このすばらしい映画を見逃してはいけませんよ)

《miss doing —— 動名詞を目的語にとる》

▶ **miss** は不定詞ではなく動名詞を目的語にとる動詞。問題 199《整理 25》参照。**miss doing** で「…しそこなう／…することを逃す」の意味を形成する。

201　④　標準

She didn't **mind** doing the dishes, since she hadn't wanted to go out anyway.
(彼女はとにかく外出したくなかったので，食器を洗うのを嫌がらなかった)

《mind doing —— 動名詞を目的語にとる》

▶ **mind** は不定詞ではなく動名詞を目的語にとる動詞。問題 199《整理 25》参照。

mind doing で「…するのを気にする／嫌がる」の意味を形成する。通例，否定文，疑問文で用いる。

! ① oppose は「提案・計画などに反対する」の意味なのでここでは不自然。② refuse は不定詞を目的語にとる。③ object は自動詞なので前置詞の to が必要。object to doing なら可。問題 159 参照。

202　③　標準

We considered **going** but finally decided against it.
(我々は行くことを考えたが，最終的には行かないことに決めた)

《consider doing —— 動名詞を目的語にとる》

▶ **consider** は不定詞ではなく動名詞を目的語にとる動詞。問題 199《整理 25》参照。**consider doing**「…することをよく考える」で押さえておこう。

203　①　標準

He escaped **being punished.**
(彼はうまいこと罰を受けずに済んだ)

《escape being done —— 動名詞を目的語にとる》

▶ **escape** は不定詞ではなく動名詞を目的語にとる動詞。問題 199《整理 25》参照。**escape doing** で「…することをうまく避ける」の意味を形成する。

▶ 本問は，動名詞表現が **being done**「…されること」という受動態の動名詞になっている点に注意。問題 155 参照。

204　②　基本

He called and thanked me for offering **to help** him translate the letter.
(彼は私のところに電話をしてきて，私が手紙の翻訳を手伝いたいと申し出たことに対して感謝の意を述べた)

《offer to do —— 不定詞を目的語にとる》

▶ **offer** は動名詞ではなく不定詞を目的語にとる動詞。**offer to do**「…することを申し出る」で押さえておこう。

▶ **thank A for B**「A に B のことで感謝する」，**help A do**「A が…するのを手伝う」は重要表現。

整理 26　動名詞を目的語にせず不定詞を目的語にとる動詞

基本的には未来志向の動詞が多い。
afford「…する余裕がある」，**attempt**「…しようと試みる」，**decide**「…することに決める」，**fail**「…することを怠る／しない」，**hope**「…することを望む」，**intend**「…するつもりである」，**offer**「…することを申し出る」，**pretend**「…するふりをする」，**refuse**「…するのを断る」，**promise**「…する約束をする」，**manage**「どうにか…する」，**wish**「…することを願う」など

205　②　基本

After a lot of problems she **managed** to learn to drive a car.
（多くの困難のあと，何とか彼女は車を運転できるようになった）
《manage to do —— 不定詞を目的語にとる》

▶ **manage** は動名詞ではなく不定詞を目的語にとる動詞。問題 204《整理 26》参照。**manage to do**「どうにかして…する」で押さえる。

! ① gave up と③ put off は動名詞を目的語にとる。④ succeeded は自動詞で succeeded in learning ... なら可。

206　①　基本

Don't **fail** to come and see me one of these days.
（ここ何日かのうちに必ず私のところへ会いに来てください）
《don't fail to do「必ず… する」》

▶ **fail** は動名詞でなく不定詞を目的語にとる動詞。問題 204《整理 26》参照。**fail to do**「…するのを怠る／…しない」で押さえる。本問は，その否定表現 **don't fail to do**「必ず…する」の形。

PLUS **don't fail to do** と否定語に never を用いた **never fail to do**「必ず…する」との区別に注意。never fail to do は普遍的，常習的なことを表すので，本問のような特定の場合には不自然であることも押さえておこう。
Bill *never fails to send* a birthday present to his mother.
（ビルは必ず母親に誕生日のプレゼントを贈る）

207　②　標準

This book is too expensive. I can't **afford** to buy it.
（この本は高すぎる。私には買えない）
《afford to do —— 不定詞を目的語にとる》

▶ **afford** は動名詞ではなく不定詞を目的語にとる動詞。問題 204《整理 26》参照。**afford to do**「…する余裕がある」で押さえる。

! ③ want，④ intend も不定詞を目的語にとるが，ともに can't と一緒には用いられない動詞。can't の代わりに，don't であれば可。

208　④　基本

I could tell he was only **pretending** to read, because his book was upside down.
（彼は単に読むふりをしていたと言っていい。というのは本が逆さまだったからだ）
《pretend to do —— 不定詞を目的語にとる》

▶ **pretend** は動名詞ではなく不定詞を目的語にとる動詞。問題 204《整理 26》参照。**pretend to do** で「…するふりをする」の意味を表す。

! ① acting，② behaving，③ deceiving は不定詞を目的語にとらないので不可。

▶ 以上，問題 199 ～ 208 は不定詞ではなく動名詞を目的語にとる動詞と，動名詞ではなく不定詞を目的語にとる動詞に関する問題。問題 199《整理 25》と問題 204《整理 26》をしっかり覚えておこう。

209 ③ 基本

You must remember **to tell** him all that you know, when you see him next.
(今度彼に会うとき，あなたが知っていることを全部彼に話すことを覚えておいてください)

《remember to do の意味 ―― remember doing との相違》

▶ **remember** は不定詞も動名詞も目的語にとるが，それぞれ意味が異なる点を押さえる。**remember to do** は「…することを覚えておく」の意味になり，**remember doing** は「(過去に)…したことを覚えている」の意味になることに注意。本問は文意から③ to tell を選べばよいが，① telling が意味的に成立しないことも確認しておこう。

整理 27 目的語が不定詞と動名詞では意味が異なる動詞

remember to do「…することを覚えておく」
remember doing「…したことを覚えている」

forget to do「…することを忘れる」
forget doing「…したことを忘れる」

regret to do「残念ながら…する」
regret doing「…したことを残念に思う」

mean to do「…するつもりである」
mean doing「…することを意味する」

need to do「…する必要がある」
need doing「…される必要がある」

go on to do「さらに続けて…する」
go on doing「…し続ける」

try to do「…しようとする」
try doing「試しに…してみる」

stop to do「…するために立ち止まる」
　＊この場合の stop は「立ち止まる」の意味の自動詞。
stop doing「…することをやめる」

210 ② 基本

I am absolutely sure I locked the door when I left home. I clearly remember **locking it.**
(私は家を出るとき，間違いなくドアに鍵をかけた。私は鍵をかけたことをはっきりと覚えている)

《remember doing の意味 ―― remember to do との相違》

▶ **remember doing**「(過去に)…したことを覚えている」がポイント。問題 209 参照。

▶ 問題 209 と同様に，本問では④を入れた remember to lock it が意味的に成立しないことを理解しておこう。

211　①　　標準

I'll never forget **getting lost** when we were climbing in the Rockies last year.
(私は，昨年ロッキー山脈に登ったとき道に迷ったことを決して忘れないだろう)

《forget doing の意味 ―― forget to do との相違》

▶ **forget doing**「…したことを忘れる」と **forget to do**「…することを忘れる」の区別がポイント。問題 209《整理 27》参照。

▶ **get lost**「道に迷う」(＝ **lose one's way**) は重要イディオム。

212　②　　標準

This car needs **repairing**.
(この車は修理してもらう必要がある)

《need doing「… される必要がある」》

▶ **need doing**「…される必要がある」(＝ **need to be done**) が本問のポイント。問題 209《整理 27》参照。

! ① to repair は to be repaired なら可。④の needs being repaired にならないことにも注意。動名詞は不定詞よりも名詞の性質に近いので，repairing も「修理すること」ではなくて「修理」という意味で考えればわかりやすい。つまり，need repairing で「修理を必要とする」と考える。

拡充 7　**need doing の同意表現**

need の代わりに **want** や **require** でも同意になることに注意。

(1) This coat *wants* ironing.
(このコートはアイロンがけの必要がある)

(2) The entire program *requires* changing.
(全体のプログラムは変更される必要がある)

＊ want[require] doing が want[require] to be done に書きかえられるのはまれなので，英作文のときなどは避ける方がよい。

213　②　　標準

We didn't **mean** to leave Mary out of the plan. It was simply an oversight.
(我々はメアリーをその計画から外すつもりはなかった。それは単なる手違いだった)

《intend to do と同意の mean to do》

▶ mean は動名詞を目的語にとれば「…することを意味する」の意味だが，不定詞を目的語にとる場合は intend の意味になる。**mean to do**「…するつもりである」＝ **intend to do** で押さえておこう。問題 209《整理 27》参照。

! ① forget，③ neglect，④ seem も不定詞をとれるが意味的に不可。

214　②　　標準

Have you ever tried **skating** on the river?
(その川でスケートをしたことがありますか)

《try doing の意味 —— try to do との相違》

▶ **try doing**「(試しに)…してみる」は，結果的にしたことを表す。一方，try が不定詞をとる **try to do** は「…しようと試みる」の意味で，試みる努力に力点が置かれ，結果的にしたかどうかは文脈で判断する。問題 209《整理 27》参照。

215　④　標準

If the human population goes on increasing at its present rate, social life as we now know it will **cease** to be possible.

(現在のような割合で人口が増え続ければ，今ある我々の社会生活は続けられなくなるだろう)

《cease to do「… するのを(しだいに)しなくなる」》

▶ **cease to do** で「…するのを(しだいに)しなくなる」の意味を表す。また，cease は動名詞も目的語にとれる。**cease doing**「…することをやめる」= **stop doing** も重要。

▶ 本英文中の as we now know it の **as** は接続詞で，直前の名詞 social life を限定し「(…する)ような」の意味を表す。節内の it は social life を指す。なお，この as は問題 902 でテーマ化して扱う。

! ① stop，② give up，③ finish は不定詞ではなく動名詞を目的語にとるので不可。問題 199《整理 25》参照。

▶ 以上問題 209 ～ 215 は目的語が不定詞と動名詞では意味が異なる動詞に関する問題。

216　④　基本

He couldn't **get** her to speak a word to him all the way back to her boarding house.

(彼女が寄宿舎に帰る途中ずっと，彼は彼女に一言も口をきいてもらえなかった)

《get A to do —— 不定詞が補語》

▶ **get A to do** は「A に…してもらう／させる」の意味になり，get の目的語である A と目的格補語の to do が能動関係になっていることに注意。

! ① have，② make，③ let は原形不定詞が目的格補語になる動詞。問題 148 参照。

拡充 8　get A to do —— A と to do には能動関係が成立

A が「人」だから自動的に to do がくると覚えるのはよくない。A と to do は能動関係が成立していればよいわけで，A に「人」ではなくて「物」がくることもある。以下の例を参照。

You can't get a *tree* to grow on bad soil.

(土壌が悪いと木は育てられない)

217　③　基本

As soon as you **get** the wall painted, you can go home.

(壁を塗り終えたらすぐに帰宅してもいいですよ)

《get A done —— 過去分詞が補語》

▶ **get[have] A done** は，㋐「A を…してもらう／させる（使役）」，㋑「A を…される（受身・被害）」，㋒「（自分が）A を…してしまう（完了）」の 3 つの意味がある。A と done との間は受動関係となる。本問の get A done は㋒の用法。

整理 28　get[have] A done の 3 つの意味

(1)（**使役**）「**A を…してもらう／させる**」
I'm going to *get*[*have*] this car *repaired*.（私はこの車を修理してもらうつもりです）

(2)（**受身・被害**）「**A を…される**」
He *got*[*had*] his wallet *stolen*.（彼は財布を盗まれた）

(3)（**完了**）「（**自分が**）**A を…してしまう**」
You have to *get*[*have*] your work *done* by noon.
（昼までに仕事をやってしまいなさい）

218　①　基本

When he returns from lunch, please have **him come** to my office.
（彼が昼食から戻ったら，私のオフィスに来させてください）

《have A do —— 原形不定詞が補語》

▶ **have A do** は「A に…してもらう／させる」の意味を表し，have の目的語である A と目的格補語の do が能動関係になっていることに注意。

▶ 問題 216 で扱った **get A to do** とほぼ同意と考えておけばよい。ただし，get の場合は目的格補語に不定詞，have の場合は原形不定詞がくることを確認しておこう。

219　③　基本

I want to **have this cassette recorder fixed**. It seems to have gone wrong.
（このカセットレコーダーを修理してもらいたい。故障しているようです）

《have A done —— 過去分詞が補語》

▶ 本問の **have A done** は「A を…してもらう」の意味で**使役用法**。問題 217 参照。

▶ 問題 216 ～ 219 の **get と have の用法は「人」を主語として用いる**と押さえておこう。

拡充 9　have A doing「A に…させておく」のパターン

have A done という目的格補語に過去分詞がくる形だけではなく，**have A doing** という現在分詞がくる形もある。

I won't *have* you *smoking* at your age.
（君の年齢でタバコを吸わせておくわけにはいかない）

have A doing では A と現在分詞の間には能動関係が成立していて，過去分詞がくる場合の使役・受身の意味ではなく「A に…させておく」の意味になることに注意。

220 ② 基本

Doctor Tanaka always tries to make his patients **relax** before an operation.
(田中医師はいつも手術前に患者をリラックスさせようと努める)

《使役動詞としての make の用法 —— make A do》

▶ **make A do** は「A に…させる」の意味を持つ。A と原形不定詞との間には能動関係が成立している。通例,「(強制的に) A に…させる」という意味合いになることを押さえておこう。make A do は主語が無生物の場合にも用いられることに注意。ただし，その場合は,「強制的に A に…させる」の意味合いはない。問題 148 参照。

! ③ relaxing は不可。make A doing という形はない。

221 ② 標準

She always **lets** her children do what they want to.
(彼女はいつも自分の子どもたちにしたいようにさせている)

《使役動詞としての let の用法 —— let A do》

▶ **let A do** は「A に…させてやる」の意味を表す用法がある。make と同様，目的格補語に原形不定詞が来ることに注意。ただし，意味的には make と違って,「(強制的に) A に…させる」ではなく,「(本人の望みどおりに) A に…させてやる」の意味になることに注意。

PLUS let は allow と言いかえが可能。**let A do = allow A to do** を押さえておこう。

! 上記の理由で① makes は構造的には入るが，意味的に合わなくなるので不可。④ allows は do が to do になっていれば可。

拡充 10 let A do における原形不定詞の省略

前後関係で明らかな場合に原形不定詞が省略される。
I wanted to go, but my father wouldn't *let* me (*go*).
(私は行きたかったが，父がどうしても行かせてくれなかった)

222 ② 標準

The dog wants to go outside. Could you **let** him out?
(その犬は外に出たがっています。出してやってくれませんか)

《let の注意すべき用法 —— let A ＋方向を表す副詞 (句)》

▶ **let は目的語のあとに in, into, out, down, through などの副詞 (句) をともなうことがある。**目的語のあとに go, come, get などの移動を示す動詞が省略されたものと考えられる。「**let A ＋副詞 (句)**」「A を…の状態にさせる」で押さえておこう。本問は，let him (go) out と考えればわかりやすい。

223 ① 発展

Don't let your Queen **be captured**. If you do, you are sure to lose the chess match.
(クイーンを取られるな。もし取られたら，君はきっとチェスの試合に負けるだろう)

《let の注意すべき用法 —— let A be done》

▶ let の目的語 A と目的格補語の原形不定詞が受動関係の場合，**let A be done**「A

を…されるままにしておく」の形となることに注意。本問は，your Queen と capture との間に受動関係が成立するので① be captured が入る。

! ③ captured にしないこと。let の場合，have や get と違って目的格補語に過去分詞はこない。

▶ 以上，問題 216 ～ 223 は get，have，make，let に関する問題。

224　④　基本

John's vast knowledge didn't **help** him solve the problem.

（ジョンの広範囲にわたる知識は，彼が問題を解決するのに役立たなかった）

《help の用法 ―― help A do》

▶ help は目的格補語に，to 不定詞だけでなく原形不定詞もとることに注意。**help A to do = help A do**「A が…するのを手伝う／A が…するのに役立つ」と押さえておこう。

! ① cause，③ allow は「V ＋ O ＋ to do」の形をとる動詞なので不可。

整理 29　動詞 help がとる注意すべきパターン

help A to do = help A do「A が…するのを手伝う／A が…するのに役立つ」

help A with B「A（人）の B を手伝う」

help to do = help do「…するのに役立つ／…するのを促進する」

225　④　基本

I would like you to help me **with** my homework.

（私はあなたに宿題を手伝ってもらいたいのですが）

《help の用法 ―― help A with B》

▶ help は **help A with B** の形で「A（人）の B を手伝う」の意味を表す。問題 224《整理 29》参照。

226　①　基本

We don't **allow** the students to have visitors after ten o'clock.

（学生に 10 時以降の来客は許可していません）

《allow の用法 ―― allow A to do》

▶ allow は **allow A to do** の形で「A が…するのを許す」の意味を表す。

! 目的語のあとに不定詞をとるのは①の allow だけ。② prevent は **prevent A from doing**「A が…するのを妨げる」の形をとる。③ let は to have の to がなければ可。問題 221 参照。④ forgive は「（…したことを）大目にみる／許してあげる」の意味で **forgive A for B**「B のことに対して A を許す」の形をとる。

整理 30　入試でねらわれる「V ＋ O ＋ to do」のパターンをとる動詞

allow A to do「A が…するのを許す」

permit A to do「A が…するのを許す」

force A to do「A に…することを強制する」

> **compel A to do**「Aに…することを強制する」
> **enable A to do**「Aが…するのを可能にする」
> **cause A to do**「Aが…する原因となる」
> **encourage A to do**「Aが…するように励ます」
> **advise A to do**「Aに…するように忠告する」
> **expect A to do**「Aが…すると予期する／思っている」
> **remind A to do**「Aに…することを気づかせる」
> **warn A to do**「Aに…するように警告する／注意する」
> **invite A to do**「Aに…するように勧める」
> **persuade A to do**「Aを説得して…させる」
> **lead A to do**「Aに…する気にさせる」
> **leave A to do**「Aに…することを任せる」

227 ④ 標準

The doorman did not **permit** me to enter the theater.
(そのドアマンは，私が劇場に入るのを許可してくれなかった)

《allow とほぼ同意の permit —— permit A to do》

▶ permit は allow とほぼ同意で **permit A to do = allow A to do**「Aが…するのを許す」の意味を形成する。問題 226《整理 30》参照。

! ① admit「…を(事実であると)認める」は「許す」の意味もあるが，「入る許可を与える」という意味であって，通例，**admit A to[into] B** の形で「AがBに入るのを許す」の意味を表す。③ let は to enter ではなく原形不定詞の enter なら可。

228 ③ 標準

Taro was **admitted** to one of the best universities in the U.S.
(タロウはアメリカ合衆国で一流の大学の1つに入学を許可された)

《admit の用法 —— admit A to B》

▶ 問題 227 で触れた **admit A to[into] B**「AがBに入るのを許す」が本問のポイント。admit A to B の受動形 **A is admitted to B**「AはBに入るのを許される」を見抜く。

! ④ permitted を用いるなら，Taro was permitted to enter one of ... となる。問題 227 参照。

229 ③ 標準

Please **forgive** me for not having written for a long time.
(久しく手紙を書かなかったことをお許しください)

《forgive の用法 —— forgive A for B》

▶ forgive は **forgive A for B**(名詞・動名詞)の形で「Bのことに対してAを許す」の意味を表す。

! ① admit はこのパターンをとれないし，本来の意味は「入ることを許す」の意味

なので不可。④ permit は② allow と同意で，**permit A to do**「A が…するのを許す」の形はあるがこのパターンはとれない。

230 ① 標準

Please excuse **me for calling** you by your first name.
(あなたのことをファーストネームで呼ぶことをお許しください)

《excuse の用法 —— excuse A for B》

▶ excuse は forgive とほぼ同意で forgive と同じ形をとる。**excuse A for B**(名詞・動名詞) = **forgive A for B**「B のことに対して A を許す」と押さえておこう。問題 229 参照。

231 ② 基本

Eventually the salesman **persuaded** me to buy the more expensive one.
(とうとうそのセールスマンは私を説得して高いほうを買わせた)

《persuade の用法 —— persuade A to do》

▶ persuade は **persuade A to do** の形で「A を説得して…させる」の意味を表す。問題 226《整理 30》参照。

! ① insisted を用いるのなら，the salesman insisted that I (should) buy ... または，the salesman insisted on my buying ... となるはず。問題 67，問題 154 参照。

232 ④ 基本

This book will **enable** us to understand the country better.
(この本を読めば，私たちはその国のことがもっと理解できるだろう)

《enable の用法 —— enable A to do》

▶ **enable A to do**「A が…するのを可能にする」が本問のポイント。問題 226《整理 30》参照。

! ② get は不可。**get A to do**「A に…してもらう」は，問題 219 で述べたように，**主語に「人」がくることを確認しておこう。**

233 ④ 基本

They led **me to believe** that there was no danger.
(彼らによって私は危険がまったくないと信じる気になった)

《lead の用法 —— lead A to do》

▶ **lead A to do**「A に…する気にさせる」が本問のポイント。問題 226《整理 30》参照。

234 ④ 基本

Don't you think advertisements sometimes **cause** people to buy things they don't need?
(広告によって必要でないものを買ってしまうことがあると思いませんか)

《cause の用法 —— cause A to do》

▶ **cause A to do**「A が…する原因となる」が本問のポイント。問題 226《整理 30》

参照。

❗ ① let, ② make, ③ have は目的格補語に原形不定詞をとる動詞なので不可。

235 ② 基本

Uncle Bob has invited **us to have** dinner with his family. Would you like to go?
(ボブおじさんが家族と夕食をともにするように私たちを招待してくれました。行きますか)

《invite の用法 —— invite A to do》

▶ **invite A to do**「A に…するように勧める」が本問のポイント。問題 226《整理 30》参照。

236 ④ 標準

The students in the Music Department **are expected** to play at least one musical instrument.
(音楽科の学生たちは, 少なくとも 1 つの楽器を演奏することになっている)

《expect の用法 —— expect A to do》

▶ 問題 226《整理 30》で扱った **expect A to do**「A が…すると予期する/思っている」の受動形 A is expected to do が本問のポイント。この形は頻出表現。**be expected to do**「…すると思われる/…するはずである」で押さえておこう。

❗ ① enjoy は不定詞ではなく動名詞を目的語にとる動詞。問題 199 参照。② look forward, ③ are devoted を用いるのなら, それぞれ look forward to *playing* ..., are devoted to *playing* ... となるはず。問題 163《整理 20》参照。

237 ④ 標準

You had better **leave** the students to find out for themselves.
(学生たちには自分で発見させるようにした方がいいよ)

《leave の用法 —— leave A to do》

▶ **leave A to do**「A に…することを任せる」が本問のポイント。問題 226《整理 30》参照。

❗ 他の選択肢は目的格補語に原形不定詞をとる動詞なので不可。

238 ② 標準

My friends were warned **not to climb** the mountain in such bad weather.
(私の友人たちは, そのような悪天候で登山しないように注意された)

《warn の用法 —— warn A to do》

▶ 本問は, 問題 226《整理 30》で扱った **warn A to do**「A に…するように警告する/注意する」の不定詞を否定した **warn A not to do**「A に…しないように警告する/注意する」が受動態となったもの。

PLUS **warn A not to do** の同意表現 **warn A against doing** も一緒に押さえておこう。

239　②　　標準

As a trainee working in the kitchen of a luxury hotel, I was always warned **against** eating on the job.
（一流ホテルの厨房で働く見習いとして，私は勤務中に食べ物を口にしないようにといつも注意を受けた）

《warn A against doing = warn A not to do》

▶ 問題 238 でテーマ化した **warn A against doing = warn A not to do**「A に…しないように警告する／注意する」が本問のポイント。

240　③　　標準

John has promised Mary to stay home. This means **John** must stay home.
（ジョンはメアリーに家にいると約束した。これの意味するところは，ジョンが家にいなければならないということだ）

《promise の用法 —— promise A to do》

▶ I want you to go.（君が行くことを望む）のように，一般に「V ＋ O ＋ to do」の形では目的語が不定詞の意味上の主語となる。しかし，promise だけは例外。「**S promise ＋ O ＋ to do**」の形は「**S が…することを O に約束する**」となり，不定詞の意味上の主語は，文の主語となる。本問は，そのことをストレートに問うたもの。

PLUS 現代英語では「S promise ＋ O ＋ to do」の形はあまり用いられない。英作文では，John has promised Mary (*that*) *he will* stay home. と表現した方がよい。

241　①　　基本

Charlie's father **advised** him to become a teacher.
（チャーリーの父親は彼に教師になるように勧めた）

《advise の用法 —— advise A to do》

▶ **advise A to do**「A に…するように忠告する」が本問のポイント。問題 226《整理 30》参照。

! ④ hoped にしないこと。hope は「V ＋ O ＋ to do」の形をとらない典型的な動詞。

▶ 以上，問題 226 ～ 241 は「V ＋ O ＋ to do」をとる動詞を中心にした問題。

整理 31　「V ＋ O ＋ to do」のパターンをとれない注意すべき動詞

以下の動詞は英作文などで「V ＋ O ＋ to do」の形で使いがちな動詞。語法問題でも，誤答例として頻出なのでしっかり押さえておこう。
admit「認める」，**demand**「要求する」，**excuse**「許す」，**explain**「説明する」，**forgive**「許す」，**hope**「希望する」，**prohibit**「禁ずる」，**propose**「提案する」，**suggest**「提案する」，**inform**「知らせる」

242　③　　標準

The president of our company suggested **we do** business with that major hotel chain.
（我が社の社長は，私たちがあの大きなホテル・チェーンと取引をすることを提案した）

《suggest の用法 —— suggest that S ＋原形》

▶ 「**suggest (to A) that S (should)＋原形**」は「S が…したらどうかと (A に) 提案する」の意味を持つ。

▶ **suggest**「…したらどうかと提案する」, **demand**「要求する」, **insist**「主張する」, **order**「命令する」, **require**「要求する」, **request**「懇願する」, **propose**「提案する」, **recommend**「奨励する」といった**要求・提案・命令などを表す動詞の目的語となる that 節中では,「should ＋原形」または「原形」を用いる。この形は述語動詞の時制に左右されない**点に注意すること。問題 67《整理 9》参照。

! ① us to do にしないこと。suggest A to do の形はない。問題 241《整理 31》参照。

243 ②　基本

All this may **sound** strange, but it is true.
(このことはすべて奇妙に聞こえるかもしれないが, 本当である)

《形容詞を補語にとる sound —— sound ＋形容詞》

▶ sound には,「**sound ＋形容詞**」の形で「…に聞こえる／…の印象を受ける」の意味を表す用法がある。

PLUS sound には, まぎらわしい形として「**sound like ＋名詞**」「…のように聞こえる」もある。like のあとは形容詞ではなく, 名詞がくることに注意。

! ③ hear は形容詞をとることができないので不可。

244 ④　基本

A man who is absorbed in his work **looks** animated.
(仕事に熱中している人は生き生きしているように見える)

《形容詞を補語にとる look —— look ＋形容詞》

▶ look には,「**look ＋形容詞**」の形で「…に見える」の意味を表す用法がある。

PLUS look には, まぎらわしい形として sound と同じように,「**look like ＋名詞**」「…のように見える」もある。like のあとは形容詞ではなく, 名詞がくることに注意。

▶ **be absorbed in A**「A に没頭している」は重要イディオム。

! ② got の過去時制はおかしい。文意が一般論の内容なので現在時制となる。

245 ①　基本

You can't **go** wrong if you read the instructions carefully.
(説明書をちゃんと読めば間違えることはないよ)

《補語をとる go の用法 —— go ＋形容詞》

▶ go には「**go ＋形容詞**」の形で「…になる」の意味を表す用法がある。この場合の go は become の意味になるが,「**go ＋形容詞」は通例, 好ましくない状態になることを表す**。したがって, go のあとの形容詞は原則として本問の wrong のように否定的な意味を表す形容詞がくる。

▶ 「go ＋形容詞」は慣用的な表現も多い。以下のものを覚えておこう。

整理 32「go ＋形容詞」の代表例

go bad「(食べ物が) 腐る」, **go bald**「はげる」, **go blank**「うつろになる」, **go blind**「目が見えなくなる」, **go flat**「パンクする」, **go mad**「正気でなくなる」, **go wrong**「故障する／うまくいかない」

246　④　標準

Orangutans **make** poor pets. When they are separated from their mother they turn into troublemakers.

(オランウータンはペットには向かない。母親から引き離されると，手に負えなくなる)

《make ＋名詞「…になる」》

▶ make にはあとに名詞をとり，「**make ＋名詞**」の形で「…になる」(＝ become ＋名詞) の意味を表す用法がある。この用法での make のあとの名詞は一般的に **poor**，**good**，**bad**，**fine** などの優劣を表す形容詞を伴うことが多い。
He will make a ***good*** lawyer. (彼はよい弁護士になるだろう)

247　④　標準

She will **make** him a good wife.

(彼女は彼のよい奥さんになるだろう)

《make A a good wife「A にとってよい奥さんになる」》

▶ 問題 246 でテーマ化した make を用いて「よい妻になる」を表すと **make a good wife** となるが,「A にとってよい妻になる」の場合には，**make A a good wife** ＝ **make a good wife for A** と表現する。慣用的な表現として押さえておこう。

248　③　基本

He finally made up his mind **to marry** the girl he had met in Paris two years before.

(彼はついに 2 年前パリで会った女性と結婚する決心をした)

《他動詞の marry —— marry A》

▶ marry は他動詞であることに注意。**marry A**「A と結婚する」で押さえる。
PLUS **marry A** の同意表現である **get married to A**「A と結婚する」も一緒に押さえておこう。

▶ **make up one's mind to do**「…することを決心する」は重要表現。

! ② to get married はあとに to があれば可。日本語に引きずられて④ to marry with にしないこと。with は不要。

整理 33 入試でねらわれる注意すべき他動詞

marry A「A と結婚する」, **discuss A**「A について議論する」, **approach A**「A に近づく」, **reach A**「A に着く」, **resemble A**「A と似ている」, **mention A**「A について言及する」, **enter A**「A の中に入る」, **obey A**「A に従う」, **answer A**「A に答える」, **attend A**「A に出席する」など

249 ① 標準

I **have been married to** you for sixteen years and I still don't know what goes on inside your head.
（ぼくは君と結婚して 16 年になるが，君の頭の中がどうなっているのか，いまだにわからない）

《be married to A の用法》

▶ 問題 248 で触れた **get married to A**「A と結婚する」は動作を表すが，**be married to A** は通例「A と結婚している」という状態を表す。本問は現在完了になっており，現在までの状態の継続を表す。問題 18 参照。

▶ 本問の **go on**「起こる」は happen の意味。

250 ① 基本

He came all the way to my office to discuss **the plan** with me.
（彼は，その計画を私と話し合うために，わざわざ私の職場にやってきた）

《他動詞の discuss —— discuss A》

▶ discuss は他動詞であることに注意。**discuss A**「A について議論する」（＝ **talk about A**）で押さえておこう。問題 248《整理 33》参照。

251 ④ 基本

He did not **mention** his mother's absence.
（彼は母親が不在であることには触れなかった）

《他動詞の mention —— mention A》

▶ **mention A**「A について言及する」が本問のポイント。問題 248《整理 33》参照。

252 ① 基本

The girl closely **resembles** my dead mother.
（その女の子は亡くなった私の母によく似ている）

《他動詞の resemble —— resemble A》

▶ resemble は他動詞であることに注意。**resemble A**「A と似ている」で押さえる。問題 248《整理 33》参照。

253 ④ 標準

Over three thousand people **attended** the concert.
（3,000 人以上の人々がそのコンサートに出かけた）

《他動詞の attend —— attend A》

▶ **attend A**「A に出席する」が本問のポイント。問題 248《整理 33》参照。

! ① participated は in があれば可。②の gather「…を集める」を用いるのなら，The concert *gathered* over three thousand people. となる。③ listened はあとに to があれば可。

254　②　標準

The child was told to **apologize** for being rude to the guests.
（その子どもはお客さんへの失礼を謝るように言われた）

《自動詞 apologize の用法 ―― apologize (to A) for B》

▶ apologize「謝る」は自動詞で，**apologize (to A) for B**（名詞・動名詞）で「（Aに）Bのことで謝る」の意味を形成する。

! ① excuse「…を許す」，③ punish「…を罰する」，④ pardon「…を許す」はすべて他動詞なので目的語が必要。

255　④　標準

She complained **to me about his rudeness**.
（彼の無作法について彼女は私に不満を言った）

《complain の用法 ―― complain (to A) about[of] B》

▶ complain「不満を言う」は自動詞で，**complain (to A) about[of] B** で「Bについて（Aに）不満を言う」の意味を表す。

▶ 以上，問題 248 ～ 255 は他動詞，自動詞を区別する動詞を中心とした問題。

整理 34　他動詞と間違えやすい注意すべき自動詞

apologize (to A) for B「（Aに）Bのことで謝る」
complain (to A) about[of] B「（Aに）Bについて不満を言う」
argue with A (about B)「（Bについて）Aと口論する」
graduate from A「Aを卒業する」

256　③　標準

Experts say too much exercise will **do** you more harm than good.
（専門家によると，運動のしすぎはためになるというよりは，むしろ害になるそうだ）

《二重目的語をとる do ―― do A harm》

▶ do には二重目的語をとる用法があり，do A B で「AにB（害・益）をもたらす／AにB（好意・敬意）を示す」の意味を形成する。Bには特定の目的語がきて慣用的な表現を形成する。harm「害」を目的語にとる **do A harm = do harm to A** は「Aの害になる」の意味を表す。

▶ 本問の **do A more harm than good**「Aのためになるよりもむしろ害になる／Aに有害無益となる」は **do A harm** と **do A good**「Aのためになる」を比較対象とした頻出の慣用表現。

整理 35　二重目的語をとる do の慣用的表現

do A good「Aのためになる」= **do good to A**（good は名詞で「利益」）
do A harm「Aの害になる」= **do harm to A**（harm は名詞で「害」）
do A damage「Aに損害を与える」= **do damage to A**
do A a favor「Aの頼みを聞き入れる」
＊上記の左側の表現は文脈から明らかな場合はAが省略されることもある。

257 ③ 標準

Would you **do** me a favor by moving that chair over to the corner so that I can sweep the floor?
（すみませんが，床の掃除ができるようにそのいすを隅に動かしてもらえませんか）
《二重目的語をとる do ―― do A a favor》

▶ **do A a favor**「A の頼みを聞き入れる」が本問のポイント。do の目的語の **favor** は「**(目上の人などが示す) 好意，親切な行為**」の意味で，do A a favor で「A に好意をもたらす」の意味を形成する。

▶ **Would you do me a favor by doing …?**「…していただけますでしょうか」は「依頼」を表す定式化された表現。そのまま覚えておこう。

258 ② 標準

Computer supplies are very expensive in Japan. Even this cable **cost** me 6,000 yen.
（日本ではコンピュータ用品が非常に高い。こんなケーブル線ですら 6,000 円もした）
《二重目的語をとる cost ―― cost A B》

▶ cost には **cost A B** の形で「**A に B(費用) がかかる**」の意味を表す用法がある。

PLUS **cost A B** は B に **life**，**health**，**time** といった名詞がくる場合，「**A に B**(犠牲・損失など)**を払わせる**」の意味になる。この cost A B も頻出。
One mistake can *cost you your life.*
（一つのミスでも命を落とすこともあるよ）

! ① charged は不可。**charge A B**「A に B を請求する」**は原則として主語が「人」になる。「人」以外の場合は，cost A B を用いる**ことに注意。④ paid を用いるなら，I *paid* 6,000 yen *for* even this cable. となる。

整理 36 二重目的語をとる注意すべき動詞

cost A B「A に B (費用) がかかる／A に B (犠牲・損失など) を払わせる」
save A B「A の B を省く／節約する」
spare A B「A の B を省く／A に B を割く」
allow A B「A に B を与える」
deny A B「A に B を与えない」
wish A B「A に B を祈る」
leave A B「A に B を残して死ぬ／A に B を残す」
cause A B「A に B をもたらす／与える」
charge A B「A に B を請求する」
owe A B「A に B (お金) を借りている／A に B を負っている」
lend A B「A に B を貸す」
loan A B「(利子をとって) A に B (お金) を貸す」

259 ① 標準

The company **charged** me ten dollars **for** taking my bag to the airport.
（バッグを空港に運んでもらったことで，その会社から 10 ドル請求された）

《二重目的語をとる charge —— charge A B》

▶ **charge A B**「A に B を請求する」が本問のポイント。問題 258《整理 36》参照。なお，charge A B の主語は原則として「人」だが，company「会社」，store「店」，bank「銀行」などは主語になることができる。

! ②の demand，③の impose は二重目的語をとれないので不可。impose は **impose A on B**「B に A を課す」で押さえておく。

260　①　標準

Ken's careless driving has **caused** his mother great anxiety.

（ケンの不注意な運転のせいで彼の母親は大変心配になった）

《二重目的語をとる cause —— cause A B》

▶ **cause A B**「A に B をもたらす／与える」が本問のポイント。問題 258《整理 36》参照。

261　②　標準

The affair **cost** me many sleepless nights.

（その件が気がかりで，私は何日も眠れない夜を過ごさなければならなかった）

《二重目的語をとる cost —— cost A B》

▶ 問題 258 でテーマ化した **cost A B**「A に B（犠牲・損失など）を払わせる」が本問のポイント。問題 258《整理 36》も参照。

262　②　標準

You'll **save** yourself a lot of time if you take the car.

（車を利用すれば時間をかなり節約できますよ）

《二重目的語をとる save —— save A B》

▶ **save A B**「A の B を省く／節約する」が本問のポイント。問題 258《整理 36》参照。

263　②　標準

When I went to talk to the manager, he told me he could only **spare** me ten minutes.

（私が支配人に話をしに行ったとき，彼は私に 10 分しか時間を割けないと告げた）

《二重目的語をとる spare —— spare A B》

▶ **spare A B**「A に B を割く」＝ **spare B for A** が本問のポイント。問題 258《整理 36》参照。

! ④ save にしないこと。save も，save A B のパターンをとり「時間」を目的語にとれるが，「時間を節約する」の意味であって「時間を割く／与える」の意味にはならないので不可。なお，**spare A B** には save A B と同様に，「A の B を省く／節約する」の用法があることに注意。

264　④　発展

He spends all the time he can **spare** from his business in reading.

（彼は仕事以外の割ける時間はすべて読書に費やしている）

《間違えやすい spare の用法 ―― spare ＋時間》

▶ time のあとに目的格の関係詞の省略があり，all から business までが spends の目的語で，全体として **spend A in doing** のパターンになっていることを見抜く。本問では，**spare A B**「A に B を割く」の A がとれた形である spare B(時間)「B を割く」が用いられている。なお，この B は節内では省略された関係代名詞となっている。

265 ④ 発展

The guests **wished** the happy couple a long and prosperous life.
(客人たちは，その幸せな夫婦が末永く裕福な人生を送ることを祈った)

《二重目的語をとる wish ―― wish A B》

▶ wish は，二重目的語をとり，**wish A B** で「A に B を祈る」の意味を表す用法がある。問題 258《整理 36》参照。本問は couple と life がそれぞれ目的語になっていることを見抜くことがポイント。

! ① hoped にしないこと。hope には hope A B の形はないので不可。

266 ① 標準

Will you **draw** me a map to show me the way to the station?
(私に地図を書いて駅までの道順を教えてくれませんか)

《write と間違えやすい draw ―― draw A a map 「A に地図を書く」》

▶ draw も write も二重目的語をとる用法があり，それぞれ **draw A B** で「A に B(地図など)を描いてあげる」，**write A B** で「A に B(手紙など)を書く」の意味を表す。本問は目的語が map だから① draw が入る。本来，draw は「鉛筆やペンで線を引く／線でものを描く」の意味で，write は「文字で何かを書き表す」の意味。

PLUS「絵の具やペンキ」でものを描く場合は **paint** を用いることも押さえておこう。

▶ 以上，問題 256 ～ 266 は二重目的語をとる動詞を中心にした問題。

267 ② 標準

Honesty doesn't **pay** under the current tax system.
(現在の税制下では正直者がばかをみる)

《注意すべき自動詞 pay の意味》

▶ **pay** が**自動詞**で用いられると，「**利益になる／割に合う**」の意味になる。

▶ 自動詞で用いられると思いがけない意味になる動詞は pay の他にも，**read** ／ **sell** ／ **do** などがある。pay と一緒に押さえておこう。

整理 37 注意すべき自動詞 pay ／ read ／ sell ／ do の用法

(1) **pay** は自動詞で用いられると「**利益になる／割に合う**」の意味になる。
Honesty sometimes does not *pay*.（正直は時として割に合わないことがある）

(2) **read** は自動詞で用いられると「**解釈される／読める**」の意味になる。
This document can *read* in different ways.

(この文書は違ったふうにも解釈できる)
(3) **sell** は自動詞で用いられると「**売れる**」の意味になる。
This car should *sell* at a high price.(この車は高値で売れるはずだ)
(4) **do** は自動詞で用いられると「**十分である/間に合う**」の意味になる。
This place will *do* for playing baseball.(この場所は野球をするのには十分だろう)

268　①　標準

This rule **reads** several ways.
(この規制は何通りにも解釈できる)

《注意すべき自動詞 read の意味》

▶ **自動詞の read「解釈される/読める」**が本問のポイント。問題 267《整理 37》参照。

! ③の interpret を用いるなら,This rule is interpreted (in) several ways. となる。

269　①　標準

Will this much food **do** for a week's camping?
(これだけたくさんの食料があれば,1週間のキャンプには十分だろうか)

《注意すべき自動詞 do の意味》

▶ **自動詞の do「十分である/間に合う」**が本問のポイント。問題 267《整理 37》参照。

! ② enough は be enough なら可。

270　④　標準

The shelves I made for my wife didn't **last** long. They all came down when the dog jumped onto them.
(私が妻のために作った棚は長持ちしなかった。犬が飛び乗ったときに,それらは全部下に落ちてしまった)

《自動詞 last の用法 —— last +期間を表す副詞》

▶ **自動詞 last** は期間を表す副詞を伴って「**(物・事が) ある期間長持ちする/(物・事が) ある期間続く**」の意味を表す。本問は,前者の意味で用いられている。後者の意味は以下の例参照。
The storm *lasted* (for) three days.(嵐は3日間続いた)

! ③ keep は不可。「**S + keep**」で「S は長持ちする」の意味を形成する場合,主語は「**飲食物**」などに限られる。

拡充 11　last の他動詞用法
last は人を目的語にとることがある。「**last + A(人)+期間を表す副詞**」で「(物が) 人に持ちこたえさせる」で押さえておく。
This food will *last* us for two weeks.(この食糧で我々は2週間はもつだろう)

271　④　標準

I am going on a picnic tomorrow, and I hope this fine weather **holds**.

(明日はピクニックに行くつもりだから，こんなすばらしい天気が続いてくれればと思う)

《「(天気が)続く」の hold》

▶ 補語をとらない**自動詞 hold** は「**(天気が)持続する／(物が)持ちこたえる**」の意味。

! ①の preserve は「(食物などが)保存がきく」の意味なので不可。②の maintain は「…を維持する」の意味で他動詞だから不可。

272　②　　**標準**

Do you think that money really **matters** to me?

(私にとってお金が本当に大切だと思いますか)

《注意すべき自動詞 matter の意味》

▶ **matter** は**自動詞**で「**重要である**」(＝ be important) の意味を表す。

! ① concerns，③ bothers，④ troubles はすべて他動詞なので不可。

273　①　　**標準**

He said it didn't **matter** whether we stayed or went.

(彼は私たちがとどまっていても出て行っても，どちらでも大差はないと言った)

《It doesn't matter whether 節》

▶ **It doesn't matter (to A) whether 節**の形で「…であろうがなかろうが (A にとって) 大差はない」の意味を表す。It は whether 節を受ける形式主語。定式化された表現として押さえておこう。なお，whether 節だけでなく疑問詞節もとることに注意。

PLUS 同意表現の **It makes no difference (to A) whether 節**も頻出。

整理 38　It doesn't matter whether 節と同意表現

It doesn't matter to me whether he passes or not.

(彼が試験に受かろうが受かるまいが私にはどうでもよいことだ)

＝ **It makes no difference to me whether** he passes or not.

＝ **I don't care whether** he passes or not.

274　①　　**標準**

"What do you think of Mr. Owen's proposal for cutting costs in the factory?"

"It's an interesting idea, but I don't think it will **work** very well."

(「工場の経費を削減するという，オーエン氏の提案について，君はどう思う？」

「それは面白いアイディアだが，あまりうまくいくとは思わない」)

《注意すべき自動詞 work の意味》

▶ **自動詞**の **work** には，しばしば well などの様態を表す副詞を伴い，**work (well)** の形で「**(計画などが)うまくいく／(薬などが)ききめがある**」の意味を表す用法がある。本問は前者の意味。後者の意味は以下の例参照。

The drug *works* like magic. (その薬は魔法のようによくきく)

▶ 以上，問題 267 ～ 274 は注意すべき自動詞に関する問題。

275　③　基本

If you want to ask a question, you have to **raise** your hand.
（質問をしたければ，手を挙げなければなりません）

《他動詞 raise の用法 —— rise との相違》

▶ 他動詞 raise は，**raise A** で「A を上げる」の意味を表す。

! ② rise は自動詞で「上がる」の意味なので不可。

整理 39　自動詞 rise と他動詞 raise の活用

	（原形）	（過去形）	（過去分詞）	（現在分詞）
（自）	**rise** ——	**rose** ——	**risen** ……	**rising**
（他）	**raise** ——	**raised** ——	**raised** ……	**raising**

276　④　標準

They are trying to **raise** money to build a new hospital.
（彼らは新しい病院を建てるために，お金を集めようとしている）

《注意すべき raise の用法 —— raise money》

▶ 他動詞 raise には，**raise A** で「**A**(**お金**)**を集める**」の意味を表す用法があることに注意。**raise money**「お金を集める」で押さえておこう。

277　④　標準

The price of coffee **rose by 200 yen** early this month.
（コーヒーの価格は，今月の初めに 200 円ほど上昇した）

《自動詞 rise の用法 —— raise との相違》

▶ **自動詞 rise** には「(価格・気温などが) 高くなる／上がる」の意味を表す用法がある。

! ② has rised by 200 yen にしないこと。過去を表す副詞句 early this month と現在完了は一緒には使えない。問題 22 参照。また，rise の過去分詞は rised ではなく risen。問題 275《整理 39》参照。

278　①　標準

Was John honest?　The question **arose** when he suddenly started spending a lot of money.
（ジョンは誠実であったか。彼が急に大金を使い始めたとき，その疑問が生じた）

《自動詞 arise の用法》

▶ **自動詞 arise** は「(問題・疑問・困難などが) 発生する」の意味を表す。本問は過去時制の文脈なので，arise の過去形① arose を選ぶ。なお，arise の活用は，**arise — arose — arisen** … **arising** になる。

! ④ aroused は他動詞 **arouse**「…を目覚めさせる／起こす」の過去形。arouse [əráuz]と，arise の過去形 arose[əróuz]は，発音とつづりが紛らわしいのできちんと区別しておこう。arouse の活用は規則的で **arouse — aroused — aroused** … **arousing** になる。

279 ① 基本

Jim was so tired that he **lay** down and slept.
(ジムはとても疲れていたので横になって眠った)

《自動詞 lie の用法 —— lie down》

▶ 自動詞の **lie** を用いた表現の **lie down** は「横になっている/横になる」の意味。本問は過去の文脈なので，lie の過去形① lay が入る。自動詞 **lie** と他動詞 **lay**「…を横たえる」の活用は紛らわしいのでしっかり区別しておくこと。

整理 40 自動詞 lie と他動詞 lay の活用

	(原形)		(過去形)		(過去分詞)		(現在分詞)
(自)	**lie**	——	**lay**	——	**lain**	……	**lying**
(他)	**lay**	——	**laid**	——	**laid**	……	**laying**

280 ② 基本

On the floor beside his bed a book **lay** open. He had been reading it before he fell asleep the previous night.
(ベッドのそばの床の上に，1 冊の本が開いたまま置かれていた。彼は前の晩，眠りにつくまでそれを読み続けていたのである)

《補語をとる lie の用法 —— lie ＋形容詞》

▶ 自動詞 **lie** は「**lie ＋形容詞**」の形で，「…の状態にある/…のままである」の意味を表す。本問は過去の文脈なので，② lay を選ぶ。問題 279《整理 40》参照。

281 ② 基本

Betty **laid** herself on the bed.
(ベティはベッドに横になった)

《他動詞 lay の用法 —— lay oneself》

▶ 他動詞 **lay**「…を横たえる」は再帰代名詞 oneself を目的語にとって「横になる」の意味を表す。**lay oneself ＝ lie**「横になる」で押さえておこう。本問は過去の文脈なので lay の過去形② laid を選ぶ。問題 279《整理 40》参照。

282 ③ 標準

She **laid** aside her book and went to answer the door.
(彼女は本をわきに置いて玄関に応対に出た)

《他動詞 lay の用法 —— lay aside A》

▶ 他動詞 lay を用いた **lay aside A / lay A aside** は「A をわきに置く」の意味を表す。本問は過去の文脈なので lay の過去形③ laid を選ぶ。問題 279《整理 40》参照。

283 ④ 基本

I found my dog **lying** under the tree in our yard.
(私の犬は裏庭の木の下で寝ていた)

《laying と間違えやすい lying》

▶ **自動詞 lie の現在分詞は lying。他動詞 lay の現在分詞 laying** と間違えないこと。問題 279《整理 40》参照。

! find は目的格補語に原形不定詞をとる用法はないので，③ lie は不可。

284 ③ 標準

You cannot believe a word he says. He has **lied** to me again and again.
（彼の言うことなんて信用したらだめだよ。何度も私に嘘をついてきたのだから）

《自動詞 lie の注意すべき意味》

▶ **自動詞 lie** は「うそをつく」（＝ **tell a lie**）の意味を表す用法がある。

▶ 活用は規則的で **lie** ― **lied** ― **lied** … **lying** になることも押さえておこう。問題 279 の lie「横になる」とは活用が異なることに注意。

285 ④ 標準

This hen does not **lay** any eggs at all these days.
（この鶏は近頃ちっとも卵を産まない）

《思いがけない意味をもつ他動詞 lay ―― lay an egg》

▶ 他動詞 lay は **lay an egg** で「卵を産む」の意味を表す。

! ① **bear は女性が子どもを産む場合に用いる**動詞なので不可。

▶ 以上，問題 275 ～ 285 は自動詞と他動詞が紛らわしい動詞に関する問題。

286 ② 基本

Tom **reminds** me of a boy I used to know.
（トムは私に昔知っていた少年のことを思い出させる）

《remind の用法 ―― remind A of B》

▶ remind は，**remind A of B** の形で「A に B のことを思い出させる／気づかせる」の意味を表す。人が目的語になることに注意。

! ① recalls，③ remembers は，通例，「人」が主語で「…を思い出す」の意味を表す。本問では不可。

287 ① 標準

Could you remind **me to call** my academic adviser at 9:00 p.m. tomorrow?
（明日の午後 9 時に私が指導教授に電話を入れるのを忘れないように注意してくれませんか）

《remind の用法 ―― remind A to do》

▶ remind には，**remind A to do** の形で「A に…することを気づかせる」の意味を表す用法がある。

PLUS remind には，**remind A of B**，**remind A to do** の他にも，**remind A that** 節「A に…ということを思い出させる」の形もある。すべて頻出表現なので一緒に覚えておこう。

Please *remind me that* I have an important appointment at three o'clock.

(3 時に重要な約束があることを忘れていたら注意してください)

❗ ② me of calling は不可。S remind A of doing の形だと動名詞 doing の意味上の主語は S と一致してしまう。S remind A to do の意味にするならば，動名詞 doing の意味上の主語をつけて，S remind A of A('s) doing としなければならない。したがって，本問も，me of *my* calling とすれば文法上は可能となる。ただし，この形の用例はまれなので避けた方が無難。

288 ③ 発展

From what I **recall** of him, Jack was an agreeable person.
(ジャックのことで私が思い出すことと言えば，人には愛想のよい人物でした)

《recall の用法 —— remind と recall の相違》

▶ 問題 286 で触れたように **recall は原則として「人」を主語にとり**，**recall A** で「A を思い出す」の意味を表す。本問は，from A「A から判断して」の A が what I recall of him「私が彼に関して思い出すこと」という関係代名詞節となっている。節内で recall の目的語が関係代名詞の what になっていることを見抜く。

❗ ④ remind にしないこと。remind の目的語は原則として「人」。問題 286 参照。

289 ① 発展

It was then that my father's criticism **came home** to me.
(私はその時になって初めて，父の言った非難がどういうことなのか思い知らされた)

《思いがけない意味になる come home to A》

▶ **come home to A** は「**A に痛切に感じられる／A は…を思い知る**」の意味を表す。この場合の home は「十分に」を表す副詞。慣用的な表現として押さえておく。

PLUS **bring A home to B = bring home to B A**「A のことを B に思い知らせる」も一緒に覚えておこう。

This article will *bring* the harm of smoking *home to* the public.
(この記事は喫煙の害を人々に思い知らせるだろう)

290 ③ 基本

He **remembered** me to his grandmother.
(彼は私のことを彼の祖母によろしくと伝えてくれた)

《注意すべき remember の用法 —— remember me to A》

▶ remember は **remember me to A** の形で「A によろしくと伝える」の意味を表す。慣用表現として押さえておく。

▶ 以上，問題 286 ～ 290 は remind，recall，remember を中心とした問題。

291 ① 基本

He **informed** his teacher of his success in the examination.
(彼は試験がうまくいったことを先生に報告した)

《inform の用法 —— inform A of B》

▶ inform は，**inform A of B** で「A に B のことを知らせる」の意味を表す。A の位置に「人」がくることに注意。なお，この of は「関連」の of で，「…に関して」の意味を表す。

PLUS inform には，**inform A that** 節の形で「A に…と告げる／知らせる」の意味を表す用法があることも押さえておこう。

The official *informed* Bob *that* his request had been rejected.

(要求が却下されたことを，その職員はボブに知らせた)

▶ inform と同様に，「S＋V＋A＋of＋B」の形をとり，「関連」の of を用いる動詞は以下のものを押さえておこう。

整理 41「S＋V＋A＋of＋B」の形をとる動詞　inform A of B 型

inform A of B「A に B のことを知らせる」
remind A of B「A に B のことを思い出させる」
convince A of B「A に B のことを確信させる」
persuade A of B「A に B のことを納得させる」
warn A of B「A に B のことを警告する」
suspect A of B「A に B の嫌疑をかける」

292　④　　標準

The man is **suspected** of having had a hand in the affair.

(その男はその件に関与しているのではないかと疑われている)

《suspect の用法 —— suspect A of B》

▶ 問題 291《整理 41》で取り上げた **suspect A of B**「A に B の嫌疑をかける」が本問のポイント。suspect A of B の受動態は，**A is suspected of B**「A は B の嫌疑をかけられる」になることに注意。

293　④　　標準

She **was not persuaded** of the truth of his statement.

(彼女は彼が言ったことが本当であるとは納得しなかった)

《persuade の用法 —— persuade A of B》

▶ 問題 291《整理 41》で取り上げた **persuade A of B**「A に B のことを納得させる」が本問のポイント。persuade A of B の受動態は，**A is persuaded of B**「A は B のことを納得する」になることに注意。なお，**persuade A to do** の用法は問題 231 参照。

PLUS persuade には，**persuade A that** 節の形で「A に…と納得させる」の意味を表す用法があることも押さえておこう。本問は以下のように書くこともできる。

She *was not persuaded that* his statement was true.

294　③　　基本

They convinced us **of** their innocence.

(彼らは自分たちの無実を私たちに確信させた)

《convince の用法 ―― convince A of B》

▶ 問題 291《整理 41》で取り上げた **convince A of B**「A に B のことを確信させる」が本問のポイント。

295　④　標準

He was fully **convinced** that everything in the contest would go on as he had originally planned.
（彼は，コンテストであらゆることが，最初に計画していたとおりに運ぶと完全に確信していた）

《convince の用法 ―― convince A that ...》

▶ convince は，**convince A that 節**の形で「A に…と確信させる」の意味を表す。convince A that 節の受動態は，**A is convinced that 節**「A は…と確信する」になることに注意。

296　④　標準

The guide always **warns** tourists of the dangers of crossing the street in Rome.
（ガイドはいつも観光客に，ローマで道を横断することの危険性について注意する）

《warn の用法 ―― warn A of B》

▶ 問題 291《整理 41》で取り上げた **warn A of B**「A に B のことを警告する」が本問のポイント。なお，**warn A to do**，**warn A against doing** の用法は問題 238，239 参照。

297　③　標準

If people who smoke are **deprived** of their cigarettes, they get nervous and irritable.
（喫煙者にタバコを吸わせないと神経質になってイライラしてしまう）

《deprive の用法 ―― deprive A of B》

▶ deprive は **deprive A of B** の形で「A から B を奪う」の意味を表す。この of は「分離・はく奪」を表す。その受動態は **A is deprived of B**「A は B を奪われる」になることに注意。

▶ deprive と同様に，「S ＋ V ＋ A ＋ of ＋ B」の形をとり，「分離・はく奪」の of を用いる動詞は以下のものを押さえておこう。

整理 42　「S ＋ V ＋ A ＋ of ＋ B」の形をとる動詞　deprive A of B 型

deprive A of B「A から B を奪う」
rob A of B「A から B を奪う」
clear A of B「A から B を取り除く」
cure A of B「A から B を取り除いて治す」
rid A of B「A から B を取り除く」
relieve A of B「A から B を取り除いて楽にする」

298　②　標準

The man robbed **the bank of a thousand dollars.**
（その男は銀行から 1,000 ドルを盗んだ）

《rob の用法 ―― rob A of B》

▶ 問題 297《整理 42》で取り上げた **rob A of B**「A から B を奪う」が本問のポイント。A には原則として「人」がくるが，本問のように bank ／ company ／ store などがくることもある。

299　②　標準

The appointment of another doctor to help me has **relieved** me of a lot of work.
（もう 1 人の医師が私を手伝うように指名されて，私は多くの仕事から解放された）

《relieve の用法 ―― relieve A of B》

▶ 問題 297《整理 42》で取り上げた **relieve A of B**「A から B を取り除いて楽にする」が本問のポイント。

300　②　標準

The poor old woman **had her bag stolen** again
（かわいそうなことにその老いた女性はまたもバッグを盗まれた）

《steal の用法 ―― rob との相違》

▶ **steal A「A を盗む」の A には「物」がくる**ことに注意。したがって，その受動態の A is stolen の場合も，主語の A には必ず「物」がくる。本問は，問題 219 でテーマ化した **have A done**「A を…される」を用いた have A stolen「A を盗まれる」を正答として選ぶ。

! ① got robbed her bag は her bag の前に of が必要。rob A of B の受動態は **A is robbed of B**「A は B を盗まれる」となるはず。④ was stolen her bag は不可。A is stolen の A には「人」はこない。

301　④　基本

The campaign aims to prevent at least 100,000 teenagers a year **from** smoking.
（そのキャンペーンは，最低でも 1 年間に 10 万人のティーンエージャーにタバコを吸うのをやめさせることを目的としている）

《prevent の用法 ―― prevent A from doing》

▶ prevent は **prevent A from doing** の形で，「A が…するのを妨げる」の意味を表す。

▶ prevent と同様に，「S ＋ V ＋ A ＋ from doing」の形をとる動詞は以下のものを押さえておこう。

整理 43 「S ＋ V ＋ A ＋ from doing」の形をとる動詞　prevent A from doing 型

prevent[keep ／ stop ／ hinder] A from doing「A が…するのを妨げる」
＊ keep 以外は from がしばしば省略されることがあるので注意。
prohibit A from doing「A が…するのを禁じる」

discourage A from doing「Aが…するのを思いとどまらせる」

302 ① 標準

John drinks too much these days. We have to stop him **from drinking any more**.
(ジョンは近頃飲み過ぎだ。彼にもうこれ以上飲まさないようにしなければいけない)

《stop の用法 ―― stop A from doing》

▶ 問題 301《整理 43》で取り上げた **stop A from doing**「Aが…するのを妨げる」が本問のポイント。

303 ③ 標準

He **rescued** a girl from drowning and was given a reward.
(彼は女の子がおぼれているのを助けたので謝礼を受けた)

《rescue の用法 ―― rescue A from B》

▶ rescue は **rescue A from B** の形で「AをBから救助する」の意味を表す。

! ①の help, ②の support, ④の assist には「S + V + A + from + B」の形はない。

304 ① 基本

I looked in vain for the book at several bookstores, so I decided to order it directly **from** the publisher.
(私はいくつかの書店でその本を探したが，むだだった。それで私は，出版社に直接注文することに決めた)

《order の用法 ―― order A from B》

▶ order は **order A from B** の形で「AをBに注文する」の意味を表す。

305 ③ 標準

Dust storms most often occur in areas where the ground has little vegetation to protect **it from the effects** of the wind.
(土煙は，地面を風の影響から守る植物がほとんどない地域に最も頻繁に起こる)

《protect の用法 ―― protect A from B》

▶ protect は **protect A from B** の形で「AをBから守る」の意味を表す。

306 ③ 基本

He **provided** us with everything we needed.
(彼は，私たちが必要とするものをすべて供給してくれた)

《provide の用法 ―― provide A with B》

▶ provide は **provide A with B** の形で「AにBを供給する」の意味を表す。

PLUS **provide A with B** の同意表現である **provide B for A** も頻出。provide の目的語によって前置詞が異なる点に注意。

▶ provide と同様に，「S + V + A + with + B」の形をとる動詞は以下のものを押さえておこう。

整理 44「S + V + A + with + B」の形をとる動詞　provide A with B 型

provide A with B「A に B を供給する」= **provide B for A**
supply A with B「A に B を供給する」
serve A with B「A に B を供給する」
present A with B「A に B を贈る」
furnish A with B「A に B を備える／備えつける」

307　④　標準

The single pipeline **serves** all the houses with water.
（その 1 本のパイプラインですべての家庭に水を供給している）

《serve の用法 —— serve A with B》

▶ 問題 306《整理 44》で取り上げた **serve A with B**「A に B を供給する」が本問のポイント。

308　②　標準

The library is **furnished** with many good books.
（その図書館には多くの良書が置いてある）

《furnish の用法 —— furnish A with B》

▶ 問題 306《整理 44》で取り上げた **furnish A with B**「A に B を備える／備えつける」が本問のポイント。本問のように受動態の **A is furnished with B**「A は B を備えている」の形で用いられることも多い。

309　①　標準

Richard and Tom **blamed** themselves for the accident. They admitted that they had been careless.
（リチャードとトムは事故の責任は自分たちにあると言った。彼らは不注意であったことを認めた）

《blame の用法 —— blame A for B》

▶ blame は **blame A for B** の形で「A に B の責任を負わせる／A を B のことで非難する」の意味を表す。本問は前者の意味。

▶ blame と同様に,「S + V + A + for + B」の形をとる動詞は以下のものを押さえておこう。

整理 45「S + V + A + for + B」の形をとる動詞　blame A for B 型

blame A for B「A に B の責任を負わせる／A を B のことで非難する」
criticize A for B「A を B のことで非難する」
punish A for B「A を B のことで罰する」
thank A for B「A に B のことで感謝する」
praise A for B「A を B のことでほめる」

310 ④ 発展

I know it was your fault. How can you **blame** it on her? She had nothing to do with it.
(それが君のせいだったのはわかっている。どうして彼女のせいにするんだ。彼女はそれと何の関係もなかったんだぞ)

《blame の用法 —— blame B on A》

▶ 問題 309 でテーマ化した **blame A for B** は「A に B の責任を負わせる」の意味では **blame B on A** と表現できることに注意。**blame A for B = blame B on A**「A に B の責任を負わせる」で押さえておこう。

▶ 本問の fault は「(落ち度の) 責任」の意味。**A's fault**「A の責任／A のせい」で押さえておく。また，**have nothing to do with A**「A とはまったく関係ない」は重要表現。

311 ④ 標準

She **accused** him of having broken his word.
(彼女は，約束を破ったといって，彼を責めた)

《accuse の用法 —— accuse A of B》

▶ accuse は **accuse A of B**(名詞・動名詞) の形で「A を B のことで非難する／告発する」の意味を表す。本問は前者の意味。accuse は blame と似た意味を表すが A for B ではなく **A of B** になる点に注意。

▶ **break one's word**「約束を破る」は重要表現。

! ③ forgave は不可。forgive は **forgive A for B** の形をとる。問題 229 参照。

312 ③ 発展

A group of politicians **were charged with getting involved in a scandal**, and all of them resigned.
(政治家のグループがスキャンダルに関与した罪で告発され，全員が辞任した)

《charge の用法 —— charge A with B》

▶ charge には，**charge A with B**(名詞・動名詞) の形で「A を B のことで非難する／告発する」の意味を表す用法がある。本問は後者の意味。この意味での charge は accuse とほぼ同意であるが，A of B でなく A with B になる点に注意。本問のように受動態の **A is charged with B**「A は B で非難される／告発される」で用いられることも多い。また，get involved in A で「A に関与する／巻き込まれる」の意味。以上の点から選択肢③が正解となる。

313 ② 標準

Everybody except him **thanked the critic for** her honest opinion.
(彼以外は全員，その女性の批評家の誠実な意見に感謝した)

《thank の用法 —— thank A for B》

▶ 問題 309《整理 45》で触れた **thank A for B**「A(人) に B のことで感謝する」が本問のポイント。

PLUS **thank A for B** の同意表現として **be thankful[obliged ／ grateful] to A for B** も頻出。

! ③ was grateful of the critic for は was grateful to the critic for，④ was thankful to the critic of は was thankful to the critic for であれば可。

314 ①　標準

I really **appreciate** your timely suggestion about what I should do.
(私が何をするべきかタイミングよく提案をしてくれて，本当にありがとう)

《appreciate の用法 ―― thank との相違》

▶ appreciate には **appreciate A** で「A をありがたく思う」の意味を表す用法がある。**appreciate A** は，thank A が目的語に「人」をとるのに対して，**目的語の A に「事・物」をとる**点に注意。

315 ①　標準

I would **appreciate** it if you would turn the music down.
(音楽の音を下げてもらえれば，ありがたいのですが)

《I would appreciate it if you would ...》

▶ **I would appreciate it if you would[could] ...**「…していただけるとありがたいのですが」は appreciate を用いた定式化された表現。appreciate の目的語 it が仮定法の条件節の内容を受けている。会話表現としても頻出。

316 ①　標準

She is regarded by her parents **as** the cleverest of their children.
(彼女は両親から，自分たちの子どもたちの中で一番頭がいいと思われている)

《regard の用法 ―― regard A as B》

▶ regard は **regard A as B** の形で「A を B とみなす」の意味を表す。本問は S regard A as B の受動態 **A is regarded by S as B** の形となっている。

▶ **regard A as B** の同意表現として以下のものを押さえておこう。

整理 46 regard A as B の同意表現

以下の表現はすべて「A を B とみなす」の意味になる。
regard A as B ／ see A as B ／ view A as B ／ think of A as B ／ look on[upon] A as B

317 ②　標準

Politics has often been **defined** as the art of compromise.
(政治はしばしば妥協する術として定義されてきた)

《define の用法 ―― define A as B》

▶ define は **define A as B** の形で「A を B と定義する」の意味を表す。その受動態は **A is defined as B**「A は B と定義される」となる。本問は現在完了を用いた受動態の形。

318 ④ 標準

Mt. Fuji is sometimes referred **to as** Fujiyama in foreign countries.
（富士山は外国で「フジヤマ」と呼ばれることがある）

《refer の用法 —— refer to A as B》

▶ refer は refer to A で「A に言及する／A を参照する」の意味だが，**refer to A as B** の形で用いられて「A を B だと言う／呼ぶ」（＝ **call A B**）の意味を表す。本問のように，その受動態 **A is referred to as B**「A は B だと呼ばれている」（＝ **A is called B**）で問われることも多い。

319 ③ 標準

I **owe** it entirely to you that I have succeeded thus far.
（私がこれまでうまくやれたのはまったくあなたのおかげです）

《owe の用法 —— owe A to B》

▶ owe には **owe A to B** の形で「A に関して B のおかげをこうむる」の意味を表す用法があるが，owe の目的語に形式目的語 it を置き，真目的語が that 節になった **owe it to A that 節**は「…は A のおかげである」の意味を形成する。

▶「S ＋ V ＋ A ＋ to ＋ B」の形をとる動詞は以下のものを押さえておく。

整理 47 「S ＋ V ＋ A ＋ to ＋ B」の形をとる動詞　owe A to B 型

owe A to B「A に関して B のおかげをこうむる」
take A to B「A を B に持っていく／連れていく」
bring A to B「A を B に持ってくる／連れてくる」
attribute A to B「A を B のせいにする／A を B の原因に帰する」
contribute A to B「A を B に寄付する」
leave A to B「A を B に任せる」
transfer A to B「A を B へ移す」
assign A to B「A（仕事など）を B に割り当てる」
drive A to B「A を B の状態に追いやる」
add A to B「A を B に加える」
expose A to B「A を B（風雨・危険など）にさらす」

320 ② 基本

If it isn't out of your way, please **take** this letter to the post office.
（もし通り道だったら，この手紙を郵便局へ出しに行ってくれませんか）

《take の用法 —— take A to B》

▶ 問題 319《整理 47》で取り上げた **take A to B**「A を B に持って行く／連れて行く」が本問のポイント。

❗ ① bring は不可。**bring A to B** は「A を B に持ってくる」の意味だから，文意に合わない。問題 319《整理 47》参照。

321　①　標準

I had left a present for her at my house, so she waited for me while I **fetched** it.
（彼女へのプレゼントを家に置いてきたので，私がそれをとってくる間，彼女は私を待っていた）

《見落としがちな fetch の意味》

▶ **fetch A** は「A を取ってくる」（＝ go and bring A）の意味を表す。**take A**「A を持って行く」，**bring A**「A を持ってくる」と一緒に覚えておこう。

322　③　標準

You must **leave** the diagnosis to your doctor.
（診断は医者に任せなければなりません）

《leave の用法 ―― leave A to B》

▶ 問題 319《整理 47》で取り上げた **leave A to B**「A を B に任せる」が本問のポイント。

! ② commit も **commit A to B** の形をとるが，「A を B に引き渡す／預ける」の意味なので，本問の文脈では不可。
She *committed* her son *to* her uncle.（彼女は息子をおじさんに預けた）

323　③　標準

How are the plans for the festival going? Have you **assigned** jobs to everybody yet?
（フェスティバルの計画は，どのように進んでいますか。もう，みんなに仕事を割り当てましたか）

《assign の用法 ―― assign A to B》

▶ 問題 319《整理 47》で取り上げた **assign A to B**「A(仕事など)を B に割り当てる」が本問のポイント。

324　①　標準

His bicycle got rusty because it had been **exposed** to rain.
（彼の自転車は雨にさらされていたので，さびついてしまった）

《expose の用法 ―― expose A to B》

▶ 問題 319《整理 47》で取り上げた **expose A to B**「A を B(風雨・危険など)にさらす」が本問のポイント。本問ではその受動態 **A is exposed to B**「A は B にさらされる」が過去完了の形で用いられている。

325　③　標準

He was an honest man, but poverty **drove** him to crime.
（彼は正直な男だったが，貧しさゆえに罪を犯してしまった）

《drive の用法 ―― drive A to B》

▶ 問題 319《整理 47》で取り上げた **drive A to B**「A を B の状態に追いやる」が本問のポイント。

PLUS drive を用いた **drive A to do**「A を駆りたてて…させる／A に…せざるをえな

いようにする」もよく狙われるので一緒に押さえておこう。
Hunger *drove* me *to steal*.（空腹のために私は盗みをせざるをえなかった）

326　④　標準
John decided to **transfer** his savings account to another bank because he thought that the interest rate would be higher.
（ジョンは金利が高くなると思ったので，彼の預金口座をほかの銀行に移すことに決めた）
《transfer の用法 ―― transfer A to B》

▶ 問題 319《整理 47》で取り上げた **transfer A to B**「A を B に移す」が本問のポイント。

PLUS **transfer A to B** は「A を B に転任[転勤]させる」の意味もあることに注意。
She *has been transferred to* another branch in Osaka.
（彼女は大阪の別の支店に転勤となった）

327　④　基本
I prefer staying at home **to** going fishing.
（魚釣りに行くよりも家にいたい）
《prefer の用法 ―― prefer A to B》

▶ prefer には **prefer A to B**(A, B は名詞または動名詞)の形で「B よりも A を好む」の意味を表す用法がある。

PLUS なお，不定詞を伴う場合は **prefer to do ... rather than (to) do** ～「～するよりも…したい」の形になることも押さえておこう。本問は以下のように表現できる。
I *prefer to stay* at home *rather than* (*to*) *go* fishing.

328　④　標準
Is there a bank where I can **exchange** these dollars for pounds?
（このドルのお金をポンドに替えてくれる銀行はありますか）
《exchange の用法 ―― exchange A for B》

▶ exchange は **exchange A for B** の形で「A を B と交換する／両替する」の意味を表す。

! ② alter は「…を（部分的に）作り変える／変更する」の意味。よって alter は these dollars を目的語にとることはできない。

329　③　標準
You will be **taken** for an ill-mannered person if you do so.
（そんなことをすれば，失礼な人だと思われますよ）
《take の用法 ―― take A for B》

▶ take には「思う／みなす」の意味があり，**take A for B** の形で「A を B だと思う／A を誤って B だと思い込む」の意味を表す。本問はその受動態 **A is taken for B**「A は B だと見なされる」の形。

330　②　標準

I congratulated Bill **on** winning the game.
(私はビルの試合での勝利を祝った)

《congratulate の用法 —— congratulate A on B》

▶ congratulate は「人」を目的語にとる他動詞で，**congratulate A on B**(名詞・動名詞)の形で「A を B のことで祝う」の意味を表す。

▶ 以上，問題 291 ～ 330 は「S＋V＋A＋前置詞＋B」の形をとる動詞を中心にした問題。動詞を「意味」だけでなく「形」で覚えていく習慣を身につけよう。

331　②　標準

Can you please **tell** me what time the train leaves?
(何時にその列車が出発するのか教えてくれませんか)

《二重目的語をとる tell —— tell A B》

▶ tell は二重目的語をとり，**tell A B** で「A に B を言う／知らせる」の意味を表す。本問は B が wh-節となっている形。

! ① **teach** も二重目的語をとれるが「**(知識・技能・学問などを)教える**」の意味なので，本問のように「時間」や「名前」「道」などを教える場合には，teach ではなく tell を用いる。

▶ tell ／ say ／ speak ／ talk の用法は頻出。以下にまとめておく。

整理 48　tell ／ say ／ speak ／ talk の用法

(1) **tell** —基本的には他動詞。**tell A B** ／ **tell A about B** ／ **tell A to do** ／ **tell A that 節**［**wh-節**］で使える点が大きな特徴。

(2) **say** —基本的には他動詞。目的語に **that 節**，**wh-節**などもとる。ただし，**目的語に「人」をとらない**ことに注意。また，「新聞／手紙／天気予報」などを主語にして，**S say that 節**の形で，「S には…だと書いてある／ S によれば…」の意味を表す用法はよくねらわれる。

(3) **speak** —基本的には自動詞で「話す／演説をする」の意味を表す。他動詞用法の場合は，通例，「言語／言葉／意見」を目的語にする。

(4) **talk** —基本的には自動詞で「話す／しゃべる」の意味を表す。「A と話し合う」は，**talk to[with] A** を用いる。speak と言いかえができる場合も多い。また他動詞用法の **talk A into doing**「A に話して…してもらう」，**talk A out of doing**「A に話して…するのをやめさせる」はともに頻出。

332　④　基本

She **told** me about her daughter's marriage.
(彼女は自分の娘の結婚について，私に教えてくれた)

《tell の用法 —— tell A about B》

▶ 問題 331《整理 48》で取り上げた **tell A about B**「B について A に話す」が本問のポイント。

! ① said は目的語に「人」をとらない。② spoke，③ talked は基本的には自動詞。

問題 331《整理 48》参照。

333　①　基本

I was **told** by my father that I would not be allowed to go abroad by myself.
(1 人で外国に行くのを許すわけにはいかない，と父に言われた)

《tell の用法 ―― tell A that 節》

▶ 問題 331《整理 48》で取り上げた **tell A that 節**「A に…だと言う」が本問のポイント。本問は S tell A that 節が **A is told by S that 節**「…だと A は S に言われる」という受動態の形となったもの。

334　③　基本

There are a lot of expressions used by English people when **talking** about the weather.
(天気について話す場合に，イギリス人が用いる表現はたくさんある)

《talk の用法 ―― talk about A》

▶ talk は基本的には自動詞。問題 331《整理 48》参照。**talk about A** で「A について話す」の意味を表す。

! ① discussing は不可。discuss は他動詞なので，前置詞 about が不要。**discuss A = talk about A** であった。問題 250 参照。

335　③　標準

She's hoping to **talk** her father into buying a new car.
(彼女は父親を説得して新車を買ってもらいたいと思っている)

《talk の用法 ―― talk A into doing》

▶ 問題 331《整理 48》で取り上げた **talk A into doing**「A に話して…してもらう」が本問のポイント。問題 231 で扱った **persuade A to do** と同意表現。

整理 49　talk A into doing の同意・反意表現

talk A into doing = persuade A to do
talk A into doing ↔ talk A out of doing = dissuade A from doing
「A に話して…するのをやめさせる」

336　①　標準

Did the newspaper **say** it was going to rain?
(雨が降ると新聞にでていましたか)

《注意すべき say の用法 ―― S say that 節》

▶ 問題 331《整理 48》で取り上げた **S say that 節**「S には…だと書いてある／S によれば…」が本問のポイント。

337　④　標準

There is no **telling** where love may appear.

（愛がどこで現れるかはわからない）

《注意すべき tell の用法 —— There is no telling wh-節》

▶ tell には通例 can を伴って「…をわかる／知る」の意味を表す用法がある。本問は問題 168 で扱った There is no doing「…できない」の形となっている。**There is no telling wh-節**は「…かはわからない」の意味を表す定式化された表現として押さえておこう。なお，本問は can を用いて No one can *tell* where ... と表現することもできる。

338　①　発展

You can use *Ms.* to **address** a woman when you don't know if she is married.
（結婚しているかどうかわからないとき，女性に話しかける際には，Ms. を使うことができる）

《動詞で用いる address の意味》

▶ 動詞の address は **address A** で「A に話しかける／A と話をする」の意味を表す用法がある。

PLUS address A は，**speak[talk] to[with] A** と同意だが，「堅い表現」なので，**address an audience**「聴衆に演説する」などのように「A に演説する／正式に話をする」の意味で用いることも多い。

339　①　基本

He explained **the matter to me.**
（彼はその件を私に説明した）

《explain の用法 —— explain A to B》

▶ explain は **explain A to B** の形で「A のことを B に説明する」の意味を表す。

▶ 目的語の A が that 節や wh-節などのように比較的長くなる場合，A を to B のあとに移動して **explain to B A** の形とすることもある。
The pilot *explained to us why the landing was delayed.*
（パイロットは着陸が遅れた理由を私たちに説明した）

! ② me the matter にしないこと。**explain には二重目的語をとる用法はない。**

▶ 以上，問題 331 ～ 339 は「話をする」の表現に関する問題。

340　①　標準

A: Japanese women in kimonos look very beautiful and graceful.
B: Yes. Kimonos really do **suit** them very well.
（A「着物を着た日本の女性は大変美しく優雅に見えますね」 B「ええ，本当によく似合います」）

《suit の用法 —— suit A》

▶ **suit** には**目的語に「人」をとって**「**(服装・色・髪型などが) A に似合う**」の意味を表す用法がある。

PLUS suit と同様に目的語に「人」をとる fit A と混同しないこと。**fit A**(人)は「(寸法・サイズに関して) **A に合う**」の意味。

I had to send back the jacket because it did not *fit* me.
(そのジャケットは大きさが私に合わなかったので，私はそれを送り返さなければならなかった)

▶ 本問の do はあとの原形動詞 suit を強調する助動詞。

341　②　標準

Such conduct does not **become** a gentleman.
(そのような行為は紳士にはふさわしくない)

《注意すべき他動詞 become の用法》

▶ 他動詞の become には **become A(人)** で「**(言動などが) A にふさわしい**」の意味を表す用法がある。

▶ **become A(人)** は問題 340 の suit A と同様に，「A に似合う」の意味を表す用法もある。入試では頻出だが，文語表現なので英作文では避けるべき。

342　④　標準

Those shoes don't **match** your suit at all.
(その靴は君のスーツに全然合っていない)

《match の用法 —— match A》

▶ match には **match A(物)** で「A と似合う／A と調和する」の意味を表す用法がある。この意味では**目的語に「人」をとらない**ことに注意。

PLUS 同意表現の **go with A**(物)「A に似合う」も頻出。ただし，**match A の場合，主語と目的語 A に「色・形・大きさ」などの特性に関して「同一性・類似性」があることを意味する**。したがって，以下のような英文のときに go with A の代わりに match A を用いることはできない。「赤ワイン」と「肉料理」に「色・形・大きさ」などの「同一性・類似性」はない。

Red wine *goes with* meat.（赤ワインは肉料理に合う）

343　①　標準

What sort of curtains do you think would **go** with the carpet?
(どんな種類のカーテンがそのカーペットに合うと思いますか)

《注意すべき go with A の意味》

▶ 問題 342 で扱った **go with A**(物)「A に似合う／A と調和する」が本問のポイント。**go with A は主語にも A にも「物」がくること**に注意。

PLUS **go with A** は「**A に同伴する**」(= **accompany A**) の意味もあるので，一緒に押さえておこう。

I *went with* [*accompanied*] my parents to England.
(私は両親についてイギリスに行った)

344　③　標準

I'd better not eat that. Fried food usually doesn't **agree** with me.
(私はそれを食べない方がいいだろう。揚げものは私の体質にふつう合わないんだ)

《注意すべき agree with A の意味》

▶ **agree with A** は「A に同意する」の意味でよく用いられるが，主語に「食べ物」や「気候」がくる場合には「**A の体質に合う**」の意味になる。この意味での agree with A は本問のように原則として**否定文で用いる**ことに注意。

▶ 以上，問題 340 ～ 344 は「似合う／合う」の意味を表す動詞に関する問題。

345 ②　基本

Does Kenji still have that book he **borrowed** from the library?
（ケンジは図書館から借りた本をまだ返却していないのか）

《borrow の用法 —— borrow A from B》

▶ borrow は **borrow A (from B)** で「(B から) A を無料で借りる」の意味を表す。**A には**本問の book のように「**移動可能なもの**」**がくる**ことに注意。

▶ 「**A（トイレなど移動不可能なもの）を借りる**」場合は borrow A ではなく **use A** を用いる。ただし，「電話を借りる」は **use a telephone ／ borrow a telephone** ともに可。

▶ 「貸す」「借りる」の表現は以下のものを押さえておくこと。

整理 50　「貸す」「借りる」を表す動詞

borrow A (from B)「(B から) A を無料で借りる」
lend A B = lend B to A「A に B を貸す」
rent A「A（家など）を有料で借りる［貸す］／一時的に A（車など）を有料で借りる」
use A「A（トイレ･電話など）を一時的に借りる」
owe A B = owe B to A「A に B（お金）を借りている」
loan A B = loan B to A「（利子をとって）A に B（お金）を貸す」

346 ③　標準

We **rented** an apartment when we lived in New York, but it was very expensive.
（私たちはニューヨークに暮らしていたときにアパートを借りていたが，家賃はとても高かった）

《rent の用法 —— rent an apartment》

▶ 問題 345《整理 50》で取り上げた **rent A**「A（家など）を有料で借りる／一時的に A（車など）を有料で借りる」が本問のポイント。**rent an apartment**「アパートを借りる」，**rent a car**「車を借りる」で覚えておこう。

▶ **rent A** は「A（家など）を有料で貸す」の意味でも用いられるが，その場合は，**rent A to B**「A を B に貸す」の形をとることが多い。
I *rented* the house *to* Mr. Kato at 50,000 yen a month.
（私はその家を月 5 万円でカトウさんに貸した）

! ② hired にしないこと。rent A と同様に **hire A** も「一時的に A（車など）を有料で借りる」の意味で用いられるが，「家やアパートを一定期間借りる」の意味では用いない。ただし，hire a hall for the wedding reception「結婚披露宴のためにホールを借りる」のように「特定の目的で一時的に A を借りる」場合には可。

347 ④ 標準

May I **use** your lavatory? I'm bursting!
(お手洗いをお借りしてもいいですか。今すぐ行きたいのです！)

《use の用法 —— May I use your lavatory?》

▶ 問題345《整理50》で取り上げた **use A**「A(トイレ・電話など)を一時的に借りる」が本問のポイント。**May I use your lavatory?**「お手洗いをお借りしてもいいですか」は会話表現としてそのまま覚えておこう。

348 ① 発展

A few days ago he wrote us asking whether there were any houses to **let** in our neighborhood.
(私たちの近所に賃貸の家があるかどうかを問う手紙を数日前に彼は書いてよこした)

《注意すべき let A の意味》

▶ let には，**let A** で「A(家など)を有料で貸す」(＝**rent A**)の意味を表す用法がある。この用法はイギリス英語。a house to let「貸家」はイギリス英語特有の表現でアメリカ英語では a house for rent を用いる。**a house to let ＝ a house for rent**「**貸家**」で覚えておこう。

349 ② 基本

Please **lend** me your car. I'll return it tomorrow.
(君の車を貸してください。明日，返しますから)

《lend の用法 —— lend A B》

▶ 問題345《整理50》で取り上げた **lend A B ＝ lend B to A**「AにBを貸す」が本問のポイント。二重目的語をとる **lend A B** は問題258《整理36》でも扱った。

350 ① 標準

Would you please pay back the $ 15 you **owe** me?
(私に借りている15ドルを返してもらえませんか)

《owe の用法 —— owe A B》

▶ 問題345《整理50》で取り上げた **owe A B ＝ owe B to A**「AにB(お金)を借りている」が本問のポイント。you owe me の前に目的格関係代名詞が省略されている点に注意。二重目的語をとる **owe A B** は問題258《整理36》でも扱った。

351 ④ 標準

The company asked the bank to **loan** them some money to build a new shop.
(その会社は新しい店舗を建てるため，銀行にいくらかの融資を申し込んだ)

《loan の用法 —— loan A B》

▶ 問題345《整理50》で取り上げた **loan A B ＝ loan B to A**「(利子をとって)AにB(お金)を貸す」が本問のポイント。二重目的語をとる **loan A B** は問題258《整理36》でも扱った。

! ③ lease も **lease A B** の形はあるが，「AにB(土地・家屋など)を賃貸しする」の

意味なので不可。

▶ 以上，問題 345 ～ 351 は「貸す」「借りる」の意味を表す動詞の問題。

352　②　発展

When you put money in the bank, you **deposit** it.
（銀行にお金を預ければ，預金したことになる）

《注意すべき deposit A の意味》

▶ deposit は **deposit A（お金）**で「A を預金する」の意味を表す。「銀行に預金する」は **deposit[put] money in a bank** で覚えておこう。

PLUS **withdraw money from a bank**「銀行からお金を引き出す」も一緒に押さえておくこと。

353　①　標準

A lot of people **invest** their money in the stock market, instead of putting it in the bank.
（多くの人は，お金を銀行に預けずに，株式市場に投資している）

《invest の用法 ―― invest A（お金）》

▶ invest は **invest A（お金）**で「A を投資する」の意味を表す。

354　①　基本

Jane works part-time as a pianist at a restaurant, and she **earns** 500 dollars a week.
（ジェーンはレストランでピアニストのアルバイトをしており，1 週間に 500 ドル稼ぐ）

《earn の用法 ―― earn A（お金）》

▶ earn は **earn A（お金）**で「A を稼ぐ」の意味を表す。

▶ A に a[one's] living「生計」がくる **earn a[one's] living**「生計を立てる」も頻出。

▶ 以上，問題 350 ～ 354 は目的語に「お金」をとる動詞の問題。

355　②　標準

I hadn't seen her for more than 20 years, but I still **recognized** her right away.
（私は彼女に 20 年以上会っていなかったが，それでもすぐ彼女だとわかった）

《注意すべき recognize A の意味》

▶ recognize は本質的に「人や物をよく見て，その特徴などによってすでに知っている人や物に間違いないと認める」という意味を表す動詞。したがって，**recognize A** は「A だとわかる／A がだれであるかわかる」の意味を表す。

PLUS **recognize that** 節「…（の正当性・真実性）を認める［承認する］」も一緒に押さえておくこと。

She refused to *recognize that* she was mistaken.
（彼女は自分が間違っていることをどうしても認めようとしなかった）

356　④　標準

I suddenly **realized** that it was past ten o'clock.

（私は 10 時を過ぎていることに突然気づいた）

《realize の用法 —— realize that 節》

▶ realize は「**realize that 節**」で「…だと気づく／…であることをはっきり理解する」の意味を表す。「**become aware that 節**」とほぼ同意。

❗ ② recognized にしないこと。recognize that 節は問題 355 参照。

357 ④ 標準

She had a dream of becoming a movie star even though she didn't know how to **realize** it.

（彼女はどうしたら実現できるのかわからなかったけれども，映画スターになりたいという夢を抱いていた）

《注意すべき realize A の意味》

▶ realize には **realize A** で「A を実現する」の意味を表す用法がある。なお，realize の目的語の it は the dream of becoming a movie star を表している。

❗ ② become にしないこと。「映画スターになる」ことを表すためには，become it ではなくて become one（＝ a movie star）となるはず。

358 ① 標準

I **admit** this tie is not the best present we could get for Dad, but it's quite nice.

（このネクタイがお父さんに買ってあげられる最高のプレゼントではないことは認めるけれど，でもけっこうすてきじゃない）

《admit の用法 —— admit that 節》

▶ admit は **admit that 節**で「…ということを（事実であると）認める／白状する」の意味を表す。この形は「他人からの指摘といった外からの圧力によって自分が否定していたことをしぶしぶ認める」といった意味で用いることに注意。

359 ② 標準

Some people fear that World War Ⅲ may break out soon, but I **doubt if it will**.

（第三次世界大戦がまもなく起こるのではないかと心配している人もいるが，私はそんなことは疑わしいと思う）

《doubt の用法 —— doubt if 節》

▶ doubt は **doubt if 節**［**whether 節**］で「…かどうか疑わしいと思う」の意味を表す。

❗ ① am afraid it will は構造的にはよいが，接続詞の but があるので，文意が合わない。③ think if it does は不可。think if ... の形はない。④ wonder that it does は wonder if[whether] it will なら可。「…だろうかと思う」は wonder that ... ではなく wonder if[whether] ... 。

360 ① 発展

I don't **doubt** that he did this out of kindness; he's always considerate of others.

（彼は親切心からこのようなことをしてくれたと思う。というのも彼はいつも他人に思い

やりがあるからだ）

《**doubt の用法 —— don't doubt that 節**》

▶ doubt は **doubt that 節**で「…であることを疑う／…ではないと思う」の意味を表す。したがって，**don't doubt that 節**は「…だと思う」の意味になる。

▶ doubt と，doubt と意味が紛らわしい④ suspect はともに that 節をとる用法がある。近年の傾向として，本問のようにその否定文の形で出題されることも多い。正確に覚えておかないと，意味をまったく逆にとらえてしまう恐れがある。以下にまとめておくので，きちんと覚えておこう。

整理 51　紛らわしい doubt と suspect

doubt that 節「…であることを疑う／…ではないと思う」
suspect that 節「…ではないかと疑う／…だと思う」
don't doubt that 節「…だと思う」
don't suspect that 節「…でないと思う」
＊ doubt that 節は don't think that 節に近く，suspect that 節は think that 節に近い。したがって，don't doubt that 節＝ think that 節，don't suspect that 節＝ don't think that 節と考えればわかりやすい。

361　④　標準

I heard my parents whispering last night. I **suspect** they are planning a surprise birthday party for me.
（両親が昨晩ひそひそと話をしているのを私は耳にした。私の誕生会を開いてびっくりさせようと計画しているのではないかと思う）

《**suspect の用法 —— suspect that 節**》

▶ 問題 360《整理 51》で取り上げた **suspect that 節**「…ではないかと疑う／…だと思う」が本問のポイント。

362　①　基本

A: I **wonder** if I can borrow this CD for a couple of days.
B: No problem.
（A「この CD を 2，3 日借りてもよろしいでしょうか」 B「いいですよ」）

《**wonder の用法 —— I wonder if I can ...**》

▶ wonder は **wonder if[whether]節**で「…だろうかと思う」の意味を表すが，その形を用いた **I wonder if I can ...** は「**…できるでしょうか**」というひかえめな「許可・依頼」の意味を表す。定式化された表現として押さえておこう。会話表現として頻出。

PLUS **wonder wh-節**「…かなと思う」も一緒に押さえておこう。
I *wondered why* people were staring at me.
（どうして人々が私をじっと見ているのだろうかと思った）

363　①　標準

I would never **question** his honesty.
（彼が正直であることを私は決して疑わないだろう）

《動詞として用いる question の用法 —— question A》

▶ 動詞として用いる question は **question A** で「A を疑う／A に異議を唱える」の意味を表す。

PLUS **question if[whether]節**「…かどうかを疑う」も一緒に押さえておこう。
I *question if*[*whether*] he is honest.（彼が正直かどうか疑わしい）

364　①　標準

I can hardly **imagine him going** abroad.
（彼が海外へ行くなんて想像できないよ）

《imagine の用法 —— imagine A('s) doing》

▶ imagine は **imagine A('s) doing** の形で「A が…することを想像する」の意味を表す。A('s) は動名詞 doing の意味上の主語。本問では him の代わりに his でも可。問題 153 参照。

! imagine A to do の形はないから③ imagine him to go は不可。ただし，I imagine him to be a soldier.（彼は軍人だと思う）のように **imagine A to be B**「A が B であるのを想像する」の形はあるので注意。

365　③　標準

I **hope for** your success.
（あなたが成功することを望んでいます）

《自動詞の hope —— hope for A》

▶ hope は目的語として不定詞や that 節をとることができるが，名詞や代名詞の場合は，hope A ではなくて，hope for A になる。**hope for A**「A を望む」で押さえておこう。なお，本問は I hope (that) you (will) succeed. と同意。

366　②　標準

The children **longed** for the summer holidays.
（子どもたちは夏の休暇を待ち望んでいた）

《動詞で用いる long —— long for A》

▶ 動詞で用いられる long は **long for A** で「A を切望する」の意味を表す。

PLUS **long for A to do**「A が…することを切望する」も一緒に押さえておこう。
She *longs for* him *to return*.= She *longs for* his return.
（彼女は彼が戻ってくることを切望している）

! ③ wanted にしないこと。**want for A** は「A が不足する」の意味。

367　③　標準

I want this luggage **taken** to my room at once.
（この荷物をすぐ私の部屋に運んでもらいたい）

《見落としがちな want の用法 ―― want A done》

▶ want は **want A done** の形で「A を…してもらいたい」の意味を表す。同意表現の **would like A done** も頻出。

❗ ついうっかり② to take にしないこと。**want[would like] A to do**「A に…してもらいたい」は A と do の間に能動関係が成立するが，本問の this luggage と take の間は受動関係となっている。

368　④　発展

I am not able, and I do not **want**, to abandon the world view I acquired in childhood.

(私は幼少時代に身につけた世界観を捨てることができないし，捨てたくもない)

《want の用法 ―― hope との相違》

▶ 本問は I am not able と I do not (　　) が and で結ばれた形。to abandon 以下は，able と空所の動詞いずれからもつながっている。

▶ 選択肢から to abandon ... を目的語にとる動詞は① hope と④ want。hope to do「…したいと思う」と want to do「…したいと思う」はほぼ同意だが，want は否定文で用いて don't want to do「…したくない」と表現できるが，hope は否定文で用いて don't hope to do とすることはできない。したがって，④ want を選ぶ。原則として，**hope は don't hope という否定文では用いないと覚えておこう。**

PLUS **hope that 節「…を望む」の場合も don't hope that 節という否定文は不可。**たとえば，「明日，雨が降らないでほしい」を英文にする場合，I *don't* hope that it will rain tomorrow. は不可。I hope that it *won't* rain tomorrow. と表現する。

❗ ② mind，③ give up は不定詞ではなく動名詞を目的語にとる動詞。問題 199《整理 25》参照。

369　③　発展

I don't want **there** to be any misunderstanding.

(どんな誤解もあってほしくない)

《want の用法 ―― want there to be A》

▶ want には **want there to be A** の形で「A があってほしい」の意味を表す。本来 there は副詞だが，この形では代名詞として機能し，want の目的語となっている。近年，この形を問う問題は増加傾向。この there に関しては，問題 134 参照。

▶ want の他に there to be A をとる動詞として，would like，believe，expect がある。**want[would like] there to be A**「A があってほしい」，**believe there to be A**「A があると信じる」，**expect there to be A**「A があると思う」で覚えておこう。

370　①　標準

I **had** a strange dream last night.

(私は昨夜変な夢を見た)

《have の用法 ―― have a dream》

▶「夢を見る」は see，look at，watch などは用いず，have を用いて，**have a dream**「夢を見る」と表現することに注意。

❗ ③ saw にしないこと。see A は「自分の目で A が見える」の意味だから不可。

371 ③ 標準

Ever since she was a child Louise has **dreamed of** becoming a doctor so that she could help others.
(ルイーズは子どものときからずっと，他人を助けることができるように，医者になることを夢見てきた)

《dream の用法 —— dream of doing》

▶ 動詞の dream は **dream of doing** の形で「…することを夢見る」の意味を表す。

PLUS **dream of A**「A を夢見る」もここで押さえておく。ただし，A が名詞の dream の場合，dream of a dream とはならず，**dream a dream** (= **have a dream**) となることに注意。

❗ ①の hope，②の want，④の intend を用いるなら，Louise has hoped[wanted／intended] *to become* a doctor ... となる。

372 ① 基本

I've only had time to **glance** at the report.
(私にはそのレポートにざっと目を通す時間しかなかった)

《glance の用法 —— glance at A》

▶ glance は自動詞であり，**glance at A** で「A にざっと目を通す／A をちらっと見る」の意味を表す。本問は前者の意味。

❗ ④ scan にも「ざっと読む[見る]」の意味があるが，他動詞なので，scan the report なら可となる。

373 ② 標準

The young girl **glanced** left and right before crossing the road.
(その若い女の子は道を渡る前に左右をちらっと見た)

《glance の用法 —— glance left and right》

▶ 自動詞 glance を用いた **glance left and right** は「左右をちらっと見る」の意味を表す。成句表現として押さえておこう。なお，**left and right**「左右を」は名詞句ではなく副詞句。

❗ ① saw は不可。see には自動詞用法もあるが，「意志に関係なく見える」の意味なので，ここでは使えない。③ stared at も不可。at のあとは副詞ではなく名詞がくる。

374 ④ 基本

The farmer caught the boys **stealing** apples from his orchard.
(その農夫は男の子たちが自分の果樹園でリンゴを盗んでいるのを見つけた)

《注意すべき catch の意味 —— catch A doing》

▶ catch は **catch A doing** の形で「A が…しているのを目撃する」の意味を表す。

この形では「捕まえる」の意味にならないことと，doing の代わりに原形不定詞を用いることができないことに注意。

375　①　基本

The careless words of the Prime Minister **led** to the misunderstanding between the two countries.
（総理大臣の不注意な発言によって 2 国間に誤解が生まれた）

《因果関係を表す lead to A》

▶ lead には **lead to A** で「結局 A になる／A を引き起こす」（＝ cause A）の意味を表す用法がある。

▶ **S lead to A** と同様に，「S＋V＋A」で「**S が原因で A を生む**」といった因果関係を表す動詞は以下のものを押さえておこう。

整理 52「(S が原因で)A を生む」の意味を表す動詞

cause A／lead to A／result in A／bring about A／give rise to A／give birth to A

376　④　標準

The boat was overturned by a great wave, **resulting in the loss** of two lives.
（その船は大波でひっくり返り，2 人の命が失われるという結果に終わった）

《因果関係を表す result in A》

▶ 問題 375《整理 52》で取り上げた **result in A**「(S が原因で) A を生む」が本問のポイント。

▶ 分詞構文 resulting in the loss ... の意味上の主語は文の主語の The boat ではなく，前文の The boat was overturned by a great wave の内容であることに注意。このように文尾に置かれた分詞構文の意味上の主語が，前文全体の文意を指すことがまれにある。

377　③　標準

His car was seriously **damaged** when he backed into a telephone pole.
（彼が車をバックさせようとして電柱にぶつけたとき，彼の車はひどく壊れた）

《damage の用法 ―― be damaged》

▶ **damage A**「A (物) に損害を与える」の受動態 **be damaged** は「(物が) 損害を受ける」の意味を表す。受動態の主語は**具体的な「物」であって「人」にならない**ことに注意。

！ ① injured，④ hurt は不可。次問のテーマであるが，**be injured, be hurt** は「人」を主語にして「(人) が負傷する」の意味を表す表現。

378　④　標準

His wife is in hospital because she was **injured** in a car crash.
（彼の妻は自動車事故でけがをしたので入院している）

《injure の用法 —— be injured》

▶ **injure A**(人)「A を傷つける」の受動態 **be injured** は「(人が) 負傷する」の意味を表す。同意表現の **be hurt** も頻出。

! ②を入れた **be damaged** は「人」が主語の場合は使えないので不可。問題 377 参照。

379 ④ 標準

Our school trip was **spoiled** by an unusually heavy snowfall.
(私たちの遠足は異常な大雪のおかげで台無しになった)

《spoil の用法 —— be spoiled》

▶ **spoil A**「A を台無しにする」の受動態 **be spoiled** は「(物・事が) 台無しになる」の意味を表す。主語は「物・事」になるが,「道具・機械」を主語にできないことに注意。

! ② damaged にしないこと。**be damaged の主語は具体的な「物」**であって,「遠足」のような事柄は主語にならない。問題 377 参照。

380 ③ 基本

Didn't it ever **occur** to them that they would be punished?
(罰せられるということが彼らには思い浮かばなかったのか)

《occur の用法 —— It occurs to A that 節》

▶ occur は **occur to A** で「(考えなどが) A に思い浮かぶ」の意味を表す。本問は that 節を受ける形式主語の it を用いた **It occurs to A that 節**「…のことが A に思い浮かぶ」の形になっている。

PLUS **occur to A** の同意表現 **strike A**, **It occurs to A that 節**の同意表現 **It strikes A that 節**も頻出。

! ④ strike は他動詞なので不可。あとの to がなければ可となる。

381 ③ 標準

It suddenly **struck** me that the boat might be washed away by the waves.
(私はボートが波にさらわれてしまうのではないかと突然思いついた)

《strike の用法 —— It strikes A that 節》

▶ 問題 380 で扱った **It strikes A that 節**「…のことが A に思い浮かぶ」(= **It occurs to A that 節**) が本問のポイント。

PLUS **strike A** は「A に思い浮かぶ」(= occur to A) の他にも「**A に印象を与える**」の意味を表す。**strike A as B**「A に B という印象を与える」の形で出題されることが多い。B には名詞の他にも形容詞・現在分詞がくることに注意。この形も一緒に覚えておこう。

He *struck* me *as* an insignificant man.
(彼は取るに足らない人であるように思えた)

382　④　標準

It **struck** me as strange that my front door was open when I got home.
(帰宅したとき，表のドアが開いていたため変だと思った)

《strike の用法 ―― strike A as B》

▶ 問題 381 で扱った **strike A as B**「A に B という印象を与える」が本問のポイント。本問は that 節を受ける形式主語を用いた構造となっている。

PLUS よく似た表現に **impress A as B**「A に B という印象を与える」があるが，**strike A as B** が通例，「好ましくない印象を与える」のに対して，**impress A as B** は通例，「好ましい印象を与える」の意味になることに注意。

She *impressed* me *as* (being) honest.
(彼女は私に正直な人だという印象を与えた)

383　②　基本

Once I learned what to listen for, I **came** to appreciate modern jazz.
(モダンジャズに何を求めて聴けばいいのかわかると，私はそれを味わえるようになった)

《come の用法 ―― come to do》

▶ come には **come to do** の形で「…するようになる」の意味を表す用法がある。do には原則として，**know** ／ **feel** ／ **see** ／ **like** ／ **realize** ／ **understand** などの状態を表す動詞がくることに注意。同意表現の **get to do** もここで一緒に押さえておこう。なお，本問の appreciate は「…を正しく理解する」の意味。

! ① became にしないこと。become には不定詞をとる形はない。

384　②　基本

“Come downstairs as soon as possible. Dinner is ready.”
“O.K., I'm **coming**.”
(「できるだけ早く降りてらっしゃい。夕食の準備ができたから」「わかった，すぐ行きます」)

《come の用法 ―― I'm coming.》

▶ come を用いた **I'm coming.**「今，行きます」は会話表現として押さえておこう。「**相手の方に行く**」場合は，go ではなく **come** を用いることに注意。

385　④　標準

One hundred dollars will **cover** all your expenses for the trip.
(あなたの旅費は 100 ドルですべてまかなえるだろう)

《注意すべき cover の用法 ―― cover A (費用)》

▶ cover には **cover A** で「A (費用・損失) をまかなう」の意味を表す用法がある。主語には通例，「金額」などがくる。

! ① cost にしないこと。cost の用法は問題 258 参照。

386　④　発展

Canada is the second-largest country in the world, **covering** nearly half of the North

American continent.
(カナダは世界で2番目に広い国で，北アメリカ大陸のほぼ半分の地域に及んでいる)
《cover A の思いがけない意味》

▶ cover には **cover A** で「(範囲・問題などが)A にわたる／及ぶ」の意味を表す用法がある。後半部分は分詞構文になっているが covering の意味上の主語が Canada であることを見抜く。

! ③ extending にしないこと。**extend A** は「A を延ばす／広げる」の意味。

387 ④ 発展

You have to **weigh** the costs of the new system against the benefits it will bring.
(あなたは新体制にかかる費用とそれが生む利益を，比較検討しなければいけない)
《注意すべき weigh の意味 ―― weigh A against B》

▶ weigh は **weigh A against[with] B** の形で「A と B を比較検討する」の意味を表す。weigh A の本来の意味は「A の重さを量る」だが，この形の **weigh A** は「**A を熟考する／比較考察する**」の意味。

! 文意を考えないで① cover にしないこと。cover は the costs「費用／経費」を目的語にすることができるが，against 以下と文意が合わない。

388 ③ 標準

When slaves were shipped across the ocean in the old days, a lot of them failed to **survive** the journey.
(昔，奴隷が海を越えて船で運ばれていたころ，彼らの多くはその船旅を生き残ることができなかった)
《注意すべき survive A の意味》

▶ survive には **survive A** で「**A のあとも生き残る**」(= continue to live after A)の意味を表す用法がある。

PLUS **survive A** には「**A よりも長生きする**」(= live longer than A ／ outlive A)の意味もあるので注意。
She *survived* her husband by ten years. (彼女は夫よりも 10 年長生きした)

389 ③ 標準

The post office is down the street. You can't **miss** it.
(郵便局はその通りを下ったところです。すぐわかりますよ)
《さまざまな意味を表す miss A》

▶ miss A はさまざまな意味を表すが，本問の **miss A** は「**A を見落とす／見逃す**」の意味。**You can't miss it.**「すぐにわかりますよ」は会話表現として頻出。miss A の意味は以下のものを押さえておこう。

整理 53 注意すべき miss A の意味

(1) **miss A**「A を見落とす／見逃す」
(2) **miss A**「A に乗り遅れる」↔ **catch A**「A に間に合う」

I got up late and *missed* the train.（寝坊して列車に乗り遅れた）

(3) **miss A**「A を免れる」

We narrowly *missed* the accident.（我々は辛うじて事故を免れた）

(4) **miss A**「A がないのに気づく」

Where did you *miss* your umbrella?（どこで傘がないのに気づいたの）

(5) **miss A**「A がいなくて寂しく思う／A がなくて困る」

We will *miss* you badly.（君がいないとどんなに寂しいことだろう）

390　③　標準

I can't **afford** ＄40 for one book!　Haven't you got a cheaper edition?

（1 冊の本に 40 ドルも支払えない。もっと安い廉価版はないですか）

《注意すべき afford の用法 ―― S can afford A》

▶ afford は **S can afford A（お金・時間）**の形で「**S には A の余裕がある**」の意味を表す。通例否定文や疑問文で用いることに注意。また can の代わりに be able to も用いる。

PLUS　A に車などの具体的な「物」がくることもある。その場合は「**A を買う余裕がある**」という意味になる。

I can't afford *a new car.*＝ I can't afford to buy a new car.

（新車を買う余裕なんてありません）

391　④　標準

This watch **gains** about two minutes in every hour.

（この腕時計は，1 時間ごとに約 2 分進む）

《注意すべき gain の用法 ―― gain ＋「ある時間」》

▶ gain は **gain A（ある時間）**で「**（時計が）A 進む**」の意味を表す。

PLUS　反意表現の **lose A（ある時間）**「**（時計が）A 遅れる**」と一緒に押さえておこう。

392　③　標準

This new model of car is so popular that they have had to open a new factory to **meet** the demand.

（この新型自動車はとても人気があるので，需要にこたえるために，新しい工場を開設しなければならなかった）

《注意すべき meet A の意味》

▶ meet には **meet A** で「**A（要求・必要・義務など）を満たす／A にこたえる**」（＝**satisfy A**）の意味を表す用法がある。A には **demand**，**need**，**obligation** など「要求・必要・義務」を表す名詞がくることに注意。

PLUS　思いがけない意味になる **meet A** として「**A（困難・状況など）にうまく対処する**」「**A（費用・負債など）を支払う**」も一緒に押さえておく。

She *met the situation* with a smile.（彼女は笑顔でその状況に対応した）

The traveling expenses will be met by the company.（旅費は会社が支払います）

393 ① 標準

His mother has been **running** a drugstore for fifteen years.
(彼の母親は15年間薬局を経営している)

《注意すべき run A の意味》

▶ 他動詞の run は **run A** で「**A を経営する**」(= **manage A**) の意味を表す用法がある。

▶ 自動詞の run も「走る」以外にさまざまな意味を表す。以下のものは頻出。

拡充 12 **注意すべき自動詞 run の意味**
(1) **run「上演される」**(= be performed)
How long is this play to *run*? (この劇はいつまで上演される予定ですか)
(2) **run「立候補する」**(= become a candidate)
He is going to *run* for President. (彼は大統領に立候補するだろう)

394 ② 発展

Words **fail** me to describe the beauty of this landscape.
(私にはこの風景の美しさを言葉で表すことはできない)

《fail A の思いがけない意味》

▶ fail には **fail A(人)** で「**(いざというときに) A の役に立たない/A を見捨てる**」の意味を表す用法がある。**Words fail A.= A's tongue fails A.**「(いざというときに) A に言葉が出てこない」, **A's courage fails A.**「(いざというときに) A に勇気が出ない」のように無生物主語を用いるのが一般的だが,「人」が主語になる場合もある。
He *failed* me at the last moment. (彼はどたん場で私を見捨てた)

▶ to describe 以下は Words を修飾する形容詞用法の不定詞。Words の直後におくと頭デッカチになって英文のバランスが悪くなるので後置されたもの。

395 ④ 発展

It **serves** him right that he missed the last train.
(彼が最終列車に乗り遅れたのはいい気味だ)

《注意すべき serve A right の意味》

▶ この場合の serve は「…を処遇する」の意味だが, **serve A right** で「**A に当然の報いだ/A にはいい気味だ**」という皮肉を込めた意味になる。成句表現として押さえよう。

396 ③ 標準

The early nineteenth century **saw** the rapid industrial and agricultural development of the United States.
(19世紀初めに, アメリカでは工業と農業の急速な発展があった)

《see A の思いがけない意味》

▶ see には「時や場所を表す名詞」を主語にとり, **see A** で「**(時・場所が) A を目撃**

する」(＝**witness A**)の意味を表す用法がある。

PLUS　この see は **see A do[doing / done]**「Aが…する[している／される]のを目撃する」の形もある。

The evening of the same day *saw him flying* to New York.

(同じ日の晩，彼はニューヨークに飛び立っていた)

397　④　標準

The room **commands** a fine view of the lake.

(その部屋は湖の見晴らしがすばらしい)

《command A の思いがけない意味》

▶ **command** は本来「…に命令する」の意味だが，「**(景色など)を見渡す**」の意味を表す用法がある。**command a fine view of A** は「Aの見晴らしがすばらしい」の意味を表す。成句表現として押さえる。

398　①　標準

He always kept the dictionary on the desk so that he could **consult** it at any time.

(彼はいつでも調べられるように辞書を机の上に常に置いていた)

《注意すべき consult A の意味》

▶ consult は本来「…に意見を聞く」の意味だが，**consult A** で「**A(辞書・本など)を調べる**」の意味を表す用法がある。**consult a dictionary**「辞書を調べる」(＝**look into a dictionary**)で押さえておこう。

▶ **consult A** には「A(医者)に診察してもらう」の意味もある。**consult a doctor**「医者に診察してもらう」で押さえる。同意表現の **see a doctor** も頻出。

! ③ refer はあとに to があれば可。**refer to A** で「Aを参照する」の意味。

399　④　標準

You had better **consult** a doctor about your health.

(健康状態について医者に診てもらった方がいい)

《consult A のもうひとつの意味》

▶ 問題 398 で扱った **consult[see] a doctor**「**医者に診察してもらう**」が本問のポイント。

400　②　発展

A: I was **expecting** you at 11:00 a.m. But it’s almost half past eleven.

B: I’m sorry. I missed my usual train.

(A「あなたが午前 11 時に来るものと思ってました。でも今 11 時半近くですよ」 B「すみません。いつもの列車に乗り遅れたものですから」)

《注意すべき expect A の意味》

▶ expect は「**expect A(人)＋時・場所を表す副詞(句)**」で「**…にAが来るのを待つ**」の意味を表す。本問のように進行形で用いることが多い。

401 ① 基本

Where in Australia **did you grow up**?
(オーストラリアのどこであなたは育ちましたか)

《自動詞の grow up》

▶ **grow up** は「成長する／育つ」の意味を表す。grow up は自動詞なので，受動態にできないことに注意。

402 ④ 標準

"Lunch is on me today."
"Oh, thanks. I'll **treat** you next time."
(「昼食は今日，私のおごりです」「まあ，ありがとう。今度は私がおごりますよ」)

《注意すべき treat A の意味》

▶ treat は本来「…を扱う」の意味だが，**treat A (to B)**で「**A に (B を) おごる／ごちそうする**」の意味を表す。成句表現として覚えておこう。

▶ 最初の英文の **be on A** は「A のおごりだ」の意味を表す。口語表現として押さえる。

403 ① 標準

He was taken to the hospital to **be treated** for high blood pressure.
(彼は高血圧の治療を受けるために病院に運ばれた)

《treat A のもうひとつの意味》

▶ treat は **treat A (人) for B (病気)** で「**A の B を治療する**」の意味を表す。その受動態は **A is treated for B**「A は B の治療を受ける」になる。

404 ② 発展

"I have too much homework to go out this weekend."
"We'll have to **make it** next weekend then."
(「宿題がたくさんあって，今週末は出かけられません」「それでは，来週末に都合をつけないといけませんね」)

《注意すべき make it の意味》

▶ make は **make it** の形でさまざまな意味を表すが，㋐「**都合をつける**」，㋑「**成功する**」，㋒「**間に合う**」の 3 つの意味で押さえる。本問は㋐の意味。

▶ 以上，問題 385 ～ 404 は思いがけない意味を表す動詞に関する問題。ひとつひとつていねいに押さえておこう。

整理 54 make it の 3 つの意味

(1) **make it**「**都合をつける**」
I can't *make it* next Monday. (次の月曜日は都合がつきません)

(2) **make it**「**成功する**」
I couldn't *make it* in business. (私はビジネスでは成功できなかった)

(3) **make it**「**間に合う**」
I *made it* to the last train. (私は最終列車に間に合った)

Extra

E-061　③ to say → say　標準

I could have just walked past him in silence, but something made me turn and **say** quickly, before I could stop myself, “Thank you for your great kindness.”
(おそらく私は黙って彼のそばを通り過ぎることもできたが，思いとどまることができないうちに，なぜか私は振り返り，彼にすかさず言った。「多大なるご好意に感謝いたします」と)

《使役動詞としての make の用法 —— make A do》

▶ 問題 220 でテーマ化した **make A do**「A に…させる」が本問のポイント。and が原形不定詞 turn と原形不定詞 say を結ばなければならないことを見抜く

E-062　③ has been laying → has been lying　標準

Because the builders can work only on weekends, the wood for the flooring **has been lying** out in the yard.
(建設業者は週末しか作業をすることができないため，フローリングの床材は庭に置かれている)

《laying と間違えやすい lying》

▶ **laying** は他動詞 **lay** の現在分詞。自動詞 **lie** の現在分詞は **lying** であった。問題 279《整理 40》，問題 283 参照。本問では下線部③のあとに目的語がないので laying は lying でなければならない。なお，本問の **lie** は「**(物が) 置かれている／ある**」の意味。

E-063　④ raises → rises　基本

The value of the yen declines as the rate of inflation **rises**.
(インフレ率が上昇するにつれ，円の価値は下落する)

《自動詞 rise の用法 —— raise との相違》

▶ 問題 275，277 でテーマ化した自動詞 **rise**「上がる」と他動詞 **raise**「…を上げる」の区別が本問のポイント。

E-064　① would appreciate very much → would appreciate it very much　発展

I **would appreciate it very much** if you could show me how to put the machine back together.
(その機械をもとどおりに組み立てる方法を教えていただけると，たいへんありがたいのですが)

《I would appreciate it if you could ...》

▶ 問題 315 でテーマ化した **I would appreciate it if you could[would] ...**「…していただけるとありがたいのですが」が本問のポイント。appreciate のあとに if 節の内容を受ける目的語の it が必要。

E-065　④ in him → him in　標準

By the time the messenger arrives, the gate will have been opened to let **him in**.

（使者が到着するときまでに，その門は，彼を中に通すため開けられているだろう）

《let の注意すべき用法 ―― let A ＋方向を表す副詞(句)》

▶ 問題 222 でテーマ化した「**let A ＋副詞(句)**」「A を…の状態にさせる」が本問のポイント。**let A in**「A を中に入れてあげる」は let A come in の come が省略された表現。なお，「A を外に出してあげる」は **let A out** だった。

E-066 ③ feels comfortably → feels comfortable 基本

Becky's old job was very stressful, but she **feels comfortable** with her new one.
（ベッキーの以前の仕事は非常にストレスが多かったが，新しい仕事は精神的に楽だと彼女は思っている）

《形容詞を補語にとる feel ―― feel ＋形容詞》

▶ 問題 243，244 でテーマ化した **sound**，**look** と同様に，**feel** も「**feel ＋形容詞**」「…の感じがする」の形があることに注意。「feel ＋副詞」の形は不可。

PLUS feel には，sound，look と同じように，「**feel like ＋名詞**」「…のように感じる」の形がある。
I *felt like* a fool.（自分はばかだなあと感じた）

E-067 ② suggested me → suggested to me または suggested 標準

My brother-in-law **suggested to me** that I select French as my foreign language.
（私の義理の兄［弟］は，外国語にフランス語を選択したらいいと私に勧めてくれた）

《suggest の用法 ―― suggest to A that S ＋原形》

▶ 問題 242 でテーマ化した「**suggest (to A) that S (should)＋原形**」は「S が…したらどうかと(A に)提案する」が本問のポイント。suggest には二重目的語をとる suggest A that 節の形はないことに注意。

E-068 ② discussed about → discussed または talked about 基本

Among other things, they **discussed** pollution-free vehicles in the meeting.
（彼らは会議で，特に無公害の自動車について話し合った）

《他動詞の discuss ―― discuss A》

▶ 問題 248《整理 33》，問題 250 でテーマ化した **discuss A**「A について議論する」(＝ **talk about A**) が本問のポイント。discuss は他動詞だから about は不要。

▶ ①の among other things は「とりわけ／特に」の意味を表す成句表現。

E-069 ② to talk → talking 基本

It is time you stopped **talking**. What you have to do now is put your plan into action.
（君はもうそろそろ話すのをやめてもいいころだ。今，君がしなければならないことは，計画を実行に移すことだ）

《stop doing の意味 ―― stop to do との相違》

▶ 問題 209《整理 27》でテーマ化した **stop doing**「…することをやめる」と **stop to do**「…するために立ち止まる」の区別が本問のポイント。文意から to talk を talking にする必要がある。

▶「**It is time＋S＋動詞の過去形（仮定法過去）…**」「Sは…してもよい時期［時間］だ」は問題110参照。

E-070　② become → come　基本

We have finally **come** to accept that her death was an accident.
（私たちはようやく彼女の死が事故であったことを受け入れるようになった）

《come の用法 —— come to do》

▶ 問題383でテーマ化した **come to do**「…するようになる」が本問のポイント。become to do という形はないことに注意。

E-071　② say you → tell you　標準

I was trying to **tell you** something that wasn't easy to put into words.
（私はなかなか言葉にならないことを君に伝えようとしていた）

《二重目的語をとる tell —— tell A B》

▶ 問題331および《整理48》でテーマ化した **tell A B**「AにBを言う／知らせる」が本問のポイント。say には二重目的語をとる say A B の形がないことに注意。

E-072　① to get → getting　標準

I'll never forget **getting** lost when we were climbing in the Alps last year.
（私は昨年，アルプス山脈に登ったとき，道に迷ったことを決して忘れることはないだろう）

《forget doing の意味 —— forget to do との相違》

▶ 問題209《整理27》，問題211でテーマ化した **forget doing**「…したことを忘れる」と **forget to do**「…することを忘れる」の区別が本問のポイント。文意から，to get lost を getting lost としなければならない。

▶ **get lost**「道に迷う」（＝ **lose one's way**）は重要イディオム。

E-073　④ giving → to give　標準

After her election to office, the senator tried hard to persuade her colleagues **to give** their support to regional planning.
（選挙で公職に就くと，その上院議員は，地域開発計画を支援してもらえるよう，同僚たちを説得することに精一杯努めた）

《persuade の用法 —— persuade A to do》

▶ 問題226《整理30》，問題231でテーマ化した **persuade A to do**「Aを説得して…させる」が本問のポイント。persuade A doing の形はないことに注意。

E-074　基本

If **you want to have the job done** well, go ahead and do it yourself.
（仕事をうまくやってもらいたかったら，自分から始めよ）

《have A done —— 過去分詞が補語》

▶ 問題 217《整理 28》, 問題 219 でテーマ化した **have A done**「A を…してもらう」を用いて if 節を完成させる。

E-075 標準

It will do **him infinite good to be independent of** his parents.
(両親の世話にならないことは彼にとってはどんなによいか知れない)

《二重目的語をとる do —— do A good》

▶ 問題 256 でテーマ化した **do A good**「A のためになる」を用いて文を完成させる。まず, (It will do) him infinite good とまとめ, 形式主語の it が受ける不定詞句をあとに続ければよい。

▶ **be independent of A**「A から独立している」は押さえておくべきイディオム。

▶ 形式主語を用いた **It will do A good[harm] to do ....**「…するのは A のために[害に]なるだろう」は整序英作文で頻出の形。

E-076 標準

His e-mail saved me the trouble of going there.
(彼が e メールをくれたので, わざわざそこに出かける手間が省けました)

《二重目的語をとる save —— save A B》

▶ 問題 258《整理 36》, 問題 262 でテーマ化した **save A B**「A の B を省く」の B に the trouble of doing「…する手間」を置いた **save A the trouble of doing**「A に…する手間を省く」を用いて文を作れるかがポイント。

PLUS save の代わりに spare を用いた同意表現の **spare A the trouble of doing** も頻出。

E-077 標準

The **parents were criticized for letting their daughter stay out late.**
(両親は娘の帰宅が遅いのを許しているので批判された)

《criticize A for B と let A do》

▶ 問題 309《整理 45》で取り上げた **criticize A for B**「A を B のことで非難する」の受動態は **A is criticized for B** だから, まず, The parents were criticized for とまとめる。次に, B に **let A do**「A に…させてやる」(問題 221 参照) を動名詞化した letting A do を想定し, letting their daughter stay out late とまとめる。

▶ **stay out**「外出したままである」は問題 E-050 (p.68) で既出。

E-078 標準

This book is so difficult **that I wonder if I'll ever figure it out.**
(この本はあまりにも難解なので理解できるかどうかわかりません)

《wonder if 節「…だろうかと思う」》

▶ まず, difficult の前の so に着目し, **so ... that 〜**「とても…なので〜」の構文であることを見抜く。次に, that 節内を問題 362 でテーマ化した **wonder if 節**「…

だろうかと思う」を用いて文を表現する。

▶ **figure out A ／ figure A out**「A を理解する」（＝ **understand A**）は押さえておくべきイディオム。なお，「他動詞＋副詞」の表現は，名詞を目的語にする場合は，たとえば figure out A ／ figure A out のいずれの語順も原則として用いるが，**人称代名詞を目的語にする場合は必ず** figure A out，すなわち「**他動詞＋人称代名詞＋副詞**」の語順になる。したがって，本問の場合も，figure out it は不可。

E-079　標準

Don't **assume that your insurance will cover all the damage**.
（保険ですべての損害が補償されると思い込んではいけない）

《注意すべき cover の用法 —— cover A（費用・損失）》

▶ **assume** は **assume that 節**「…だと思い込む」の形をとるので，Don't assume that とまとめ，that 節内を問題 385 でテーマ化した **cover A**「A（費用・損失）をまかなう」を用いて表現する。

E-080　基本

Do you know **why we are prohibited from smoking** here?
（なぜここでタバコを吸ってはいけないかご存じですか）

《prohibit A from doing「A が…するのを禁じる」》

▶ why 節を問題 301《整理 43》で取り上げた **prohibit A from doing**「A が…するのを禁じる」の受動態 **A is prohibited from doing** を用いて表現する。

E-081　基本

I **doubt that it will improve our situation very** much.
（そのことで状況が大きく改善されるとは思えません）

《doubt that 節「…であることを疑う／…ではないと思う」》

▶ 問題 360 でテーマ化した **doubt that 節**「…であることを疑う／…ではないと思う」を用いて表現する。that 節内は動詞として improve「…を改善する」を用いて文を表現する。

E-082　基本

Personal relationships **have enabled consumers to obtain** safe and fresh farm products.
（個人レベルの結びつきによって，消費者は安全で新鮮な農産物を手に入れることができるようになった）

《enable A to do「A が…するのを可能にする」》

▶ 問題 226《整理 30》，問題 232 でテーマ化した **enable A to do**「A が…するのを可能にする」を現在完了で用いて英文を完成させる。

E-083　標準

James was cured of his heavy drinking.

(ジェームズは深酒の癖が治った)

《cure A of B「A から B を取り除いて治す」》

▶ 問題 297《整理 42》で取り上げた **cure A of B**「A から B を取り除いて治す」の受動態 **A is cured of B** を用いて表現する。

E-084 標準

The teacher let **Tim go after warning him not** to read comics in class.

(その教師は，授業中にマンガを読まないようにとティムに注意すると，彼を立ち去らせた)

《warn A not to do「A に…しないように警告する／注意する」》

▶ まず，**let A do**「A に…させてやる」(問題 221 参照)を用いて let Tim go とまとめ，次に，**after doing**「…したあとで」を想定し，問題 238，239 で扱った **warn A not to do**「A に…しないように警告する／注意する」を動名詞化してまとめ after のあとに置けばよい。

PLUS **warn A not to do** の同意表現の **warn A against doing** もここで再確認しておこう。問題 239 参照。

E-085 標準

A: How can I improve my essay?

B: Well, being **more specific would help you write** a better essay.

(A：私のレポートは，どうすればもっとよくなりますか)

(B：そうですね，もっと具体的に述べると，よりよいレポートが書けるでしょう)

《help A do「A が…するのに役立つ」》

▶ **specific**「明確な／具体的な」を用いて主語を being more specific という動名詞句でまとめること。動詞表現は，問題 224 でテーマ化した **help A do**「A が…するのに役立つ」を用いて表現すればよい。なお，本英文は主語に仮定の意味を持たせた仮定法過去の英文である。問題 117《拡充 5》参照。

E-086 標準

I've had so much to do at work recently and I'm really tired. I'd prefer to **spend my weekend at home rather than drive** all the way to Kyoto.

(最近，職場でやるべきことがとても多かったので，私は本当に疲れている。週末は，はるばる京都まで車を走らせるより，むしろ家で過ごしたい)

《prefer to do ... rather than do ～》

▶ 問題 327 で扱った **prefer to do ... rather than (to) do ～**「～するよりも…したい」を完成させる。rather than のあとの不定詞は原形不定詞でも可であることに注意。

E-087 基本

Overwork and undernourishment may **have cost her the vision** in her left eye.

(過労と栄養不足がたたって，彼女は左目の視力を失ってしまったのかもしれない)

《二重目的語をとる cost —— cost A B》

▶ 問題 258，261 でテーマ化した **cost A B**「A に B(犠牲など) を払わせる」を用いて表現する。

E-088 標準

If you will **allow me the privilege of being frank** on this occasion, I will tell you why.

(この際，率直に申し上げることが許していただけるならば，理由をお教えしましょう)

《二重目的語をとる allow —— allow A B》

▶ 問題 258《整理 36》でテーマ化した **allow A B**「A に B を与える」を用いて文を完成させる。B は the privilege of being frank とまとめる。

E-089 標準

Finally, **I allowed myself to accept** the way things were.

(私はやっと現状を受け入れられるようになった)

《allow A to do「A が…するのを許す」》

▶ 問題 226 でテーマ化した **allow A to do**「A が…するのを許す」の A に myself を用いて文を完成させる。

E-090 発展

I cannot imagine how anyone **could expect Sue to be easy to convince**. She never listens to anyone.

(スーを納得させるのは簡単だなんて，どうやったら予想できるのか，私にはとても見当がつかない。彼女は人の言うことを絶対に聞かないのだから)

《expect A to be easy to do「A は…するのには容易だと予期する」》

▶ how 節内の動詞表現に問題 236 でテーマ化した **expect A to do**「A が…すると予期する／思っている」を用いることを考える。A to do の箇所は **A is easy to do**「A は…するのには容易だ」(問題 126 参照) の文の be 動詞を不定詞にして **(expect) A to be easy to do**「A は…するには容易だ (と予期する)」とまとめる。つまり，how anyone could expect Sue to be easy to convince「一体どのようにしてスーが納得させやすい人物だと予期することができるのだろうか」と並べる。動詞の語法と形容詞の意味を限定する不定詞の副詞用法を同時に問うハイレベルな問題。

E-091 標準

Let's not use any of these pictures for the poster. They **make him look older than** he really is.（不足語 make）

(これらの写真はどれもポスターに使うのはやめよう。これだと彼が実際よりも老けて見える)

《make A do「A に…させる」》

▶ He looks older than he really is.「彼は実際よりも老けて見える」から，They (　　) him look older than he really is. を想定し，主語の They に対する動詞を考える。

They (＝ These pictures) は無生物主語であり，目的格補語に look older という原形不定詞をとることから，動詞は make だと推測できるはず。問題 220 でテーマ化した **make A do「A に…させる」は無生物主語でも用いられる**表現であった。

[９] 形容詞の語法

405　③　基本

Japan has **little** oil and is therefore almost entirely dependent on imports.
(日本は石油がほとんどないので，ほぼ完全に輸入に依存している)

《不可算名詞につける little の意味》

▶ **little** は**不可算名詞**につけて「ほとんど…ない」という否定的な意味を形成する。

整理 55　many ／ much ／ few ／ little の用法と意味

用法／意味	①「数えられる名詞」につけて「数」を表す。 ② 名詞の複数形につく。	①「数えられない名詞」につけて「量」「程度」を表す。 ② 名詞の単数形につく。
たくさんの	**many**	**much**
ほとんど…ない（否定的）	**few**	**little**
少しの（肯定的）	**a few**	**a little**
少なからぬ	**not a few ／ quite a few**	**not a little ／ quite a little**

406　②　基本

This year there were **few** rainy days in August.
(今年の８月は雨の日がほとんどなかった)

《可算名詞につける few の意味》

▶ **few** は**複数形の可算名詞**につけて「ほとんど…ない」という否定的な意味を形成する。問題 405《整理 55》参照。

407　②　基本

She didn't have **much** difficulty finding the answer to the problem.
(彼女はその問題の解答を見つけるのにあまり苦労しなかった)

《不可算名詞につける much》

▶ **much** は「**much ＋不可算名詞**」の形で「たくさんの…」の意味を形成する。**difficulty**「困難」が**不可算名詞**であることに気づくこと。また本問のように much が否定文に用いられると，「あまり…ない」の意味となることも押さえておこう。

▶ **have difficulty (in) doing**「…するのが困難だ」は問題 170 参照。

408　③　基本

There were quite a **few** interesting things to see.
(かなり見るべきおもしろいものがあった)

《quite a few の意味》

▶ **quite a few** は「**quite a few ＋複数名詞**」の形で「かなりの…／相当の…」の意味を形成する。可算名詞の複数形の前に置き，many に近い意味になる。問題 405《整理 55》参照。

409 ② 基本

The popularity of the telephone has led to **fewer** people writing letters these days.
（電話が普及したせいで，近頃では手紙を書く人が減ってしまった）

《fewer ＋複数名詞》

▶ **fewer** は few の比較級だが，用法は few と同じ。「**fewer ＋複数名詞**」となる。問題 406 参照。なお，people「人々」は複数扱いの名詞。

410 ③ 標準

Heavy industry is moving in the direction of more automated machines and **less** manpower.
（重工業の分野では，オートメーション化された機械を増やして人手を少なくする方向に進んでいる）

《less ＋不可算名詞》

▶ **less** は little の比較級だが，用法は little と同じ。「**less ＋不可算名詞**」となる。問題 405 参照。本問は more automated machines と less manpower が対比された形となっている。**manpower** は「(機械の力に対する) 人的労働力」の意味で不可算名詞。

411 ③ 基本

We suffered from **a great many** troubles.
（私たちはかなりたくさんのもめごとに悩まされた）

《a great many の用法》

▶ **a great[good] many** は「**a great[good] many ＋複数名詞**」の形で「かなりの数の…」の意味を表す。複数形の可算名詞につけることに注意。

▶ **suffer from A** は「A に苦しむ」の意味を表す成句表現。

412 ③ 標準

Many a reader skips the words that he doesn't know.
（自分の知らない単語を飛ばし読みする読者は多い）

《many a ＋可算名詞の単数形》

▶ many は「**many a ＋可算名詞の単数形**」の形で「たくさんの…」の意味を表す用法がある。また，「many a ＋可算名詞の単数形」が **3 人称単数扱い**であることもよくねらわれるので，注意したい。動詞 skips の形に注目すること。

! ① All，② Few，④ Most は可算名詞の単数形につけることはできないので不可。

413　②　基本

A **large** number of Japanese holidaymakers were to be found in New Zealand last summer.
(昨年の夏，かなりの日本人行楽客がニュージーランドで見うけられた)

《a large number of の用法》

▶ **a large[great / good] number of** は「**a large[great / good] number of ＋複数名詞**」の形で「かなりの数の…」の意味を表す。

PLUS 数ではなく量が多いことを表す「**a great[good] deal of ＋不可算名詞**」「たくさんの…／多量の…」，およびほぼ同意表現の「**a large amount of ＋不可算名詞**」「かなりの量[額]の…」もここで押さえておこう。
She spends *a great*[*good*] *deal of money.*（彼女はかなりのお金を使う）
It cost *a large amount of money* to construct the new bridge.
（新しい橋を建設するのに莫大なお金がかかった）

414　③　標準

We found only a **small** number of customers in the store.
(その店にはほんのわずかな客しかいなかった)

《a small number of の用法》

▶ **a small number of** は「**a small number of ＋複数名詞**」の形で「わずかな数の…」の意味を表す。

! ① few は不可。**only a few** は「**only a few ＋複数名詞**」の形で「ほんの少しの…」の意味を表す。④ little も不可。**only a little** は「**only a little ＋不可算名詞**」の形で「ほんの少しの…」の意味を表す。number は単数形の可算名詞であって不可算名詞ではない。

▶ 以上，問題 405 ～ 414 は little，few，much，many など数量を表す形容詞に関する問題。問題 405《整理 55》をしっかり覚えておこう。

415　②　標準

The music of Mozart is always **pleasing** to me.
(モーツァルトの音楽はいつも私にとって，喜びを与えてくれるものだ)

《現在分詞から派生した分詞形容詞 ―― pleasing》

▶ 現在分詞や過去分詞は名詞を修飾するなどの形容詞としての役割を果たすが，中には完全に形容詞化したものがある。それを**分詞形容詞**と呼ぶ。

▶ 分詞形容詞には，目的語に「人」をとって「人の感情に影響を与える」という意味を表す他動詞 (**please**「(人) を喜ばせる」や **interest**「(人) に興味を持たせる」など) の現在分詞から形容詞化したものが多い。そのような分詞形容詞は，目的語を補った他動詞の意味とほぼ同じ意味を表す。つまり，「人を[に]…させる (ような)」という能動的な意味になる。例えば，分詞形容詞である **interesting**「おもしろい」の本来の意味は「(人に) 興味を持たせる (ような)」であり，**pleasing**「楽しい」は「(人を) 喜ばせる (ような)」の意味だと考えればよい。
This book is *interesting.*

(この本はおもしろい←この本は人に興味を持たせるものだ)
He is *interesting.*
(彼はおもしろい←彼は人に興味を持たせる人だ)
The music is *pleasing.*
(その音楽は楽しい←その音楽は人を喜ばせるものだ)

! ① happy, ③ glad, ④ pleased は原則として「人」を主語にとる形容詞なので不可。

整理 56 感情表現の他動詞の現在分詞から派生した分詞形容詞

amazing「驚嘆すべき←人を驚嘆させる」
annoying「うるさい←人をいらいらさせる」
astonishing「驚くばかりの←人をびっくりさせる」
boring「退屈な←人を退屈にさせる」
confusing「わけのわからない←人を混乱させる」
disappointing「期待外れの←人を失望させる」
embarrassing「当惑させるような←人を当惑させる」
exciting「刺激的な←人をわくわくさせる」
frightening「恐ろしい←人を怖がらせる」
interesting「おもしろい←人に興味を引き起こす」
irritating「いらだたしい←人をいらいらさせる」
moving「感動的な←人を感動させる」
pleasing「楽しい←人を喜ばせる」
satisfying「満足のいく←人を満足させる」
shocking「衝撃的な←人をぎょっとさせる」
surprising「驚くべき←人を驚かせる」
thrilling「ぞくぞくするような←人をぞくぞくさせる」
tiring「きつい←人を疲れさせる」
touching「感動的な←人を感動させる」

416 ② 標準

They are **pleased** with your work.
(彼らは君の仕事に満足している)

《過去分詞から派生した分詞形容詞 —— pleased》

▶ 分詞形容詞には,「人」を目的語にとって「人の感情に影響を与える」という意味を表す他動詞の過去分詞から派生したものもある。そのような分詞形容詞は,「(人が)…させられて」という受動的な意味を持つ。例えば,**interested**「興味があって」の元々の意味は「(人が)興味を引き起こされて」であり,**pleased**「喜んで/気に入って」は「(人が)喜ばせられて」の意味だと考えればよい。

▶ このような分詞形容詞が主格補語で用いられる場合,主語は原則として「人」になることに注意。

整理 57　感情表現の他動詞の過去分詞から派生した分詞形容詞

amazed「驚嘆して←驚嘆させられて」
annoyed「いらいらして←いらいらさせられて」
astonished「びっくりして←びっくりさせられて」
bored「退屈して←退屈させられて」
confused「混乱して←混乱させられて」
disappointed「失望して←失望させられて」
embarrassed「当惑して←当惑させられて」
excited「興奮して／わくわくして←興奮させられて」
frightened「おびえて←怖がらされて」
interested「興味があって←興味を引き起こされて」
irritated「いらいらして←いらいらさせられて」
moved「感動して←感動させられて」
pleased「喜んで／気に入って←喜ばせられて」
satisfied「満足して←満足させられて」
shocked「ぎょっとして←ぎょっとさせられて」
surprised「驚いて←驚かされて」
thrilled「ぞくぞくして←ぞくぞくさせられて」
tired「疲れて←疲れさせられて」
touched「感動して←感動させられて」
＊これらの過去分詞から派生した分詞形容詞が主格補語で用いられる場合，原則として主語は「人」になる。

417　②　標準

Feeling nervous is a little bit like **feeling excited**, but it is the negative side of excitement.
(緊張することは，興奮することに少し似ているが，それは興奮の否定的な側面である)

《分詞形容詞 excited の用法》

▶ **excited** は「人」を主語にして，「興奮して／わくわくして」の意味となる分詞形容詞。**feel[be] excited** で「興奮する」の意味。問題 416《整理 57》参照。

! ① to feel excited は不可。本問の like は **be like A[doing]**「A[…すること]に似ている」の形をとる前置詞。不定詞は前置詞の目的語として用いることはできない。問題 152 参照。

418　④　標準

Last night we went to the circus, which we all thought really **exciting**.
(昨夜私たちはサーカスを見に行ったが，私たちはみな，サーカスは本当にはらはらするものだと思った)

《分詞形容詞 exciting の用法》

▶ **exciting** は「刺激的な／はらはらするような」の意味を表す分詞形容詞。問題

415《整理 56》参照。本問の exciting は thought の目的格補語となっている。

❗ ② excited は不可。thought の目的語となっている which は the circus を受けているのだから，② excited にすると we thought the circus excited の文が成立することになる。しかし，the circus is exciting の観点から，we thought the circus exciting としなければ文は成立しない。

419 ① 標準

It was **disappointing** that nobody ate the expensive raw fish I had served.
(私が出した高価な刺身をだれも食べなかったのにはがっかりした)

《分詞形容詞 disappointing の用法》

▶ **disappointing** は「期待外れの」の意味を表す分詞形容詞。問題 415《整理 56》参照。他動詞 **disappoint**「…を失望させる」から派生したもの。

▶ **It is disappointing that 節**「…は期待外れである」はよく用いる表現なので，ここで押さえておこう。この It は that 以下を指す形式主語。

❗ ③ disappointed は原則として「人」を主語にとる分詞形容詞なので不可。問題 416《整理 57》参照。

420 ④ 標準

It was **frightening** to see three very big dogs racing toward us.
(3 匹のとても大きなイヌが私たちに向かって走ってくるのを見て，怖い思いをした)

《分詞形容詞 frightening の用法》

▶ **frightening** は「恐ろしい」の意味を表す分詞形容詞。問題 415《整理 56》参照。他動詞 **frighten**「…を怖がらせる」から派生したもの。なお文頭の It は，to see 以下を指す形式主語。

❗ ③ frightened は原則として「人」を主語にとる分詞形容詞なので不可。問題 416《整理 57》参照。

421 ③ 標準

The musical is so **touching** that it attracts lots of people.
(そのミュージカルはとても感動的なので，多くの人々を惹きつけている)

《分詞形容詞 touching の用法》

▶ **touching** は「感動的な」の意味を表す分詞形容詞。問題 415《整理 56》参照。他動詞 **touch**「…を感動させる」から派生したもの。

❗ ① touched は原則として「人」を主語にとる分詞形容詞なので不可。問題 416《整理 57》参照。

422 ③ 標準

Would you like a **refreshing** drink?
(清涼飲料をお飲みになりたいですか)

《分詞形容詞 refreshing の用法》

▶ 分詞形容詞③ refreshing を正答として選ぶ。考え方は問題 415 で扱った pleasing

と同じ。**refreshing**「さわやかな←人の気分をさわやかにする」は他動詞 **refresh**「…の気分をさわやかにする」から派生した分詞形容詞。**a refreshing drink** は「清涼飲料」のこと。

423　③　　発展

I **was embarrassed** to find that I was wearing my pants inside out.
（ズボンを裏返しに履いているのに気づいて，私は恥ずかしい思いをした）

《分詞形容詞 embarrassed の用法》

- ▶ ③の was embarrassed を正答として選ぶ。考え方は問題 416 で扱った pleased と同じ。**embarrassed**「当惑して←(人が) 当惑させられて」は他動詞 **embarrass**「…を当惑させる」から派生した分詞形容詞。問題 416《整理 57》参照。
- ▶ **be embarrassed**「当惑する／恥ずかしい思いをする」は英作文でも重要な表現。**inside out**「裏返しに」とともに押さえておこう。
- ! ④ was embarrassing にしないこと。I was embarrassing は「私は人を当惑させる厄介な人だった」の意味になる。問題 415《整理 56》参照。
- ▶ 以上，問題 415 ～ 423 は分詞形容詞に関する問題。その考え方を理解するとともに，問題 415《整理 56》，問題 416《整理 57》をしっかり確認しておこう。

424　①　　標準

They are so **alike** that it is difficult to tell which is which.
（彼らはとてもよく似ているので，どっちがどっちなのか区別するのが難しい）

《alike の意味 —— likely との区別》

- ▶ 形容詞の **alike** は「よく似て」の意味を表す。alike と紛らわしい **likely** は「ありそうな」の意味。なお，**alike は叙述用法（補語となる用法）のみにしか使えないことも押さえておこう。**

整理 58　つづりと意味が紛らわしい形容詞

alike「よく似て」	**alive**「生きて(いる)」
likely「ありそうな」	**lively**「活発な／生き生きとした」
childlike「子どもらしい」	**considerate**「思いやりのある」
childish「子どもっぽい」	**considerable**「かなりの」
economic「経済の」	**favorite**「お気に入りの」
economical「経済的な」	**favorable**「好都合の」
forgettable「忘れられやすい」	**healthy**「健康な」
forgetful「(人が)忘れっぽい」	**healthful**「健康によい」
industrial「産業の」	**invaluable**「非常に価値のある」
industrious「勤勉な」	**valueless**「価値のない」
manly「男らしい」	**regrettable**「(事が) 残念で／遺憾で」
mannish「(女が)男っぽい」	**regretful**「(人が)後悔して／残念で」
sensitive「敏感な／傷つきやすい」	**social**「社会の／社交界の」
sensible「分別のある」	**sociable**「社交的な」

sleepy「眠たい」
asleep「眠って」

imaginable「想像できる」
imaginary「想像上の」
imaginative「想像力に富んだ」

respectable「立派な」
respective「めいめいの」
respectful「礼儀正しい」

successful「成功した」
successive「連続の」

literate「読み書きのできる」
literal「文字どおりの」
literary「文学の」

425 ③ 標準

The discussion the villagers had on the environment was quite **lively**.
(村の人たちが自然環境に関して行った議論は白熱した)

《lively の意味 —— alive との区別》

▶ **lively** は本来「(人・動作などが)活発な／生き生きとした」の意味だが，本問のように「(話などが)生き生きとした」の意味もあることに注意。

! lively と紛らわしい① **alive** は **dead**「死んで(いる)」の反意表現として「生きて(いる)」の意味を表す。問題 424《整理 58》参照。

PLUS alive にも「生き生きとした」の意味もあるが，「話」ではなく「人」が主語。
He was *alive* for his age.(彼は年のわりに元気だった)

426 ② 標準

He is a very **imaginative** writer. He is always writing about journeys to other planets.
(彼はたいへん想像力に富んだ作家で，いつも他の惑星への宇宙旅行について書いている)

《imaginative の意味 —— imaginable，imaginary との区別》

▶ **imaginative** は「想像力に富んだ」の意味を表す。

! imaginative と紛らわしい① **imaginable** は「想像できる」，③ **imaginary** は「想像上の」の意味。問題 424《整理 58》参照。

427 ① 標準

All the events described in this story are **imaginary**. They didn't really happen.
(この物語の中で書かれているすべての出来事は架空のものです。実際には起こっていません)

《imaginary の意味 —— imaginable との区別》

▶ **imaginary** は「想像上の」の意味を表す。

! imaginary と紛らわしい② **imaginable** は「想像できる」の意味。問題 424《整理 58》参照。

428 ② 標準

It was very **sensible** of him to reject the bribe.
(彼がその賄賂《わいろ》を拒否したのは非常に賢明なことだった)

《**sensible の意味 —— sensitive との区別**》

▶ **sensible** は「分別のある／賢明な」の意味を表す。名詞の sense に「分別」の意味があることに注意。

! sensible と紛らわしい① **sensitive** は「敏感な／傷つきやすい」の意味。問題 424《整理 58》参照。

429 ③ 標準

Sally's too **sensitive**. She cries whenever anyone speaks to her in a loud voice.
(サリーはとても傷つきやすい性格で，だれであれ大声で彼女に怒鳴るといつも泣いてしまう)

《**sensitive の意味 —— sensible との区別**》

▶ **sensitive** は「敏感な／傷つきやすい」の意味を表す。

! sensitive と紛らわしい④ **sensible** は「分別のある／賢明な」の意味。問題 424《整理 58》参照。

430 ② 標準

Without your **invaluable** help, I should have failed in my attempt to cross the Pacific Ocean.
(あなたの貴重な援助がなかったなら，私の太平洋横断の試みは失敗したことだろう)

《**invaluable の意味 —— valueless との区別**》

▶ **invaluable** は「非常に貴重な」の意味を表す。

! invaluable と紛らわしい① **valueless** は「価値のない」の意味。問題 424《整理 58》参照。

PLUS invaluable とほぼ同意の **priceless**「大変貴重な／金では買えない」もここで押さえておこう。

431 ① 標準

I foolishly interpreted the idiom in its **literal** sense.
(私は愚かにもその慣用語句を文字どおりの意味で解釈してしまった)

《**literal の意味 —— literate，literary との区別**》

▶ **literal** は「文字どおりの」の意味を表す。

! literal と紛らわしい③ **literary** は「文学の」，④ **literate** は「読み書きのできる」の意味。問題 424《整理 58》参照。

432 ③ 標準

The weather seemed **favorable** for the test flight.
(天気はテスト飛行にとって好条件のように思えた)

《**favorable の意味 —— favorite との区別**》

▶ **favorable** は「好都合の／好意的な」の意味を表す。

! favorable と紛らわしい② **favorite** は「お気に入りの」の意味。問題 424《整理 58》参照。

433 ③ 標準

The Johnsons are very **sociable** people. They love giving parties.
（ジョンソン一家はたいへん社交的で，パーティーを開くのが大好きだ）

《sociable の意味 —— social との区別》

▶ **sociable** は「社交的な」の意味を表す。

! sociable と紛らわしい② **social** は「社会の／社交界の」の意味。問題 424《整理 58》参照。

434 ② 標準

Her debut was the biggest **social** event of the season.
（彼女が初めて社交界に登場したことは，その時期の社交界最大の出来事だった）

《注意すべき social の意味》

▶ **social** は「社会の」の意味の他にも，「社交界の」の意味があることを押さえておく。

! social と紛らわしい① **sociable** は「社交的な」の意味。問題 424《整理 58》参照。

435 ② 標準

You should be **respectful** to your parents.
（親に対して敬意を表さなければいけない）

《respectful の意味 —— be respectful to A》

▶ **respectful** は「礼儀正しい／敬意を表して」の意味を表す。**be respectful to[toward] A**「A に敬意を表す」で押さえておく。

! respectful と紛らわしい④ **respective** は「めいめいの」の意味。選択肢にはないが **respectable**「立派な」もここで押さえておこう。問題 424《整理 58》参照。

436 ① 標準

We may not win tomorrow. It's hard to win four **successive** games.
（明日は勝てないかもしれない。試合に 4 連勝するのは難しい）

《successive の意味 —— successful との区別》

▶ **successive** は「連続の／引き続いての」の意味を表す。

! successive と紛らわしい② **successful** は「成功した」の意味。**be successful in A**「A において成功する／うまくいく」の形で用いられることが多い。問題 424《整理 58》参照。

437 ④ 標準

Asked about the new car's outstanding features, the car dealer first mentioned **its economical use** of fuel.
（新車の優れた特徴について尋ねられたとき，その自動車販売業者は最初に低燃費のことを言った）

《economical の意味 —— economic との区別》

▶ **economical** は「経済的な／節約的な」の意味を表す。economical と紛らわしい

economic は「経済の」の意味。問題 424《整理 58》参照。

! ② about its economical use は不可。about が不要。mention は他動詞で **mention A** で「A について言及する」の意味を表す。問題 248《整理 33》参照。

438　③　標準

I am very **regretful** for what I said to her yesterday.
（私は昨日彼女に言ってしまったことをたいへん後悔している）

《regretful の用法 ―― regrettable との区別》

▶ **regretful** は「（人が）後悔して／残念で」の意味。**be regretful for A**「A を後悔している」は重要表現。

! ② **regrettable** は「（事が）残念で／遺憾で」の意味。**It is regrettable that 節**「…は遺憾である」の形で用いられることも多い。本問は主語が I であることに注意。問題 424《整理 58》参照。
It is *regrettable* that he said that.（彼があんなことを言ったのは遺憾だ）
＝ We are *regretful* that he said that.

439　③　標準

It is **regrettable** that he should have lost his job.
（彼が仕事をなくしたのは，残念なことだ）

《regrettable の用法 ―― It is regrettable that 節》

▶ 問題 438 で扱った **It is regrettable that 節**「…は遺憾である」が本問のポイント。

▶ 同意表現の **It is a pity that 節**もここで押さえておこう。

440　①　標準

Paul left his book at home again. He's so **forgetful**.
（ポールはまた本を家に忘れた。彼はとても忘れっぽい）

《forgetful の用法 ―― forgettable との区別》

▶ **forgetful** は「（人が）忘れっぽい／物覚えが悪い」の意味を表す。

! forgetful と紛らわしい② **forgettable** は「忘れられやすい／忘れてもよい」の意味。**a forgettable face**「特徴がなく記憶に残らない顔」で覚えておくとよい。問題 424《整理 58》参照。

▶ 以上，問題 424 ～ 440 はつづりと意味が紛らわしい形容詞に関する問題。問題 424《整理 58》をしっかり覚えておこう。

441　④　標準

Most **living** creatures in the sea are affected by pollution.
（海に住む大半の生物は汚染による悪影響を受けている）

《living の用法 ―― alive との区別》

▶ 形容詞の **living** は「生きている／生命のある」の意味。**living creatures**「生きもの」のように名詞修飾が原則。

! 問題 425 で扱った① **alive**「生きて（いる）」は living と違って**限定用法［名詞を修**

飾する用法]**がない**ことに注意。

整理 59 叙述用法[補語]にしかならない形容詞

afraid「恐れて」, **alike**「よく似て」, **alive**「生きて」, **alone**「一人で」, **ashamed**「恥じて」, **asleep**「眠って」, **awake**「目が覚めて」, **aware**「気づいて」, **content**「満足して」, **liable**「責任があって」

442 ① 標準

Harrison was last seen **alive** around 9:30 p.m., so we think he was killed sometime after that.

(ハリソンは最後に午後 9 時半ごろ生存しているのが確認された。だから, 彼はそれ以降に殺されたと思う)

《叙述用法で用いる alive》

▶ **alive**「生きて(いる)」は叙述用法で用いる形容詞。問題 441 参照。本問は see A alive「A が生きているのを見る」の受動態 A is seen alive の形となっている。

! ② **live**[láiv]も「生きている」の意味があるが限定用法でしか用いない。**live animals**「生きている動物」で覚えておこう。ただし,「人」を修飾する場合は live people ではなく **living people**「生きている人々」とすることに注意。live「生きている」は「動物・植物」を修飾する。

443 ② 標準

We were all somewhat **ashamed** of his behavior.

(私たちはみな, 彼の振る舞いにいくぶん恥ずかしい思いをした)

《ashamed の用法 ―― shameful との区別》

▶ **ashamed**「恥じて」**は叙述用法で用いる形容詞**だが, be ashamed で用いるとき**主語は必ず「人」**になることに注意。**be ashamed of A**「A を恥じている」の形で用いることが多い。

! ③ **shameful** は「(事が) 恥ずべき」の意味。**shameful conduct**「恥ずべき行為」のように限定用法で用いたり, **It is shameful that 節**「…は恥ずべきことである」, **It is shameful to do**「…することは恥ずかしいことである」のように叙述用法でも用いるが,「**人**」**を主語にとることはない**。

整理 60 「be +形容詞」のとき人以外は主語にとらない形容詞

angry「怒った」, **ashamed**「恥じて」, **furious**「激怒して」, **glad**「喜んで」, **happy**「幸せな」, **proud**「誇りに思って」, **sorry**「気の毒で」, **thankful**「感謝して」

444 ① 標準

It is **fortunate** that you should have such a good friend.

(そのようなすばらしい友だちがいるなんて君は幸せ者だ)

《fortunate の用法 ―― happy との区別》

▶ **fortunate** は「幸運な／幸せな」の意味。本問のように形式主語の it を用いて **It**

is fortunate that 節「幸いなことに…である」とすることもできるし，主語に「人」を用いて，**A is fortunate to do**「A は…して幸運である」，**A is fortunate that 節**「A は…のことで幸せである」とすることもできる。本問は以下のように書くこともできる。

You are fortunate that you should have such a good friend.

! ③ happy は不可。**happy は「人」を主語にとる形容詞**。問題 443《整理 60》参照。

445　②　標準

The results of the research were quite **satisfactory**.
（その調査の結果は十分に満足のいくものだった）

《satisfactory の用法》

▶ **satisfactory** は「(事が) 満足のいく／申し分のない」の意味を表す。**be satisfactory (to A)**「(A(人) にとって) 申し分のない」で押さえておこう。

! ① satisfied，③ content，④ contented は **be satisfied[content／contented] (with A)** で「(A に) 満足している」の意味を表すが，主語は「人」になる。

▶ 以上，問題 441 ～ 445 は用法が紛らわしい形容詞に関する問題。

446　④　基本

Is it possible for you to come to the office an hour earlier than usual tomorrow ?
（明日はいつもより 1 時間早く出勤することができますか）

《possible の用法 ―― It is possible for A to do》

▶ possible は形式主語をとって，**It is possible (for A) to do** の形で「(A が) …することは可能である」の意味を形成する。

! ① Are you possible は不可。**possible は原則として「人」を主語にとらない**。また，主語が「人」でなくても「A が…することは可能である」の文脈では，A is possible to do ではなくて，形式主語を用いた **It is possible for A to do** の形をとる。②の **able** は **be able to do**「…することができる」の形で用いる。Are you able to come ...? なら可。③の **capable** は **be capable of doing**「…することができる」の形で用いる。Are you capable of coming ...? なら可。

整理 61「できる／できない」を表す形容詞

able[unable]，**capable[incapable]**，**possible[impossible]** の用法は紛らわしいので以下の例で押さえておく。

He *is* (*un*)*able to do* the work.（彼はその仕事をすることができる[できない]）

= He *is* (*in*)*capable of doing* the work.

= *It is* (*im*)*possible for* him *to do* the work.

447　①　標準

Superman, almost invulnerable and **able to** fly through the air, is the last survivor of the planet Krypton.
（スーパーマンは，ほとんど不死身で空を飛ぶこともできる，クリプトン星の最後の生存

者である）

《able の用法 —— be able to do》

▶ 問題 446《整理 61》でテーマ化した **be able to do**「…することができる」が本問のポイント。almost から air までが形容詞で始まる分詞構文で，主語の補足説明をしていることを見抜く。almost の前に being を補って考えればわかりやすい。

! ② can は助動詞なので，形容詞の invulnerable「不死身の」と and で結べない。③ capable は capable of flying であれば可。

448 ③ 　標準

The chimpanzee is an intelligent creature, **capable** of solving simple problems.
（チンパンジーは知的な動物で，簡単な問題なら解くことができる）

《capable の用法 —— be capable of doing》

▶ 問題 446《整理 61》でテーマ化した **be capable of doing**「…することができる」（＝ **be able to do**）が本問のポイント。問題 447 と同様に capable 以下が形容詞から始まる分詞構文であることを見抜く。

! ① able は able to solve なら可。② enable は動詞なので不可。

449 ③ 　標準

As they grow old, many people become **unable** to look after themselves.
（老いてくるにつれて自分自身の面倒を見られなくなる人は多い）

《unable の用法 —— be unable to do》

▶ 問題 446《整理 61》でテーマ化した **be unable to do**「…することができない」（＝ **be incapable of doing**）が本問のポイント。

▶ **look after A**「A の世話をする」は重要表現。

! ① **necessary**，② **hard**，④ **difficult は通例，「人」を主語にとらない**。ただし，hard，difficult は不定詞をともなって「人」を主語にとる場合もあるので注意。問題 126 を参照。以下はその例。
He *is difficult to* get along with.（＝ *It is difficult to* get along with him.）
（彼とうまくやっていくのは難しい）

450 ② 　標準

This symphony is a real masterpiece. I think it's worth **listening to** over and over again.
（この交響曲は真の傑作だ。何度も聴く価値があると思う）

《注意すべき worth の用法 —— A is worth doing》

▶ **worth** は形容詞でありながら，名詞や動名詞を目的語にとる。**A is worth doing** の形で「A は…する価値がある」の意味を形成する。この場合，主語の A が必ず動名詞 doing の意味上の目的語になっていなければならないことに注意。本問は this symphony を指す主語の it が listening to の意味上の目的語となっている。

PLUS A is worth doing は次のように書きかえることができることも押さえておこう。
A is worth doing ＝ It is worth doing A ＝ It is worth while to do A ＝ It

is worth while doing A

❗ ④ to listen to にしないこと。A is worth to do の形はない。

451　④ 標準

Learning a foreign language is sometimes a difficult task, but usually it is **worth** the effort.

(外国語を習得するのは困難な作業であることもあるが，たいていの場合，努力する価値はある)

《worth の用法 —— A is worth ＋名詞》

▶ 問題 450 で扱った **worth** の用法が本問のポイント。worth は動名詞だけではなく名詞も目的語にとり「**A is worth ＋名詞**」の形で「A は…の価値がある」の意味を表す。

❗ ③ deserving を用いるなら，deserving of the effort とする。**be deserving of A** で「A に値する」の意味を表す。

452　③ 基本

Betty enjoyed her summer vacation this August because she took **a ten-day** trip to Europe with her friends.

(ベティーは今年の 8 月夏休みを楽しんだ。というのも彼女は友人とヨーロッパへ 10 日間の旅をしたからだ)

《「数詞＋単数名詞」の名詞修飾 —— a ten-day trip》

▶「数詞＋名詞」が形容詞的機能を果たし名詞を修飾する場合，「**数詞＋単数名詞**」の形になる。なお，数詞と単数名詞の間には本問のようにハイフンを用いるのがふつう。**a ten-day trip**「10 日間の旅」，**a six-foot bear**「6 フィートの熊」，**a five-year-old boy**「5 歳の男の子」などで覚えておこう。

453　② 標準

When I bought the book ten years ago, it cost just **one and a half dollars**.

(私が 10 年前にその本を買ったときはたった 1 ドル 50 セントだった)

《one and a half dollars》

▶「1 ドル 50 セント」は **one and a half dollars** と表す。one and a half をひとまとまりとして考える。a half は「2 分の 1」だから one and a half は「1 と 2 分の 1」を表すことになり，修飾される名詞 (dollar) は複数形にしなければならない。

PLUS **one and a half dollars** は **one dollar and a half** とも表せるので一緒に押さえておこう。

454　② 標準

I've been waiting for **an hour and a half**.

(私は 1 時間半も待っている)

《an hour and a half》

▶「1 時間半」は **an hour and a half** と表す。an hour の an は one を表すので an hour and a half は「1 時間と 2 分の 1 時間」を意味することになる。

▶ **an hour and a half** は **one and a half hours** とも表せることに注意。問題 453 参照。

455 ③ 標準

The river carries a great amount of water and is **several miles wide** in many places.
(その川は多量の水を運んでいるが，川幅が数マイルにもおよぶところがたくさんある)

《be several miles wide》

▶ 「幅が数マイルある」は **be several miles wide** と表す。several miles は副詞の働きをして形容詞の wide を修飾している。**be five feet deep**「深さ 5 フィートある」，**be 980 meters high**「高さ 980 メートルある」なども同様の用法。

! 形容詞を修飾する副詞の位置は形容詞の前でなければならないので，① wide several miles は不可。

456 ③ 標準

Come and see me whenever **it is convenient for you**.
(都合のよいときにいつでも会いに来なさい)

《人を主語にしない convenient —— be convenient for A》

▶ **convenient** は **be convenient for[to] A** の形で「A に都合のよい」の意味を表す。

! ① you are convenient にしないこと。**convenient は通例，「人」を主語にとらない**。本問の主語は「漠然とした状況」を表す it。

457 ① 基本

We got up at four in the morning. We had to make a very **early** start.
(私たちは午前 4 時に起きた。かなり早めの時間に出発しなければならなかった)

《形容詞 early の意味》

▶ **early** は「**(時間・時期的に) 早く／早めに**」の意味を表す副詞として用いられることも多いが，「**(時間・時期的に) 早い／早めの**」の意味を表す形容詞としても用いられる。

! ④ soon にしないこと。soon は「すぐに／まもなく」の意味の副詞であって形容詞としては用いない。

458 ① 基本

It will be **late** autumn when you get to London.
(あなたがロンドンに着くころには晩秋となっているだろう)

《early の反意表現 late の意味》

▶ early と同様に，**late** にも形容詞用法があり「**(時間・時期的に) 遅い**」の意味を表す。early の反意表現として押さえる。

! ② lately，④ latest は不可。**lately** は「最近」の意味を表す副詞。**latest** は形容詞は「最新の」，副詞としては「いちばん遅く」の意味を表す。問題 460 参照。

459　②　標準

Whenever I see Mr. Smith, I think **of the late** Prof. Johnson.
（スミス氏に会うときはいつも亡くなったジョンソン教授のことを思い出す）

《注意すべき late の意味 —— the late A》

▶ 形容詞の late を用いた **the late A** は「**亡くなった A ／故 A**」の意味を表す。late が限定用法で用いられ，定冠詞や所有格を伴う場合にこの意味になる。

！ think は名詞をあとに従える場合は，原則として **think of A** の形をとり「A のことを思う／思い出す」の意味となる。よって③ the late は不可。

460　①　基本

In the grocery where I worked, an employee posted a sign advertising our **latest** meat special.
（私が働いていた食料雑貨店では，最新の肉の特売に関する広告ビラを店員が貼り出していた）

《形容詞 latest の意味》

▶ **latest** は「いちばん遅く」の意味を表す副詞として用いることもあるが，限定用法の形容詞として「**最新の**」の意味を表す。**our latest meat special**「最新の肉の特価品」のように所有格をつけたり，**the latest news**「最新のニュース」，**the latest trend**「最新の傾向」のように定冠詞をつけて用いる。

！ ② last は不可。**last** は「**(時間・順序が) 最後の**」の意味。③ latter も不可。**latter** は「**後者の／後半の**」の意味。

461　④　標準

Our PE teacher, a **former** professional basketball player, is coaching the school team.
（かつてプロのバスケットボール選手であった私たちの体育の先生は，学校のチームのコーチをつとめている）

《注意すべき former の意味》

▶ former は通例限定用法の形容詞として用いられ **former A** で「**昔の A ／元［前］A**」の意味を表す。**a former professional basketball player**「元プロのバスケットボール選手」，**the[a] former mayor**「前［元］市長」などで覚えておこう。

▶ our PE teacher は our physical education teacher「体育教師」の略。

！ ① previous にしないこと。**previous** は「**(時間・順序が) 前の**」の意味。**the previous evening**「前の晩」，**a previous engagement**「先約」などで覚えておこう。

462　③　標準

This watch is three minutes **slow**.
（この腕時計は 3 分遅れている）

《注意すべき slow の用法》

▶ **slow[fast]** には「**(時計が) 遅れて［進んで］**」の意味を表す用法がある。「**be ＋時間＋ slow[fast]**」の形で用いる。

! ① late はよくない。**late** は「(時計が) 遅れて」でなく「**(時間・時刻が) 遅い**」の意味。

463　②　　標準

The price of books is getting **higher** these days.
(本の値段が近ごろ上がってきている)

《expensive と紛らわしい high》

▶ **high[low]**には「**(価格が) 高い[安い]**」の意味を表す用法がある。high[low]は **price** の他に，**salary**「給料」，**wage**「給料」，**pay**「報酬」，**cost**「費用」，**interest**「利子」，**income**「収入」などの「お金に関する名詞」の場合にも用いる。なお，意味の紛らわしい **expensive[cheap]**は「**(品物などが) 高い[安い]**」の意味。

464　④　　標準

She works hard in the office for a **small** salary.
(彼女は安い給料にもかかわらずその会社で一生懸命働いている)

《cheap と紛らわしい small》

▶ **small[large]**には「(数・量・額が) 少ない[多い]」の意味を表す用法がある。salary「給料」が「少ない[多い]」の場合は small[large]を用いる。**small[large]** は **salary** の他に **income**「収入」，**number**「数」，**amount**「量」，**sum**「金額」，**population**「人口」，**crowd**「群衆」などの場合にも用いる。

▶ **small[large] salary**「少ない[多い]給料」は問題 463 で述べた **low[high] salary**「安い[高い]給料」と同意。

! ③ cheap は不可。cheap は「(品物などが) 安い」の意味。問題 463 参照。

465　①　　基本

In spite of the **heavy** traffic, I managed to get to the airport in time.
(激しい交通量にもかかわらず，私はどうにか空港に時間内に着いた)

《「(交通が) 激しい」の heavy》

▶ **heavy[light]**には「**(交通が) 激しい[少ない]**」の意味がある。

PLUS 名詞が traffic ではなくて，**street** の場合は **busy** を用いることに注意。
The street is *busy.* (その通りは車や人の量が多い)

466　②　　基本

Don't you think that the taxes in Japan are too **heavy**?
(日本は税金が重すぎると思いませんか)

《「(税金が) 重い」の heavy》

▶ 「**(税金が) 重い**」の場合には文字どおり **heavy** を用いる。**(a) heavy tax**「重税」で押さえておこう。

467　④　標準

He could not come because of **serious** illness.
(彼は重い病気のために来られなかった)

《heavy と紛らわしい serious —— serious illness》

▶ **serious** には「**(事態・病気などが) 重大な**」の意味があり，「**重病**」は **serious illness** と表す。

! ② heavy にしないこと。「(病気が) 重い」の場合に heavy は使えない。

468　④　標準

There is a very **strict** rule forbidding smoking in bed.
(ベッドでタバコを吸うことを禁ずるとても厳しい規則がある)

《strict の用法》

▶「**(規則が) 厳しい**」の場合には **strict** を用いる。**a strict rule**「厳しい規則」で覚えておこう。

469　②　標準

No weather was **severe** enough to keep him indoors.
(たとえどんな天候であっても彼は家の中にはいなかった)

《severe の用法》

▶「**(天候が) 厳しい**」の場合には **severe** を用いる。**severe heat**「酷暑」，**a severe winter**「厳しい冬」なども覚えておこう。

470　①　標準

It is no laughing matter. = The situation is very **serious**.
(笑い事ではまったくない＝事態は非常に深刻である)

《serious の用法》

▶「**(事態が) 深刻な**」の場合には **serious** を用いる。

471　③　標準

The station clock is not as **accurate** as it should be; it is usually between one and two minutes fast.
(その駅の時計は期待されているほど正確ではない。たいてい 1 ～ 2 分進んでいる)

《accurate の用法》

▶ **accurate** には「**(計器などが) 正確な**」の意味を表す用法がある。

! ② sure や④ certain には「正確な」の意味はない。

472　④　標準

You should always be **punctual** for your appointments.
(常に約束の時間は守りなさい)

《punctual の用法》

▶ **punctual** には「**(人が) 時間に対して厳密な／時間厳守の**」の意味がある。

❗ 意味の紛らわしい① strict は「(人が) 規則などに対して厳しい／厳格な」の意味。

473 ① 標準

I phoned Mary, but the line was **busy**. So I had to call again later.
(私はメアリーに電話をしたが話し中だったので，後からかけ直さなければならなかった)

《思いがけない busy の意味》

▶ **busy** には「**(電話が) 話し中で**」の意味がある。**The line is busy.**「話し中です」は慣用的な表現として押さえておこう。

474 ④ 標準

The soup is terribly **hot**. You put far too much pepper in it.
(そのスープはひどく辛い。コショウを入れすぎたね)

《思いがけない hot の意味》

▶ **hot** には「**辛い**」の意味があることに注意。**hot pepper**「辛いトウガラシ」, **a hot curry**「辛いカレー」で押さえておこう。

475 ① 標準

I always drink a cup of **strong** coffee in the morning.
(私はいつも朝に，濃いコーヒーを１杯飲む)

《strong の用法 —— strong coffee》

▶ **strong** には「**(コーヒー・お茶が) 濃い**」の意味がある。**strong coffee**「濃いコーヒー」で押さえておく。

拡充 13 「濃い」の意味を表す形容詞

「(コーヒー・お茶が) 濃い」は **strong** を用いる。

strong coffee「濃いコーヒー」, strong tea「濃いお茶」

「(霧が) 濃い」は **dense**, **thick**, **heavy** を用いる。

dense[thick／heavy] fog「濃霧」

「(スープが) 濃い」は **thick** を用いる。

thick soup「濃いスープ」

「(色が) 濃い」は **deep**, **dark** を用いる。

deep[dark] blue「濃紺」

「化粧が濃い」は **heavy** を用いる。

heavy make-up「濃い化粧」

476 ④ 標準

A: How is your steak, John? Is it tender?
B: No. It's very **tough**, dear.
(A「ステーキはどんな感じ，ジョン？　柔らかい？」 B「いいや。とても固いよ」)

《思いがけない tough の意味》

▶ **tough** には「頑丈な／強硬な」などの他に「**(ステーキなどが) 固い／かみにくい**」の意味がある。

! ① solid は「固体の／固形の」の意味で文意に合わない。③ **hard** にも「かたい」の意味があるが，hard steak とは言わない。「固くてかみ切れないもの」には tough を用いる。

477 ①　基本

"I'd like to speak to Mr. Frank Smith, if he's there."
"I'm afraid **you have the wrong number**."
(「そちらにおられるなら，フランク・スミス氏と話をしたいのですが」「違う番号におかけになっているようですよ」)

《wrong の用法 —— You have the wrong number.》

▶ wrong には **the wrong A** の形で「**違う A ／間違った A**」の意味を持つ用法がある。A には **number**，**train**，**direction**，**person**，**way** などがくるが，the wrong number を用いた **You have the wrong number.**「電話番号をお間違えですよ」は頻出。wrong の代わりに different を用いて，You have the different number. と表現することはできないことにも注意。

478 ②　標準

A: Is this the way to the university?
B: Yes, this is the **right** way.
(A「大学へはこの道でいいですか」 B「はい，この道でいいんです」)

《right の用法 —— the right A》

▶ 問題 477 でテーマ化した **the wrong A** の反意表現は **the right A**「**正しい A**」。必ず定冠詞をつけることに注意。

479 ①　標準

The rain kept the baseball team **idle** yesterday.
(雨のせいでその野球チームは昨日試合がなかった)

《lazy と紛らわしい idle》

▶ **idle** は **lazy** と同様に「怠惰な」の意味もあるが，本来は「**する事［仕事］がなくてぶらぶらして**」の意味を表す。だから lazy ではなくとも idle であるという状況があることに注意。本問の **idle** は「(選手・チームなどが) 試合のない」の意味を表す。

480 ③　標準

Fortunately, bus services are now back to **normal** after yesterday's strike.
(幸いにも，昨日のストの後，バスの運行は今では通常どおりに戻っている)

《normal の用法 —— be back to normal》

▶ **normal** には「通常の／普通の」の意味があり，**be back to normal** で「通常どおりに戻る」の意味を形成する。normal のあとには bus services が省略されていると考えられる。

❗ ① **common** にも「普通の」の意味があるが，**a common event**「普通の出来事」のように「**よく起こる／ありふれている**」の意味。② **ordinary** にも「普通の」の意味があるが，**an ordinary case**「普通の事例」のように「**ありふれた／特別変わっていない**」の意味。④ **regular** にも「普通の」の意味があるが，**(a) regular size**「普通の大きさ」のように「**標準[規格／型]どおりの**」の意味。

481 ④ 標準

It's difficult to find a well-paid **permanent** job.
(終身雇用で給料のよい仕事を見つけるのは難しい)

《permanent の用法》

▶ **permanent** には「終身の／永続する」の意味がある。**a permanent job**「終身の仕事」，**permanent employment**「終身雇用」などで押さえておこう。

❗ ② **eternal** は「(始まりも終わりもない)永遠の／不滅の」の意味。③ hopeful は「(人が)希望に満ちて」の意味だから job を修飾できない。

482 ④ 標準

We didn't have far to drive; he lived in a **nearby** town.
(私たちは長距離の運転をする必要はなかった。彼は近くの町に住んでいたのだ)

《nearby の用法》

▶ **nearby** は限定用法の形容詞として用いられ **nearby A = A nearby** で「近くの A」の意味を表す。**a nearby town = a town nearby**「近くの町」で覚えておこう。

❗ ① **close** にも「(場所的に)近い」の意味があるが，原則として叙述用法で用い，**be close to A** の形で「A に近い」の意味を表す。③ nearly は副詞なので不可。

483 ① 標準

When you write your name, you have to start not with a small letter but with a **capital** letter.
(名前を書くときには小文字ではなくて大文字で書き始めなければならない)

《思いがけない capital の意味 —— a capital letter》

▶ **capital** は「最も重要な／主要な」の他にも「**大文字の**」の意味があることに注意。**a capital letter**「大文字」⇔ **a small letter**「小文字」で押さえておこう。

❗ ② great，④ large も「大きな」の意味があるが，「文字」という意味での letter を修飾しない。

484 ③ 標準

I wish I were **smart** enough to invent something and make a fortune.
(なにかを発明してひと財産稼げるほど頭がよければなあ)

《思いがけない smart の意味》

▶ **smart** には「**利口な／賢い**」の意味があることに注意。**a smart student**「頭のよい学生」でおぼえておこう。

▶ smart には日本語で言うところの「スマートな[やせている]」の意味がないことに注意。「**やせている**」は **slender**，**slim** を用いることも押さえておこう。

485　④　基本

She is rather **poor** at tennis.
（彼女はかなりテニスが下手だ）

《注意すべき poor の意味》

▶ **poor** は「貧しい／貧乏な」の他にも「**不得意な／下手な**」の意味があり，**be poor at A** の形で「A が下手だ」の意味を表す。成句表現として押さえておこう。

PLUS 同意表現の **be bad at A**，反意表現の **be good at A**「A が得意だ」も一緒に押さえておこう。

486　④　標準

He was involved in a traffic accident and had a **narrow** escape from death.
（彼は交通事故に遭ったが，かろうじて死なずに済んだ）

《注意すべき narrow の意味》

▶ **narrow** には「狭い」の他にも，通例，限定用法で「**かろうじての／やっとの**」の意味がある。**have a narrow escape from A**「A を間一髪で逃れる」は成句表現として押さえる。

▶ この narrow を用いた表現，**a narrow victory**「辛勝」，**a narrow defeat**「惜敗」，**a narrow majority**「ぎりぎりの過半数」なども覚えておこう。

487　③　標準

A: I made this especially for you, so please have a little more.
B: Sorry, I'm **full** and can't eat another bite.
（A「あなたのために，特別に作ったのよ。だから，もう少し食べてちょうだい」 B「ごめん，お腹一杯で，もう一口も入らないよ」）

《注意すべき full の意味 —— I'm full.》

▶ **full** には「**満腹の**」の意味がある。**I'm full.**「お腹がいっぱいです」は会話表現として覚えておこう。

PLUS 同意表現の **I've had enough[plenty ／ lots].** も押さえておこう。

488　②　標準

The airplane was late arriving, and so he was a **good** one hour late for the meeting.
（飛行機の到着が遅れたので，彼は会議に 1 時間は充分に遅れた）

《注意すべき good の意味 —— a good one hour》

▶ **good** には限定用法の形容詞として用いられ，**a good A** で「**たっぷりな A ／相当な A**」の意味を表す用法がある。**a good one hour**「たっぷり 1 時間／まる 1 時間」，**a good income**「かなりの収入」などで覚えておこう。

489　①　標準

I am wondering if this rail pass is still **good** for another week.
(この鉄道の無料乗車券はあと１週間有効だろうか)

《注意すべき good のもうひとつの意味》

▶ **good** には「**(ある期間) 有効な**」の意味があり，**be good for A** の形で「A の期間有効である」の意味を表す。

! ② permissive は「黙認される／寛大な」の意味。

490　③　発展

You are **welcome** to any book in my library.
(私の書斎の本は自由に使ってください)

《注意すべき welcome の意味》

▶ 形容詞の **welcome** は本来「歓迎されて」の意味だが，他にも「**自由に使ってよい**」の意味を表す。**be welcome to A**「A を自由に使ってよい」の形で用いられる。

! ② available は不可。**available**「利用できて／入手できて」を用いるのなら，Any book in my library is available to you. となる。**be available to A**「A に利用できる」で押さえておく。

491　②　標準

Oh dear, I have a **flat** tire. I must put some air in it.
(おや，パンクしている。タイヤに空気を入れなければ)

《注意すべき flat の意味 ── a flat tire》

▶ **flat** には「平らな」の他にも「**(タイヤなどが) 空気の抜けた**」の意味がある。**a flat tire**「空気の抜けたタイヤ」で押さえておこう。

! ④ punk にしないこと。punk は「くだらない／低俗な」の意味で「パンクした」の意味はない。

492　①　標準

This is the **very** place I saw in the photograph.
(ここはまさに私が写真で見た場所だ)

《形容詞の very ── the very ＋名詞》

▶ **very** には形容詞用法があって，「**the very ＋名詞**」の形で「ちょうどその…／ぴったりの…」の意味を表す。*this very* minute「まさに今」，*that very* day「まさにその日」，under *your very* eyes「あなたのすぐ目の前で」などのように，the の他にも this，that および所有格がくることもある。

493　④　標準

I'll be busy for the next few weeks. I won't be **available** until the fourth week of May.
(私はこれから数週間，忙しくなる。５月の第４週まで，暇がない)

《注意すべき available の意味》

▶ **available** は「利用できて／入手できて」の意味で用いられることが多いが，叙述用法で「人」を主語にとり，「**(手があいて)面会できる／都合がつく**」の意味を表す場合があることに注意。

494　①　標準

If he drinks any more beer, I don't think he'll be **fit** to play this afternoon.
(彼がこれ以上ビールを飲んだら，午後にプレーすることができないと思う)

《形容詞の fit —— be fit to do》

▶ 動詞用法の fit は問題 340 で扱ったが，**fit** は形容詞として「体調がよい／適任で」を表し，**be fit to do** の形で「…できるほど元気だ／…する能力［資格］がある」の意味を表す。

PLUS **be fit for A**「A に適している」の形も一緒に押さえておこう。
You *are fit for* this job.（この仕事はあなたが適任です）

! ② possible は不可。A is possible to do の形はない。問題 446 参照。③ capable は be capable of doing の形をとる。問題 448 参照。④ unable では文意に合わない。able とすれば可。

495　③　標準

Our dog **was missing** for many weeks, but in the end she came back.
(私たちの犬は何週間も行方不明になっていたが，ついに帰って来た)

《形容詞 missing の意味》

▶ **missing** は形容詞で「**行方不明の／欠けている**」の意味を表す。

▶ **a missing child**「行方不明の子ども」，**a missing page**「抜けているページ」のように限定用法で用いられることも多い。

496　③　標準

He is a **promising** young politician.
(彼は将来有望な若手の政治家だ)

《注意すべき promising の意味》

▶ **promising** は形容詞で「**将来有望な／期待できる**」の意味を表す。

PLUS **promising** は「**(天気が)よくなりそうな**」の意味もあるので注意しよう。
The weather is[looks] *promising.*（天気はよくなりそうだ）

497　④　標準

The policeman came too late and found the thief **gone** and the room in disorder.
(その警察官は到着するのが遅すぎて，泥棒はすでに逃げ去って室内が荒らされていた)

《形容詞 gone の意味》

▶ **gone** は本来 go の過去分詞だが，形容詞化して「**去って／過ぎ去って**」の意味を表す。

498　③　標準

Are there any good films **on** this week?

（今週はよい映画が上映されていますか）

《形容詞的に用いられる on の意味》

▶ **on** が形容詞的に用いられると「**（映画などが）上映［上演］中で／進行中で**」の意味になることに注意。**be on**「上映［上演］中である」で押さえておこう。

499 ③ 標準

People are saying that the crisis is **over**.

（人々は危機は去ったと言っている）

《形容詞的に用いられる over の意味》

▶ **over** が形容詞的に用いられると「**（事柄が）終わって**」の意味になる。**be over**「終わった」で押さえておこう。

500 ④ 発展

John looked and sounded exceptionally unhappy. Not that it was unusual for him to be unhappy; he was seldom **otherwise**.

（ジョンは特別ふさぎこんでいる印象を与えた。だからといって彼がふさぎこむことが珍しかったわけではない。ふさぎこんでいない方がまれだったのである）

《注意すべき形容詞の otherwise》

▶ **otherwise** は副詞として用いられることが多いが，形容詞として用いられると「**…とは違って／異なって**」の意味を表す。本問の otherwise は前述の unhappy を受けているので，内容的には「unhappy でない」ことを表す。

▶ **Not that S＋V ...** は **It is not that S＋V ...** の It is が省略された形であり，前文の内容を受け，「**だからといって…というわけではない**」の意味を表す。英文読解において，きわめて重要な表現。

！ ① unhappy を入れると Not that it was ... の文意と矛盾してしまうので不可。

Extra

E-092 ③ to note → noting 標準

A full analysis of the situation will be postponed to the end of this chapter, but it seems worth **noting** that the evidence actually suggests the opposite.

（この章の終わりまで，状況の徹底的な分析は先送りするとしても，証拠が実際には逆のことを示しているということを指摘するのは，価値があることのように思える）

《注意すべき worth の用法 —— A is worth doing》

▶ 問題 450 でテーマ化した **A is worth doing**「A は…する価値がある」が本問のポイント。A is worth to do の形は不可。

E-093 ④ 80-years-old → 80-year-old 標準

“A lot of young people don’t know how World War Ⅱ started, and even more don’t know the terrible way it ended,” said **80-year-old** Banks.

（「第 2 次世界大戦がどのようにして始まったのか知らない若者は多く，その恐ろしい終結の仕方について知らない若者はさらに多い」と 80 歳になるバンクスは言った）

《80-year-old Banks「80 歳のバンクス」》

▶「80 歳になる…」という形容詞表現は 80-years-old ではなく，**80-year-old** で表すのであった。問題 452 参照。

E-094　③ different → wrong　基本

I'm afraid you have the **wrong** number. What number are you calling?
（どうやらおかけ間違いのようです。何番におかけですか）

《wrong の用法 ── You have the wrong number.》

▶ 問題 477 でテーマ化した **You have the wrong number.**「電話番号をお間違えですよ」が本問のポイント。

E-095　② exciting → excited　標準

I arrived at the party and was very **excited** to meet a famous actress there.
（私はパーティー会場に着き，そこで有名な女優に会ってとてもわくわくした）

《分詞形容詞 excited の用法》

▶ 分詞形容詞の **exciting**「刺激的な」と **excited**「興奮して」の区別が本問のポイント。I was very *exciting* のままであれば，「私はとても刺激的な人間だった」の意味になる。I was very excited にしないと文意に合わない。問題 415 ～ 418 参照。

E-096　① surprised → surprising　標準

It is **surprising** to discover how little we know about Japan, particularly when we meet a foreigner who knows more about Japan than we do.
（私たちが日本について知っているのはほんのわずかにすぎないと気づくのは驚くべきことである。私たちよりも日本のことをよく知っている外国人に会ったときは特にそうである）

《分詞形容詞 surprising の用法》

▶ 分詞形容詞の **surprised**「驚いて」と **surprising**「驚くべき」の区別が本問のポイント。主語 It が to discover ... を受ける形式主語なのだから，It is surprised はおかしい。**be surprised は原則として「人」を主語にとる**のだった。問題 415 ～ 418 参照。

E-097　① can now be kept live → can now be kept alive　標準

Patients **can now be kept alive** even when their illness is so severe and advanced that their natural defenses are almost wholly destroyed.
（患者は今や，病気がとても重くなり進行して，生来の自己防衛機能がほぼ完全に損なわれたとしても，生命を維持することができる）

《alive の用法 ── live との区別》

▶ 形容詞の **live**「生きている」は限定用法でしか用いないのであった。叙述用法で用いる **alive**「生きて(いる)」に訂正すべき。問題 442 参照。

第2章

E-098 ③ expensive → high または large 標準

Believe it or not, my husband's salary is not as **high[large]** as my son's.
(信じられないかもしれませんが，私の主人のお給料は，私の息子のお給料ほど高くないのです)

《high[large]の用法 —— expensive との相違》

▶ **salary**「給料」が「高い」は，**expensive**「(品物などが) 高い」ではなく **high[large]** を用いるのであった。問題 463，464 参照。

▶ **believe it or not**「信じないかもしれないが／信じようと信じまいと」は押さえておくべき表現。

E-099 ③ to produce → of producing 標準

There are machines capable **of producing** more noise than people can tolerate.
(人々が我慢できないほど大きな音を出せる機械がある)

《capable の用法 —— be capable of doing》

▶ 問題 446《整理 61》，問題 448 でテーマ化した **be capable of doing** (= **be able to do**) が本問のポイント。ここでは capable of doing が直前の名詞を修飾する形 **A capable of doing**「…することができる A」となる。

E-100 基本

We had a good deal of snow last winter. (the 不要)
(昨冬，ここではかなり多くの降雪があった)

《a good deal of A》

▶ 問題 413 で扱った「**a good[great] deal of ＋不可算名詞**」「たくさんの…／多量の…」を目的語にして文を完成する。なお，a good deal of snow とまとめるので，the は使う余地がない。

E-101 標準

Mr. Smith is a very cheerful person and **he reminds me of my late grandfather**.
(スミス氏はとても陽気で，亡くなった私の祖父を思い出させる)

《注意すべき late の意味 — one's late A》

▶ 動詞の語法で扱った **remind A of B**(問題 286 参照)「A に B のことを思い出させる／気づかせる」を完成させる。「亡くなった私の祖父」は問題 459 でテーマ化した **one's late A**「**亡くなった A ／故 A**」を用いて表現する。

[10] 副詞の語法

501 ④ 基本

"Has the bell rung?" "No, it hasn't rung **yet**."
(「ベルは鳴りましたか」「いいえ，まだ鳴っていません」)

《yet の用法 ── already，still との相違》

▶ **yet** は**否定文**で「まだ(…していない)」の意味を表す。**通例文尾に置く**ことに注意。文語では No, it hasn't *yet* rung. のように否定語の直後に置くこともある。

! ① **already** には通例，完了時制の否定文・疑問文で用いて「(まさか)もう」といった「意外・驚き」を強調する用法があるが，本問の文意には合わないので不可。② **still** も否定文で用いて「相変わらず(…していない)」の意味になり，否定の状態が依然として継続されていることを強調する用法があるが，I *still* haven't eaten breakfast.（まだ朝食を食べていません）のように，この用法では still は否定語より前に置くので不可。yet，already，still の用法は紛らわしいので以下にまとめておく。

整理 62　yet ／ already ／ still の用法

(1) **yet** の用法

＊ **yet** は否定文で「まだ(…していない)」の意味を表す。**yet の位置は文尾。文語では否定語の直後。**

He hasn't arrived here *yet*.＝ He hasn't *yet* arrived here.

（彼はまだここに到着していません）

＊ **yet** は疑問文で「もう(…しましたか)」の意味を表す。

Has the mailman come *yet*?（郵便屋さんはもう来ましたか）

(2) **already** の用法

＊ **already** は肯定文で用いて「すでに(…した)」という完了の意味を表す。

He has *already* arrived here.（彼はすでにここに到着しました）

＊ **already** は否定文・疑問文で「もう／そんなに早く」といった「意外・驚き」の意味を表す。否定文の場合は，付加疑問がつくことも多い。

She hasn't come *already*, has she?（まさかもう彼女が来たのではないでしょうね）

Have you finished your homework *already*?（もう宿題をやってしまったのですか）

(3) **still** の用法

＊ **still** は肯定文・疑問文で「まだ(…している)」という継続の意味を表す。

Somebody called to see you an hour ago and is *still* here.

（1 時間前に，だれかがあなたを訪ねてきて，まだここにいます）

＊ **still** は否定文で用いて「相変わらず(…していない)」という否定の状態の継続を強調する意味を表す。**still は否定語より前に置く。**

You *still* haven't answered my question.（あなたはまだ私の質問に答えていません）

502　③　基本

"Has the movie started yet?" "Yes, it has **already** started."

(「映画はもう始まりましたか」「はい，すでに始まっています」)

《**already の用法**》

▶ **already** は肯定文で「すでに(…した)」の意味を表す。問題 501《整理 62》参照。

▶ 本問の第 1 文の **yet** は疑問文で用いられ「もう(…しましたか)」の意味を表す。問題 501《整理 62》参照。問題 501 の否定文での yet の用法と一緒に押さえておく。

503 ① 基本

The car battery that I bought ten years ago is **still** working.
(私が10年前に買った自動車のバッテリーは，今でも動いている)

《still の用法》

▶ **still** は肯定文・疑問文で「まだ(…している)」という継続の意味を表す。問題 501《整理 62》参照。

504 ① 標準

I've told him several times but he **still** doesn't understand.
(私は彼に何度も話したが，彼はまだ相変わらず理解していない)

《注意すべき still の用法 —— yet との相違》

▶ **still** は否定文で用いて「相変わらず(…していない)」の意味になり，否定の状態が依然として継続されていることを強調する。この用法では**否定語より前に still を置く**点に注意。問題 501《整理 62》参照。

! ② **yet** は否定文で用いて「まだ(…していない)」の意味を表すが，通例，**文尾に置く**。本問の still の位置で用いられることはないので不可。

505 ③ 基本

Have you **ever** been to Canada?
(今までにカナダへ行ったことがありますか)

《疑問文で用いられる ever の意味》

▶ **ever** が疑問文で用いられると「これまでに／今までに」の意味になる。**ever** は通例，**肯定文では用いない**ことに注意。ever が否定文で用いられると「これまでに(一度も…ない)／決して…ない」の意味を表し，never と同じになることも重要。**not ever = never** と押さえておこう。

I have*n't ever* been to Canada. = I have *never* been to Canada.
(カナダには一度も行ったことがありません)

PLUS **ever** は通例，肯定文では用いないが，最上級を用いた以下の例の場合は肯定文でも用いる。定式化された表現として押さえておこう。

This is *the most beautiful sunset* I have *ever* seen.
(こんなに美しい夕日は今まで見たことがない←これは今までに私が見た一番美しい夕日だ)

! ② yet にしないこと。yet は文尾に置く。問題 501《整理 62》参照。

506 ① 発展

I'm going to stop her **ever** doing that again.
(私は彼女に二度とそんなことをさせないようにするつもりです)

《注意すべき ever の用法 —— not ever = never》

▶ 問題 505 で述べたように，**ever** は否定文で用いられると never の意味を表す。本問は形は肯定文だが，**stop A (from) doing**「A が…しないようにする← A が…するのを妨げる」(問題 301《整理 43》参照) に否定の意味が内在していることを見抜く。本問の **ever は否定的文意の中で用いられ「決して…ない」(= never) の意味を形成する。**

▶ 以上，問題 501 ～ 506 は yet，already，still，ever に関する問題。

507　③　基本

You're late. The meeting finished **thirty minutes ago**.
(遅刻したね。会議は 30 分前に終わったよ)

《ago の用法 ―― before との相違》

▶ **ago** は常に過去時制で用い，時間を表す語句を前に伴って「今から…前に」の意味になる。

! ④ thirty minutes before にしないこと。before が ago のように時間を示す語句を伴う場合は原則として過去完了とともに用いて「過去のある時点から…前に」の意味になる。
I told her that I had seen him *a week before*.
(彼に 1 週間前に会ったと私は彼女に言った)

508　②　基本

I recognized him at once, as I had seen him **before**.
(私はすぐに彼だとわかった。というのも以前彼に会ったことがあったからだ)

《単独で用いられる before の用法》

▶ ago は時間を表す語句を伴わずに単独で用いることはないが，**before** は単独で用いる用法があることに注意。現在完了か過去形で用いると「**今より以前に**」の意味を表し，過去完了で用いると「**その時より以前に**」の意味を表す。本問は後者の用法。前者の例は以下のとおり。
I*'ve seen* you somewhere *before*.(私は以前どこかであなたに会ったことがある)

! ① since は不可。**since** にも単独で用いる副詞用法があるが，「その時以来ずっと」の意味で文意に合わない。副詞の since は以下の例参照。
I haven't seen him *since*.(私はその時以来，彼に会っていません)

509　②　基本

It was so dark that they could **hardly see**.
(とても暗かったので，彼らはほとんど何も見えなかった)

《hardly の用法》

▶ **hardly** は程度を表す準否定語の副詞で「ほとんど…ない」の意味を表す。

▶ 同意表現の **scarcely** も一緒に覚えておくこと。

▶ **hardly**[**scarcely**]と紛らわしい **rarely**[**seldom**]や **almost** の用法もここで押さえておく。

整理 63　hardly[scarcely]／ rarely[seldom]／ almost の用法

(1) **hardly**[**scarcely**]**の用法**

It was so dark that I could *hardly*[*scarcely*] see.

（とても暗かったので，私はほとんど何も見えなかった）

＊ **hardly[scarcely]** は「程度」を表す準否定語で「ほとんど…ない」の意味。

(2) **rarely[seldom]の用法**

My mother *rarely*[*seldom*] goes to the movies.（私の母はめったに映画に行きません）

＊ **rarely[seldom]** は「頻度」を表す準否定語で「めったに…ない」の意味。

(3) **almost の用法**

I *almost* always have fruit for breakfast.（私はほとんどいつも朝食に果物を食べます）

＊ **almost** は否定の意味は含まず「ほとんど…」の意味。

510 ④ 標準

"Is Chris popular?" "No, she has **hardly any** friends."

（「クリスは人気がありますか」「いいえ，彼女には友だちがほとんどいません」）

《注意すべき hardly の用法 ―― hardly any ＋名詞》

▶ hardly は「**hardly any ＋名詞**」の形で「ほとんど…ない」の意味を表す用法がある。可算名詞，不可算名詞どちらもとり，意味的には「few[little]＋名詞」よりも強く，「no ＋名詞」よりも弱いことに注意。「few[little]＋名詞」は問題 405，406 参照。

▶ 同意表現の「**scarcely any ＋名詞**」も頻出。

PLUS 「**hardly[scarcely] any ＋名詞**」は「**almost no ＋名詞**」と同意であることも押さえておきたい。

511 ④ 標準

We found there was **scarcely** any money left in the cash-box.

（現金入れの箱にはほとんどお金が残っていないことがわかった）

《注意すべき scarcely の用法 ―― scarcely any ＋名詞》

▶ 問題 510 で扱った「**scarcely any ＋名詞**」「ほとんど…ない」が本問のポイント。

512 ③ 標準

We **hardly** ever see Tom anymore. What has he been doing?

（私たちはもうめったにトムに会わない。彼はどうしてる？）

《注意すべき hardly の用法 ―― hardly ever》

▶ hardly[scarcely]は程度，seldom[rarely]は頻度を表す準否定語であるが，hardly[scarcely]は **hardly[scarcely] ever** の形で「めったに…ない《頻度》」の意味を表し，**seldom[rarely]とほぼ同意**になる。

513 ② 標準

I **mostly** have fruit for breakfast.

（私はたいてい朝食に果物を食べる）

《mostly の意味》

▶ **mostly** には頻度を表す副詞として「**たいてい(は)／ほとんどの場合**」の意味を表

す用法がある。

PLUS **mostly** には「**大部分は／主として**」の意味もあることに注意。

The audiences were *mostly* women.（聴衆は大部分が女性だった）

! 日本語に引きずられて① almost を選ばないこと。almost は mostly とは違って単独では頻度を表さず，単に程度を示す副詞で「九分どおりまでいっているがあと一歩及ばなくて」の意味合いを表す。したがって almost を用いて mostly と同意で頻度を表すには，always という頻度を表す副詞をともなう必要がある。**mostly** = **almost always** で押さえておく。

第2章

514　②　標準

He was **nearly** run over by a car.

（彼は危うく車にはねられるところだった）

《注意すべき nearly の意味》

▶ **nearly** には「危うく（…するところ）」の意味を表す用法がある。

PLUS **almost** にも「危うく（…するところ）」の意味があることも押さえておく。

I *almost* missed my train.（危うく列車に乗り遅れるところだった）

515　①　標準

You shouldn't have bothered, Mrs. Owens; you're **much too kind** to me.

（オーエンスさん，そんなに気をつかわなくてもよかったのに。ほんとに親切すぎるのだから）

《強調の much —— much too ...》

▶ **much** には強調語として「**too** ＋**形容詞**［**副詞**］」を強調する用法がある。

! ② too much kind にしないこと。much は通例，形容詞の原級を修飾できない。したがって，much kind は不適切。④ very too kind も不可。very は「too ＋形容詞［副詞］」を強調することはできない。

整理 64　副詞 much の強調用法

- He is **much** *too* young.（too ... の強調）
  （彼はあまりにも若すぎる）
- **Much** *to my joy*, he helped me with my work.（前置詞句の強調）
  （私がとても喜んだことに，私の仕事を彼が手伝ってくれた）
- He is **much** *taller* than I am.（比較級の強調）
  （彼は私よりもずっと背が高い）
- That is **much** *the best*.（最上級の強調）
  （それはずばぬけて一番よい）

516　②　標準

Until recently the people of that country lived in **much the** same way as they had for centuries.

（最近までその国の人々は過去何世紀もの間とほとんど同じように暮らしていた）

《注意すべき much の用法 —— much the same ...》

▶ much は the same の前で用いられると「だいたい／ほぼ(＝ almost)」の意味になる。「**much the same(＋名詞)**」「ほとんど同じ(…)」で押さえておこう。

517 ④ 標準

June is still at the airport because she **just missed** her plane to Paris.
(ジューンは，乗る予定だったパリ行きの飛行機にたった今乗り遅れたところなので，まだ空港にいる)

《just の用法》

▶ 副詞の **just** には過去形・現在完了とともに用いて「ちょうど今／つい今しがた」の意味を表す用法がある。イギリス英語では **have just done** が好まれるが，アメリカ英語では通例，本問のように「**just ＋過去形**」「**ちょうど今…したところだ**」を用いる。

▶ **miss A**「A に乗り遅れる」は問題 389《整理 53》参照。

PLUS **just** が現在進行形とともに用いられると「**今まさに／今にも**」の意味を表す。**be just doing**「今まさに…しようとするところだ」で押さえておこう。
We *are just leaving.* (私たちは今まさに出発しようとするところだ)

! ① almost missed にしないこと。「almost ＋過去形」「危うく…するところだった」は問題 514 参照。

518 ② 基本

This computer is **pretty** difficult for me to use.
(このコンピュータは私にはかなり使いづらい)

《注意すべき pretty の意味》

▶ **pretty** は「かわいらしい／きれいな」の意味を表す形容詞として用いられることも多いが，副詞として形容詞・副詞を修飾して「**かなり／相当に**」の意味を表すことがある。

! ④ much にしないこと。much は通例，形容詞の原級を修飾できない。形容詞の原級を修飾するのは very。very difficult なら可。

519 ② 標準

Their child David always had a bedtime story at 7 o'clock **sharp**.
(彼らの子どもであるデイビッドは 7 時きっかりに寝る前のお話をいつもしてもらっていた)

《注意すべき sharp の意味 —— at 7 o'clock sharp》

▶ 副詞の **sharp** は時刻を表す語句の後に用いて「**きっかりに**」の意味になることに注意。**at 7 o'clock sharp**「7 時きっかりに」で押さえておこう。

! ③ **right** は「ちょうど／まさしく／きっかりに」の意味を表す副詞用法があるが，この意味で用いる副詞の right は，時間や場所を表す副詞や前置詞句の前に置く。**right opposite**「真向こうに」，**right behind A**「A の真後ろに」，**right in the middle of A**「A のちょうど真ん中に」などで覚えておこう。

! ④ **just** も時刻を表す語句の後ではなくて前に置く。**just at 7 o'clock**「ちょうど7時に」なら可。

520　②　　　　標準

I **badly** wanted to tell him how much I missed Mary.
（私はメアリーがいなくてどんなに寂しいのか彼にとても話したかった）

《強調語として用いられる badly の意味》

▶ **badly** は一般に「下手に／まずく」の意味を表すが，動詞の直前に置き，動詞の強調語として「**とても／ひどく**」の意味を表す用法がある。動詞の **want**，**need** の他に **be in need of A**「A を必要とする」などの表現も強調する。

▶ 本問の **miss A**「A がいなくて寂しく思う」は重要。問題 389《整理 53》参照。

521　③　　　　基本

He always stays in bed **as late** as he can.
（彼はいつもできる限り遅くまでベッドの中にいる）

《lately と紛らわしい late》

▶ **late** は「(時刻が) 遅く／遅れて」，**lately** は「最近」(＝ **recently**) の意味であることに注意。

▶ **as ... as S can**「できるだけ…」(＝ **as ... as possible**) は重要表現。

▶ late と lately のように ly の有無で意味が異なる副詞は以下のものが重要。

整理 65　'ly' の有無によって意味の異なる副詞

- **great**「順調に／うまく」，**greatly**「大いに／非常に」
- **hard**「一生懸命に」，**hardly**「ほとんど…ない」
- **high**「(物理的に) 高く／高いところに」，**highly**「非常に／(比喩的に) 高く」
- **just**「ちょうど」，**justly**「公正に」
- **late**「遅く」，**lately**「最近」
- **most**「最も」，**mostly**「たいていは」
- **near**「近くで」，**nearly**「危うく (…するところ)」
- **pretty**「かなり (形容詞の前で)」，**prettily**「きれいに」
- **sharp**「きっかりに」，**sharply**「鋭く」

522　①　　　　標準

We can see swallows **flying high** in the sky.
（ツバメが空高く飛んでいるのが見える）

《highly と紛らわしい high》

▶ 問題 521《整理 65》でテーマ化した **high**「(物理的に) 高く／高いところに」が本問のポイント。**fly high**「高く飛ぶ」で押さえておこう。

PLUS **highly**「非常に／(比喩的に) 高く」の用法もここでしっかり押さえておくこと。
He is *highly* respected.（彼は非常に尊敬されている）

They must be *highly* placed government officials.（彼らは政府の高官に違いない）

523 ④ 標準

At first I did not like him, but now I do.
（最初は彼のことが好きではなかったけれど今は好きです）

《at first の用法》

▶ **at first** は「初めのうちは／最初は」の意味で，後から事態・状況が変わることを暗示する。

▶ **at first**，**first(ly)**，**for the first time** は紛らわしい表現なので以下にまとめておく。

整理 66 at first ／ first(ly)／ for the first time の用法

(1) **at first**「初めのうちは／最初は」
No one believed him *at first*.
（初めのうちは，だれも彼の言うことを信じなかった）

(2) **first(ly)**「(順序を意識して)まず第一に／まず最初に」
First we went to a restaurant, and then to the movies.
（まず，私たちはレストランに行って，それから映画に行った）

(3) **for the first time**「初めて」
When I met her *for the first time*, she treated me coldly.
（彼女に初めて会ったとき，彼女は私を冷たくあしらった）

524 ③ 標準

What we should remember **first of all** is that English is not our first language.
（まず第一に覚えておかなければならないことは，英語が私たちの母語ではないということだ）

《first の強意である first of all》

▶ **first of all** は first の意味を強めた語句で「(順序として)何よりもまず」の意味を表す。

525 ③ 基本

Please let me know your decision by Friday; **otherwise**, I'll have to offer the job to another applicant.
（金曜日までにあなたの決断を知らせてください。そうでなければ，その仕事を他の志願者に譲らなければならなくなります）

《otherwise の用法》

▶ 副詞の **otherwise** には「**さもなければ**」，「**別のやり方で／違ったふうに**」，「**その他の点では**」の 3 つの意味がある。本問の otherwise は「さもなければ」の意味を表す。

整理 67　副詞 otherwise の３つの用法

(1) **otherwise**「さもなければ」(問題 114 参照)
He worked hard; *otherwise* he would have failed.
(彼は一生懸命勉強したが，そうでなければ失敗していただろう)

(2) **otherwise**「別のやり方で／違ったふうに」
You can arrive earlier by subway than *otherwise*.
(地下鉄で行けば他の方法よりも早く着きます)

(3) **otherwise**「その他の点では」
Your essay is a little long, but *otherwise* it is good.
(君のエッセイは少し長いが，その他の点では申し分ない)

526　④　発展

In case of emergency, leave the building as quickly as possible **unless otherwise instructed**.
(非常時には別の指示がなければ，できるだけ速く建物から避難してください)

《注意すべき otherwise の意味》

▶ 問題 525《整理 67》でテーマ化した **otherwise**「**別のやり方で／違ったふうに**」が本問のポイント。unless otherwise instructed は unless の後に you are が省略されており，「それとは違ったふうに指示されない限り」の意味を表している。本問のような otherwise を用いた「**unless otherwise＋過去分詞**」「違ったふうに [別のやり方で]…されない限り」はよく用いられる表現。

527　②　発展

He looked forward to the **otherwise unpleasant** job of night watchman because it would give him a chance to be alone.
(夜警の仕事はひとりになれる機会を与えてくれるので，彼はその他の点ではおもしろくないその仕事を楽しみにしていた)

《見落としがちな otherwise の意味》

▶ 問題 525《整理 67》でテーマ化した **otherwise**「**その他の点では**」が本問のポイント。本問の otherwise は because 節の内容を受けており，具体的には「夜警の仕事が彼にひとりになれる機会を与える点以外の点では」といった意味を表している。

! ④ unpleasant otherwise にしないこと。otherwise は形容詞の unpleasant を修飾する副詞なので，形容詞の前に置かなければならない。

528　②　発展

He is **reportedly** not intending to return to his own country again.
(伝えられるところによると，彼は二度と母国に帰るつもりはないらしい)

《文修飾の reportedly の意味》

▶ 文修飾の副詞 (動詞でなく，文全体を修飾する副詞) は，*Unfortunately*, he failed to pass the examination again.＝*It was unfortunate that* he failed to pass the examination again.（不幸にも，彼は再度試験に失敗した）のように文頭で用いるのが原則だが，新聞などでよく用いられる **reportedly**「**伝えられるところによると**」は文中で用いられる文修飾の副詞。本問は以下のように書きかえることができる。

It is reported that he is not intending to return to his own country again.

529 ② 発展

Supposedly a tough, unemotional man, the prime minister is actually quite sensitive.
（総理大臣は頑固で感情に動かされない人だと想像されていたが，実は非常に神経が細やかな人である）

《文修飾の supposedly の意味》

▶ **supposedly** は文修飾の副詞として「推定するところでは…／…と想像される」の意味を表す。問題 528 の **reportedly** と同様に文中で用いられる。本問は名詞で始まる分詞構文で being を文頭に補って考えるとわかりやすい。

530 ② 基本

The children are playing **upstairs**.
（子どもたちは上の階で遊んでいる）

《名詞と間違いやすい副詞 —— play upstairs》

▶ **upstairs** は「階上で［へ］／2階で［へ］」の意味を表す副詞。したがって，「上の階で遊ぶ」は play upstairs とする。upstairs の前に in や at といった前置詞を用いないことに注意。

PLUS 同様に，**go abroad**「外国へ行く」，**come home**「帰宅する」，**get home**「家に（帰り）着く」，**go upstairs[downstairs]**「上の階［下の階］に行く」，**go downtown**「町へ行く」などの表現における，abroad，home，upstairs[downstairs]，downtown も副詞であって，前置詞の to などは入らない。

531 ② 標準

In the cross-country race, Michael and Ben came first and third **respectively**.
（クロスカントリーのレースで，マイケルとベンがそれぞれ1位と3位になった）

《注意すべき respectively の意味》

▶ **respectively** は **respective**「めいめいの」（問題 424《整理 58》）の副詞で「めいめいに／それぞれに」の意味を表す。

! ① **comparatively**「比較的に」，③ **comparably**「比較［匹敵］できるほどに」，④ **respectfully**「丁重に」は文意に合わないので不可。

532 ③ 標準

I'm a professor, or **rather** an associate professor.
（私は教授です。いや，もっと正確に言えば準教授です）

《or rather の意味》

▶ **or rather** は前に述べられたことを正しく言い直す場合に用いて「**もっと正確に言**

えば／正しくは」の意味を表す。英文読解においても重要な表現。

533　②　標準

There aren't **that** many people in the park.
(公園にはそれほど多くの人はいない)

《副詞の that の意味》

▶ **that** には，副詞として数量・程度を表す語を修飾して「**それほど／そんなに**」の意味を表す用法がある。副詞の so と同意。

! There is[are] A.「A がある」の A には，不特定のものがきて特定のものはこない。よって① its「それの」，③ these，④ those「あれらの」は不可。

534　②　標準

What with the wind and the rain, the game was spoiled.
(風やら雨やらでその試合は台無しになった)

《副詞の what を用いた what with A and B》

▶ 副詞の what を用いた **what with A and (what with) B** は「A やら B やらで」の意味を表す。通例，よくない理由を 2 つ以上挙げる場合に用いる。この場合の what は「いくぶん／ある程度」の意味だが，成句表現として押さえておこう。

535　①　標準

Books that can be enjoyed by young and old **alike** are rather rare.
(若い人も年配の人も同様に楽しめる本はかなり珍しい)

《注意すべき副詞の alike の意味》

▶ **alike** には副詞の用法があって「**同様に／同等に**」(＝ **equally**) の意味を表す。本問の **young and old alike**「老いも若きも(同様に)」は成句表現として押さえる。

PLUS 動詞の treat とともに用いられた **treat A alike**「A を平等に扱う」もここで押さえておこう。
They *treated* all customers *alike*. (彼らはすべての客を平等に扱った)

536　①　標準

His salary is **double** what it was seven years ago.
(彼の給料は 7 年前の 2 倍です)

《注意すべき double の用法》

▶ 副詞の **double** には **what 節**や「**the ＋名詞**」，「**one's ＋名詞**」の前に置き，**double A** の形で「A の 2 倍(で)」の意味を表す用法がある。この表現は名詞の double を用いた the double of A が省略されて double A となったもの。例えば，**I'm double your age.** (私はあなたの倍の年だ) は I'm the double of your age. から生まれたもの。double A はよく用いる表現なので，本問の英文や I'm double your age.，**I'll pay double the price.** (倍額支払うよ) などの英文を暗記しておくと実践的に役立つ。

537　④　標準

He reached home **shortly** before five o'clock.
(彼は5時少し前に家に着いた)

《shortly の用法 —— shortly before ...》

▶ shortly は soon と同じく「間もなく」の意味もあるが，after や before の前に置いて「少し」の意味を表す独特の用法がある。**shortly before ...** なら「…の少し前に」，**shortly after ...** なら「…の少し後に」の意味になる。

538　③　標準

There used to be a lot of fireflies in Japan, but not any more.
(日本には昔，ホタルがたくさんいたが，今はあまりいない)

《There is A 構文 —— There used to be A.》

▶ 副詞の there を用いた **There used to be A.** は「昔 A があった [いた]」の意味を表す。この形は There is A 構文「A がある [いる]」の be 動詞に助動詞の used to が入ったもの。なお，there は主語の位置にあるので代名詞と考える場合もある。

▶ There is A 構文を用いた重要表現を以下にまとめておく。

整理 68　注意すべき There is A 構文

① **There used to be A.**「昔 A があった [いた]」
There used to be a big store on the corner.
(昔，この角に大きなお店があった)

② **There has to be A.**「A がなければ [いなければ] ならない／A がある [いる] に違いない」
＊ A が「複数名詞」の場合 have になる。
There have to be some mistakes in my paper.
(私のレポートにはいくつかの間違いがあるに違いない)

③ **There seems[appears] to be A.**「A がある [いる] ように思える」
＊ A が「複数名詞」の場合 seem[appear]になる。
There seems[*appears*] *to be* no need to worry about the problem.
(その問題について心配する必要はないように思える)

④ **There is said to be A.**「A がある [いる] と言われている」
＊ A が「複数名詞」の場合 are になる。
There are said to be more than 3,000 languages in the world.
(世界には 3,000 以上の言語が存在すると言われている)

⑤ **There happens to be A.**「たまたま A がある [いる]」
＊ A が「複数名詞」の場合 happen になる。
There happened to be a meeting on that day.
(その日たまたま会議があった)

539　②　標準

When a man and a woman marry, **there** usually have to be big adjustments between

their two personalities.
(男女が結婚する場合には，ふつう 2 人の性格の間に大きな調整がなされなければならない)

《There is A 構文 —— There has to be A.》

▶ 問題 538《整理 68》でテーマ化した **There has to be A.**「A がなければならない」が本問のポイント。A に「複数名詞」がきているので，There have to be A. の形になっている。

540　④　標準

There seemed to be nobody in that building.
(あの建物の中にはだれもいないように思えた)

《There is A 構文 —— There seemed to be A.》

▶ 問題 538《整理 68》でテーマ化した **There seems to be A.**「A がいるように思える」が本問のポイント。過去時制なので There seemed to be A. の形となっている。

541　④　標準

There are said to be monsters in Loch Ness in Scotland, but no one has ever been able to prove that they actually exist.
(スコットランドのネス湖には怪獣がいると言われているが，実在することを証明できた人は今まで 1 人もいない)

《There is A 構文 —— There is said to be A.》

▶ 問題 538《整理 68》でテーマ化した **There is said to be A.**「A がいると言われている」が本問のポイント。A に monsters という複数名詞が用いられているので，There are said to be A. の形となっている。

542　④　標準

There happened to be no possible solutions he could think of.
(彼が思いつくことのできる実現可能な解決策は，たまたま 1 つもなかった)

《There is A 構文 —— There happens to be A.》

▶ 問題 538《整理 68》でテーマ化した **There happens to be A.**「たまたま A がある」が本問のポイント。

▶ 以上，問題 538 ～ 542 は There is A 構文に関する問題。

543　①　基本

Rosalind says she couldn't get here through all the snow. **Besides**, her son is ill.
(ロザリンドは雪でここに来ることができそうもないと言っている。そのうえ，彼女の息子は病気だそうだ)

《文と文の意味をつなぐ besides の意味》

▶ **besides** は文と文の意味をつなぐ副詞として「**その上／さらに**」という「追加」の意味を表す。文のつなぎの役割を果たす副詞(句)の問題は急増中。英文読解においても英文内容をつかむための「目印」として重要。

PLUS besides と同様に，「その上／さらに」の意味を表す副詞(句)として，**in addition**，**moreover**，**furthermore**，**also** を押さえておこう。

! ③の **likewise** は「同様に」の意味で文意に合わない。④の **suchlike**「その種の(もの)／そのようなもの(もの)」は副詞でなく形容詞または代名詞。

544 ④ 基本

My sister can read Chinese; **moreover**, she can speak some Korean.
(私の姉[妹]は中国語を読むことができる。その上，韓国語も少し話すことができる)

《moreover の意味》

▶ 問題 543 で扱った **moreover**「**その上／さらに**」が本問のポイント。

545 ③ 基本

This computer is powerful, efficient, and easy to use. **However**, it is too expensive.
(このコンピュータは強力で効率がよく使いやすい。けれども高すぎる)

《「逆接」を表す however》

▶ **however** は文と文の意味をつなぐ副詞として「**しかしながら／けれども**」という「逆接」の意味を表す。文頭，文中，文尾いずれにも置くことができるが，カンマを用いて文中に置くのが一般的な用法。本問では文頭に置かれている。

PLUS however と同様に，「逆接」を表す副詞(句)として，**nevertheless**「それにもかかわらず」，**nonetheless**「それにもかかわらず」，**though**「しかしながら」，**all the same**「それでもやはり」，**still**「それでもやはり」，**yet**「それにもかかわらず」を押さえておこう。

! ① Although にしないこと。although は接続詞であり副詞用法はないので，Although, S + V ... という形では用いない。② Despite も不可。despite は **despite A**「A にもかかわらず」(= **in spite of A**)の形で用いる前置詞。

546 ③ 標準

A: Nice day.
B: Yes. Bit cold, **though**.
(A「いい天気ですね」B「そうですね，でもちょっと寒いですが」)

《注意すべき though の副詞用法》

▶ 問題 545 でも触れたが，**though** は「逆接」を表す副詞として「**しかしながら**」(= **however**)の意味を表す。ただし，however と違って文頭では用いないことに注意。本問のように文尾，あるいは文中で用いる。

! ① although には副詞用法はなかった。問題 545 参照。

547 ② 基本

Mother was very tired; **nevertheless**, she kept on working.
(母親はとても疲れていたが，それでも仕事を続けた)

《nevertheless の意味》

▶ 問題 545 で触れた **nevertheless**「それにもかかわらず」(＝ **nonetheless**) が本問のポイント。

548 ④ 基本

The building did not pass a fire inspection. **Therefore** it will be closed for the rest of the year.
(その建物は火災の検査に通らなかったので，1 年の残りの期間は閉鎖されることになるであろう)

《therefore の意味》

▶ **therefore** は「結果・因果関係」を表す副詞として「**それゆえに／したがって**」の意味を表す。

PLUS **therefore** と同様に，「結果・因果関係」を表す副詞として，**consequently**「その結果として／したがって」，**as a result[consequence]**「その結果として」，**in consequence**「その結果として」，**hence**「それゆえに」を押さえておこう。

549 ② 標準

This poses a threat to agriculture and the food chain, and, **consequently**, to human health.
(これは農業と食物連鎖を脅かし，そしてその結果として，人の健康を脅かす)

《consequently の意味》

▶ 問題 548 で触れた **consequently**「**その結果として／したがって**」が本問のポイント。

▶ 本問の **pose A** は「A(問題など)を持ち出す／提出する」の意味。

! ① **in comparison**「比較すると」，③ **for instance**「たとえば」，④ **instead**「その代わりに」は文意に合わない。

▶ 以上，問題 543 ～ 549 は文と文の意味をつなぐ副詞に関する問題。

Extra

E-102 ④ great → greatly 標準

Dresses, skirts, shoes, and children's clothing were advertised at **greatly** reduced prices at the department store last weekend.
(先週末，デパートで，ドレス，スカート，靴や子ども服が，大幅に値下げした価格で宣伝されていた)

《greatly の用法 —— great との相違》

▶ 問題 521《整理 65》でテーマ化した **great** と **greatly** の区別が本問のポイント。副詞の **great** は「**順調に／うまく**」の意味なので，合わない。また，形容詞の great「大きい」と考えても意味がわからない。**greatly**「**大いに／非常に**」を用いて greatly reduced prices「大幅に値引きされた価格」とすれば正しい表現となる。副詞の great は口語表現として用いられるので，**Things are going great.**「万事うまくいっている」，**She sings great.**「彼女は歌がとてもうまい」などで押さえておこう。

E-103 ① came to home → came home 基本

My father **came home** late last night, and the noise woke me up.
(私の父は昨夜遅く帰宅し，私はその音で目が覚めた)

《名詞と間違いやすい副詞 —— come home》

▶ 問題 530 で触れた **come home**「帰宅する」が本問のポイント。この表現の home は名詞でなく副詞なので前置詞 to は不要。

E-104 標準

Somehow **I still don't feel ready to visit** her house.
(なんとなくいまだに彼女の家を訪れる気にはならない)

《still の位置 —— 否定語より前》

▶ 基本表現の **feel ready to do**「…する気になる」を完成させて，I don't feel ready to visit とすればよいが，still の位置に注意。**否定文での still「相変わらず(…していない)」は否定語の前に置く**のであった。問題 501，504 参照。

E-105 基本

I'd like **to try to write a pretty long paragraph in** English without any help.
(だれの助けも借りずに英語でかなり長い文章を書いてみようと思います)

《注意すべき pretty の意味》

▶ 問題 518 でテーマ化した副詞の **pretty**「かなり／相当に」を用いて write の目的語を a pretty long paragraph とまとめられるかがポイント。

▶ **would like to do**「…したいと思う」は want to do の丁寧な表現。

E-106 標準

They **look upon him as an eminent scholar but I think otherwise**.
(彼らは彼を立派な学者と思っているが，私の意見は違う)

《otherwise の用法 —— I think otherwise.》

▶ 問題 316《整理 46》で取り上げた **look upon A as B**「A を B とみなす」を用いて前半を (They) look upon him as an eminent scholar でまとめる。but でつなぎ，問題 525《整理 67》，問題 526 で扱った副詞の **otherwise「別のやり方で／違ったふうに」**を用いて，I think otherwise とまとめる。なお，**I think otherwise.**「そうとは思わない」は I don't think so. と同意。定式化された表現として押さえておこう。

E-107 標準

She can't come to the phone. She is **right in the middle of** her work.
(彼女は電話に出ることができません。仕事の真っ最中なのです)

《注意すべき副詞の right —— right in the middle of A》

▶ 問題 519 で扱った **right in the middle of A**「A のちょうど真ん中に／A の真っ

最中に」を用いて表現できるかが本問のポイント。**right** は副詞で「**ちょうど／まさしく／きっかりに**」の意味だった。

[11] 比較

第2章

550 ①　基本

A: It has suddenly got cold, hasn't it?
B: Yes, but it was unusually warm until yesterday. The rest of the winter is expected to be **as cold as it is now**.
(A「突然寒くなったね」 B「そうだね，でも昨日までが異常に暖かかったんだよ。冬の残りの期間は，今と同じくらい寒いだろう」)

《原級比較 —— as ＋原級＋ as ...》

▶「**as ＋原級＋ as ...**」は「…と同じくらい～」の意味を形成する。本問は原級比較表現の比較対象が「現在」となったもの。

!「今までは暖かかった」のだから，④ as cold as it has been は，文意に合わない。

551 ①　基本

This car is **not as expensive as** mine.
(この車は私のほど値段が高くない)

《原級比較 —— not as[so]＋原級＋ as ...》

▶ 問題 550 でテーマ化した「**as ＋原級＋ as ...**」の否定形「**not as[so]＋原級＋ as ...**」は「…ほど～でない」の意味を表す。

PLUS「**not as[so]＋原級＋ as ...**」は，比較級表現の「**less ＋原級＋ than ...**」「…ほど～ではない」と同意表現であることも押さえておこう。
In those days sugar was *not as*[*so*] valuable *as* salt.
= In those days sugar was *less* valuable *than* salt.
(当時，砂糖は塩ほど価値がなかった)

552 ④　基本

This one is prettier, but it costs **twice as much as** that one.
(こちらの方がきれいだが，あちらの 2 倍の値段がする)

《倍数表現 —— twice as ＋原級＋ as A》

▶ 倍数表現は，一般に「**... times as ＋原級＋ as A**」「A の…倍～」で表すが，2 倍の場合は，「**twice as ＋原級＋ as A**」を通常用いる。

PLUS「A の半分の～」は「**half as ＋原級＋ as A**」を用いることもここで押さえる。また「**分数＋ as ＋原級＋ as A**」でその割合を示す表現があることも押さえておこう。
This one costs *two-thirds* as much as that one.
(これはあちらの 3 分の 2 の値段です)

553 ① 基本

The population of Italy is about **half as large as** that of Japan.
(イタリアの人口は，日本の人口の約半分だ)

《half as ＋原級＋ as A》

▶ 問題 552 で触れた「**half as ＋原級＋ as A**」「A の半分の～」が本問のポイント。

554 ① 発展

The distance from the earth to the moon is about equivalent to **twenty times the earth's diameter**.
(地球から月までの距離は，地球の直径の 20 倍にほぼ等しい)

《... times the ＋名詞＋ of A》

▶ 問題 552 で扱った「**... times as ＋原級＋ as A**」は「**... times the ＋名詞＋ of A**」と表現することができる。本問の場合，「the ＋名詞＋ of A」に当たる箇所は the earth's diameter「地球の直径」だが，これは the diameter of the earth と表しても同じ意味。つまり，本問では「the ＋名詞＋ of A」を「A's ＋名詞」で表現している。なお，この形で用いる名詞は，一般的に，長さ (**length**)，大きさ (**size**)，重さ (**weight**)，高さ (**height**)，数 (**number**)，量[額] (**amount**) などに限られているので英作文では避けた方が無難。

▶ **be equivalent to A**「A に等しい」は重要表現。

! 「地球の直径の 20 倍」という日本語に引きずられて③ twenty times of the earth's diameter にしないこと。この構造では of は不要。

555 ① 基本

She has made up her mind to read **as many books as** possible this summer vacation.
(彼女はこの夏休みにできるだけ多くの本を読もうと決心した)

《as ＋原級＋ as possible》

▶ 「**as ＋原級＋ as possible**」は「**できるだけ…**」の意味を表す。同意表現の「**as ＋原級＋ as S can**」と一緒に押さえておこう。

▶ **make up one's mind to do**「…しようと決心する」は重要表現。

556 ② 基本

Jeff and Jenny saved **as much money as** they could to visit their uncle in Hawaii.
(ジェフとジェニーは，ハワイの叔父さんを訪れるため，できるだけたくさんのお金を貯めた)

《as ＋原級＋ as S can》

▶ 問題 555 で扱った「**as ＋原級＋ as S can**」＝「**as ＋原級＋ as possible**」「**できるだけ…**」が本問のポイント。

PLUS なお，類似の表現として，**as ... as (...) can be**「この上なく…〈後半の…は省略されることも多い〉」も押さえておくこと。
The weather was *as* fine *as* (*fine*) *could be*.
(天気はこの上なく素晴らしかった)

! ① as a lot of money as は不可。a lot は，比較級などにできない表現だから，as ... as の原級比較も不可。

557　③　基本

This pen is as good as **any** I've ever used.
（このペンは，私が今まで使ったどのペンにも劣らず，書きやすい）
《最上級的意味の内在 —— as ＋原級＋ as any（＋名詞）》

▶ 「**as ＋原級＋ as any（＋名詞）**」「**どの〜にも劣らず…**」の表現は，「S が一番…」という最上級的意味が内在している。原級を用いた成句表現として押さえる。

▶ 本問の省略語を補うと，This pen is as good as any *pen which* I've ever used. となる。

558　④　基本

He was **as brave a** soldier as ever shouldered a gun.
（彼は，これまで銃を手にした人のだれにも劣らぬ勇敢な兵士だった）
《最上級的意味の内在 —— as ＋原級＋ as ever ＋動詞の過去形》

▶ 「**as ＋原級＋ as ever ＋動詞の過去形**」は，「**これまで〜したどれにも劣らず…**」の意味を表す。これも，最上級的意味が含まれた表現。

PLUS この形を用いた成句表現「**as ＋原級＋ as ever lived**」「古来まれな／並外れた… ←これまでに生きただれにも劣らず…」もここで押さえておこう。
He is *as* great an artist *as ever lived.*
（彼は古来まれな偉大な芸術家だ）

▶ 「**as[so ／ too ／ how]＋形容詞＋ a[an]＋名詞**」の語順に注意。この語順に関する問題は整序英作文などさまざまな形で頻出。

559　②　基本

It is not so **much** what a man wears as the way he wears it that marks the gentleman.
（紳士であることを特徴づけるのは，着ている物ではなく，着こなし方だ）
《not so much A as B》

▶ **not so much A as B** は「**A というよりはむしろ B**」（＝ **B rather than A**）の意味を持つ成句表現。本問は，marks の主語に相当する表現が，「It is ... that 〜」の強調構文で，強調されたもの。比較されている 2 つの対象が what a man wears と the way he wears it になっていることを見抜く。

560　④　基本

The ten-year-old boy cannot so **much** as write his own name.
（その 10 歳の男の子は，自分の名前を書くことすらできない）
《not so much as do》

▶ **not so much as do** は「**…さえしない**」の意味を持つ成句表現。問題 559 の not so much A as B と混同しないこと。

561 ④ 標準

He departed **without so much as** saying good-bye.
（彼はさよならも言わないで出発した）

《without so much as doing》

▶ **without so much as doing** は「**…さえしないで**」の意味を表す成句表現。問題560の not so much as do の not の意味が否定の前置詞 without に吸収され，前置詞の目的語になるため，do が動名詞 doing になったもの。

562 ② 標準

The man who stops learning is as **good** as dead.
（学ぶことをやめる人間は，死んだも同然だ）

《as good as ＋形容詞》

▶「**as good as ＋形容詞**」は「**…も同然**」の意味を表す成句表現。この **as good as** は **almost**，**nearly**，**all but** などと置きかえられることも多い。

563 ③ 標準

He said he would lend me the money if I needed it, and he was as **good** as his word.
（必要ならお金を貸しましょうと彼は言ってくれ，実際約束を守った）

《as good as one's word》

▶ **as good as one's word[promise]** は「**約束を守って**」の意味を表す成句表現。

564 ③ 標準

As many as 1,100 people live on each square mile of land in that country.
（その国には，1 平方マイルあたり，1,100 人もの人々が住んでいる）

《as many as A》

▶ **as many as A**（A は「数詞＋複数名詞」）は A が「**数**」**的に多い**ことを表し「**A も（多くの）**」の意味を持つ。

▶ **as much as A** も同意の表現だが，「**量**」**的に多い**ことを表すため，A の複数名詞には，金額・重さなどを表す名詞が来ることに注意。
Can you pay *as much as* 100 dollars for the stamp?
（その切手に 100 ドルも支払うことができますか）

565 ③ 標準

Some new bicycles cost as **much** as 50,000 yen.
（新しい自転車には 50,000 円もするものがある）

《as much as A》

▶ 問題 564 で扱った **as much as A**「**A も**」が本問のポイント。

566 ① 標準

He found five mistakes **in as many** lines.
（彼は 5 行で 5 個の間違いを発見した）

《**as many A**》

▶ **as many A**(A は複数名詞) は，前述の数詞を受け「**同数の A**」の意味を表す。本問の in as many lines は five mistakes を受けるので「5 行で」の意味を表す。

567 ④ 標準

Like **so many** stars among the leaves and branches, the street lamps shed their light.
(まるで，木の葉と枝の間にきらめく星のように，街灯が光を投げかけていた)

《**like so many A**》

▶ **like so many A**(A は複数名詞) は「**さながら A のように**」の意味を表す成句表現。そのまま覚えておこう。

568 ② 標準

She went **so far as** to say that he was a swindler.
(彼女は，彼はペテン師だ，とまで言った)

《**go so far as to do**》

▶ **go so[as] far as to do** は「**…しさえする**」の意味を表す成句表現。

▶ 以上，問題 550 ～ 568 は原級を用いた比較表現に関する問題。

569 ④ 基本

Do you know that Japan once produced more silk than **any other** country?
(日本はかつて他のどの国よりも多くの絹を生産していたことを知っていますか)

《**A is ＋比較級＋ than any other ＋単数名詞**》

▶ 「**A is ＋比較級＋ than any other ＋単数名詞**」(動詞は be 動詞に限らないが，便宜的に is で記しておく) は「A は他のいかなる～よりも…である」の意味を形成する定式化された表現。比較級表現で最上級的な意味を表す。なお，比較対象が一般的な「物」なら，**than anything (else)**，一般的な「人」なら **than anyone (else)** を用いることにも注意しよう。

PLUS 「**A is ＋比較級＋ than any other ＋単数名詞**」と同様に，最上級的な意味を表す比較級表現の「**No (other)＋名詞＋ is ＋比較級＋ than A**」「A ほど…な～はない」や原級表現の「**No (other)＋名詞＋ is so[as]＋原級＋ as A**」「A ほど…な～はない」も押さえておこう。

PLUS 「**no other ＋名詞**」の代わりに **nothing** を用いた最上級的意味を持つ定式化した原級表現である「**Nothing is so[as]＋原級＋ as A**」＝「**There is nothing so[as]＋原級＋ as A**」「A ほど…なものはない」，そして比較級表現の「**Nothing is ＋比較級＋ than A**」＝「**There is nothing ＋比較級＋ than A**」も頻出表現なのでここで押さえておきたい。

整理 69 最上級の意味を表す原級・比較級表現

Mt. Fuji is the highest of all the mountains in Japan. (最上級)
(富士山は日本で一番高い山だ)
＝ **No other mountain** in Japan is *so*[*as*] high *as* Mt. Fuji. (原級)

= **No other mountain** in Japan is *higher than* Mt. Fuji.（比較級）
= Mt. Fuji is *higher than* **any other mountain** in Japan.（比較級）
＊最上級表現の場合は「(the)＋最上級＋ of ＋複数名詞」の形で「～の中で最も…」の意味になることが多い。この場合，「of ＋複数名詞」が文頭にくる場合もあるので注意。
Time is the most precious thing of all.（最上級）
（時はすべての中で一番貴重である）
= **Nothing** is *so*[*as*] precious *as* time.（原級）
= There is **nothing** *so*[*as*] precious *as* time.（原級）
= **Nothing** is *more* precious *than* time.（比較級）
= There is **nothing** *more* precious *than* time.（比較級）
= Time is *more* precious *than* **anything else**.（比較級）

570 ① 基本

Nothing is more pleasant than traveling.
（旅行ほど楽しいものはない）
《Nothing is ＋比較級＋ than A》

▶ 問題 569 で扱った「**Nothing is ＋比較級＋ than A**」「A ほど…なものはない」が本問のポイント。「A が最も…」という最上級的な意味を表す表現。

571 ② 標準

At **no** time in my life have I been busier than I am today.
（私の人生で今日ほど忙しいときはなかった）
《at no time ...＋比較級＋ than ... today》

▶ 基本的には問題 570 と同じ考え方だが，名詞の比較ではなく，at no time in my life と today という副詞表現が比較対象と意識されたもの。この種の形は整序問題で出題されると，正答率が 10 %を切る。なお，本問のように，**否定の副詞句が文頭にくると** have I been といった**倒置形になる**点も注意。

572 ③ 基本

Churchill was a more successful statesman than **anyone** I ever knew.
（チャーチルは私が知っているだれよりも成功した政治家だった）
《比較級＋ than anyone ...》

▶ 問題 569 で述べた「**比較級＋ than anyone**」の形が本問のポイント。本文の anyone の後には関係代名詞 whom[that]が省略されている。

573 ② 基本

In those days artists wanted, more than **anything** else, to express their own emotions.
（当時，芸術家たちは他の何よりも自分自身の感情を表現したがった）
《比較級＋ than anything else》

▶ 問題 569 で述べた「**比較級＋ than anything else**」の形がポイント。本問のように比較対象が英文中に割り込んでくることがある点は，読解上も大切。

574 ④　基本

The next train will be **less** crowded than this one.
（次の電車は，この電車ほど混んでいないだろう）
《than の前には比較級》

▶ **than の前には**，rather，other などと対応している場合を除けば，**比較級が必要**なので，④ less を選ぶ。本問は問題 551 で述べた「**less ＋原級＋ than ...**」「…ほど～でない」の形。原級比較で本問を表現すると以下のようになる。
The next train will not be *so*[*as*] crowded *as* this one.

575 ①　標準

You are **less likely** to gain weight in summer than in winter because you tend to lose your appetite when it is hot.
（冬よりも夏の方が体重が増える可能性は少ない，なぜなら暑いときは食欲が減退しがちだからだ）
《less ＋原級＋ than ...》

▶ 問題 574 で述べたように，than の前では比較級が必要。したがって，「**less ＋原級＋ than ...**」「…ほど～でない」の形になるが，① less likely と② less unlikely の選択は文意から決定することになる。
▶ **be likely to do**「…しそうだ」⇔ **be unlikely to do**「…しそうもない」は重要表現。

576 ②　基本

She is **more shy** than unsociable.
（彼女は無愛想というよりもむしろ内気だ）
《more A（原級） than B（原級）》

▶ shy の比較級は shyer[shier]だが，同じ人[物]の異なる性質を比べるときは，**more A（原級） than B（原級）「B というよりはむしろ A」**の形を用いる。
! ③ shyer にしないこと。She is shyer than となれば，than 以下には「彼女」の比較対象となる「人」がこなければならない。

577 ④　標準

Science is far **more than** a collection of facts and methods.
（科学は，単に事実と方法論の集積では決してない）
《more than A》

▶ **more than A** は，「A より多い」の他にも，「**A 以上のものである→単に A ではない**」の意味を表すことがある。**A には動詞・形容詞・副詞・名詞のいずれもくる。**なお，**far** は比較級強調表現。

第2章

578 ② 発展

The population of San Francisco is **less than one tenth** that of Tokyo.
(サンフランシスコの人口は，東京の人口の 10 分の 1 以下だ)

《less than A》

▶ **less than A** は，「A より少ない」の意味を表す。

PLUS **less than** を形容詞の前に置くと強い否定の意味を表すことも押さえておきたい。「**less than** ＋**形容詞**」「**決して…ない**」で押さえておこう。

His answer was *less than* polite.（彼の返答は決して丁重なものではなかった）

▶ **one tenth A** は「A の 10 分の 1」の意味。なお，分数表現は分母を序数詞で表し，分子を基数詞で表すが，分子が 2 以上の数の場合，分母は複数形になる。**3/10 ＝ three(-)tenths**

579 ① 基本

My camera is **much** better than yours.
(私のカメラはあなたのカメラよりずっといい)

《much の用法 —— 比較級強調表現》

▶ **much** は**比較級強調表現**としての用法があり，比較級の前に置いて「はるかに…」の意味を表す。

整理 70 比較級・最上級の強調表現

比較級の強調表現

much，**far**，**still**，**even**，**by far**，**a lot**，**lots**，**a great[good] deal**

最上級の強調表現

by far，**much**，**far**，**very**

＊ただし，very は「**the very ＋最上級（＋名詞）**」の語順になることに注意。

She is *by far* the best swimmer in her class.
＝ She is *the very best* swimmer in her class.
（彼女はクラスでずば抜けて泳ぎがうまい）

580 ① 標準

The female lion, contrary to popular belief, is **a far better** stalker and hunter than the male lion.
(一般に信じられているのとは反対に，メスのライオンはオスのライオンよりも，獲物に忍び寄ったり，獲物を追うのがはるかにうまい)

《far の用法 —— 比較級強調表現》

▶ 問題 579《整理 70》で取り上げた**比較級の強調表現の far** が本問のポイント。

581 ② 標準

It was always difficult to enter university, but it is harder than **ever** now.
(大学に入学するのは，常に難しかったが，現在はこれまでになく難しい)

《**比較級＋ than ever**》

▶「**比較級＋ than ever**」は「**これまでになく…**」の意味を表す。最上級的な意味を表す成句表現として押さえておこう。

582　③　基本

This wine is **inferior** to that in flavor.
（このワインはあのワインより味が劣っている）

《**ラテン比較級 —— be inferior to A**》

▶ **be inferior to A** はラテン比較級と呼ばれる表現で「A より劣っている」の意味を表す。inferior のようにラテン語に由来する形容詞は比較対象を示すのに than ではなく to を用いることに注意。押さえておくべきラテン比較級は以下のとおり。

整理 71　ラテン比較級

be inferior to A「A より劣っている」
be superior to A「A より優れている」
be senior to A「A より先輩だ／A より年上だ」
be junior to A「A より後輩だ／A より年下だ」
be preferable to A「A より好ましい」

583　②　基本

His paper is superior **to mine**.
（彼の論文の方が私の論文よりも優れている）

《**be superior to A**》

▶ 問題 582《整理 71》で取り上げた **be superior to A**「A より優れている」が本問のポイント。本問は his paper との比較だから，mine（＝ my paper）が to の後にくる。

584　④　基本

He is ten years senior **to** you.
（彼の方があなたより 10 歳年上だ）

《**be senior to A**》

▶ 問題 582《整理 71》で取り上げた **be senior to A**「A より年上だ」が本問のポイント。なお be senior to A は年齢に関係がなく「A より先輩だ／A より位が高い」の意味で使われることの方が多く，本問のような「A より年上だ」の意味を表す場合，英作文では be older than A を使う方がよい。
Although he only joined the firm last year, he *is senior to* me already.
（彼は昨年会社に入ったばかりだが，すでに私より地位が高い）

拡充 14　**名詞として用いる senior, junior**

senior「先輩／年長者」，junior「後輩／年少者」という名詞として用いる表現がある。

He is senior to me. = He is my *senior*. = I am his *junior*.
（彼は私の先輩だ／彼は私より年上だ）　（私は彼の後輩だ／私は彼より年下だ）

585　②　標準

For a growing child a small town seems **preferable to** a large city.
（育ち盛りの子どもにとって，小さな町は大きな都市よりも望ましいように思われる）
《be preferable to A》

▶ 問題 582《整理 71》で取り上げた **be preferable to A**「A より好ましい」が本問のポイント。本英文では seem preferable to A の形で用いられている。

586　③　標準

Which is **the more expensive** of the two?
（2 つのうちでどちらの値段が高いのですか）
《the ＋比較級＋ of the two》

▶「**the ＋比較級＋ of the two（＋複数名詞）**」の形で「2 つ［2 人］の中でより…」の意味を表す。「2 つ［2 人］の中でより…なもの」という場合はそれ自体特定のものになるので，比較級の前に定冠詞の the がつくことに注意。

587　②　標準

The harder Bob rowed the boat, **the farther away** he got.
（ボブはボートを懸命に漕げば漕ぐほど，ますます遠く離れていった）
《the ＋比較級 …, the ＋比較級 〜》

▶「**the ＋比較級 …, the ＋比較級 〜**」は「**…すればするほど，ますます〜**」の意味を表す。本問は，he got far away「彼は離れていった」の形から，副詞句 far away の「the ＋比較級」である the farther away を節の頭に置いた形となる。

588　③　基本

I like the boy **all the** better for his naughtiness.
（わんぱくなのでなおさらその少年が好きです）
《(all) the ＋比較級＋ for …》

▶「**(all) the ＋比較級＋ for ＋名詞［because S ＋ V …］**」は「**（…なので）それだけ〜**」の意味を表す。

PLUS この表現では，「for ＋名詞」，because 節が比較級の後に続くと一般に言われるが，**if** 節や **when** 節，**because of A** などの群前置詞，**分詞構文**などさまざまな形と対応して，「(all) the ＋比較級」が用いられることがあるので注意。なお，all は用いない場合も多い。

If you start now, you will be back *all the sooner*.
（今出発すれば，あなたはそれだけ早く帰れるでしょう）

589　③　標準

We had been complaining to the director. And one of my colleagues said, "Don't talk back to him. That'll make it **all the worse**."

(私たちは部長に不平を訴えてきた。そうしたら，同僚の 1 人が「彼に口答えするな。口答えすると，状況をよりいっそう悪化させる」と言った)

《all the ＋比較級》

▶ 問題 588 でテーマ化した「**(all) the ＋比較級**」が主語と対応した形。主語 that に「口答えをするならば」という「条件」の意味が含まれており，「(all) the ＋比較級」がその意味と対応している。「for ＋名詞」や because 節があとに続かない「(all) the ＋比較級」の形があることに注意。本問は以下のように書きかえられる。
If you talk back to him, it will be *all the worse*.

▶ **talk back to A**「A に口答えする」は重要表現。

590　②　発展

Although intonation is seldom taught in language courses, it is **none the less** important for communicating accurately.

(言語講座ではイントネーションはめったに教えられないけれども，それでもイントネーションは正確に意思を伝えるためには重要だ)

《none the less ＋原級》

▶ 問題 588，589 でテーマ化した「(all) the ＋比較級」「(…なので) それだけ～」の否定形である「**none the ＋比較級**」は「**(…だからといって) 少しも～ない**」の意味を形成する (この場合の none は副詞)。この「none the ＋比較級」の比較級に否定の内容を持つ「less ＋原級」を用いると，二重否定の意味が生まれ，「**none the less ＋原級**」は「**(…だが) にもかかわらず～**」の意味を形成する。本問では although 節を受けて，「にもかかわらず重要だ」と述べたもの。

PLUS なお，**none the less** だけで，「少なく」の意味の little の比較級として，以下のようにも用いる。
We like her *none the less* for her faults.
(彼女には欠点があるにもかかわらず，私たちは彼女のことが好きだ。←彼女の欠点のために，彼女を好きな度合いが少なくなることはない)

591　②　基本

He knows little of mathematics, **still less** of chemistry.

(彼は化学は言うまでもなく数学もほとんど知らない)

《, still less ...》

▶ 否定文･否定的内容の文に続けて「**, still less ...**」を置くことによって，「**…は言うまでもなく／ましてや…ない**」の意味を表す。「**, much less ...**」も同じ意味を表す。

PLUS 肯定文に続ける場合は，「, much more ...」を用いるが，その用例は今ではまれ。

592 ①　基本

It was about a mile to the base of the hill, and from the bottom it looked impossible to walk up, **much less** run.
(丘のふもとまで約 1 マイルだった。また丘の下からは，走って登ることはもちろん，歩いて登ることも不可能なように思われた)

《, much less ...》

▶ 問題 591 で扱った「**, much less ...**」「**…は言うまでもなく／ましてや…ない**」が本問のポイント。

▶ 考え方は，問題 591 と同じ。「歩いて登ることは不可能に見えた」という文意が否定的内容だから，それに対応させて① much less を選ぶこと。

593 ③　発展

You are no **better** at remembering things than I am.
(君はぼくと同様，物覚えが悪い)

《no ＋比較級＋ than A》

▶ 「**no ＋比較級＋ than A**」「A 同様…ではない」を理解するには「**not ＋比較級＋ than A**」との違いを考える。「not ＋比較級＋ than A」は「A より…ということはない」の意味で，A と同等かそれ以下という比較の差を表す普通の比較級だが，強い否定の意味を持つ no を用いた「no ＋比較級＋ than A」は「no ＋比較級」で「全く…ない」といった絶対性を表すので，than 以下は比較の差を示す対象としてではなくて「no ＋比較級」の内容をより明白にするための例としての役割を果たす。したがって，「A 同様…ではない」の意味を持つ。例えば，He is *no richer than* I am. は「彼は私同様金持ちでない」の意味になる。結論として，「no ＋比較級＋ than A」の no は，㋐「**比較の差をゼロにし**」，㋑「**no の後の語を意味的に否定する**」という働きがあると考えればよい。本問は，You are not good at remembering things. という文を「no ＋比較級＋ than A」で書いたもの。㋐の観点から，You ＝ I が成り立つことに注意。

▶ **no better than A** は次のようにも用いるが，考え方は同じ。
He is *no better than* a beast.
(彼はけだものも同然だ←彼はけだものと同じくらいひどい)

594 ④　標準

I am no **more** able to operate this machine than he is.
(ぼくは，彼同様，この機械を操作できない)

《A is no more B than C is D.》

▶ **A is no more B than C is D.**(動詞は be 動詞と限らないが，便宜的に is で表記しておく) は「**C が D でないのと同様に A は B でない／A が B でないのは C が D でないのと同様である**」の意味になる。

▶ **A is no more B than C is D.** は，問題 593 で扱った「**no ＋比較級＋ than A**」「A 同様…ではない」の考え方を公式的に拡大し，B，D に形容詞・副詞以外に名詞や動詞なども用いるようになったものである。no の㋐「比較の差をゼロにする」

という働きから A is B ＝ C is D が成り立ち，㋑「no の後の語を意味的に否定する」という働きから，肯定表現の more を意味的に否定して否定的視点から述べることになる。よって「C が D でないように A は B でない／ A が B でないのは C が D でないのと同様だ」の意味となる。なお本問のように，「C is D」の箇所に A is no more B との共通語句がある場合，省略することが多い。B，D に名詞・動詞がくる例は以下を参照。

He is no more *a fool* than you (are).

（あなたがばかでないのと同様に，彼もばかではない）

I can no more *swim* than a stone can.

（石が泳げないのと同様に，私はまったく泳ぐことができません）

595　④　発展

No one can tell another person in any definite way how he should spend his free time, **any more than** how he ought to breathe.

（だれも他の人にいかにして自由な時間を使うべきかをはっきりと言えないのは，いかにして呼吸すべきかを言えないのと同じだ）

《A is not B any more than C is D.》

▶ **A is not B any more than C is D.「C が D でないのと同様に A は B でない／ A が B でないのは C が D でないのと同様である」**は問題 594 でテーマ化した **A is no more B than C is D.** と同意になる。no が not と any に分解された形。なお，本問は，否定の not が，文の主語 No one に吸収されていると考えればよい。また，共通語句の省略が行われるのも A is no more B than C is D. と同じ。問題 594 参照。

596　④　標準

Sunlight is no **less** necessary to good health than fresh air.

（新鮮な空気が健康にとって必要なように，日光も健康にとって必要である）

《A is no less B than C is D.》

▶ **A is no less B than C is D.** が本問のポイント。考え方は問題 594 で述べたとおり。問題 593 で述べた no の働きから ㋐ A is B ＝ C is D が成り立ち，㋑ less は否定表現だから二重否定の意味が生まれ，肯定的視点から述べることになる。したがって，**「C が D であるように A は B である／ A が B なのは C が D なのと同じだ」**の意味となる。なお，A is no less B than C is D. でも本問のように，「C is D」の箇所に A is no less B との共通語句がある場合，省略することが多い。

597　④　標準

My students were few in number, **no more than** four or five altogether.

（私の学生は数が少なく，全部で 4 ～ 5 人しかいなかった）

《no more than A》

▶ **no more than A** は**「わずか A ／ A しか…ない」**の意味を表す。**only A** とほぼ同意。考え方は，以下参照。

整理 72 no more than A など

なかなか覚えにくい表現のようだが，問題 593 から述べてきた「not ＋比較級＋ than A」，「no ＋比較級＋ than A」の違いを認識していれば容易。
- **not more than A**「多くとも A ← A 以上ではない」＝ **at most A**
- **not less than A**「少なくとも A ← A 以下ではない」＝ **at least A**
- **no more than A**「わずか A ／ A しか…ない」（←㋐ A と同じだが，㋑ more の反対（少ない）という視点から）＝ **only A**
- **no less than A**「A も（たくさん）」（←㋐ A と同じだが，㋑ less の反対（多い）という視点から）＝ **as many as A**（数の場合），**as much as A**（量の場合）　問題 564，565 参照。

598 ①　標準

There was an audience of **no less than** four thousand at the concert yesterday.
（昨日のコンサートには，4,000 人もの聴衆がいた）

《no less than A》

▶ **no less than A** は「**A も（たくさん）**」の意味を表す。問題 597《整理 72》参照。なお，本問の no less than A は **as many as A**（問題 564 参照）とほぼ同意。

599 ③　標準

Determining the sex of an unborn baby used to be impossible, but **not any more**.
（以前は胎児の性別を判断するのは不可能であったが，もはやそうではない）

《not ... any more》

▶ **not ... any more[anymore]**＝ **no more** は「**もはや…ない／それ以上…ない**」という強い否定の意味を表す。本問は but 以下で省略が行われている。but (determining the sex of an unborn baby is) not (impossible) any more と考える。

600 ②　標準

My brother has **many more** good books than I have.
（私の兄は，私よりずっと多くの良書を持っている）

《many more ＋複数名詞＋ than A》

▶「**many more ＋複数名詞＋ than A**」は「**A よりずっと多くの…**」の意味を形成する。一般に比較級を強調するには much（問題 579 参照）を用いるが，much は「more ＋複数名詞」を強調できないことに注意。「**more ＋複数名詞**」を強調するには通例，**many** を用いる。

PLUS なお，「**more ＋不可算名詞**」を強めるのは **much** である。
You will need *much* more money than you do now.
（君は今よりもずっと多くのお金が必要になるだろう）

601 ③　標準

She knew **better** than to ask such a stupid question.

(彼女はそんなばかげた質問をするほど愚かではなかった)

《know better than to do》

▶ **know better than to do** は「**…するほど愚かではない**」の意味を表す成句表現。そのまま覚えておこう。

▶ 以上，問題 569 ～ 601 は比較級を用いた比較表現に関する問題。

602　④　標準

She was **by** far the best singer in the class.

(彼女はクラスの中で，断然歌が一番うまかった)

《by far の用法 —— 最上級強調表現》

▶ 最上級を強調する **by far** を完成させる。問題 579《整理 70》参照。

603　④　標準

Sapporo is the fifth **largest** city in Japan.

(札幌は，日本で 5 番目に大きな都市だ)

《the ＋序数＋最上級》

▶「**the ＋序数＋最上級**」は「…番目に～」の意味を表す。

604　③　標準

I don't have the **faintest** idea of the result.

(私は，その結果についてまったくわかりません)

《not have the faintest idea》

▶ **not have the faintest[slightest ／ least] idea (of A ／ wh- 節)** は「**(A について／…か) まったくわからない**」の意味を表す。最上級表現には，even「…さえも」の意味が含まれることがあり，本問の表現は「最もぼんやりとした考えさえもない」の意味から生じたもの。**have no idea (of A ／ wh- 節)** の強意表現として押さえておこう。

605　②　基本

I have just finished reading this book. It is really **one of the** best books I have ever read.

(私はたった今，この本を読み終えた。実際に，今まで読んだ中で最もよい本の 1 つだ)

《one of the ＋最上級＋複数名詞》

▶「**one of the ＋最上級＋複数名詞**」は「最も…な～の中の 1 つ[1 人]」の意味を形成する。この形の場合，必ず複数名詞になることに注意。正誤問題の頻出項目。

606　①　標準

There are three soccer teams in this town, **of** which ours is the best.

(この町にはサッカーチームが 3 つあるが，私たちのチームが一番だ)

《the ＋最上級＋ of A (複数名詞)》

▶「**the ＋最上級＋ of A (複数名詞)**」は「A の中で一番…」の意味を表す。「A の中で」

を表すときに，**A が構成要素を表す複数名詞の場合は of A** を用い，**A が範囲を表す単数名詞の場合は in A** を用いることに注意。in A は以下の例参照。なお，本問の which は this town でなく three soccer teams を指す。
Who is the fastest runner *in* this class?
(このクラスで一番速く走る人はだれですか)

607 ② 標準

The place is at its **best** in spring.
(その場所は，春が一番よい)
《at one's best》

▶ **at one's best** は「**最もよい状態で**」の意味を表す成句表現。
PLUS **at best**「よくみても／せいぜい」の用法と混同しないこと。
She is *at best* a second-rate novelist.（彼女はせいぜい二流の小説家だ）

608 ② 標準

Lost things have a way of appearing when **least** expected.
(なくしたものは，一番予期せぬときに出てくるものだ)
《least の用法》

▶ **least** は「**最も少ない(く) ／一番…でない**」の意味で用いられる。本問は，文意から一番自然なものを選択すればよい。なお，when の後には they(＝lost things) are が省略されている。
▶ 以上，問題 602 ～ 608 は最上級を用いた比較表現に関する問題。

Extra

E-108 ① any more than you don't → any more than you do 標準

Your wife doesn't like it **any more than you do** when your neighbor tells you yours is a wonderful family, even while he is saying mean things about you behind your back.
(君の奥さんは君と同様，近所の人にすてきなご家族ですねと言われても，一方で陰口をたたかれるのは，気に入らない)
《A is not B any more than C is D.》

▶ 問題 595 でテーマ化した **A is not B any more than C is D.**(動詞は be 動詞と限らないが，便宜的に is で表記しておく)「C が D でないのと同様に A は B でない／A が B でないのは C が D でないのと同様である」が本問のポイント。この構造では，than 以下は否定の内容を表すが，形は肯定でなければいけないことに注意。問題 593，594 参照。
▶ **behind A's back**「A のいない所で／内緒で」は押さえておくべき成句表現。なお，本問の **mean** は形容詞で「**意地の悪い／不愉快な**」の意味。

E-109 ④ time → times 標準

Advertising targets children as never before. These days ＄3 billion is spent annually

on advertising that is directed at kids — more than 20 **times** the amount a decade ago.
(広告は，かつてないほど子どもをターゲットにしている。近頃は，子どもを対象にした広告に年間 30 億ドルが使われている。これは，10 年前の 20 倍を超える金額である)

《... times the ＋名詞》

▶ 問題 554 でテーマ化した「**... times the ＋名詞 (＋ of A)**」が本問のポイント。

▶ **more than A**「A 以上」は重要表現。

E-110　③ very → much または far など　標準

For the first time in a very long time, Miranda felt safe. She had handed a heavy burden to someone **much** better qualified than she to deal with it. It was a wonderful, suddenly overwhelming feeling of relief.
(ミランダは本当に久しぶりにほっとした。彼女は重荷を，彼女よりはるかに手際よく対処できる人に引き渡したのだ。それはすばらしい，不意に圧倒されるほどの安心感だった)

《much の用法 —— 比較級強調表現》

▶ **very は形容詞・副詞の原級を強調する**が，比較級は強調しない。**比較級を強調するのは much**，**far** などであった。問題 579《整理 70》参照。

▶ **for the first time in a long time**「久しぶりに」は押さえておくべき成句表現。なお，第 2 文は **hand A to B**「A を B に (手) 渡す」の形になっているが，B の部分が難しい。someone much better qualified than she to deal with it「彼女よりもはるかに手際よくそれに対処する資格のある人」の than she は，本来 someone ... to deal with it のあとにくるべきものだが，文のバランスを整えるために比較対象である than she が much better qualified のあとに繰り上げられた形となっている。

▶ **be qualified to do**「…する資格がある」は重要表現。

E-111　② many → much　標準

Samuel Johnson dominated the literary scene, not so **much** for what he wrote as for the manner of man he was.
(サミュエル・ジョンソンは文学界を席巻したが，それは，彼が書いた内容というよりはむしろ，彼の人間性によるものであった)

《not so much A as B「A というよりはむしろ B」》

▶ 問題 559 でテーマ化した **not so much A as B**「A というよりはむしろ B」の形に気づくかが本問のポイント。

▶ 本問の **manner** は「**種類**」(＝ **kind**，**sort**) の意味。the manner of man he was は「(当時の) 彼の人間性」の意味を表す。

E-112　④ novelist → novelists　標準

Charles Dickens was one of the most productive as well as one of the greatest **novelists** in English literature.
(チャールズ・ディケンズは英文学において，最も偉大であるばかりでなく，最も多作な小説家の 1 人であった)

《one of the ＋最上級＋複数名詞》

- ▶ 問題 605 でテーマ化した「**one of the ＋最上級＋複数名詞**」「最も…な～の中の 1 つ [1 人]」が本問のポイント。
- ▶ **A as well as B**「B 同様 A も」は押さえておくべき表現。

E-113 標準

Most people **agree that talking is preferable to** fighting.
(ほとんどの人が，殴り合いをするよりは話し合う方がましだと思っている)

《be preferable to A「A より好ましい」》

- ▶ 問題 585 でテーマ化した **be preferable to A**「A より好ましい」を用いるのが本問のポイント。問題 582《整理 71》も参照。

E-114 基本

Why is this **bag much more expensive than that one**?
(どうしてこのバッグはあれよりもずっと高いのですか)

《much の用法 —— much more expensive》

- ▶ 問題 579 でテーマ化した**比較級強調表現の much** を比較級の前におき，much more expensive than ... の形を想定すればよい。

E-115 標準

There is nothing more interesting than the Internet. (as 不要)
(インターネットほど面白いものはない)

《There is nothing ＋比較級＋ than A》

- ▶ 問題 569《整理 69》で扱った「**There is nothing ＋比較級＋ than A**」「A ほど…な～はない」を完成させる。as は使う余地がない。

E-116 標準

Her anxiety was all **the more pitiful to see because she** took such pains to hide it.
(必死に隠そうとしているので，彼女の心配ぶりは見るも余計に痛ましかった)

《all the ＋比較級＋ because S ＋ V ...》

- ▶ 問題 588 でテーマ化した「**all the ＋比較級＋ because S ＋ V ...**」「…なのでそれだけ～」を完成させる。
- ▶ **take pains to do**「…するのに苦労する」は押さえておくべき表現。複数形の **pains** は「**苦労**」の意味。

E-117 標準

I am **none the better for taking this** medicine.
(この薬を飲んでも少しもよくなっていないのだよ)

《none the ＋比較級＋ for ＋名詞》

- ▶ 問題 590 でテーマ化した「**none the ＋比較級＋ for ＋名詞**」「…だからといって少しも～ない」を完成させる。

E-118 標準

It took **no more than a week for him to** complete his essay.
(彼がレポートを仕上げるのに，1週間しかかからなかった)
《no more than A = only A》

▶ **It takes ＋時間＋ for A to do.**「Aが…するのに(時間が)～かかる」の構造を想定し，問題597でテーマ化した **no more than A**「わずかA／Aしか…ない」(＝**only A**)を用いて「時間」を表現すればよい。

E-119 標準

In the 21st century, we can expect scientific advances to give **more people than ever the means of leading** a comfortable and easy life.
(21世紀には，科学の進歩が，かつてないほど多くの人々に快適で楽な人生を送る方法を授けてくれることを，私たちは期待することができる)
《比較級＋ than ever「これまでになく…」》

▶ give A B「AにBを与える」を想定し，問題581でテーマ化した「**比較級＋ than ever**」「これまでになく…」を用いてAを more people than ever「これまでよりも多くの人々」とまとめる。

[12] 名詞の語法

609 ③ 基本

I have done all of **my homework** and I'd like to take a short break.
(宿題を全部やってしまったので少し休みたい)

《注意すべき不可算名詞 homework》

▶ **homework** は不可算名詞(数えられない名詞)なので，不定冠詞の a はつかないし，複数形もない。

整理 73　入試でねらわれる不可算名詞

日本人には数えられると思われる名詞でも，英語では不可算名詞になっているものがねらわれる。まとめてすべて記憶しておこう。

advice「忠告」，**baggage**「手荷物」，**luggage**「手荷物」，**furniture**「家具」，**homework**「宿題」，**housework**「家事」，**information**「情報」，**machinery**「機械」(**machine** は可算名詞)，**news**「知らせ」，**poetry**「詩」(**poem** は可算名詞)，**scenery**「風景」(**scene** は可算名詞)，**damage**「損害」，**harm**「損害」，**fun**「楽しみ」，**progress**「進歩」，**traffic**「交通(量)」，**weather**「天候」

＊ advice から scenery までは **a piece of A**「1個の A」，**two pieces of A**「2個の A」などの形で数を表すことができる。

610 ② 基本

I wish he would give me **some information** about the college.
(その大学について彼から多少なりとも情報が得られればいいのだがなあ)

《some ＋不可算名詞 —— some information》

▶ **information** は不可算名詞なので，不定冠詞の an はつかないし，複数形もない。問題 609《整理 73》参照。また，不可算名詞には many はつかない。

▶「**some ＋不可算名詞**」は「多少の…／いくらかの…」の意味を表す。ただし，漠然とした程度を表すので，日本語訳に，対応する語が現れないことが多い。

611 ② 基本

My father never gave me **much advice**.
(父は私に決して多くの助言はしなかった)

《much ＋不可算名詞 —— much advice》

▶ **advice** は不可算名詞なので，不定冠詞の an はつかないし，複数形もない。問題 609《整理 73》参照。

▶ much は「**much ＋不可算名詞**」の形で「たくさんの…」の意味になるのであった。問題 405《整理 55》，407 参照。

612　①　標準

The beef and orange negotiations did not make **any progress** last week.
(先週は牛肉とオレンジの交渉はまったく進まなかった)
《not ... any ＋不可算名詞 —— not ... any progress》

▶ **progress**「進歩」は不可算名詞。問題 609《整理 73》参照。なお，not が any と呼応し「まったく…ない」の意味を表す全否定となっていることにも注意しよう。

613　③　基本

A few years ago our apartment had **little** furniture in it.
(2 ～ 3 年前，私たちのアパートには家具はほとんどなかった)
《little ＋不可算名詞 —— little furniture》

▶ **furniture** は不可算名詞。問題 609《整理 73》参照。
▶ little は「**little ＋不可算名詞**」の形で「ほとんど…ない」の意味になるのであった。問題 405《整理 55》参照。

614　④　基本

We have just bought two **pieces** of furniture.
(私たちはちょうど家具を 2 つ購入したところだ)
《a piece of で数える不可算名詞 —— two pieces of furniture》

▶ 不可算名詞 **furniture を具体的に数える場合には a piece of** を使う。「2 つの家具」のように複数形にする場合は piece を複数形にして **two pieces of furniture** と表現することに注意。問題 609《整理 73》参照。

615　①　基本

He had to carry **much luggage** from his house to the station.
(彼は家から駅までたくさんの荷物を運ばなければならなかった)
《不可算名詞の luggage —— much luggage》

▶ **luggage**[**baggage**]「手荷物」は不可算名詞。問題 609《整理 73》参照。
! ③ three pieces of luggages は **three pieces of luggage**「3 つの手荷物」なら可。問題 614 参照。

616　②　標準

Her sister bought three **pairs** of stockings yesterday.
(彼女の姉は昨日 3 足のストッキングを買った)
《a pair of を用いる名詞 —— three pairs of stockings》

▶ 対になっている衣類・器具を表す名詞を数える場合には **a pair of** を用いる。複数の場合には，問題 614 で扱った a piece of と同様に，pair を複数形にすることに注意。「3 足のストッキング」は **three pairs of stockings** と表現する。

整理 74 対になっている衣類・器具を表す名詞

stockings「ストッキング」, **shoes**「靴」, **socks**「靴下」, **pants**「ズボン」, **trousers**「ズボン」, **scissors**「はさみ」, **glasses**「めがね」, **spectacles**「めがね」

617 ④ 標準

He always came to see me before **breakfast**.
(彼はいつも朝食前に私に会いに来た)

《冠詞がつかない breakfast —— before breakfast》

▶ meal 以外の食事を表す名詞 **breakfast**, **lunch**, **supper**, **dinner は通例無冠詞で単数形を使う**。

PLUS 形容詞で修飾されている場合と特定の食事を指す場合には冠詞がつくことに注意。
I had *an* early *lunch*. (私は早い昼食をとった)
He didn't like *the supper* his mother had prepared.
(彼は母の用意した夕食が気に入らなかった)

618 ③ 標準

There isn't **much** I can do to help, I'm afraid.
(残念ながら私が手助けできることはあまりないと思う)

《much の名詞用法》

▶ **名詞の much** は「たくさんのもの[こと]」の意味を表す。本問の場合, much のあとに目的格の関係代名詞が省略されていることに注意。

▶ 本問では not が much と呼応して「あまり…ない」の意味を形成している。

619 ③ 発展

She's very good at tennis, but she's not **much** of a swimmer.
(彼女はテニスはたいへん上手だが水泳はたいしたことはない)

《名詞 much の思いがけない意味 —— not much of a ...》

▶ much は **not much of a ...** の形で「**たいした…ではない**」の意味を表す。この形での much は名詞で「たいしたもの[こと]」の意味。慣用的な表現として押さえておこう。

620 ④ 基本

The fraction 11/16 is read as **eleven sixteenths**.
(分数の 16 分の 11 は'eleven sixteenths' と読む)

《分数表現の作り方 —— eleven sixteenths》

▶ **分数表現は分子が基数, 分母が序数で, 分子が 2 以上の場合は分母を複数形にする**。したがって,「16 分の 11」は **eleven sixteenths** と表現する。ハイフンを間に入れた, **eleven-sixteenths** も可。

621　①　基本

Be sure to remember **to change trains** at the next station.
（次の駅で列車を乗りかえることをくれぐれも忘れないように）

《常に複数形を用いる表現 —— change trains》

▶ **change trains** は「列車を乗りかえる」の意味を表す。train は必ず複数形になることに注意。乗りかえるためには 2 つの列車が必要なので trains と複数形になる。

▶ **be sure to do** 「必ず…する」は押さえておくべき表現。**remember to do** 「…することを覚えておく」と **remember doing** 「（過去に）…したことを覚えている」の区別は問題 209，210 参照。

整理 75　慣用的に複数形を用いる表現

change trains「列車を乗りかえる」
change planes「飛行機を乗りかえる」
change one's shirts「シャツを着替える」
shake hands「握手をする」
take turns (in / at) doing「交替で…する」
make friends「友だちになる」
exchange business cards「名刺を交換する」など

622　②　基本

I would like to make **friends** with someone from another country.
（私は外国人と友だちになりたい）

《make friends with A》

▶ **make friends with A** は「A と友だちになる」の意味を表す。friends は必ず複数形になることに注意。友だちになるには自分と相手という 2 人以上の人間が必要だと考えればわかりやすい。問題 621《整理 75》参照。

623　③　基本

We shook **hands** and said goodbye at the end of our journey.
（私たちは旅の終わりに握手をして別れた）

《shake hands》

▶ **shake hands** は「握手をする」の意味を表す。問題 621《整理 75》参照。
PLUS 「A と握手をする」は **shake hands with A** と表現することも押さえておく。

624　④　標準

They drove to San Francisco taking **turns** at the wheel.
（彼らはサンフランシスコまで，交替で運転しながら車で行った）

《take turns at the wheel》

▶ **take turns at the wheel** は「交替で運転する」の意味を表す。**turn** は「**順番**」を表す名詞で，複数の人がいないと交替できないので，複数形の turns になると考えればわかりやすい。

PLUS 同意表現の **take turns driving (a car)** もここで押さえておこう。問題 621《整理 75》参照。take turns (in / at) doing の in / at は省略されることが多い。

625 ③ **標準**

After a terrible argument we weren't on speaking **terms**.
(激しい口論のあと，私たちは口もきかない間柄になった)

《複数形で特別な意味を持つ名詞 —— be on ... terms (with A)》

▶ **be on ... terms (with A)** は「**(A とは) …の間柄である**」の意味を表す。term の複数形 **terms** はこの形では「間柄」の意味。なお，**speaking** は「話をするような」の意味を表す形容詞だが，他にも **good**，**bad**，**friendly**「友好的な」，**visiting**「行き来するような」などの形容詞もよく用いられる。

整理 76 複数形で特別な意味を持つ名詞と表現

be on ... terms (with A)「(A とは) …の間柄である」(**terms** は「間柄」の意味)
arms「武器」，**customs**「関税／税関」，**forces**「軍隊」，**goods**「商品」
manners「礼儀作法」，**means**「資産／収入」，**works**「工場」
take pains「苦労する」(**pains** は「苦労／骨折り」の意味)
put on airs「気取る」(**airs** は「気取った様子」の意味)
a man of letters「文学者」(**letters** は「文学」の意味)
give A my (best) regards = **give my (best) regards to A**「A によろしく伝える」(**regards** は「よろしくというあいさつ」の意味)
be in high spirits「上機嫌である」(**spirits** は「気分」の意味)

626 ④ **標準**

The boy took great **pains** to solve the problem.
(その少年はその問題を解くのにとても苦労した)

《take pains「苦労する／骨を折る」》

▶ 不可算名詞の **pain** は「苦痛」の意味だが，複数形の **pains** では「苦労／骨折り」の意味になる。問題 625《整理 76》参照。**take pains「苦労する／骨を折る」**で押さえておこう。

627 ③ **標準**

He was one of the most famous men of **letters** of his time.
(彼は当時の最も著名な文学者のうちの 1 人だった)

《letters の意味 —— a man of letters》

▶ **a man of letters** は「**文学者**」の意味を表す。複数形の **letters** は「文学」の意味。問題 625《整理 76》参照。

▶「**one of the ＋最上級＋複数名詞**」「最も…な～の中の 1 つ [1 人]」の形を再確認しておこう。問題 605 参照。

628 ② 標準

Please give him my best **regards**.
(彼によろしくお伝えください)
《regards の意味 —— give A my (best) regards》

▶ **give A my (best) regards = give my (best) regards to A** は「**A によろしく伝える**」の意味を表す。慣用表現として押さえておく。この **regards** は「**よろしくというあいさつ**」の意味。問題 625《整理 76》参照。

PLUS 同意表現の **remember me to A ／ say hello to A** もここで押さえておこう。

629 ② 発展

You are living beyond your **means**.
(君は身分不相応な暮らしをしている)
《means の意味 —— live beyond one's means》

▶ **live beyond one's means** は「収入の範囲を超えて生活をする」の意味を表す。この **means** は**複数扱い**で「**資産／収入**」の意味。問題 625《整理 76》参照。

PLUS **live within one's means**「収入の範囲内で生活をする」も一緒に覚えておこう。

▶ 以上，問題 625 ～ 629 は複数形で特別な意味を持つ名詞に関する問題。

630 ③ 標準

We must avoid violence, and struggle for independence by peaceful **means**.
(我々は暴力を避け，独立のために平和的な手段で戦わなければならない)
《単複同形の means「手段」》

▶ 問題 629 でテーマ化した **means**「**資産／収入**」は常に複数扱いの名詞だが，「**手段／方法**」**を意味する means は単数形と複数形が同じ形**の名詞。本問の means は複数扱いだが，**a means of transport**「交通手段」のように，means を単数扱いにする場合もあることに注意。

631 ③ 標準

My secretary has a good **command** of English.
(私の秘書は英語を自在にあやつれる)
《command の思いがけない意味 —— have a good command of A》

▶ **have a good command of A** は「**A(言語など)を自在にあやつれる**」の意味を表す慣用表現として押さえておく。この **command** は「**(言語などを)自由にあやつる能力**」の意味。

PLUS **command** には「**見晴らし／展望**」の意味もある。この command は **S have (the) command of A** の形で「S から A が見渡せる」の意味を形成する。一緒に押さえておこう。なお，動詞の command の用法は，問題 397 参照。
The hill *has* (*the*) *command of* the whole town.（その丘から町全体が見渡せる）

632 ① 標準

Our trip to Kyoto was just great. Among other things, I enjoyed your **company**.

(京都への旅行は実にすばらしかったですね。とりわけご一緒できて楽しかったです)

《注意すべき company の用法》

▶ **company** には「**同伴/同席**」の意味を表す用法がある。本問の **I enjoyed your company.**「ご一緒できて楽しかったです」はよく用いられる表現。

PLUS **in A's company / in the company of A**「A と一緒に」の形も頻出なので一緒に押さえておこう。

PLUS **company** は多義語として重要で,「**同伴/同席**」の他にも,「**仲間**」,「**来客**」,「**会社**」,「**交際**」の意味を表す。

▶ **among other things**「とりわけ」は押さえておくべき成句表現。

633 ③ 標準

I saw two tall **figures** walking slowly in the dusk.

(背の高い二つの人影が夕暮れの中をゆっくり歩いていくのを私は見た)

《注意すべき figure の意味》

▶ 本問の **figure** は「**人の姿/人影**」の意味を表す。

PLUS **figure** には「**人の姿/人影**」の他にも,「**数字**」,「**形態**」,「**容姿**」の意味を表すことも押さえておく。

634 ③ 発展

Everyone says that he is the very **image** of his father.

(彼は父親そっくりだとだれもが言っている)

《思いがけない image の意味》

▶ **image** には「**よく似た人[もの]**」の意味があり,**the image of A** で「**A の生き写し**」の意味を表す。

▶「**the very +名詞**」「ちょうどその…/ぴったりの…」もここで再確認しておこう。問題 492 参照。

635 ④ 標準

A nice roast chicken is one of my favorite **dishes**.

(おいしいローストチキンは私の気に入っている料理の一つです)

《注意すべき dish の意味》

▶ **dish** は一般に「**皿**」の意味で用いられるが,本問のように「**料理**」の意味で用いられることも多い。

636 ④ 標準

The weather is a **subject** we can talk about quite safely.

(天気は無難に話すことができる話題です)

《注意すべき subject の意味》

▶ **subject** には「**話題/主題**」の意味があることに注意。

637　①　発展

The factory is working below **capacity** because of a shortage of essential materials.
(その工場はなくてはならない原料が不足しているためにフル稼働していない)

《思いがけない capacity の意味》

▶ **capacity** は「**(潜在的な) 能力／才能**」を表す名詞だが，本問のように「**(工場などの) 生産能力**」の意味で用いられることがある。

PLUS **capacity** には「**(建物･乗り物などの) 収容能力**」の意味があることも押さえておこう。
The new stadium has a seating *capacity* of 50,000.
(新しい競技場は 5 万席の収容能力がある)

638　④　標準

The doctor wrote a letter to the **effect** that his daughter would soon get better.
(その医者は，彼の娘がまもなくよくなるという趣旨の手紙を書いた)

《注意すべき effect の意味 —— to the effect that 節》

▶「**to the effect that 節**」は「**…という趣旨の[で]**」の意味を表す。この形の effect は「**趣旨／意味**」を表す。慣用表現として押さえておこう。

PLUS この effect を用いた **to that effect**「**そのような趣旨の[で]**」も頻出。

639　④　発展

"Sit down!" Morel repeated. Clara took off her things and laid them on the couch. She had a slight **air** of resentment.
(モレルは「座ってください」とくり返し言った。クララは自分の衣服を脱いで，診察台の上に置いた。彼女はいくぶん憤慨した様子だった)

《思いがけない air の意味》

▶ **air** は一般に「空気／大気」の意味で用いられるが，本問のように「**外見／様子**」の意味で用いられることがある。

PLUS 複数形の **airs** は「**気取った様子**」であり，**put on airs** で「**気取る**」の意味であることも再確認しておこう。問題 625《整理 76》参照。

640　③　標準

Whether used as a reference book or read cover to cover, this dictionary is a **must** for the bookshelf.
(参考書として使うにしても初めから終わりまで読むにしても，この辞書は本棚になくてはならないものだ)

《注意すべき名詞 must の意味》

▶ **must** には名詞用法があり「**必見[必読／必修]のもの／不可欠なもの**」の意味を表す。

641　③　標準

He is entitled to have a **say** in the decision.

(彼はその決定において発言権を与えられている)

《注意すべき名詞 say の意味》

▶ **say** には名詞用法があり「**発言権／言い分**」の意味を表す。

▶ **be entitled to do**「…する資格[権利]がある」は重要表現。

642 ② 標準

The human suffering which smoking causes is far more serious than the economic **price** which society has to pay.

(喫煙が引き起こす人的被害は，社会がそれに支払わなければならない経済的代償よりもはるかに深刻である)

《注意すべき price の意味》

▶ **price** は一般に「**価格**」の意味で用いられるが，本問のように「**代価／代償**」の意味で用いられることがある。

643 ④ 発展

He was out of **humor** as he had lost his wallet.

(彼は財布をなくしてしまって不機嫌だった)

《思いがけない humor の意味 —— out of humor》

▶ **humor** は「**おかしみ／ユーモア**」の意味で用いられることも多いが，**out of humor** の形で「**不機嫌で**」の意味を表す。この **humor** は「**気分／機嫌**」の意味。

PLUS 同意表現の **in a bad humor**，反意表現の **in a good humor**「**上機嫌で**」もここで押さえておこう。

644 ② 発展

What **line** are you in?

(あなたの職業は何ですか)

《注意すべき line の意味 —— What line are you in?》

▶ **line** は「**職業／商売**」の意味で用いられることがある。**What line (of business [work]) are you in? = What's your line?**「**職業は何ですか**」は定式化された表現として押さえておこう。

PLUS **line** には「**一筆／短信**」の意味もあり，**drop A a line** で「**A に一筆書く**」の意味を表す。この表現もここで一緒に覚えておこう。

645 ④ 標準

He is a man of his **word**, so if he said he'd help, he will.

(彼は約束を守る人だから，手伝うと言ったならば手伝ってくれるだろう)

《注意すべき word の意味 —— a man of his word》

▶ **a man of his word** は「**約束を守る人**」の意味を表す。word は **one's word** の形で「**約束**」の意味を表すことがある。

PLUS **keep[break] one's word**「**約束を守る[破る]**」もここで押さえておこう。

646　③　発展

It's an awful **shame** your wife couldn't come. I was looking forward to meeting her.
(あなたの奥さんが来られなくて非常に残念だ。彼女とお会いするのを楽しみにしていたのに)

《思いがけない shame の意味 —— It's a shame that 節》

▶ 「**It's a shame that 節**」は「**…なのは残念だ**」の意味を表す。この場合の **shame** は **pity** と同意で「**残念なこと／遺憾なこと**」の意味を表すことに注意。

PLUS 同意表現の **It's a pity that 節**もここで押さえる。

! ① shocking にしないこと。an awful (　　) は「an ＋形容詞＋名詞」となるはずだから (　　) には名詞が入る。shocking「衝撃的な」は名詞ではなく形容詞。② wrong は名詞用法もあるが，可算名詞では「悪事／不正行為」の意味なので文意に合わない。④ deplore は「…を遺憾に思う」の意味を表す動詞なので不可。

647　①　標準

I told you over and over again, but you still failed to understand the **nature** of your task.
(私は何度も繰り返し君に言ったが，君はそれでも自分の仕事の本質を理解できなかった)

《注意すべき nature の意味》

▶ **nature** は「自然」の他にも，本問のように「**本質／性質**」の意味で用いられることがある。

▶ **over and over (again)**「何度も何度も」は押さえておくべき成句表現。

! 「仕事の義務[本分]」と考えて④ duty としないこと。task は「義務としてやるべき仕事[務め]」の意味であり，duty のニュアンスが含まれることに注意。

648　②　基本

Nobody is free of **faults**. We are not perfect.
(欠点のない人はいない。私たちは完璧ではないのだ)

《fault の意味》

▶ **fault** は「**短所／欠点**」の意味を表す。

PLUS fault は通例，**A's fault** で「**A の責任[過失]**」の意味も表すことに注意。

It's all *my fault* that we have not finished the work.
(仕事が終わっていないのはすべて私のせいです)

649　①　標準

This **safe** is for keeping valuables in.
(この金庫は貴重品を入れておくためのものです)

《思いがけない名詞 safe の意味》

▶ **safe** には名詞用法があり「**金庫**」の意味を表す。

650　③　標準

Because Mary had refused his offer, John was in no **mood** to enjoy the weekend.

(ジョンはメアリーに申し出を断わられたので，週末を楽しく過ごす気分になれなかった)

《mood の意味 —— be in no mood to do》

▶ **be in no mood to do [for doing]** は「**…する気分になれない**」の意味を表す。**mood** は「**気分／心理状態**」の意味。慣用的な表現として押さえておこう。

651 ③ 標準

His plan leaves no **room** for change.

(彼の計画には変更の余地がない)

《思いがけない不可算名詞 room の意味 —— room for A》

▶ 不可算名詞の **room** は「**余地／場所／空間**」の意味を表す。本問の room は「**余地**」の意味で，**room for A**「**A の余地**」の形で用いられることも多い。

PLUS there is 構文の **There is no room for A.**「A の余地はない」も頻出なので，ここで押さえておきたい。

There is no room for doubt about his guilty.

(彼が有罪であることに疑いの余地はない)

652 ① 標準

In the bus, the boy made **room** for an old woman.

(バスでその少年はおばあさんに席を譲った)

《思いがけない不可算名詞 room の意味 —— make room for A》

▶ 問題 651 でテーマ化した **room**「**場所／空間**」を用いた **make room for A** は「**A に席を譲る／A に場所をあける**」の意味を表す。慣用的な表現として押さえておこう。

653 ② 標準

Everything is in good **order**.

(万事順調にいっている)

《注意すべき order の意味 —— in order》

▶ **in order** は「**順調で／適切で**」の意味を表す。この **order** は「**正常な状態**」の意味。

PLUS 反意表現の **out of order**「**調子が狂って[故障して]／不適切で**」も頻出表現。

654 ④ 標準

A: Would you like a cup of tea?

B: Only if it's not too much **trouble**.

(A「お茶を一杯いかがですか」 B「あまりご面倒でなければいただきます」)

《注意すべき trouble の意味》

▶ **trouble** は「もめごと／紛争」の他にも，「**面倒／苦労**」の意味で用いられることがある。

655 ② 標準

It will be to his **advantage** if he studies hard in college.

(大学で勉学に励めば，彼にとって有利になるだろう)

《advantage の意味 —— to A's advantage》

▶ **to A's advantage** は「**A にとって有利に**」の意味を表す。**advantage** は「**有利／好都合**」の意味。慣用的な表現として押さえておく。

656　④　標準

What **qualifications** do you have for this job?

(この仕事に対してどんな資格をお持ちですか)

《qualification の意味と用法》

▶ **qualification** は通例，複数形で「(**職などにつくための**) **資格／適性**」の意味を表す。**the qualifications for A**「A の資格／適性」，**the qualifications to do**「…する資格／適性」の形で用いられることが多い。

657　②　標準

Her **successor** will continue her research even if she fails.

(彼女が失敗しても，後継者が彼女の研究を続けるだろう)

《注意すべき successor の意味》

▶ **successor** は「**後継者／後任者**」の意味を表す。動詞 succeed (to A)「(A の) あとを継ぐ」の派生語。

! ① **succession** も succeed の派生語だが，「**継承／相続／連続**」の意味なので不可。

658　③　標準

We don't sell foreign newspapers because there is no **demand**.

(需要がないので外国の新聞は売っていない)

《注意すべき demand の意味》

▶ **demand** は「要求」の他にも，「**需要**」の意味で用いられることがある。**supply**「**供給**」とともに押さえておこう。

! ① request にしないこと。名詞の **request** は「**頼むこと／依頼**」の意味なので文意に合わない。② order も不可。名詞の **order** は「**注文**」の意味なので，文意に合わない。

659　②　標準

The generation **gap** makes it difficult for parents to understand their children's opinions.

(世代の断絶のために親は子どもの意見を理解するのが難しい)

《注意すべき gap の意味 —— the generation gap》

▶ **the generation gap** は「**世代の断絶**」の意味を表す。**gap** は本来は「**すき間**」を表すが，本問のように「(**見解などの**) **相違**」を表すこともある。the generation gap は英作文でも用いることがあるのでしっかり覚えておこう。

660 ③ 標準

It's not his **place** to tell me what to do.
(私に何をすべきか命令するのは彼の役目ではない)

《注意すべき place の意味 ── A's place》

▶ **place** は **A's place** で「**A の役目／A の役割**」の意味を表す。本問のように形式主語を用いた，**It is A's place to do**「A は…する役目だ／…するのは A の役割だ」の形で用いることもある。

661 ③ 発展

Keiko is such a tidy person. Every pot and pan is in its **place**.
(ケイコは非常にきちょうめんな人なので，すべての鍋類はあるべき場所に置かれている)

《注意すべき place のもうひとつの意味 ── in A's place》

▶ **place** には「**あるべき場所／置き場所**」の意味もあることに注意。**in A's place** は「**A のあるべきところに**」の意味を表す。

PLUS **in A's place** には「A のあるべきところに」の他にも「**A の代わりに**」(= **in place of A** ／ **instead of A**)や「**A の立場に**」の意味があることも押さえておこう。
I attended the meeting *in his place*.（彼の代わりに会議に出席した）
Put yourself *in his place*.（彼の身になってみなさい）

662 ① 標準

I'm sorry we gave you such short **notice** of our visit.
(こんなに急に私たちの訪問をお知らせして申し訳ありません)

《注意すべき notice の意味》

▶ **notice** には「注意／注目」の他にも，「**知らせ／通知**」の意味で用いられることがある。**short notice** は「**急な知らせ**」の意味。

PLUS **on[at] short notice**「急に」の形で用いられることも多い。
Tom was dismissed *on*[*at*] *short notice*.（トムは急に解雇された）

663 ④ 発展

The political scandal was brought to **light** by two journalists.
(その政治スキャンダルは 2 人のジャーナリストによって暴露された)

《思いがけない light の意味》

▶ **bring A to light** は「**A を明るみに出す／A を暴露する**」の意味を表す。この場合の **light** は「**明るみ／露見**」の意味。慣用的な表現として押さえておこう。

PLUS **come to light**「明るみに出る／ばれる」も重要成句表現。

664 ② 標準

Tom was late for class, as is often the **case**.
(よくあることだが，トムは授業に遅刻した)

《注意すべき the case の意味 ── as is often the case (with A)》

▶ **as is often the case (with A)** は「**(A には) よくあることだが**」の意味を表す。

この場合の **the case** は「**事実／実情**」の意味。なお，as は前文の内容を受ける関係代名詞だが，定式化された表現として覚えておこう。

665　③　　標準

If better employment opportunities can be provided in small towns, the **movement** of country folk to the cities can be slowed.
（小さな町でもっと条件のよい雇用機会を提供できれば，田舎の人たちの都会への移住は緩和することができる）

《注意すべき movement の意味 ―― the movement of A to B》

▶ **movement** には「**(人々の) 移動／移住**」の意味があることに注意。**the movement of A to B**「A が B へ移住すること」は **A move to B**「A が B へ移住する」の文が名詞化された形。

❗ ② **motion** は「**動いている状態／(過程や天体などの) 運動**」を表すもので「人々の移住」には使えない。motion は **a train in motion**「動いている列車」，**the motion of the planets**「惑星の運行」などで押さえておこう。

666　②　　標準

Susan hadn't seen him for twenty years, and he seemed a total **stranger**.
（スーザンは彼に 20 年会っていなかったので，彼がまったく見知らぬ人のように思われた）

《stranger の 2 つの意味》

▶ 本問の **stranger** は「**(人にとって) 見知らぬ人**」の意味。

PLUS **stranger** が「**(場所に) 不案内な人／不慣れな人**」を表すことも一緒に押さえておこう。

I'm quite *a stranger* in this town.（この町はまったくの不案内です）

667　④　　標準

"Did you put the money in the bank?"
"I deposited part of it and spent the **rest**."
(「そのお金を銀行に預けましたか」「一部を預金して残りは使いました」)

《注意すべき rest の意味 ―― the rest (of A)》

▶ **rest** は **the rest (of A)** で「**(A の) 残り**」の意味を表す。この意味では必ず定冠詞がつくことに注意。

PLUS **rest** は「**休み／休憩**」の意味もある。**take a rest**「ひと休みする」で覚えておこう。

668　②　　標準

The rich merchant adopted the boy and made him his **heir**.
（その金持ちの商人はその少年を養子にして自分の跡取りとした）

《つづりと発音を間違えやすい heir の意味》

▶ **heir** は「**(遺産の) 相続人／跡取り**」の意味を表す。発音問題にも頻出。発音は [éər]。

! ① **hare** は「ノウサギ」, ③ **hire** は「使用料」, ④ **hive** は「ミツバチ(の巣箱)」の意味。

669 ② 標準

At this bar they never sell liquor **on credit.**
(このバーでは決して酒をつけで売らない)

《注意すべき credit の意味 —— on credit》

▶ **on credit** は「**掛け売りで/つけで**」の意味を表す。この場合の **credit** は「**信用貸し**」の意味。成句表現として押さえておこう。

! ③ **in debt**「**借金して**」, ④ **for sale**「**売り物で**」は文意に合わない。

670 ② 発展

Mary's dream of going abroad finally became a **reality**.
(外国へ行くというメアリーの夢はついに現実のものとなった)

《reality の意味 —— become a reality》

▶ **become a reality** は「現実のものとなる/実現する」(= **come true**)の意味を表す。この場合の **reality** は「**現実(のもの)**」の意味。成句表現として押さえておこう。

! ① truth「真実」, ③ fact「事実」では文意に合わない。

671 ① 標準

You have the **alternative** of working hard or of leading a lazy life.
(一生懸命働くか, 怠惰な生活を送るか, あなたはどちらかを選ぶことができる)

《注意すべき alternative の意味》

▶ **alternative** には「**二者択一(の機会)**」の意味があることに注意。

PLUS **alternative** には「**(他に)代わるもの/別の手段[方法]**」の意味もある。以下はその例である。
The *alternative* to submission is death. (降伏に代わるものは死だけだ)

672 ④ 標準

Mr. White is honest; I mean "honest" in the broadest **sense** of the word.
(ホワイト氏は正直だ。これは最も広い意味で「正直」だということだ)

《注意すべき sense の意味 —— in a broad sense》

▶ **in a broad sense** は「**広義で/広い意味では**」の意味を表す。この場合の **sense** は「意味」。

PLUS **in a narrow sense**「狭義では/狭い意味では」も一緒に覚えておこう。

673 ② 基本

It is a pity that Mary has no **sense** of humor.
(メアリーにユーモアのセンスがないのは残念だ)

《sense のもう一つの意味 —— a sense of humor》

▶ **a sense of humor** は「**ユーモアのセンス／ユーモア感覚**」の意味を表す。この場合の **sense** は「**認識力**」の意味。

PLUS この意味の sense を用いた **a sense of direction**「**方向感覚**」, **a sense of beauty**「**審美眼**」も一緒に覚えておこう。

674 ①　標準

I bought **a paper** to find out what was happening.
(私は何が起こっているのか知るために，新聞を買った)

《注意すべき a paper の意味》

▶ **可算名詞**の **paper** は「**新聞**」の意味で用いられることがある。**a paper = a newspaper**「新聞」で押さえる。なお **a paper** は「**(研究) 論文**」を表すこともあるので一緒に覚えておこう。

PLUS **a daily paper**「日刊新聞」, **an evening paper**「夕刊」などもよく用いられる表現。

! **不可算名詞**の **paper** は「**紙**」の意味なので, ② a piece of paper「1 枚の紙」, ④ paper は不可。

675 ②　標準

Watching the football match on television was **fun**.
(テレビでそのフットボールの試合を観戦するのはおもしろかった)

《不可算名詞 fun の意味》

▶ **fun** は不可算名詞で「**おもしろいこと[もの／人]**」の意味を表す。**この意味の fun は通例，be 動詞の補語として用いる**。形式主語を用いた **It is fun doing ...**「…することはおもしろい」の形で用いられることも多い。本問は以下のように書くこともできる。

It was fun watching the football match on television.

! ① a funny は不可。funny は「こっけいな」の意味を表す形容詞。fun は不可算名詞なので③ funs や④ a fun も不可。

676 ②　標準

It is no **wonder** that a man of his ability is so successful.
(彼のような能力のある人が大成功をおさめるのは当然のことだ)

《注意すべき wonder の意味 —— It is no wonder that 節》

▶「**It is no wonder that 節**」は「**…するのは当然だ／不思議ではない**」の意味を表す。この場合の **wonder** は「**驚き／不思議**」の意味。

PLUS It is と that が省略された **No wonder + S + V ...** も会話表現でよく用いられるので押さえておくこと。

677 ①　標準

It makes no **difference** to me whether he comes or not.

(彼が来るか来ないかは私にとってはどうでもいい)

《difference の意味 —— It makes no difference to A whether 節》

▶ **It makes no difference to A whether 節**は「**…かどうかはAにとってどうでもいい**」の意味を表す。この場合の **difference** は「**相違(点)**」の意味。定式化された表現として押さえておく。

PLUS 同意表現の **It doesn't matter to A whether** 節もここで再確認しておくこと。問題273参照。

678 ② 基本

Catherine had no **intention** of spending the rest of her life working as a waitress.

(キャサリンは残りの人生をウェイトレスとして過ごすつもりはなかった)

《intention の意味 —— have no intention of doing》

▶ **have no intention of doing** は「**…するつもりはない**」(= **don't intend to do**) の意味を表す。**intention** は「**意図**」の意味。慣用的な表現として押さえておこう。

679 ④ 基本

Is there any **chance** of your coming to Tokyo again this year?

(あなたが今年また東京に来ることがありますか)

《chance の意味 —— Is there any chance of A('s) doing?》

▶ **Is there any chance of A('s) doing?** は「**Aが…する見込みはありますか**」の意味を表す。この場合の **chance** は「**見込み/可能性**」の意味。定式化された表現として押さえる。

PLUS **chance** には「**冒険/危険**」の意味もある。**take a chance**「**いちかばちかやってみる**」で押さえておこう。

680 ③ 標準

We'd better hurry. There's a **limit** to Uncle Timothy's patience.

(急いだ方がいい。ティモシーおじさんのがまんにも限度があるからね)

《limit の意味 —— There is a limit to A.》

▶ **There is a limit to A.** は「**Aには限界がある**」の意味を表す。**limit** は「**限度/限界**」の意味。定式化された表現として押さえる。

681 ③ 標準

In the advanced course, students must take objective tests at monthly **intervals**.

(上級コースの学生は月1回の間隔で客観テストを受けなければならない)

《interval の意味 —— at monthly intervals》

▶ **at monthly intervals** は「**月1回のペースで**」の意味を表す。この場合の **interval** は「**(時間の)間隔**」の意味。慣用表現としてそのまま覚えておこう。

PLUS この interval を用いた **at intervals**「**時どき**」や **after an interval of** X **years**「**X年ぶりで**」も一緒に押さえておこう。

682　①　　標準

She gave me **permission** to use her dictionary.
(彼女は私に辞書を使ってもよいと言った)
《admission と紛らわしい permission —— permission to do》

▶ permission は **permission to do** の形で「…してよいという許可」の意味を表す。**permission** は「**口頭・書類による許可／認可**」の意味。

❗ ② **admission** は「**入場の許可**」を表すので不可。また，admission to do の形もない。**admission to[into] A**「A への入場［入社／入学］許可」で押さえる。

683　①　　標準

I'd like to make **a reservation** for the express train that leaves at 6:00 p.m.
(午後 6 時発の急行列車の予約をしたい)
《appointment と紛らわしい reservation —— make a reservation for A》

▶ **make a reservation for A** は「**A の予約をする**」の意味を表す。**reservation** は「**(列車・ホテル・劇場の座席などの) 予約**」の意味。

❗ ③ an appointment は不可。**appointment** は「**(医者・美容院などの) 予約／(面会の) 約束**」の意味を表す。

684　④　　標準

I cannot see you tomorrow since I have **an appointment** to see Dr. Bean at 3:00.
(あなたに明日お会いすることはできません。というのは，3 時にビーン先生に診てもらう予約をしてあるからです)
《注意すべき appointment の意味》

▶ 問題 683 で扱った **appointment**「**(医者・美容院などの) 予約／(面会の) 約束**」が本問のポイント。

▶ 本問の **see A**「A (医者) に診てもらう」(= **consult A**) もここで再確認しておくこと。問題 398，399 参照。

❗ ③ a schedule にしないこと。**schedule**「予定表／時刻表」は schedule to do の形では用いない。

685　④　　標準

Since he is a born **pessimist**, he tends to look at the worst side of things.
(彼は生まれながらの悲観主義者なので，物事の一番悪い面を見る傾向がある)
《optimist と紛らわしい pessimist》

▶ **pessimist** は「**悲観主義者**」の意味を表す。なお，本問の **born** は「生まれながらの」の意味。

❗ 反意表現である③の **optimist**「**楽観主義者**」もここで押さえる。

686　①　　発展

In one year, Earth makes one **revolution** around the sun.
(1 年で，地球は太陽のまわりを 1 周する)

《rotation と紛らわしい revolution》

▶ **revolution** は「**(天体の) 公転**」の意味を表す用法がある。

! ② **rotation**「**(天体の) 自転**」もここで押さえる。

687 ③ 標準

The traffic was limited to one **lane** because the road was being repaired.

(道路の補修工事が行われていたため，通行は 1 車線に制限されていた)

《path と紛らわしい lane》

▶ **lane** は「**路地／(建物などにはさまれた) 小道**」の意味で用いられることも多いが，本問のように「**道路の車線**」の意味もある。**change lanes**「車線を変更する」，**a passing lane**「追い越し車線」などで覚えておこう。

! ① **path** は「**(人や動物が歩いてできた) 小道／(公園・庭園内の) 歩道**」，② **row** は「**街路／列**」，④ **aisle** は「**通路**」の意味。

688 ③ 標準

He is paving the garden **path** with flat stones of various shapes.

(彼は庭の散策路を様々な形の平らな石で舗装しているところだ)

《注意すべき path の意味》

▶ 問題 687 で扱った **path**「**(公園・庭園内の) 歩道**」が本問のポイント。

! ① **way** は「**道／道路**」，② **avenue** は「**大通り**」，④ **street** は「**街路／通り**」の意味。

689 ② 標準

It has been raining for five days in **a row**.

(5 日間連続で雨が降っている)

《もうひとつの row の意味》

▶ 問題 687 で扱った **row** には「列」の意味があり，**in a row** で「**1 列に**」の意味を表すが，**in a row** は，本問のように「**連続して**」(＝ **on end**) の意味もあることに注意。**for five days in a row**「5 日間連続で」で押さえておこう。

690 ③ 標準

In his shirt-sleeves he felt he wasn't properly dressed for the **occasion**.

(彼はワイシャツ姿で，その場にふさわしい格好をしていないことに気づいた)

《opportunity，chance と紛らわしい occasion》

▶ **occasion** は「**(特定の) 場合／時**」の意味を表す用法がある。本問はその用例。

▶ また **occasion** には「**機会／好機**」(＝ **opportunity**，**chance**) の意味があることも押さえておきたい。**opportunity**，**chance** と同様に，**occasion to do**「…する機会／好機」の形でよく用いられる。

I have never had *an occasion to meet her.*

(これまで彼女と会う機会が一度もなかった)

691　④　発展

His failure to show up for the nine o'clock class was a rather frequent **occurrence**.
(彼が9時の授業に姿を見せないのは，かなり頻繁にあることだった)

《accident と紛らわしい occurrence》

▶ **occurrence** は「**出来事／事件**」の意味を表す用法がある。

! ① **accident** は「(**偶然または不幸な**) **出来事／事故**」の意味。文意に合わない。③ **occasion** には「(**特別な**) **出来事／行事／儀式**」の意味があるが，やはり文意に合わない。

692　②　標準

In Africa today there are many people who do not have enough food, **clothing** or shelter.
(現在アフリカでは，衣食住が足りていない人々がたくさんいる)

《cloth と紛らわしい clothing》

▶ **clothing** は不可算名詞で「(**集合的に**) **衣類／衣料品**」の意味を表す。**food, clothing, or[and] shelter**「**衣食住**」は読解問題でも重要。

! ① **cloth** は「**布(地)**」。**clothes** であれば「**衣服**」の意味になる。

693　②　標準

If the sun is too hot, perhaps you would like to sit in the **shade**.
(ひなたが暑すぎるなら，日陰で座っていたいと思うかもしれない)

《shadow と紛らわしい shade》

▶ **shade** は「(**光の当たらない**) **日陰／陰**」の意味を表す用法がある。③ **shadow** は，光がさえぎられてできる黒い部分の「**影**」の意味。

694　④　標準

We secured a position where we could get a good **view** of the festival.
(私たちは祭りがよく眺められる場所を確保した)

《scenery，scene と紛らわしい view》

▶ **view** は「(**特定の場所から目に入る**) **眺め／風景**」の意味を表す用法がある。**get[have] a good[fine] view of A (from B)**「(B から) A がよく見える」の形で用いられることも多い。本問の view は，「私たちが確保した特定の場所からの眺め」の意味。

! ① **scenery**「**風景**」は不可算名詞なので不可。問題 609《整理 73》参照。good の前の a に着眼すること。③ **scene** も不可。scene には「**眺め／光景**」の意味があるが，view のように「特定の場所からの眺め」の意味はない。

695　②　基本

A **nephew** is a son of one's brother or sister.
(甥《おい》とは兄弟か姉妹の息子のことです)

《niece と紛らわしい nephew》

▶ **nephew** は「**甥**《おい》」。紛らわしい③ **niece** は「**姪**《めい》」の意味。

696 ③ 基本

My sister had a baby daughter yesterday, and she is my first **niece**.
（私の姉は昨日女の赤ちゃんを産んだ。その子は私にとって最初の姪《めい》になる）

《nephew と紛らわしい niece》

▶ 問題 695 で扱った **niece**「**姪**《めい》」が本問のポイント。

▶ 以上，問題 682 ～ 696 は「紛らわしい名詞」を中心にした問題。

拡充 15 **その他の意味が紛らわしい名詞**

flock「鳥や羊の群れ」と **herd**「牛や馬の群れ」と **school**「魚の群れ」
habit「個人的な習慣」と **custom**「社会的な習慣」
dentist「歯医者」と **surgeon**「外科医」と **physician**「内科医」
sample「（商品の）見本」と **example**「（人がまねる）手本／見本」
rule「（競技での）規則／ルール」と **order**「（社会の）規律／秩序」

697 ② 標準

He has three times the **number** of books that I have.
（彼は私が持っている本の 3 倍の数の本を持っている）

《the number of A「A の数」》

▶ **the number of A** は「**A の数**」の意味を表す。**A には必ず複数名詞がくる**ことに注意。

▶ **three times the number of A**「A の 3 倍の数」は問題 554 参照。

! ① dimension は **the dimensions of A** で「**A の寸法**」，③ size は **the size of A** で「**A の大きさ**」，④ volume は **the volume of A** で「**A の容積**」の意味を表す。

698 ① 標準

Many teachers object to the **amount** of time children spend playing games.
（子どもがゲームに費やす時間数に異議を唱える教師は多い）

《the amount of A「A の総計／総量」》

▶ **the amount of A** は「**A の総計／総量**」の意味を表す。**A には原則としてお金・時間・量・重さなどを表す不可算名詞**がくることに注意。**the amount of time** は「**時間数**」の意味。

! ② number を用いた **the number of A** の A は必ず複数名詞だった。問題 697 参照。③ sum は **the sum of A** で「**A の総額／合計／概要**」の意味だが，**the sum of 500 dollars**「総額 500 ドル」のように A に「お金」はくるが「時間」はこないことに注意。④ variety は **the variety of A** で「**A の多様性**」の意味。

699 ① 標準

Fruit trees require a large **amount** of space in which to grow.

(果実がなる樹木は，成長するためのかなり広い空間が必要である)

《a large amount of ＋不可算名詞「かなりの量[額]の…」》

▶「**a large amount of ＋不可算名詞**」は「**かなりの量[額]の…**」の意味を表す。問題 413 参照。

! ② number を用いた「**a large[great / good] number of ＋複数名詞**」「**かなりの数の…**」は問題 413 参照。

700 ①　標準

Since World War Ⅱ, a great **deal** of change has occurred in many parts of the world.

(第二次世界大戦以来，世界の多くの地域でたくさんの変化が起こってきた)

《a great deal of ＋不可算名詞「たくさんの…／多量の…」》

▶「**a great[good] deal of ＋不可算名詞**」は「たくさんの…／多量の…」の意味を表す。問題 413 参照。

701 ②　標準

The air becomes cooler in proportion to its **distance** from the ground.

(空気は地面からの距離に比例して冷たくなる)

《length と紛らわしい distance》

▶ **distance** は「**(ある点からある点までの) 距離／間隔**」を表す。

▶ **in proportion to A**「A に比例して」は押さえておくべき表現。

! ① **depth** は「**深さ／奥行き**」，③ **width** は「**広さ／幅**」の意味。④ **length** は「**特定の (物の) 長さ／距離**」を表す。本問の場合は，地上からの高さが増せばその距離も増すので length は不可となる。

▶ 以上，問題 697 ～ 701 は「数」「量」「単位」を表す名詞に関する問題。

702 ③　基本

There were about 200 **guests** asleep in the hotel when it caught fire.

(火災が発生した時，ホテルには約 200 名の客が眠っていた)

《「客」を表すさまざまな名詞 ―― guest の意味》

▶ **guest** は「**ホテルの客／招待された客**」を表す。

整理 77「客」を表すさまざまな名詞

guest「ホテルの客／招待された客」，**audience**「(劇場などの) 観客／聴衆」，**customer**「お店の客／顧客」，**client**「(弁護士などの) 依頼客」，**passenger**「乗客」，**visitor**「訪問客／来客／見舞客」，**spectator**「(スポーツなどの) 観客／見物人」，**patient**「患者」，**viewer**「テレビの視聴者」

703 ④　基本

A theatre in London normally has a bar where the **audience** can enjoy drinks during the intervals.

(通常，ロンドンの劇場には観客が幕間に酒を楽しめるバーがある)

第3章

《audience の意味》

▶「**劇場の観客**」は **audience** を用いる。問題 702《整理 77》参照。

704 ② 標準

The Star Supermarket was very successful this year; it had twice as many **customers** as last year.

(今年スター・スーパーマーケットは大成功を収めた。昨年の 2 倍の客があったのだ)

《customer の意味》

▶「**お店の客**」は **customer** を用いる。問題 702《整理 77》参照。

705 ② 標準

The **spectators** in the stands at the baseball game cheered their team on.

(その野球の試合で，スタンドの観客は自分たちのチームに声援を送った)

《spectator の意味》

▶「**スポーツなどの観客**」は **spectator** を用いる。問題 702《整理 77》参照。

▶ **cheer A (on)** は「A を声援する」の意味。

706 ② 基本

His clinic has lost many **patients** since the scandal.

(彼の診療所は，そのスキャンダル以来多くの患者を失っている)

《patient の意味》

▶ **patient** には「忍耐強い」という意味を表す形容詞用法以外に，「**患者**」の意味を表す名詞用法がある。問題 702《整理 77》参照。

▶ 以上，問題 702 ～ 706 は「客」を表す名詞に関する問題。

707 ③ 標準

Banks earn their living by lending money. They also receive **fees** for certain special services, such as safe-deposit boxes, money orders, and handling investments for individuals.

(銀行はお金を貸すことで収入を得ているが，貸金庫・為替・個人の投資業務などのような特別なサービスでの報酬も得ている)

《「金」を表すさまざまな名詞 ―― fee の意味》

▶ **fee** は「**専門職に対して支払う報酬[料金]**」を意味する。「銀行の仕事」も「専門職」なので fee を用いる。

! ④ **profit**「**利益**」にしないこと。receive profit とは言わない。**make[gain] profit** なら「利益を得る」の意味を表す。

整理 78「料金・お金」を表すさまざまな名詞

fare「乗り物の運賃」，**fee**「専門職に対して支払う報酬 [料金]／受験・入場・入会のための料金」，**pay**「(一般的な) 報酬／手当て」，**charge**「サービスに対して支払う料金／(電気・ガスなどの) 公共料金／使用料」，**cost**「経費／費用」，**tax**「税金」，**fine[penalty]**

「罰金」, **admission**「入場料」, **interest**「利子／利息」, **rent**「家賃／賃貸料」, **commission**「手数料／歩合」, **profit**「利益」, **check**「小切手」, **cash**「現金」, **change**「小銭／つり銭」

708 ②　標準

If both of us join the fitness club at the same time, the membership **fee** will be lower.
(私たち2人がそのフィットネス・クラブに同時に入会すれば，会費が安くなる)

《もうひとつの fee の意味》

▶ **fee** は **a membership fee**「会費」, **an admission fee**「入会金」, **an examination fee**「受験料」, **an insurance fee**「保険料」などのように，通例複合語で「**受験・入場・入会のための料金**」を表す。問題 707《整理 78》参照。

第3章

709 ①　基本

The bus **fare** from here to the university is 170 yen.
(ここから大学までのバス料金は，170円です)

《fare の意味》

▶「**乗り物の運賃**」は **fare** を用いる。問題 707《整理 78》参照。

710 ①　基本

The **cost** of living is going up continuously.
(生活費は引き続き上がっている)

《cost の意味 ―― the cost(s) of living》

▶ **the cost(s) of living** は「**生活費**」(＝ **living costs**)を表す。**cost** は「**経費／費用**」の意味。問題 707《整理 78》参照。

711 ②　標準

There is an extra **charge** for mailing packages by express mail.
(小包を速達で送ると割増し料金がいる)

《charge の意味》

▶ **charge** は「**サービスに対して支払う料金**」を表す。問題 707《整理 78》参照。**an extra charge for A** は「A というサービスに対する追加[割増し]料金」のこと。

712 ②　標準

Banks in Japan tend to offer much lower **interest** rates than in America or Britain.
(日本の銀行は，米国や英国の銀行よりもはるかに低い金利をつける傾向がある)

《interest の意味》

▶ **an interest rate** は「金利」表す。**interest** は「**利子／利息**」の意味。問題 707《整理 78》参照。

713 ①　標準

I want to make a phone call but only have a five-dollar bill. I need some **change**.

(私は電話をかけたいと思っているのですが，5ドル札しか持っていません。小銭が必要です)

《change の意味》

▶ **change** は不可算名詞で「**小銭／つり銭**」を表す。問題 707《整理 78》参照。

PLUS change を用いた **Keep the change.**「おつりはいいですよ」は会話表現で頻出。

! ② small cash は不可。**cash** は「**現金**」の意味。問題 707《整理 78》参照。

▶ 以上，問題 707 ～ 713 は「料金・お金」を表す名詞に関する表現。

714 ④ 標準

Some manufacturers went out of **business** because of the recent recession.

(製造業者の中には，最近の不景気のために廃業するものもいる)

《「仕事」を表すさまざまな名詞 ── go out of business》

▶ **go out of business** は「**廃業[倒産]する**」の意味を表す。この場合の **business** は「**事業**」の意味。

! ① work は不可。**out of work** は「**失業して**」の意味で文意に合わない。

整理 79 「仕事」を表すさまざまな名詞

business「事業／職務」，**work**「仕事」(不可算名詞)，**job**「仕事」(可算名詞)，**labor[toil]**「(work よりつらい)骨の折れる仕事」，**task**「課された仕事」，**occupation**「職業」，**profession**「専門職／知的職業」，**trade**「職業／商売」，**career**「経歴／(生涯の)仕事」

715 ① 基本

Mind your own **business**!

(君の知ったことか[自分のことだけ気にかけろ])

《Mind your own business.》

▶ **Mind your own business.** は「**君の知ったことか／大きなお世話だ**」の意味を表す。**one's business** は「**自分のやるべきこと／職務**」の意味。慣用的な表現として押さえておこう。

PLUS 同意表現の **(That's) none of your business.**／**That's no business of yours.**／**That's my business.** も覚えておくこと。

716 ① 標準

There are many students who are thinking of a **career** in tourism.

(観光業界の仕事を検討している学生は，たくさんいる)

《career の意味》

▶ **career** は「**経歴**」の他にも可算名詞として「**(生涯の)仕事／(専門的な)職業**」を表す。問題 714《整理 79》参照。

! ④ work は不可。「仕事」の **work は不可算名詞**。問題 714《整理 79》参照。**可算名詞の work** は **a work[works] of art**「芸術作品」のように，「**作品**」を表す。

717　④　標準

You did an excellent **job.**
（君は見事にやってのけた）
《可算名詞の job —— do an excellent job》

▶ **do an excellent job** は「見事にやってのける」の意味を表す。**job**「**仕事**」は可算名詞なので不定冠詞がついていることにも注意。

PLUS excellent の代わりに good や great を用いた **do a good[great] job**「うまくやってのける」もよく用いられる。「へまをする」であれば，**do a bad[poor] job** と表現する。慣用表現として押さえておこう。

718　③　発展

The father of Abraham Lincoln was a carpenter by **trade.**
（アブラハム・リンカーンの父の職業は大工だった）
《trade の意味 —— by trade》

▶ **trade** は「**貿易**」の他にも「**職業／商売**」を表すことがある。この trade を用いた **by trade** は「**職業は**」の意味を表す。by は **by name**「名前は」，**by birth**「生まれは」と同じ用法で「…に関していえば」の意味。

▶ 以上，問題 714 〜 718 は「仕事」を表す名詞に関する問題。

719　③　基本

He picked up a butterfly between his **thumb** and forefinger.
（彼は親指と人差し指でチョウをつまみあげた）
《手の指を表す名詞 —— thumb》

▶ **thumb** は「**親指**」の意味を表す。

▶「**人差し指**」は **forefinger ／ the index finger ／ the first finger**，「**中指**」は **the middle finger ／ the second finger**，「**薬指**」は **the ring finger ／ the third finger**，「**小指**」は **the little finger ／ the fourth finger** という。英語では通例 thumb を finger の中に入れないことに注意。

! ④ **wrist** は「手首」の意味。

720　①　基本

A **toe** is one of the five movable parts at the end of each foot.
（足の指とは両足の先端にある 5 つの動かすことができる部分の 1 つのことだ）
《足の指を表す toe》

▶ **finger**「**手の指**」に対して「**足の指**」は **toe** で表す。

PLUS「身体の部分」を表す名詞として次のものは覚えておこう。
forehead「額」，**temple**「こめかみ」，**chin**「あご」，**chest**「胸(部)」，**breast**「胸，乳房」，**armpit**「わきの下」，**back**「背中」，**waist**「腰」，**navel**「へそ」，**knee**「ひざ」，**elbow**「ひじ」，**shin**「向うずね」，**ankle**「足首」，**calf**「ふくらはぎ」，**heel**「かかと」

721 ① 標準

The words are on the tip of my **tongue**, but I don't quite know how to put what I want to say.

(口先まで言葉が出かかっているが，私は自分の言いたいことをどう述べたらいいのかよくわからない)

《tongue を用いた成句表現 —— on the tip of one's tongue》

▶ **on the tip of one's[the] tongue** は「**口先まで出かかって**」の意味を表す。成句表現として押さえておこう。なお，**tongue** は「**舌**」の意味。

722 ① 発展

Tom has **an eye** for modern painting.

(トムは現代絵画を見る目がある)

《eye を用いた成句表現 —— have an eye for A》

▶ **have an eye for A** は「**A を見る目がある**」の意味を表す。成句表現として押さえる。この場合の **an eye** は「**物を見る目[見分ける力]**」の意味。

723 ① 標準

The children were all **eyes** as their father carefully unwrapped the parcel.

(父親が小包を慎重に開けるのを子どもたちは目を皿のようにして見ていた)

《eye を用いた慣用表現 —— be all eyes》

▶ **be all eyes** は「**目を皿のようにして見る**」の意味を表す成句表現として押さえる。
PLUS **be all ears**「耳をそばだてる／一心に聞く」もここで押さえておこう。

▶ 以上，問題 719 ～ 723 は「身体の部分」を表す名詞に関する問題。

Extra

E-120 ③ two-third → two-thirds 標準

According to the Smythe Research Center, which studies consumer trends, **two-thirds** of parents say their kids define their self-worth in terms of possessions.

(消費者の動向を調査しているスマイス研究所によると，3 分の 2 の親が，自分たちの子どもは所有物の観点から自分の価値を決めていると言っている)

《分数の作り方—— two-thirds「3 分の 2」》

▶ **分数表現は分子が基数，分母が序数で，分子が 2 以上の場合は分母を複数形にする**のだった。したがって「**3 分の 2**」は **two-thirds** と表現する。問題 620 参照。

E-121 ② back to works → back to work 標準

I'll take a five-minute break and then get **back to work**. I'm really eager to finish the job this afternoon.

(5 分間の休憩を取ってから，仕事に戻ります。今日の午後には仕事を片づけてしまいたいと本当に思っているのです)

《get back to work「仕事に戻る」》

▶ **get back to work** は「仕事に戻る」の意味を表す。**work**「**仕事**」**は不可算名詞**

であることを再確認しよう。問題 714《整理 79》参照。

E-122　② a mean → a means　標準

Radio and television are important as **a means** of spreading ideas.
（ラジオとテレビは，考えを広める手段として重要である）

《a means of A「A の手段」》

▶ **means**「**手段**」は単数形と複数形が同じ形の名詞。**a means of A** で「**A の**（**ひとつの**）**手段**」を表す。問題 630 参照。

E-123　② informations → information　基本

These papers contain some **information** on the shortcomings of Japan's medical system.
（これらの論文には，日本の医療制度の欠点に関する情報がいくらか含まれている）

《不可算名詞 information》

▶ **information**「**情報**」**は不可算名詞**であった。問題 609《整理 73》，問題 610 参照。

E-124　② a very interesting news → very interesting news または a very interesting piece of news　基本

There was **very interesting news** on television this morning about pop music.
（今朝テレビで，ポピュラー音楽についてとても面白いニュースをやっていた）

《不可算名詞 news》

▶ **news**「**ニュース／知らせ**」**は不可算名詞**であった。問題 609《整理 73》参照。

E-125　③ card → cards　標準

In Japan, exchanging business **cards** or "meishi" is an indispensable part of doing business; it helps to indicate rank and credentials, and legitimizes an introduction.
（日本では，名刺交換は仕事をする上で欠くことのできない部分である。名刺交換はお互いの地位と資格を明らかにするのに役立ち，紹介を正式なものにする）

《exchange business cards》

▶ 問題 621《整理 75》でテーマ化した **exchange business cards**「名刺を交換する」が本問のポイント。

E-126　標準

We demand sufficient wage increases **to keep up with the rising cost** of living.
（生活費の上昇に対処できるだけの十分な賃金引き上げを要求する）

《the cost of living「生活費」》

▶ 問題 710 でテーマ化した **the cost of living**「生活費」を用いて文を完成する。

▶ **keep up with A**「A に遅れずについていく」は押さえておくべき表現。

E-127　標準

Statistics show that the estimated **number of people killed in wars all over the**

world was on the increase in the twentieth century.
(統計によれば，20 世紀において世界中で戦争のために死亡したと推定される人びとの数は増加した)
《the number of A「A の数」》
▶ 問題 697 でテーマ化した **the number of A**「A の数」を用いて，the estimated number of people と置き，過去分詞句の killed in wars all over the world を続けて主語を完成する。
▶ **be on the increase**「増加している」は重要表現。be increasing と同意。

E-128　基本

Let us be thankful for the poets. But **for them the rest of us** could not appreciate the world so deeply.
(詩人たちに感謝しよう。彼らがいなければ，残りの人々は世界をそれほど深く理解できないだろう)
《the rest of A「A の残り」》
▶ まず問題 111 でテーマ化した仮定法で用いる **but for A**「A がなければ」に着目し，But for them とまとめる。次に問題 667 でテーマ化した **the rest of A**「A の残り／残りの A」を用いて主語を完成すればよい。

[13] 代名詞の語法

724　③　基本

You can borrow an umbrella if you need **one**.
(傘が必要なら借りられます)
《one の用法 —— it との相違》
▶ **one は可算名詞の反復を避ける代名詞で，「a ＋可算名詞の単数形」を表し，不特定のものを指す。one は前述の不可算名詞を受けることはできない**点に注意。本問の one は不特定の傘である an umbrella を指す。
PLUS　one に形容詞がつくと，「**a[an]**＋形容詞＋ **one**」の形になる。
She is wearing a red dress, but *a blue one* would suit her better.
(彼女は赤い服を着ているが，青い服の方がもっと似合うだろう)
! ① it にしないこと。**it は「the ＋単数名詞（可算名詞および不可算名詞）」を表し，特定のものを指す。**

725　②　基本

She gave me a lovely watch, but I lost **it**.
(彼女はすてきな時計をくれたが，私はそれをなくしてしまった)
《it の用法 —— one との相違》
▶ **it は「the ＋単数名詞（可算名詞および不可算名詞）」を表し，特定のものを指す。**

本問の but I lost it は but I lost the watch のこと。

726　①　　標準

This rose does not smell as sweet as **the one** I bought the other day.
(このバラの花は先日私が買ったものほど甘い香りがしない)

《the one の用法》

▶ **one は名詞と同様に，関係詞節や修飾語句がついて限定されると定冠詞がつく。**本問は I bought the other day の関係代名詞節で限定しているので **the one** となる。

! ② **it は修飾節や句を伴えない**ので不可。

727　②　　標準

The earthquake was the biggest **one** that we had ever experienced.
(その地震は我々がこれまで経験した中で最大のものだった)

《the one の用法 —— the biggest one》

▶ 問題 726 でテーマ化した the one に形容詞(の最上級)がついた形。「**the ＋形容詞＋ one**」の形で押さえておく。

728　④　　標準

The new designs are much better than the old **ones**.
(新しいデザインの方が古いデザインよりもはるかによい)

《ones の用法 —— the old ones》

▶ **ones** は one の複数形で，前に出た名詞の複数形を表す不定代名詞。本問の ones は designs を表す。ones は，one と同様に定冠詞がついた「**the ones**」や「**形容詞＋ ones**」の形もとり得る。本問は，「**the ones**」に形容詞がついた「**the ＋形容詞＋ ones**」の形。

▶ ones は問題 724 の one のように単独で用いる用法はなく，常に形容詞や関係詞節などによって修飾される。

729　②　　標準

The only system which will help you remember what you hear at lectures is **that** of keeping notes.
(講義で耳にすることを覚えておくのに役立つであろう唯一のやり方はメモをとるというやり方です)

《名詞の反復を避ける that の用法》

▶ **that は名詞の反復を避ける代名詞**で，「**the ＋単数名詞(不可算名詞および可算名詞の単数形)」を表す**。本問の that は the system を表す。

▶ 代名詞 **it** も問題 725 で述べたように「the ＋単数名詞」を表すが，it は常に単独で用いる。一方，**that はあとに修飾語を伴うことができる**点に注意。

▶ **help A do**「A が…するのに役立つ」は問題 224 参照。

730 ④ 標準

This year's fashions are quite different from **those** of last year.
(今年のファッションは昨年とはまったく違う)

《名詞の反復を避ける those の用法》

▶ 空所に 2 語入れるとすれば the fashions が入る。しかし fashions が反復することになるので，それを避けるために「**the ＋複数名詞**」を表す **those** を用いる。

▶ 代名詞 them も「the ＋複数名詞」を表すが，**them は単独で用いる。一方，those はあとに修飾語を伴うことができる**ことに注意。

731 ④ 標準

Changes have taken place in many areas of national life, especially in **those** related to housing and employment.
(国民生活の多くの分野，特に住宅と雇用に関する分野で変化が起こっている)

《that と紛らわしい those》

▶ 問題 730 でテーマ化した those が本問のポイント。**those は名詞の反復を避ける代名詞**として「**the ＋複数名詞**」を表す。本問の those は the areas (of national life) を表す。なお，related 以下は those を後置修飾する過去分詞句。

▶ **take place**「起こる」，**be related to A**「A に関係する」はともに押さえておくべき表現。

! 空所が the national life と考えて② that を選ばないこと。

732 ② 基本

His lecture left a deep impression on the minds of **those** present.
(彼の講義は出席していた人びとの心に深い印象を残した)

《「人びと」を表す those —— those present》

▶ **those present** は「出席者」の意味を表す。**those** は「人びと」(＝ **the people**) を表す代名詞で，形容詞 present「出席している」に後置修飾されている。those (who are) present が本表現の前提となる形と考えればわかりやすい。

PLUS この those を用いた **those concerned[involved]**「関係者／当事者」，**those chosen**「選ばれた者」もここで押さえておこう。

733 ② 基本

We all consider **it** wrong to cheat in exams.
(私たちは皆，試験でカンニングをするのは間違っていると考えています)

《形式目的語の it —— consider it ＋形容詞＋ to do》

▶「**consider it ＋形容詞＋ to do**」は「…するのは～だと思う」の意味を表す。it は形式目的語で to do を指す。

734 ① 標準

I will see to **it** that everything is ready for the coming conference.
(今度の会議の準備が万全になるように，気をつけます)

《形式目的語の it —— see to it that 節》

▶ **see (to it) that 節**は「…するように気をつける／取り計らう」の意味を表す。it は that 以下を受ける形式目的語。慣用表現として押さえる。なお，to it は省略されることもあるので注意。

整理 80　形式目的語 it が that の直前にくる慣用表現

depend on[upon] it that 節「…するのをあてにする」
take it that 節「…だと思う」
have it that 節「…と言う」
see (to it) that 節「…するように気をつける」

735　④　標準

It happened that in August, 1984, my work obliged me to go to Okinawa.
(1984 年の 8 月，私は仕事でたまたま沖縄に行かなければならなくなった)

《非人称主語の it —— It happens that 節》

▶ **It happens[chances] that 節**は「たまたま…である」の意味を表す。it は特に指すものはなく **happen**，**chance**，**seem**，**appear**，**follow** などの動詞の主語として使われ，あとに that 節を従える用法がある。慣用的な表現として押さえる。

整理 81　非人称の it を用いた構文

(1) **It happens[chances] that 節**「たまたま…である」
It happened that she met him.（偶然彼女は彼に会った）
(= She happened to meet him.)
(2) **It seems[appears] that 節**「…のように思われる」
It seems that she is sick.（彼女は病気のようだ）
(= She seems to be sick.)
(3) **It follows that 節**「(したがって)…ということになる」
From this evidence *it follows that* she is guilty.
(この証拠から彼女は有罪ということになる)

736　④　基本

She is a lady and expects to be treated as **such**.
(彼女は貴婦人であり，そのような人として扱われるものと思っている)

《such の用法 —— as such》

▶ **as such** は「そういうものとして」の意味を表す。such は「そのような人[物／事]」を表す。such の代わりに one も可だが，入試ではほとんど such が問われる。

737　④　標準

Science as **such** is not primarily interested in the value or worth of things.
(科学はそれ自体としては物事の価値や値打ちにはそもそも関心がない)

《as such のもうひとつの意味》

▶ **as such** は通例名詞の直後に置いて「それ自体としては」の意味で用いられることもある。

738 ①　基本

His point of view is quite different from **mine**.
(彼の観点は私の観点とはまったく異なる)

《所有代名詞の用法 ―― mine》

▶ **mine は所有代名詞**で「**私のもの**」の意味。本問の mine は my point of view を表す。

! ② me にしないこと。「彼の観点」と比べる対象が「私」ではおかしい。

整理 82 人称代名詞

		主格	所有格	目的格	所有代名詞
1 人称	単数	**I**	**my**	**me**	**mine**(私のもの)
	複数	**we**	**our**	**us**	**ours**(私たちのもの)
2 人称	単数	**you**	**your**	**you**	**yours**(あなたのもの)
	複数	**you**	**your**	**you**	**yours**(あなたたちのもの)
3 人称	単数	**he**	**his**	**him**	**his**(彼のもの)
		she	**her**	**her**	**hers**(彼女のもの)
		it	**its**	**it**	―
	複数	**they**	**their**	**them**	**theirs**(彼らのもの)

＊ it の所有代名詞はないことに注意。

739 ④　基本

Take home **these paintings of his** and tell me what you think of them.
(これらの彼の絵を持って帰って，それをどう思うかを私に教えてください)

《所有代名詞の用法 ―― these paintings of his》

▶ his などの所有格は a，this，these，that，those，no，some，any などと一緒に並べて名詞を修飾することはできない。つまり，「これらの彼の絵」は② his these paintings や③ these his paintings とは表現できない。所有代名詞を用いて，「**不定冠詞および冠詞相当語(a，this，these，that，those，no，some，any など)＋名詞＋ of ＋所有代名詞**」**の語順**にして表現する。したがって，「これらの彼の絵」は④ **these paintings of his** となる。なお，of は「…の中の」の意味を持つ前置詞。

740 ④　標準

I can't stand **that nasty attitude of his** any longer.
(もうこれ以上彼のあのような不愉快な態度にがまんできない)

《所有代名詞の用法 ―― that nasty attitude of his》

▶ 問題 739 でテーマ化した「**that ＋名詞＋ of ＋所有代名詞**」が本問のポイント。

741　②　発展

It's nice if a child can have **a room of his own**.
（子どもが自分の部屋を持てればそれはいいことです）
《a room of his と紛らわしい a room of his own》

▶「**名詞＋ of A's own**」は「A 自身の…」の意味を表す。慣用的な表現として押さえておこう。

! ④ a room of his にしないこと。a room of his だと「子どもが持っているいくつかの部屋の中の 1 つ」の意味になって，文意に合わない。

742　②　基本

This glove is too big and the other is too small. **Neither** fits me, so they can't be mine.
（この手袋は大きすぎてもう一方は小さすぎる。どちらも私の手には合わないので，それらは私の手袋であるはずはない）
《対象が 2 つの neither の意味》

▶ **neither** は「どちらも…ない」の意味を表す代名詞。**neither は both に対応する否定語で，対象は 2 つ[2 人]である**ことに注意。**対象が 3 つ[3 人]以上の場合は none を用いる。**

743　④　基本

You can't have **either** of these two books — not this one, nor that one.
（この 2 冊の本は，この本もあの本も，どちらもあげられません）
《either の用法 —— not ... either》

▶ **not ... either** は「どちらも…ない」の意味を表す。**not ... either = neither** と押さえておこう。You can't have either of these two books は，neither を用いれば You can have neither of these two books となる。

744　④　標準

Study is necessary, and so is practice. The combination will give one the ability to communicate in a foreign language, but **either of them alone** will result in slow, incorrect speech.
（(外国語は)勉強することも練習することも必要だ。その 2 つを組み合わせることによって外国語でコミュニケーションできる能力が身につく。しかし，どちらか一方だけではのろく不正確な会話しかできないことになる）
《either の用法 —— either of them alone》

▶ **either** は肯定文で用いられると「㋐ **どちらか一方**，㋑ **どちらも**」という 2 つの意味を表す。対象は 2 つ[2 人]。本問の either of them alone は「それら 2 つのうちのどちらか一方だけ」の意味で，㋐の用法。

PLUS either は形容詞としても用いられ「**either ＋名詞**」で「㋐ **どちらかの…**，㋑ **どちらの…も**」という 2 つの意味を表す。なお，**either のあとの名詞は必ず単数形。**
以下は㋑「どちらの…も」の意味になる例。

There are many shops on *either side* of the street.
= There are many shops on *both sides* of the street.
（通りのどちらの側にもたくさんの店がある）

745　④　基本

You can write to me or come to see me. **Either** will do.
（私に手紙を書いても会いに来てもよい。どちらでもいいよ）

《either の用法 —— Either will do.》

▶ **Either will do.** は「どちらでもよい」の意味を表す。この場合の **either** は「**どちらも**」の意味。問題 744 参照。

PLUS 対象が 3 つ［3 人］以上の場合に用いる **Anything will do.**「何でもよい」も一緒に押さえておこう。

746　④　標準

None of these plans ever came anywhere near realization.
（これらの計画のうちどれもまったく実現しそうにもなかった）

《none の用法 —— none of A》

▶ **none of A**「A のうちどれ［だれ］も…ない」の意味を表す。**A には定冠詞や所有格で限定された複数名詞や them，us などの複数を表す目的格の代名詞がくる**。なお，none は対象が 3 つ［3 人］以上であることも再確認しておこう。問題 742 参照。

PLUS **none of A の A は限定された不可算名詞がくる場合もある。**
None of *the food* has gone bad.（その食物はどれも腐っていなかった）

747　②　発展

“How much gasoline is left in the tank?”　“**None**, I'm afraid.”
（「タンクにガソリンはどのくらい残っていますか」「まったくないと思います」）

《注意すべき none の用法》

▶ **none** は先行する名詞を受けて「**no ＋名詞**」を表し「何も…ない」の意味を表すことがある。本問の none は gasoline を受けて no gasoline を表す。したがって，None, I'm afraid. に省略された表現を補い，代用表現を復元すると There is no gasoline left, I'm afraid. となる。

! ③ Nothing を入れると，There is nothing left, I'm afraid.「どんなものも残っていないと思う」の意味になり，nothing がガソリン以外のものにまで言及することになるので，不可。

748　③　標準

There are a dozen of us in the group and **each** has his own special interest.
（そのグループには私たち 12 名がいるが，それぞれ自分独自の関心を持っている）

《each の用法》

▶ **each は「それぞれ／各々」の意味を表す代名詞**。**単数扱い**であることに注意。本問の場合，動詞が has であることに気づくこと。

PLUS　代名詞 each は **each of A** の形で「A のめいめい／各々」の意味を表す。**A には必ず定冠詞や所有格で限定された名詞や us や them などの目的格の代名詞がくる**。なお，**each of A は単数扱い**であることに注意。
Each of the brothers has a car.
（その兄弟はそれぞれ車を所有している）

! ① all は「人」を指す代名詞の場合は複数扱い。② every は形容詞であって代名詞として単独では用いない。「**every ＋単数名詞**」の形で使う。なお「every ＋単数名詞」は each 同様，単数扱い。

749　①　基本

Both of his parents are coming to Tokyo.
（彼の両親は上京する予定です）

《both の用法 —— both of A》

▶ 代名詞 **both** は **both of A** の形で「A の両方」の意味を表す。**A には必ず定冠詞や所有格で限定された名詞や us や them などの目的格の代名詞がくる**。なお，**both of A は複数扱いで対象が 2 つ[2 人]**であることに注意。

! 日本語に引きずられて② His both にしないこと。**both や all の前に所有格，冠詞，および these，those などが先行することはない**。なお，both of A の A に名詞がくる場合，of は省略できるので，**Both his parents** ならば可。

750　③　基本

Her report covered **all** of the information that we had to consider.
（彼女の報告書は，私たちが検討しなくてはならない情報をすべて網羅していた）

《all の用法 —— all of A》

▶ 代名詞 **all** は **all of A** の形で「A のすべて」の意味を表す。**A には必ず定冠詞や所有格で限定された名詞や us や them などの目的格の代名詞がくる**。なお，**all of A は複数扱いで対象が 3 つ[3 人]以上**であることに注意。

! ① many は不可。many of A の A は必ず複数名詞。② every は形容詞なので，every of A の形はない。問題 748 参照。④ both も不可。both of A の A も必ず複数名詞。

751　①　基本

Mr. Rose is a wonderful teacher. **All his students** love studying with him.
（ローズ先生は，すばらしい教師だ。彼の生徒は全員，彼のもとで勉強するのが大好きだ）

《all の用法 —— all his students》

▶ 問題 750 でテーマ化した **all of A**「A のすべて」の **A に名詞がくる場合 of は省略できる**。よって① All his students を選ぶ。all his students は all of his students の of が省略されたもの。

! ② Every one of his students は不可。**every one of A**「A のすべての人[もの]」**は単数扱い**。④ His all students も不可。**all の前に所有格が先行することはない**。

問題 749 参照。

752 ③ 標準

The Olympic Games are held **every** four years.
(オリンピック大会は，4年ごとに開催される)
《every の用法 —— every four years》

▶「**every ＋基数＋複数名詞**」は「…ごとに」の意味を形成する。基数のあとの名詞は必ず複数形にすることに注意。本問の **every four years** は「4年ごとに」の意味。

PLUS 同意表現の「**every ＋序数＋単数名詞**」もここで押さえておく。序数を用いる場合は必ず単数形であることに注意。「4年ごとに」であれば，**every fourth year** となる。

753 ③ 標準

I work **every other day**: Monday, Wednesday, and Friday.
(私は，月・水・金と1日おきに仕事をします)
《every の用法 —— every other day》

▶ every は **every other A** で「1つおきの A」の意味を表す。**every other day** は「1日おきに」の意味。

PLUS **on every other line**「1行おきに」もここで押さえておこう。

754 ① 基本

Any tourist naturally wants to see as much as possible of the country he is visiting.
(旅行者ならだれでも，訪れている国のできるだけ多くを見たいと思うのは当然です)
《any の用法 —— any A》

▶ 肯定文の中で用いられる「**any A**」は強意の意味が含まれ「どんな A も」の意味になる。

! ② Some，③ Few，④ A lot of は，あとに可算名詞を従える場合，複数形がくる。本問は tourist という可算名詞の単数形が空所のあとにきているので不可。

755 ② 標準

He left the office without saying a word to **anyone**.
(彼はだれにも一言も言わないで退社した)
《anyone の用法 —— 否定＋ anyone》

▶ **否定文で anyone が用いられると「だれも…(ない)」**の意味を表す。本問の場合は，without に否定の意味が含まれている。

756 ② 基本

"How about **some** more coffee?" "Yes, please."
(「コーヒーをもっといかがですか」「はい，お願いします」)
《勧誘を表す疑問文での some》

▶「**some ＋不可算名詞**」は「いくらかの…／多少の…」の意味を表す。

▶ 一般に疑問文・否定文・条件文では any を用いるが，**勧誘・依頼を表す疑問文では some を用いる**。なお，some，any はあとに可算名詞，不可算名詞のいずれも置ける点に注意。

757　③　標準

Some students in this university don't even know how to talk to teachers.
（この大学の学生の中には教師に対する口のきき方すら知らない者がいる）

《some A（複数名詞）―― some of A との相違》

▶「**some A**（**複数名詞**）」は「…する A もいる［ある］」の意味を形成する。

! ① Any にしないこと。**通例 any のあとに否定語を置くことはできない**。例えば，Any girls did not come. や Anybody doesn't know the fact. とは表現しない。それぞれ，No girls came. や Nobody knows the fact. と表現する。このことは正誤問題等でも頻出項目。問題 746 の **none of A**，問題 748 の **each of A**，問題 750 の **all of A** と同様に，**some of A** もまた A には必ず限定された名詞がくる。したがって，④ Some of は不可。Some of the なら，正答となりうる。

758　②　基本

Nobody could understand what he was saying.
（だれも彼の言っていることを理解することはできなかった）

《nobody の用法》

▶ **nobody** は「だれも…ない」の意味を表す。**単数扱いであることに注意**。

! ③ Anybody couldn't にしないこと。**通例 anybody のあとに否定語を置くことはできない**。問題 757 参照。

759　③　基本

A: What present shall I take to the party?
B: **Anything** will do.
（A「パーティーにどんなプレゼントを持っていきましょうか」　B「何でもいいよ」）

《anything の用法 ―― Anything will do.》

▶ **anything** は肯定文中で用いられると「どんな物［事］でも」の意味になる。**Anything will do.**「何でもよい」は成句表現として押さえておく。問題 745 参照。

PLUS **anything** は否定文で用いられると「何も／どれも(…ない)」の意味を表す。
I do *not* know *anything* about her. = I know *nothing* about her.
（彼女のことは何も知りません）

760　③　基本

After a long walk in the fields I wanted to drink **something cold**.
（野原を長い間歩いたあと，私は何か冷たいものが飲みたくなった）

《「something ＋形容詞」の語順》

▶ **不定代名詞 something，everything，anything，nothing を修飾する形容詞は**

第3章

後置されることに注意。「**something ＋形容詞**」で押さえておこう。

761 ④ 標準

He is **something** of a musician.
（彼はちょっとした音楽家だ）
《注意すべき something の用法 ―― something of a ＋名詞》

▶「**something of a ＋名詞**」は「ちょっとした…／かなりの…」（＝ **a fairly[quite] good ＋名詞**）の意味を表す成句表現として押さえておこう。

762 ③ 標準

He thinks himself to be somebody, but really he is **nobody**.
（彼は自分のことを大物だと思っているが，本当はたいした人物ではない）
《注意すべき somebody，nobody の意味》

▶ **somebody** は「**大物／重要人物**」，**nobody** は「**取るに足らない人物**」の意味で用いられることがあるので注意。

763 ④ 標準

There was always **something a little sad about** her.
（彼女にはいつも何か少し悲しそうなところがあった）
《There is something ＋形容詞＋ about A.》

▶ **There is something ＋形容詞＋ about A.** は「A にはどことなく…なところがある」の意味を表す。成句表現として押さえる。

▶ **anything ／ something ／ nothing** は成句表現を多く形成するが，以下のものを押さえておこう。

整理 83 something ／ nothing を用いた成句表現

(1) **There is something ＋形容詞＋ about A.**「A にはどことなく…なところがある」
(2) **have something to do with A**「A と何らかの関係がある」
(3) **have nothing to do with A**「A と何の関係もない」
(4) **There is something wrong [the matter] with A.**「A はどこか調子が悪い」
　＝ **Something is wrong [the matter] with A.**
(5) **nothing but A**「A だけ」＝ **only A**
(6) **There is nothing like A.**「A ほどよいものはない」
　＝ **There is nothing better than A.**

764 ③ 標準

There's **nothing** like a long hot bath after a day's climbing.
（登山の 1 日を終えたあと，熱いお風呂にゆっくりつかることにまさるものはない）
《There is nothing like A.》

▶ 問題 763《整理 83》で取り上げた **There is nothing like A.**「A ほどよいものはない」が本問のポイント。

▶ 以上，問題 759 ～ 764 は anything，something，nothing を中心とした問題。

765　④　基本

We talked **with each other about** what we ought to do.
（私たちは何をするべきか，お互いに話し合った）

《副詞句でなく代名詞の each other》

▶ **each other**「お互い」**は代名詞**であって，副詞句でないことに注意。本問は，**talk with A about B**「B について A と話をする」の A に each other が入った形。
PLUS each other と同意表現の **one another** も代名詞であることに注意。

766　③　基本

There are two reasons for our decision, and you know one of them.　Now I'll tell you **the other**.
（我々の決定には 2 つの理由があるが，あなたは 1 つは知っている。さてこれからもう 1 つの理由を話そう）

《one と相関的に用いる the other》

▶ **対象が 2 つ［2 人］の場合に，一方を one で，もう一方を the other で表す**。other は代名詞で「他の物［事／人］」の意味を表す。本問は「残っているもう 1 つの理由」を表すので，定冠詞の the で other を限定する必要がある。

！ ① another は不可。**another** は「an ＋ other」と考えればよい。other に不定冠詞の an がついているわけだから，本問の場合は「不特定の別の理由」を表してしまう。つまり，最初の 1 つの理由以外に理由が複数存在することになるので不可。
② other も不可。**other は単独では用いられない**ことに注意。

整理 84　相関的に用いる不定代名詞の 4 つの基本パターン

(1) **one —— the other**

(2) **some —— the others**
（one —— the other の複数形のパターン）

(3) **one —— another**

(4) **some —— others［some］**
（one —— another の複数形のパターン）

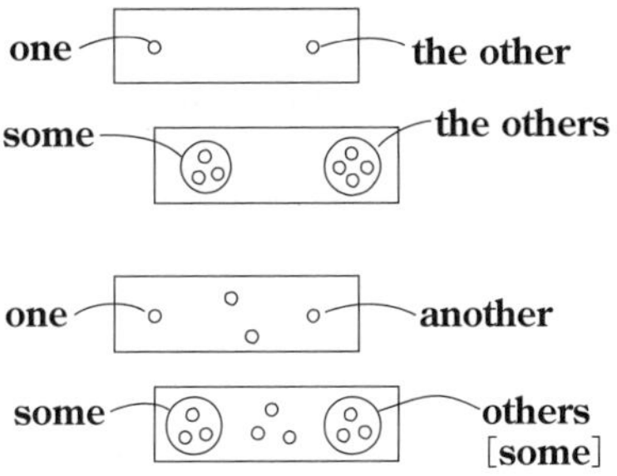

＊「残りすべて」は **the others**（1 つなら **the other**）と考えればよい。

767　①　標準

I've already had one bad experience buying goods by mail order and I don't want **another**.

(通信販売で品物を買ってすでに苦い経験を一度しているので，もう一度そういった経験をしたくない)

《another の用法》

▶「最初の経験」以外の「不特定の別の経験」だから① **another** を選ぶ。問題 766《整理 84》の (3) を考える。

768 ③ 基本

Two of these three students can speak English; **the other** cannot.

(この 3 人の学生のうち 2 人は英語を話せるが，残り 1 人は話せない)

《the other の用法》

▶ **the other** は「**残り 1 人[1 つ]**」を表す。本問は「3 人のうち，2 人を除いた残りの 1 人」だから，③ the other を選ぶ。問題 766《整理 84》参照。

769 ② 標準

Only about a half of these students are natives of Tokyo; **the others** come from the provinces.

(これらの学生の約半数だけが東京出身で，残りは地方出身だ)

《the others の用法》

▶ **the others** は「**残りすべて**」を表す。本問は「東京出身の学生以外の全員」だから，② the others を選ぶ。問題 766《整理 84》参照。

770 ④ 基本

The students all got off the bus when it reached the park. In the park, **some** sat on benches and others strolled about.

(公園に着いたとき，生徒たちは皆バスを降りた。公園では，ベンチに座っているものもいればぶらついているものもいた)

《some ... and others 〜のパターン》

▶ **some ... and others 〜**は「…なものもあれ[いれ]ば〜なものもある[いる]」の意味を形成する。問題 766《整理 84》の (4) を考える。

771 ② 標準

What they say is one thing; what they actually do is **another**.

(彼らは言うことと実際に行うことが違う)

《A is one thing; B is another.》

▶ **A is one thing; B is another.** は「**A と B は違うことである**」という意味を形成する。**A is different from B.** との言いかえで問われることも多い。慣用的表現として押さえておこう。

772 ② 標準

We had better apologize to her for it in some way **or other**.

(私たちはそのことに対してなんらかの形で彼女に謝った方がいい)

《some ＋単数形の可算名詞＋ or other の意味》

▶ 「**some ＋単数形の可算名詞＋ or other**」は「**なんらかの…**」の意味を表す。「**some ＋単数形の可算名詞**」は「ある…」の意味で「不明・不定」を表すが，or other でその不明・不定の意味を強調していると考える。したがって，**in some way or other** は「具体的にはわからないがなんらかの方法で」といった意味になる。

PLUS 同意表現の「**one ＋単数形の可算名詞＋ or another**」もここで押さえる。**in some way or other**「なんらかの方法で」は **in one way or another** とも表現できる。

773　①　標準

Some wise man once said that life consists of one disappointment after **another**.
（ある賢人はかつて，人生とは相次ぐ失望から成ると言った）

《one ... after another の意味》

▶ **one (...) after another** は「**次から次へと（やってくる…）**」の意味を表す。成句表現として押さえておこう。

774　①　標準

In **another** two weeks, I will be in San Francisco.
（もう 2 週間経つと，私はサンフランシスコに行きます）

《another ＋複数名詞 ―― in another two weeks》

▶ 通例 **another** は「an ＋ other」の観点から，原則としてあとに複数名詞を伴うことはないが，本問の **in another two weeks**「もう 2 週間経つと」のように，例外的に複数名詞を伴うことがある。これは two weeks を，形は複数形であるが意味的には「2 週間という 1 つのまとまった期間」といった単数のニュアンスでとらえていると考えればわかりやすい。しかし，あくまでも例外的なことなので，慣用的な表現として押さえておくのがよい。なお，in another two weeks の in は「経過」を表し，「(今から)…で／…経つと」の意味を表す。

! ③ more にしないこと。more を用いるならば，**in two more weeks**（まれに in two weeks more）の語順になる。more の語順は正誤問題などで頻出項目。④ other も不可。other two weeks という言い方はしない。無冠詞で other が形容詞で用いられる場合「**other ＋複数名詞**」となるが，two weeks は上記で述べたように複数名詞ではあるが単数扱い。

775　①　標準

Can you bring **another** dozen cookies for the bake sale?
（手作り焼き菓子即売会に，クッキーをあと 12 個ほど持ってこられますか）

《another ＋複数名詞 ―― another dozen cookies》

▶ 問題 774 でテーマ化した「**another ＋複数名詞**」が本問のポイント。本問の **another dozen cookies**「さらに 12 個のクッキー」は **a dozen cookies**「12 個のクッキー」を前提とした表現。**a dozen A**（**複数名詞**）「1 ダースの A」が **another dozen A**（**複数名詞**）「さらに 1 ダースの A」となったもの。

776 ③ 標準

We were given nothing **other** than dry bread and water for our evening meal.
(私たちは何もついていないパンと水しか夕食に与えられなかった)

《慣用的な nothing other than A の意味》

▶ **nothing other than A** は「**A だけしか／ただ A のみ**」(＝ **nothing but A**, **only A**) の意味を表す。成句表現として押さえておこう。**nothing but A**「A だけ」は問題 763《整理 83》参照。

777 ④ 標準

The man I saw was **none other** than the President himself.
(私が見たその人はまさしく大統領に他ならなかった)

《慣用的な none other than A の意味》

▶ **none other than A** は「**A にほかならぬ／まさしく A で**」の意味を表す。「驚き」を表す表現で成句表現として押さえておく。

▶ 以上，問題 766 ～ 777 は other，another などの不定代名詞を中心とした問題。

778 ③ 標準

Most Japanese people eat rice at least once a day.
(大半の日本人は一日に少なくとも一度は米を食べる)

《「most ＋名詞」の用法》

▶「**most ＋名詞**」は「**大半の…／たいていの…**」の意味を表す。本問の most は Japanese people という複数扱いの名詞を従えているが，most のあとには most success「たいていの成功」のように不可算名詞がくることもあるので注意する。

PLUS 形容詞の **most**「たいていの」は **almost all**「ほとんどすべての」と同意だから，「most ＋名詞」は「**almost all ＋名詞**」とすることができることも押さえておく。

! ① Almost にしないこと。almost は副詞なので通常，名詞を修飾できない。Almost all なら可。④ Most of は，あとに必ず定冠詞や所有格などで限定された名詞や目的格の代名詞がくるので不可。

779 ② 標準

Most of the great nations of Europe hold first place in some special branch of art or of thought: Italy in painting, Germany in music and philosophy, England in poetry and science.
(大半のヨーロッパの大国は芸術とか思想といったなんらかの専門分野において一流の地位を占めている。イタリアは絵画，ドイツは音楽と哲学，イギリスは詩と科学である)

《most of A の用法》

▶ **most of A** は「A の大半／ほとんど」の意味を表す。**A には必ず定冠詞や所有格などで限定された名詞や目的格の代名詞がくる**ことに注意。

PLUS 代名詞の most「大半／大部分」は almost all「ほとんどすべて」と同意だから，**most of A は almost all of A** とすることができる。almost all of A の of は省略できるので almost all A も可。

PLUS **most of A** のみならず **many of A**「A の多くの人[物]」, **some of A**(問題 757), **each of A**(問題 748)も **A** には必ず限定されたものがくることも押さえておく。

整理 85　most, most of などの紛らわしい表現

以下のように整理して覚えておく。
(1) **most ＋名詞＝ almost all ＋名詞**「(限定されない) 大半の…」
(2) **most of the ＋名詞＝ almost all (of) the ＋名詞**「(限定された特定の) …の大半」

780　④　標準

Almost all my records were imported from Germany.
(私のレコードの大半はドイツから輸入されたものだった)
《almost all (of) A》

▶ 問題 779 で扱った **almost all (of) A**「A の大半／ほとんど」の A が「the ＋名詞」ではなく「所有格＋名詞」となったもの。本問のように, of が省略された出題も多いので注意しよう。

! ② Most は不可。**most of A「A の大半／ほとんど」の of は省略できない**ことに注意。Most of なら可。almost は副詞なので, ③の Almost of A の形はない。

781　③　基本

"Do you think we'll have good weather?" "I hope **so.**"
(「よい天気になると思いますか」「そうなってほしいですね」)
《代名詞 so の用法 ―― that 節の代用》

▶ **so は**特定の動詞 **hope**, **think**, **believe**, **expect**, **guess**, **suppose**, **be afraid** などのあとに置き **that 節の代用**をすることがある。本問の so は we'll have good weather を受ける。つまり, I hope so. は I hope that we'll have good weather. と考える。

782　②　標準

"Frank drives much too fast. Someday he'll have a terrible accident."
"Oh, **I hope not.**
(「フランクはあまりにもスピードを出しすぎる。そのうちひどい事故を起こすよ」「まあ, そうならないといいけど」)
《not 用法 ―― 否定の that 節の代用》

▶ **not は否定を含む that 節の代用**をする。つまり, I hope not. は I hope that he won't have a terrible accident. と考える。

! ① I don't hope so にしないこと。問題 368 で述べたように, hope は don't hope that 節の形では用いない動詞なので, I don't hope so という形自体がないことに注意。

整理 86 that 節の代用表現としての so と not の使い方

(1) **think**, **believe**, **expect**, **guess**, **suppose** は次の 2 とおりの表現が可能。
I *don't* suppose *so*.＝ I suppose *not*.「そうでないと思う」

(2) **hope** と **be afraid** には，**直接 not を続ける形しかない**。つまり I don't hope so. や I'm not afraid so. とすることができない。
I hope *not*.「そうでないことを望む」
I'm afraid *not*.「残念ながらそうでないと思う」

783 ③ 標準

Jim: Is Mary coming today?
Sue: I **suppose not**. She is sick.
(ジム「メアリーは今日来ますか」 スー「来ないと思います。彼女は病気ですから」)
《not の用法 ―― I suppose not.》

▶ 問題 782《整理 86》で扱った **I suppose not.**「そうでないと思う」が本問のポイント。本問の I suppose not. は I suppose that she is not coming today. と考える。

784 ④ 標準

They played games, made good friends, and enjoyed **themselves** very much.
(彼らはゲームをし，仲良くなって，大いに楽しんだ)
《再帰代名詞が目的語 ―― enjoy oneself》

▶ **人称代名詞の -self (複数形の場合は -selves) がついたものを再帰代名詞と呼び「…自身」という意味を表す**。その再帰代名詞は**他動詞の目的語として用いられる場合**，**「他動詞＋再帰代名詞」で自動詞的な意味を形成する**ことがある。本問の enjoy も他動詞であり，oneself を目的語にとり，**enjoy oneself** の形で「楽しむ」という自動詞的な意味を形成する。成句表現として押さえておきたい。

整理 87 再帰代名詞

人称＼数	単数	複数
1 人称	**myself**	**ourselves**
2 人称	**yourself**	**yourselves**
3 人称	**himself ／ herself ／ itself**	**themselves**

785 ③ 基本

He was patience **itself**.
(彼はたいへん忍耐強かった)
《再帰代名詞による強調用法》

▶ 再帰代名詞には主語・目的語・補語のあとに同格としておかれ，意味を強める用法があるが，補語の位置に「**名詞＋ itself**」が用いられて「**…そのもの**」の意味を表し，補語としての機能を果たす慣用的表現がある。本問の itself は patience を強めて，

patience itself で「忍耐そのもの」の意味を形成する。**very patient** と同意。

PLUS **patience itself** と同様の表現として **kindness itself** = **very kind**，**simplicity itself** = **very simple** なども押さえておこう。

PLUS **patience itself** は **all patience** と表現できることも押さえておこう。したがって，本問は以下のように書きかえることができる。

He was *patience itself.* = He was *all patience.* = He was *very patient.*

786 ③ 基本

If you don't believe me, go and see **for yourself.**

（私の言うことを信用しないなら，自分で見に行きなさい）

《「前置詞＋再帰代名詞」の慣用表現 —— for oneself》

▶ **再帰代名詞は前置詞を伴って慣用的な表現を形成する。**本問の **for oneself** は「**独力で／自分のために**」の意味。

! ④ by your own にしないこと。**on your own**「自分で」なら可。

整理 88 注意すべき「前置詞＋再帰代名詞」の慣用表現

by oneself（= **alone**）「ひとりで」
to oneself「自分だけに」
for oneself「独力で／自分のために」
in itself ／ **in themselves**「それ自体／本質的に」
in spite of oneself「思わず」
between ourselves「ここだけの話だが」
beside oneself (with A)「(A で) 我を忘れて」

787 ④ 標準

How lonely and helpless she must feel left all **by herself**!

（まったくひとりぼっちにされて，彼女はとても孤独で無力だと感じているに違いない）

《前置詞＋再帰代名詞 —— by oneself》

▶ 問題 786《整理 88》で取り上げた **by oneself**「**ひとりで**」が本問のポイント。なお，**all** は by herself を強調する副詞で「まったく／すっかり」の意味を表す。

▶ **be left by oneself** は「ひとりにされる」の意味。

788 ② 標準

Hard work **in itself** is a rich source of happiness.

（勤勉は本来，幸福の豊かな源である）

《前置詞＋再帰代名詞 —— in itself》

▶ 問題 786《整理 88》で取り上げた **in itself**「**それ自体／本質的に**」が本問のポイント。

789 ② 標準

When I was invited to the party, I was **beside** myself with pleasure.

第3章

（私はパーティーに招待されたとき，うれしくて我を忘れた）

《前置詞＋再帰代名詞 —— beside oneself with A》

▶ 問題 786《整理 88》で取り上げた **beside oneself with A「A で我を忘れて」**が本問のポイント。A には **pleasure** の他，**joy**，**grief**，**sorrow** などの「感情」を表す名詞がくる。

790 ② 標準

I burst out laughing **in spite of** myself.

（私は思わず爆笑した）

《前置詞＋再帰代名詞 —— in spite of oneself》

▶ 問題 786《整理 88》で取り上げた **in spite of oneself「思わず」**が本問のポイント。

▶ **burst out laughing**「突然笑い出す」（＝ **burst into laughter**）は重要表現。

791 ② 発展

This wide part of the river was a popular stretch for tourist boats, but today the party had it all **to themselves**.

（川幅が広くなっているこの箇所は，観光ボートの人気コースだった。しかし今日は，その一行が独り占めしていた）

《前置詞＋再帰代名詞 —— to oneself》

▶ 問題 786《整理 88》で取り上げた **to oneself「自分だけに」**が本問のテーマ。to oneself は have や keep とともに用いて，**have[keep] A to oneself** の形で「**A を独り占めにする**」の意味を表す。

Extra

E-129 ③ most of teachers → most of the teachers 標準

Despite the rumor to the contrary, **most of the teachers** at that university care about their students' progress.

（それとは反対のうわさにもかかわらず，あの大学の先生の大半は，学生の進歩に関心を持っている）

《most of A の用法》

▶ 問題 779 でテーマ化した **most of A** の用法が本問のポイント。**A には限定された名詞**がくるのであった。

▶ **most of the teachers** は **almost all (of) the teachers** と書きかえることができることも再確認したい。問題 779，780 参照。

▶ **to the contrary**「（修飾する語句の後で）**それと反対の[に]**」は押さえておくべき成句表現。

E-130 ③ that of some fruits → those of some fruits 標準

The prices of some vegetables as well as **those of some fruits** vary with the season.

（果物だけでなく，野菜の中にも，季節によって価格が変動するものがある）

《those の用法 —— those of A》

▶ 問題 730 でテーマ化した名詞の反復を避ける **those** を用いた **those of A** が本問のポイント。本問の those は the prices を受ける。

E-131　① Almost every languages → Almost all languages　標準

Almost all languages have beautiful names meaning "moon" and "sun". Early peoples often worshipped the moon and sun as gods and made up elaborate stories to explain their daily journeys across the heavens.

(ほとんどすべての言語には,「月」や「太陽」を意味する美しい名前がある。大昔の人々は, 月や太陽を神としてしばしば崇め, 太陽と月が毎日天空を行き来するのを説明するのに, 様々な凝った物語を作り上げた)

《almost all ＋名詞》

▶ 問題 778 で扱った「**almost all ＋名詞**」「大半の…／たいていの…」が本問のポイント。

▶ 問題 748 で述べたように, every のあとは「単数名詞」なので, Almost every language と直してもよさそうだが,「**every ＋単数名詞**」**は単数扱い**なので, 動詞の have とは呼応しない。

E-132　② each other → with each other　標準

They tried to communicate **with each other** to solve their problems.

(彼らは問題解決のために, お互いに意思の疎通をはかろうとした)

《each other の用法》

▶ **each other**「お互い」**は代名詞**であって, 副詞句ではなかった。問題 765 参照。

▶ **communicate with A**「A と意思の疎通をはかる」は重要表現。

E-133　② it's → its　標準

New England, with **its** abundance of colleges and universities, is a good place to study.

(ニューイングランドには, 数多くの単科大学と総合大学があるので, 勉強するにはよい場所だ)

《人称代名詞 it の用法》

▶ 人称代名詞 **it の所有格は its** であった。なお, it に所有代名詞はなかったこともここで再確認しておこう。問題 738《整理 82》参照。

▶ **A's abundance of B** は「A が B を豊富にもっていること」の意味。

E-134　③ year → years　標準

For the past 30 years, the Ministry of Education has conducted a survey every two **years** to record the number of foreign students.

(過去 30 年間, 文部科学省は外国人学生の数を記録するため, 2 年ごとに調査を行ってきた)

《**every の用法 —— every two years**》

▶ 問題 752 でテーマ化した「**every ＋基数＋複数名詞**」「…ごとに」が本問のポイント。「2 年ごとに」は **every two years** と表現する。

E-135 ④ another → the other 標準

Almost everybody had a racket in one hand and a ball in **the other**.

（ほぼ全員が，片方の手にラケットを持ち，もう一方の手にボールを持っていた）

《**one と相関的に用いる the other**》

▶ **対象が 2 つ[2 人]の場合に，一方を one で，もう一方を the other で表す**のであった。したがって，「もう一方の手」は another でなく the other を用いる。問題 766，768 参照。

▶ 問題 778 で almost は副詞なので名詞を修飾しないと述べたが，**almost** は everybody などの代名詞は修飾できる。これは，almost が everybody の every だけを修飾すると考えればよい。したがって，① Almost everybody は可。**almost anything**，**almost nothing** などもこのように考えれば理解できる。

E-136 標準

Don't start reading a **new book before finishing the one you are** reading.

（読みかけの本を読み終わらないうちに，新しい本を読み出すな）

《**the one の用法**》

▶ 問題 726 でテーマ化した **the one**（＝ the book）を先行詞にする関係代名詞節を作れるかが本問のポイント。

E-137 標準

I'd like to inquire after **a friend of mine who was to** have arrived this afternoon by ship.

（今日の午後，船で到着する予定だった私の友人の安否をお尋ねしたいのですが）

《**所有代名詞の用法 —— a friend of mine**》

▶ 問題 739 でテーマ化した「**a ＋名詞＋ of ＋所有代名詞**」の語順から，まず，a friend of mine とまとめる。次に，a friend of mine を先行詞にする，who から始まる関係代名詞節を考えればよい。

▶ **was[were] to have done**「…するつもりだったができなかった」は問題 139 参照。

▶ **inquire after A**「A の安否を尋ねる」は重要表現。

E-138 基本

He was shocked when he was arrested, because **he didn't think he had done anything wrong**.

（彼は，何も悪いことはしていないと思っていたので，逮捕されたときショックだった）

《**「anything ＋形容詞」の語順**》

▶ 問題 760 でテーマ化した「**anything ＋形容詞**」の語順から，he had done の目的語に anything wrong を用いる。

E-139 標準

I don't know what it is, **but there is something mysterious about her**.
(それが何だかわからないが，彼女にはどこか謎めいたところがある)

《There is something ＋形容詞＋ about A.》

▶ 問題 763 でテーマ化した「**There is something ＋形容詞＋ about A.**」「A にはどことなく…なところがある」を完成させる。

E-140 発展

I can't get into my room. I was **stupid enough to lock myself out**. (不足語 myself)
(私は自分の部屋に入ることができない。私はばかなことに締め出されてしまった)

《再帰代名詞が目的語 —— lock oneself out》

▶ 問題 146 でテーマ化した「**形容詞＋ enough to do**」「〜するほど…／とても…なので〜する」から I was のあとを stupid enough to とまとめる。残りの **lock out** は **lock out A ／ lock A out** で「A を締め出す」の意味を表すので，不足語は，文内容から再帰代名詞の myself だと気づく。問題 784 参照。lock out myself か lock myself out か迷うところだが，「他動詞＋副詞」の場合は「他動詞＋代名詞＋副詞」の語順になるので，lock myself out とする。

▶ **lock oneself out** は「(鍵を失ったり，オートロックの鍵がかかったりして) 締め出される／中に入れなくなる」の意味を表す。

第3章

[14] 関係詞の用法

792　④　基本

I know a woman **whose** first and last names are the same as mine.
(私は私と同姓同名の女の人を知っている)

《所有格関係代名詞 whose —— 先行詞が「人」》

▶ 所有格関係代名詞は，先行詞が「人」でも「人以外」でも **whose** を用いる。本問の先行詞は「人」である a woman となっている。

▶ 本問は，以下の 2 文が文構造の前提。

I know *a woman*.
Her first and last names are the same as mine.

整理 89 関係代名詞の格変化

格＼先行詞	主格	所有格	目的格
人	**who[that]**	**whose**	**whom[that]**
人以外	**which[that]**	**whose**	**which[that]**

＊目的格関係代名詞は省略されることが多い。

793　③　基本

What is the name of the building **whose roof you can see**?
(屋根の見えるあの建物の名前は何というのですか)

《whose —— 先行詞が「人以外」》

▶ 本問は，以下の 2 文が文構造の前提。**whose** の先行詞は「人以外」の the building となっている。

What is the name of *the building*?
You can see *its* roof.

▶ its を whose にして，直後の名詞 roof をひきつれて，節の頭に持ってきたのが，本問の英文である。このように，**whose は常に直後に名詞を伴う**ことに注意。

794　④　基本

He mentioned a book **the title of which** I can't remember now.
(彼は私が今そのタイトルを思い出せない本について語った)

《whose A → the A of which》

▶「人以外」を先行詞とする場合，所有格関係代名詞 whose を用いた **whose A** は，**the A of which** の形でも表すことができる。文構造の前提となる 2 文を，以下のように考えれば理解できるであろう。

He mentioned *a book*.
㋐I can't remember *its* title now.
㋑I can't remember the title of *it* now.

▶ ㋐の形を前提にすれば **whose title** I can't remember now になるし，㋑の形を前提にすれば，本問のように **the title of which** I can't remember now となる。

▶ 問題 793 の英文も同様に考えると，以下の形も可能であることがわかる。
What is the name of the building **the roof of which** you can see?

795　①　基本

Who **that** has read Shakespeare's beautiful poems can forget their fascination?
（シェイクスピアの美しい詩を読んだことのある人で，だれがその魅力を忘れられようか）

《疑問詞が先行詞 —— 関係代名詞は that》

▶「人」が先行詞の場合，主格関係代名詞としては **who[that]** を用いるが，**先行詞が疑問詞の場合は，関係代名詞 that** を用いる。

796　①　標準

He is not the man **that** he was when I first knew him.
（今の彼は，私が初めて知り合った時のような彼ではない）

《関係代名詞節内で補語となる語が先行詞 —— that》

▶ 本問の文構造の前提となる 2 文は，以下のとおり。
He is not *the man*.
He was *the man* when I first knew him.

▶ **関係代名詞節内で補語となる語が先行詞の場合，関係代名詞としては必ず that** を用いる。that 以外の関係代名詞は使えないことに注意。なお，この that は省略される場合も多い。

! ② what としないこと。what を用いるのならば，the man what he was でなく what he was となる。この what の用法は問題 821 参照。

▶ that は，問題 792《整理 89》で述べたように，先行詞が「人」でも「人以外」でも主格・目的格で用いられる便利な関係代名詞だが，以下の場合は，通例 that しか用いないと押さえておくこと。

整理 90　関係代名詞として that しか用いない場合

(1) **節内の補語が先行詞の場合**
He is not the coward *that* he was ten years ago.
（彼は，10 年前のようなおく病者ではない）

(2) **疑問詞が先行詞の場合**
Who *that* understands music can say he is a good musician?
（音楽のわかる人のだれが，彼は優れた音楽家だと言えるだろうか）

(3) **先行詞が「人＋人以外」の場合**
A bus almost ran over a boy and his dog *that* were crossing the street.
（バスが道を渡っている少年と彼の犬をあやうくひきそうになった）

第4章

> ＊(3)の場合は，関係代名詞に近い先行詞に合わせて，which や who が使われることもある。
> ＊なお，先行詞に all や the only がある場合 that を用いる，と言われることも多いがその強制力は極めて弱い。「that が好まれる」といった程度である。

797 ④ 標準

She is not such a bad girl **as** you imagine.
(彼女はあなたが想像しているような悪い女の子じゃない)
《先行詞に such があれば関係代名詞は as》

▶ **先行詞に such があれば，関係代名詞として as を用いる**。本問の as は目的格で，関係代名詞節内で imagine の目的語となっている。

PLUS その他，関係代名詞 **as** を用いるのは，先行詞に **as** がある場合と **the same** がある場合。(先行詞が the same A の場合は，that も用いる)

798 ③ 基本

Remember **what** I've just told you. It'll be very important when you grow up.
(私が今言ったことを覚えていなさい。あなたが大人になった時にとても大切なことだから)
《関係代名詞 what の用法 —— 関係詞節内の目的語》

▶ **関係代名詞 what は名詞節を形成する**。the thing(s) which に相当する表現なので，先行詞はない。**what 自体は，節内で主語・目的語・補語・前置詞の目的語といった名詞の働きをし，what 節全体は文の主語・目的語・補語・前置詞の目的語となる**。

▶ 本問では，what 自体は節内では have told の目的語となっており，what 節全体は remember の目的語となっている。

799 ③ 標準

What seems easy at first often turns out to be difficult.
(最初はやさしく思えることが，実は難しいことだとわかることはよくある)
《what の用法 —— 関係詞節内の主語》

▶ what seems easy at first が名詞節を形成し，turns out to be difficult の主語となった形。what は節内で seems の主語となっている。

▶ **turn out to be C**(形容詞・名詞)「C だと判明する／わかる」(＝ **prove to be C**)は押さえておくべき表現。

800 ④ 標準

Poor planning may result in choosing a job **in which** you will not be truly successful.
(計画の立て方が不十分ならば，あまりうまくいかない仕事を選ぶことになってしまうこともある)
《前置詞＋関係代名詞 —— in which》

▶ 本問の前提となる 2 文は以下のとおり。「前置詞＋関係代名詞」がワンセットで節の頭にきたもの。

{ Poor planning may result in choosing a *job*.
  You will not be truly successful **in** *it*.

▶ 本問は，**be successful in A**「A に成功する」の成句表現を知っていないと，正答は出ない。

▶ 節内で前置詞の目的語になっている語が先行詞である場合，㋐ **目的格関係代名詞にしてそれのみを節の頭に持ってくる（前置詞は後置される）**　㋑ **「前置詞＋関係代名詞」をワンセットにして節の頭に持ってくる**，という 2 通りが可能である。その場合 ㋐ **の形では目的格関係代名詞は省略可能**だが，㋑ **の形では省略できない**という点，また ㋑ **の形では that は用いられない**という点を押さえておくこと。

㋐Poor planning may result in choosing a job (**which**[**that**]) you will not be truly successful *in*.

㋑Poor planning may result in choosing a job *in* **which** you will not be truly successful.

▶ 本問は ㋑ の形で④ in which を選ぶ。

801　②　標準

This is the magazine I **spoke to you about**.
（これは，私があなたに話をした雑誌です）
《目的格関係代名詞の省略→前置詞の後置》

▶ 考え方は，問題 800 で述べたとおり。speak は **speak to A about B** で「B について A と話し合う／話しかける」の意味を表す。本問は，問題 800 の ㋐ のパターンで，「人以外」が先行詞の場合の目的格関係代名詞 which[that] を省略した形を選ぶ。

▶ 本問を問題 800 の ㋑ のパターンで書くと以下のようになる。
This is the magazine *about* **which** I spoke to you.

802　①　基本

This is **all** you have to do now.
（君が今しなければならないのはこれだけだ）
《all (that) S + V ...》

▶ all that you have to do now の目的格関係代名詞 that が省略された形。**all S have to do** は「S がしなければならないすべて」が直訳だが，この all を限定的なニュアンスにとって「…だけ」と意訳する場合が多い。定式化した表現として押さえる。なお，この表現は主語にも用いられる。問題 135 参照。

803　③　標準

The bed I slept in last night wasn't very comfortable.
（私が昨晩寝たベッドはあまり心地よくなかった）
《the bed I slept in》

▶ 問題 800 ～ 802 までの総復習。基本的な考え方は問題 801 と同じ。目的格関係代名詞 which[that]が省略され，前置詞 in が後置された形。

❗ ② The bed in that I slept は不可。関係代名詞 that は前置詞のあとでは使えない。問題 800 参照。

▶ 本問の表現は，正答の③以外に，The bed *in which* I slept ／ The bed *which*[*that*] I slept *in* ／ The bed *where* I slept も可。

804 ① 標準

A friend of mine **who** I supposed would pass the examination has failed.
（試験に通ると思っていた私の友人は落ちてしまった）

《A friend of mine who I supposed would pass ... の構造》

▶ 本問の文構造の前提となっている 2 文は，以下のとおり。

A friend of mine has failed.
I supposed *he*[*she*] would pass the examination.

▶ 主格の he[she]が用いられているから，関係代名詞は who になる。その who が，I supposed を飛び越えて，節の頭に置かれたのが本問の英文。このように，関係代名詞の直後に「S ＋ V」などが入りこんだように見える形を，**連鎖関係代名詞節**と呼ぶ。この形は，関係詞の問題としては最頻出項目。

▶ この構造では，主格の who であっても省略されることがあるので，英文読解では注意したい。

❗ supposed の目的語と勘違いして② whom を選ばないこと。

805 ② 発展

There are some tools **with which to do the job easily**.
（その仕事を容易に行える道具がいくつかある）

《前置詞＋関係代名詞＋ to 不定詞》

▶「**前置詞＋関係代名詞＋ to 不定詞**」の形で，直前の名詞を修飾する用法がある。「**前置詞＋関係代名詞**」のセットが必ず to 不定詞の前にこなければならない。よって③は不可。整序問題でも頻出。

▶ 本問の **with**「…を使って／…で」は**道具・手段**を表す。

806 ③ 基本

The firemen had trouble getting to the street **where** the houses were on fire.
（消防士は，火事になっている家々のある通りに着くのに苦労した）

《関係副詞 where ／関係副詞の考え方》

▶ 先行詞 the street を 2 度使って，わかりやすく本問の前提となる 2 文を書くと次のようになる。

The firemen had trouble getting to *the street*.
The houses were on fire **on** *the street*.

▶ ここから，問題 800 と同じ発想で「前置詞＋ which」を使うと次のようになるはずである。

The firemen had trouble getting to the street *on which* the houses were on fire.

▶ この **on which** を **1** 語で表現すれば，**関係副詞 where** となる。つまり**関係副詞は，常に「前置詞＋ which」の構造を内在している場合にのみ用いられる**のである。場所が先行詞であれば関係詞は where という考え方を持っている人は，すぐにその考え方を捨て去ってほしい。「前置詞＋ which」の構造を前提にしてはじめて，場所を表す語が先行詞なら **where**，時を表す語が先行詞なら **when**，理由を表す語（通常 reason）が先行詞なら **why** を用いるのである。

▶ **have trouble doing**「…するのが難しい」は問題 170 参照。

807　①　基本

Stratford-upon-Avon, **which** is on the river Avon, is famous as Shakespeare's birthplace.

（エイボン川のほとりにあるストラットフォード＝アポン＝エイボンは，シェイクスピア生誕の地として有名である）

《関係代名詞の非制限用法》

▶ **関係詞の前にカンマを置いて，先行詞を付加的に説明する用法**がある。この形は**非制限用法**と呼ばれる。これに対し，カンマを用いない形は制限用法と呼ばれる。本問の場合，Stratford-upon-Avon という「人以外」が先行詞で，節内では主語の働きをしているから，主格関係代名詞 which を入れる。このように場所を示す語が先行詞でも，関係代名詞を使うことはよくある。

▶ 非制限用法で用いられる関係代名詞は，**which** ／ **who** ／ **whose** ／ **whom** ／「**前置詞＋ which**」／「**前置詞＋ whom**」で，**通例 that は用いられない**ことに注意。また，**目的格関係代名詞であっても省略できない**ことも押さえておきたい。

▶ **先行詞が固有名詞や世の中に 1 つしかないもの（Einstein，the sun など）の場合，原則として関係詞節は非制限用法にする**。自明のものは「制限」する必要はないからである。なお，日本語では「私の好きな仙台」といった表現をするので，非制限用法の関係詞節は，本問の訳出のように「制限」的に訳してもよい場合が多い。

808　②　標準

New York is a city **which** I have long wanted to visit.

（ニューヨークは，私が長い間訪れたいと思っていた都市だ）

《where か which か》

▶ **visit が他動詞**であることを確認したうえで，本問の前提となる 2 文を書くと次のようになる。

New York is *a city*.
I have long wanted to visit *it*.

▶ it は visit の目的語だから，「人以外」が先行詞の目的格関係代名詞 which が入ることになる。

809　①　標準

Last night Cindy told me about her new job in Tokyo, **which** she appears to be

enjoying very much.
(シンディーは昨夜，東京での新しい仕事について話してくれたが，彼女はその仕事をとても楽しんでいるようだ)

《where か which か》

▶ **enjoy が他動詞**であり，文意から，先行詞が直前の Tokyo でなく，her new job であることを見抜くこと。本問の前提となっている 2 文は，以下のとおり。

Last night Cindy told me about *her new job* in Tokyo.
She appears to be enjoying *it* very much.

▶ it は enjoying の目的語だから，「人以外」が先行詞の目的格関係代名詞 which が入ることになる。なお，この which は前にカンマがあるから非制限用法の関係代名詞であり，省略できないことも確認しておこう。問題 807 参照。

810 ③ 基本

This is the reason for **which** he did it.
(これが，彼がそうした理由です)

《for which = why》

▶ 本問の文構造の前提となる 2 文は以下のとおり。

This is the reason.
He did it **for** *it*.

▶ 本問では，英文に for があるから③ which が入る。なお，本問の for which は，先行詞が the reason だから関係副詞 **why** で置きかえが可能。問題 806 参照。

811 ④ 発展

The enemy was within about twenty paces of **where** we had been sitting.
(敵は，我々が座っていたところから歩いて約 20 歩以内の所にいた)

《先行詞省略 —— where の場合》

▶ of があるから which を入れるという短絡的な発想をしてはいけない。ここは，先行詞 the place が省略された関係副詞節を形成しなければならない。**the place と where，the reason と why，the time と when など先行詞と関係副詞が典型的な関係にある場合，先行詞が省略され，関係副詞で始まる節が結果として名詞節の働きをする場合がある**。本問はその例で，where 節は文中で前置詞 of の目的語となる名詞節の働きをしている。

▶ なお，関係副詞 **when** と **why** に関しては，その先行詞が the time や the reason といった典型的な語であれば，先行詞が省略される場合があるだけでなく，**先行詞を残して関係副詞 when ／ why の方が省略されることもある。**

▶ 「**within A（距離）of B（場所）**」は「B から A 以内のところ」の意味。

❗ ③ what を入れないこと。確かに what は名詞節を形成するが，同時に節内で主語・目的語・補語・前置詞の目的語のいずれかの働きをしなければならない。本問では，節内で what が機能する余地はない。問題 798 参照。

812　②　標準

Pat is very talkative. That's **why** I don't like him.
(パットはとてもおしゃべりだ。それが，私が彼を嫌いな理由だ)

《That's why ...「そういうわけで…」》

▶ 問題 811 で述べたとおり。先行詞 the reason が省略された形。**the reason why** ももちろん可能だし，why を省略した **the reason** の形も入る。

▶ **That is why[the reason why ／ the reason] S＋V...** は，「そういうわけで…する(←それが…する理由だ)」と訳出するのが自然。

! ④ because を選ばないこと。以下の《整理 91》参照。

整理 91　That is why ... と That is because ...

(1)**That is why[the reason why ／ the reason] ...**「そういうわけで…」
My clock was broken. *That's why* I was late for school.
(私の時計が壊れていたんです。そういうわけで学校に遅刻しました)

(2)**That is because ...**「それは…だからです」
I was late for school. *That's because* my clock was broken.
(私は学校に遅刻しました。それは，時計が壊れていたからです)

＊表現の順序がまったく逆になる点に注意。

813　②　発展

A large proportion of **what** English-speaking people watch on TV is of American origin.
(英語圏の人々がテレビで見るものの大半は，アメリカで作られたものだ)

《前置詞の目的語となる what 節》

▶ 基本的考え方は問題 798 と 799 で述べたとおりだが，of に惑わされずに what を入れて名詞節を形成するとなるとかなり難しいであろう。このように**関係代名詞 what の節は，前置詞の目的語にもなる**から注意。なお，本問の what は節内で watch の目的語となっている。

814　①　基本

He said he couldn't speak Russian, **which** was untrue.
(彼はロシア語は話せないと言ったが，それは真実ではなかった)

《前文全体もしくは一部が先行詞 ——, which》

▶ **関係代名詞 which は非制限用法の場合に限って，前文全体またはその一部の文内容を先行詞とすることがある**。本問の場合，which は，前文の he couldn't speak Russian という内容を先行詞とし，節内では主格で用いられている。

815　②　標準

He was a foreigner, **as** they perceived from his accent.
(彼のアクセントから彼らはわかったのだが，彼は外国人だった)

《非制限用法の as》

▶ **関係代名詞 as は，非制限用法で用いられた場合，あとの文の文内容または前の文の文内容を先行詞とすることがある。**本文は，前文の He was a foreigner を先行詞としたもので，perceived の目的語となるべき箇所が関係代名詞 as となったもの。

PLUS **as** はあとの文をも先行詞にできるから，**as** 節を文頭にもってくることができる。
As they perceived from his accent, he was a foreigner.

▶ この as を接続詞ではなく関係代名詞と考えるのは，文と文をつなぐ接続詞の機能だけでなく節内で代名詞の機能（本問の場合は perceived の目的語）をも果たしているからである。

▶ 前文の文内容を先行詞としているので，選択肢に which があればそれも正答になる。問題 814 参照。

816 ① 標準

As might be expected of a novelist, he has the ability to make acute observations of people.
（小説家に期待されることだが，彼には人間を鋭く観察する能力がある）

《あとの文を先行詞とする as》

▶ 本問の **as** は問題 815 で述べた，**あとの文の文内容を先行詞としたもの**。as は節内で might be の主語となっている。

▶ **expect A of B**「A を B に期待する」は重要表現。本問は，その受動態 **A is expected of B**「A が B に期待されている」の形。

▶ 本問のように as があとの文の文内容を先行詞にする場合には，**as is often the case (with A)**「(A には) よくあることだが」，**as is usual (with A)**「(A には) いつものことだが」といった定式化された表現で用いられることが多いことも押さえておこう。

817 ③ 発展

Were I wealthy, **which** I'm not, I would still go to work every day.
（私は金持ちではないが，もし金持ちであったとしても，やはり毎日仕事に行くだろう）

《形容詞が先行詞 —— which》

▶ **非制限用法の which** は前文全体またはその一部を先行詞とすることができるが（問題 814 参照），本問のように wealthy といった**形容詞 1 語を先行詞とすることもできる。**

▶ Were I wealthy は，問題 99 ～ 101 でテーマ化した倒置による (even) if の省略。

818 ② 基本

There is no one **but** knows that the earth is round.
（地球が丸いことを知らない人はいない）

《関係代名詞 but の用法》

▶ 先行する文が否定内容になっている場合に限って，**関係代名詞 but** を用いることができるが，この but は，それ自体に否定の意味を持っており，英文全体は必ず二重否定の内容になる。but を用いず表現すると以下のとおり。

There is no one *who*[*that*] *doesn't* know that the earth is round.

▶ 入試では今でも問われるが，かなり古い表現なので，実際に使うのは避けたい。

819　②　標準

Tom has a lot of friends, many of whom **he was at school with.**

（トムにはたくさん友人がいるが，その多くは学校で一緒だった友人だ）

《, many of whom S + V ...》

▶ **A of whom ／ A of which** の形をワンセットにして，通例，非制限用法で用いることがある。本問の文構造の前提となる 2 文は次の形。

Tom has *a lot of friends.*
He was at school with **many of** *them.*

▶ them が whom になり，many of whom の形をワンセットにして，関係詞節の頭においたのが本問の形。なお，many of whom は節内で with の目的語となっている。

820　③　基本

He is **what** is called a self-made man.

（彼はいわゆる自力で出世した人だ）

《what is called A「いわゆる A」》

▶ **what is called A** で，「いわゆる A」の意味を表す。これは本来「A と呼ばれるもの」の意味からきているので，A の前にカンマなどを打たないこと。また，**what we[they ／ you] call A**「いわゆる A ← A と呼ぶもの」も同意表現として押さえること。

821　③　標準

Never forget that you owe **what** you are to your parents.

（今の君があるのは両親のおかげだということを決して忘れてはいけない）

《what S is「今の S（の姿）」》

▶ 関係代名詞 **what** は，**what S is**「今の S（の姿）」，**what S was[used to be]**「昔の S（の姿）」の形で慣用的に用いられる。本問は **owe A to B**「A は B のおかげだ」の A の位置に what you are「今のあなた」を置いたもの。

PLUS **what S has**「S の財産（← S が持っているもの）」との対比で，**what S is** が「S の人格」の意味で用いられることがある。また，**what S should[ought to] be** で「S のあるべき姿」，**what S will be**「未来の S（の姿）」といった使い方もあるので，ここで押さえておこう。

822　④　標準

I was told to go not on foot but by bus, **which advice** I followed.

（徒歩ではなくバスで行くように言われたので，私はその忠告に従った）

《関係形容詞 which の用法》

▶ **関係形容詞 which は必ず非制限用法で用い，前文の内容やその一部（場合によっては名詞）を「which ＋名詞」で表現する**ものである。あとに必ず名詞を伴うため，関係形容詞と呼ばれる。本問では，to go not on foot but by bus ＝ which advice である。この which advice は，節内では，他動詞 follow「…に従う」の目的語として機能している。

823 ②　発展

I may have to work, **in which case** I'll call you.
（私は仕事をしなければならないかもしれませんが，その場合にはお電話します）

《関係形容詞 which —— in which case》

▶ 基本的な考え方は問題 822 で述べたとおりだが，かなり難しい形。I have to work という前文の内容を，which case で受け，前置詞 in を用いて，**in which case** という副詞句にした形である。

▶ 本問のように，関係形容詞 which は，「**前置詞＋ which ＋名詞**」の形で用いられ，節内では副詞句として機能させる場合が多い。以下の **during which time** の形もよく問われる。

The storm raged all night, *during which time* climbers waited to be rescued.
（夜通し，激しい嵐が吹き荒れ，その間ずっと登山者たちは救出されるのを待った）

824 ④　標準

Please feel free to contact me. I'm willing to give you **what** help I can.
（遠慮なく私に連絡してください。できることは何でも，喜んでお手伝いします）

《関係形容詞 what —— what A（＋ S）＋ V ... 「…するすべての A」》

▶ **what** には，あとに名詞 A を伴い，「**what A（＋ S）＋ V ...**」の形で「…するすべての A」という意味を表す用法がある。この what も，名詞を必ずあとに伴うため関係形容詞と呼ばれる。本問の what help は節内で I can のあとに省略されている give you の give の目的語として機能している。

PLUS この what を用いた **what little money S have**「少ないながら S が持っているすべてのお金」は入試で頻出の表現。一緒に覚えておこう。

She lost *what little money she had.*
（彼女は少ないながら持っていたお金をすべてなくした）

825 ④　基本

Whoever comes will be welcome.
（来る人はだれでも歓迎されます）

《名詞節を導く whoever》

▶ **複合関係代名詞 whoever は，節内で主語の働きをし，節全体では名詞節「…する人はだれでも」を形成する場合と，譲歩の副詞節「だれが…しようとも」を形成する場合がある。**

▶ 本問の whoever comes は名詞節を形成しており，will be welcome の主語の機能を果たしている。なお，名詞節を形成する **whoever** は，通例 **anyone who** に置きかえられる。

PLUS 節内で目的語の働きをする場合は，原則として whomever を用いるが，今では whoever で代用されることが多い。
She told the story to *whoever*[*whomever*] she met.
（彼女は会った人にはだれにでもその話をした）

! whoever 自体が関係代名詞の機能を持っているので② Whoever that comes のように直後に関係代名詞を用いることはない。

826 ③ 標準

I copied in my notebook **whatever** he wrote on the blackboard.
（彼が黒板に書くことは何でも，私はノートに写した）

《名詞節を導く whatever》

▶ 複合関係代名詞 **whatever は，節内で主語・目的語・補語・前置詞の目的語の機能を果たすが，節全体では名詞節「…するものは何でも」を形成する**場合と**譲歩の副詞節「何が(を)…しようとも」を形成する**場合がある。

▶ 本問の whatever は節内では wrote の目的語の機能をしており，節全体は copied の目的語となる名詞節を形成している。なお，名詞節を形成する **whatever** は，通例 **anything which** に置きかえられる。

第4章

827 ① 標準

We will elect **whoever** we believe is trustworthy.
（だれであれ信頼できると私たちが信じる人を選びます）

《連鎖関係代名詞節を形成する whoever》

▶ 本問が問題 804 でテーマ化した**連鎖関係代名詞節**の構造になっていることに気づいただろうか。whoever は，節内では，we believe を飛びこえて is trustworthy の主語の働きをしている。なお，節全体は will elect の目的語となる名詞節を形成している。

! 節内では，is の主語となるはずだから，② whomever は不可。③ those who とすると，those は複数名詞なのに is trust worthy とつながり，先行詞と動詞が一致しないので不可。

828 ③ 標準

Whatever happens you may rely on my friendship.
（何が起ころうと，私の友情を信頼してもらってけっこうです）

《副詞節を導く whatever》

▶ **whatever** が譲歩の副詞節「何が(を)…しようとも」を形成する用例。この場合の **whatever** は，**no matter what** に置きかえられる。複合関係詞の「-ever」が，譲歩の副詞節を形成する場合，「**no matter ＋疑問詞**」に置きかえられると考えてよい。本問では，No matter what happens と表現しても同意となる。また，本問の whatever は節内では，happens の主語の働きをしていることにも注意しよう。

829 ③ 標準

I want that picture **no matter** what I have to do to get it.
(手に入れるために何をしなければならないにせよ，その絵が欲しい)

《no matter what ...》

▶ 問題 828 で触れた **no matter what** で譲歩の副詞節を形成する。主節の後ろに置かれているので少し見抜きにくい形となっている。本問の what は節内では do の目的語になっている。もちろん no matter what を whatever としても同意。

830 ② 標準

Whatever sport or outdoor activity you enjoy, there's probably somewhere in Britain that offers it.
(どんなスポーツや野外活動を楽しむにせよ，おそらく英国にはどこかにそれができる場所がある)

《whatever A(＋S)＋V...》

▶ whatever には，直後に名詞 A を伴い「**whatever A(＋S)＋V...**」の形で，**名詞節「…するどんな A でも」を形成する用法**と，**譲歩の副詞節「どんな A が[を]…しようとも」を形成する用法**がある。本問は副詞節の用例。なお，この whatever は直後に名詞を伴うことから，複合関係形容詞と呼ばれる。

▶ 本問の *Whatever sport or outdoor activity* you enjoy が *No matter what sport or outdoor activity* you enjoy と表現できることに注意。

831 ① 基本

Wherever you go, you have to remember that you can use your credit card.
(どこへ行こうとも，君のクレジットカードを使うことができるということを覚えておかなければならない)

《wherever の用法》

▶ 複合関係副詞 **wherever は常に副詞節を導き**，「**㋐…するところはどこでも ㋑どこで…しようとも**」**の意味を表す**。本問は㋑の用例。譲歩的意味を表す㋑の場合は，**no matter where** に置きかえられる。

PLUS ㋐の用例は以下を参照。

Go *wherever* you like. (行きたいところはどこでも行きなさい)

832 ① 基本

I'd rather have a room of my own, **however** small it may be.
(どんなに小さくても，自分の部屋を持ちたい)

《however の用法》

▶ 複合関係副詞 **however は，通例，直後に形容詞・副詞を伴い「however ＋形容詞[副詞]＋S＋V...」の形で用い，「どんなに…でも」という意味の譲歩の副詞節を形成する。however は常に no matter how に置きかえられる。**

PLUS however が直後に形容詞・副詞を伴わないときは「どんなやり方で…しようとも」の意味になるが，その用例は比較的少ない。

However you go, you must get to the airport by five.
（どんな方法で行くにせよ，あなたは 5 時までに空港に着かなければならない）

833　③　基本

No matter how busy I am in the morning, I make a point of glancing at the newspaper.
（私は朝どんなに忙しくても，必ず新聞に目を通すようにしている）
《no matter how ＋形容詞＋ S ＋ V ...》

▶ 「**however ＋形容詞＋ S ＋ V ...**」の意味を，「**no matter how ＋形容詞＋ S ＋ V ...**」の形で表す。問題 832 参照。

834　③　標準

It has often been said that facts are to the scientist **what** words are to the poet.
（事実と科学者の関係は言葉と詩人の関係に等しいとしばしば言われてきた）
《A is to B what C is to D.》

▶ **A is to B what C is to D.**「A と B の関係は，C と D の関係と同じだ」は慣用表現としてそのまま覚えてしまおう。通例，what C is to D の方には，一般にだれもがそうだと認めているような自明の内容がくる。なお，接続詞の as を用いて，**A is to B as C is to D.** と表現しても同意である。

835　③　基本

The day was rainy, and **what** was worse, stormy.
（その日は雨が降っており，さらに悪いことには，嵐だった）
《what is worse》

▶ 「**what is ＋比較級**」の形で，副詞表現を形成するパターン。本問の **what is worse**「さらに悪いことに」，**what is better**「さらによいことに」，**what is more important**「さらに重要なことに」，**what is more**「その上」などが代表例。

836　③　標準

The time will come **when** every one of us uses a computer.
（私たちの１人１人がコンピュータを使う時代がやってくるだろう）
《関係副詞 when ／先行詞と関係詞節の分離》

▶ 確認のために，極めて不自然な英文だが，先行詞 the time を用いて，関係詞節の前提となる英文を考えると，以下のようになるはずである。
Every one of us uses a computer **at** *the time*.

▶ したがって，空所には at which の構造を内在した関係副詞 **when** が入る。

▶ さて，**関係詞節は原則として先行詞の直後に置くものだが，修飾関係がわかりにくくなったり，英文のバランスをとる意識が働いたりすると，先行詞と関係詞節が分離し，その結果，先行詞と関係詞節の間に語句が割り込むことがある**。本問は先行詞の直後に置くと，主語が「頭デッカチ」になるため，それを避けたと考えてよい。

837 ③ 発展

I wish that when I was eighteen, I had known somebody like I am now at fifty-three, an older person with hard-won wisdom **to whom** I could have gone for advice.
(私が 18 歳の時，53 歳の今の私のような人，つまり助言を求めに行こうと思えば行けるような苦労して得た英知をもった年上の人を知っていたらよかったのにと思う)

《複雑な構造による先行詞と関係詞節の分離》

▶ somebody like ... と an older person ... は同格の関係であり，with hard-won wisdom は an older person を修飾する形容詞句。本問は，*an older person* を先行詞として，I could have gone **to** *an older person* for advice の構造を前提とした関係代名詞節を形成させる。したがって③ to whom が入ることになる。could have gone は，問題 118 ～ 121 で扱った「条件を表す表現のない仮定法表現」。

838 ① 標準

Understanding is **that** penetrating knowledge that grows from theory, practice, and humility.
(理解とは，理論，実践，謙虚さから育つ鋭い認識のことである)

《先行詞明示の that》

▶ 先行詞がわかりにくい複雑な文構造をした英文や，先行詞を強調したい意識が働く場合に，先行詞の前に **that** を用いることがある。消去法でやっても正答は出るであろうが，英文読解上有効な知識なので押さえておくこと。

839 ① 標準

What can you do to make those immature boys **what** they should be?
(あの未熟な少年たちを，あるべき姿にするために，君には何ができるのか)

《目的格補語となる what they should be》

▶ 問題 821 で触れた **what S should be**「S のあるべき姿」の形を，本英文のような複雑な文構造で使えたかがポイント。what they should be「彼らのあるべき姿」が「make O ＋ C」「O を C にする」の C の位置にあることを見抜く。

840 ④ 標準

The hospital has two spare beds on the second floor, **neither of which** has been used for years. You are welcome to use either one of them.
(病院の 2 階には予備のベッドが 2 つありますが，そのどちらも何年間も使われていません。そのどちらでも，自由にお使いください)

《neither of which ...》

▶ 文意から，**neither of which** を選ぶことになる。which の先行詞は two spare beds。なお，neither of which の考え方は，問題 819 参照。

! ② one of which を選ぶと「そのうちの 1 つは，何年間も使われていて」となり，the hospital has two spare beds「病院には 2 つの予備の [あいている] ベッドがある」の内容と合わないので不可。

841　④　発展

From **the way** they look, I would say that they failed.
(彼らの顔つきからして，まあ失敗したのでしょう)

《the way S + V ... —— 名詞節》

- ▶ 本問の the way they look は「彼らの顔つき[様子]」の意味で，関係副詞 how を用いて how they look としても同意。
- ▶ 関係副詞 **how** は，先行詞として the way を想定して用いるものだが，現代英語では「the way how S + V ...」の形は使われず，常に **the way S + V ... ／ how S + V ... ／ the way in which S + V ... ／ the way that S + V ...**「…するやり方／…する様子」といった形で用いる。
- ▶ **I would[should] say ...** は，「**まあ…でしょうね**」という断定を避けた言い方をする慣用表現。

Extra

E-141　② how I work hard → how hard I work　標準

No matter **how hard I work**, I cannot finish reading the book we've been assigned by tomorrow.
(いくらがんばっても，課された本を明日までに読み終えることができない)

《no matter how ＋副詞＋ S + V ...》

- ▶ 問題 833 でテーマ化した「**no matter how ＋副詞＋ S ＋ V ...**」＝「**however ＋副詞＋ S ＋ V ...**」の語順が本問のポイント。副詞は no matter how[however] の直後に置くのであった。

E-142　④ which → to which　標準

I cannot but respect a man who is engaged in work, whatever it may be, **to which** he is willing to devote his life.
(どんな仕事であろうとも，自分の人生を進んで捧げるような仕事に従事している人を，私は尊敬せずにはいられない)

《「前置詞＋関係代名詞」 —— to which》

- ▶ 本問は，**devote A to B**「B(仕事など)に A を捧げる」を知っていることが前提。which he is willing to devote his life のままでは，先行詞 work を受ける which が節内で機能しない。which の前に to を置き，節内の動詞表現 devote A to B の to B の役割を持たせる。
- ▶ **cannot but do**「…せざるを得ない」は問題 70 参照。
- ▶ **be engaged in A**「A に従事している」，**be willing to do**「進んで…する」は押さえておくべき表現。

E-143　④ that → which　基本

She told me to finish my homework within an hour, **which** I found impossible.
(彼女は私に宿題を 1 時間以内に終わらせるよう言ったが，それは不可能だとわかった)

第4章

《関係代名詞の非制限用法》

▶ 関係代名詞の that は非制限用法では用いることはできない。問題 807 参照。

▶ **関係代名詞 which は非制限用法の場合に限って，前文全体またはその一部の文内容を先行詞とする**のであった。問題 814 参照。本問の場合，which は to finish my homework ... の内容を先行詞とし，節内では found の目的語として機能している。

E-144 ② where → which または that 基本

She lives in an apartment **which** is restricted to female students.
（彼女は女子学生専用のアパートに住んでいる）

《where か which か》

▶ 関係副詞の where は節内で主語として働くことができない。先行詞が「人以外」の an apartment だから，where を主格の関係代名詞 which[that] にすれば，節内で is restricted の主語として働くことになる。

▶ **be restricted to A**「A に制限されている」は重要表現。

E-145 基本

Though our expedition was only a partial success, the results **that came out of it may be** significant.
（われわれの探検はあまり成功ではなかったが，それから生じた結果は重要であるかもしれない）

《主格関係代名詞 that》

▶ まずは，the results (...) may be significant. の基本構造を作り，残りの選択肢で the results を先行詞とする関係代名詞節を作る。問題 792《整理 89》参照。

▶ **come out of A** で「A から生じる」の意味。

E-146 標準

This book **is for students whose native language isn't English**. (which 不要)
（この本は英語が母国語でない学生向けです）

《whose A が節内の主語》

▶ This book is for students を作り，students を先行詞にする関係詞節をあとに続ける。their native language isn't English の英文から，their を whose とし whose native language とする。which は使う余地はない。問題 793 参照。

E-147 基本

The bank you are looking for is located on Lincoln Avenue.
（お探しの銀行はリンカーン通りにあります）

《目的格関係代名詞の省略》

▶ 問題 792《整理 89》で述べたように，**目的格の関係代名詞は省略されることが多い**。本問の場合，主語を The bank (which[that]) you are looking for とまとめられるかがポイントとなる。問題 803 参照。

▶ **be located on A** で「A に位置する」の意味。

E-148　標準

The principal tended to brush aside **any objections he did not agree with**.

(from, something 不要)

(校長は自分と合わない反対意見は，みな無視してしまうところがあった)

《目的格関係代名詞の省略→前置詞の後置》

▶ 問題 E-147 と考え方は同じ。本問の場合，**brush aside A**「A を無視する」の目的語 A を any objections (which[that]) he did not agree with とまとめられるかがポイント。問題 803 参照。

▶ **agree with A**「A に同意する」は基本イディオム。

E-149　標準

He **insists that whoever commits a crime must be severely punished**.

(犯罪を犯す者は，だれであろうと厳しく処罰されねばならない，と彼は主張している)

《名詞節を導く whoever》

▶ まずは，He insists that A must be severely punished. の基本構造を作り，A に **whoever** から始まる名詞節を考える。残りの選択肢から，whoever commits a crime と容易にまとめられるはず。

E-150　標準

The animation **was not what I thought it would be**.

(そのアニメーションは，思っていたものとは異なっていた)

《連鎖関係代名詞節── what I thought it would be》

▶ 問題 821 で述べた **what S will be**「未来の S(の姿)」に I thought が入りこんだ連鎖関係代名詞節 what I thought it would be を作れるかがポイント。問題 804 参照。

E-151　標準

She is intelligent, but she just doesn't have **what it takes to be** a good journalist.

(不足語 it)

(彼女は知的な人間だが，優れたジャーナリストに必要なものをまったく持っていない)

《関係代名詞 what の用法 ── 関係詞節内の目的語》

▶ have の目的語に関係代名詞 **what** が導く名詞節を作れるかがポイント。what を節内の動詞 takes「…を必要とする」の目的語として what A takes「A が必要とするもの」を想定する。主語の A が選択肢にないのだが，to be a good journalist とまとめられれば，その不定詞句を受ける形式主語の it が必要だとわかるであろう。問題 798 参照。

E-152　標準

You can look through your textbook and choose **whatever topic you want to write about** for your essay.

(教科書に目を通し，レポートに書きたいと思うどのようなテーマを選んでもよい)

《whatever A + S + V ...》

▶ choose の目的語となる名詞節を「**whatever A＋S＋V ...**」の形で作れるかが本問のポイント。この whatever は直後に名詞 A を伴う複合関係形容詞である。問題 830 参照。

[15] 接続詞の用法

842 ② 基本

Place your trust in your ability, and you will never fail completely.
(自分の能力を信頼しなさい，そうすれば完全に失敗するということは決してないでしょう)

《命令文 ..., and ～》

▶「**命令文 ..., and ～**」は「…しなさい，そうすれば～／…すれば～」の意味を表す。

PLUS 「**命令文 ..., or ～**」が「…しなさい，さもなければ～／…しなければ～」の意味を表すこともここで押さえておこう。
He said to me, "*Hurry up, or* you will be too late."
(「急がないと，手遅れになる」と彼は私に言った)

PLUS 「命令文 ..., and ～」の変形として，「**名詞語句, and ～**」「…すれば～」の形もあることに注意。問題 117 参照。
One more step, and she would have fallen off the building.
(もう 1 歩進んでいれば，彼女はその建物から落ちていただろう)

843 ② 標準

George was good at arithmetic, **yet** he never got an A.
(ジョージは算数が得意だったけれど，A をとったことはなかった)

《接続詞 yet》

▶ **yet は逆接を表す接続詞として用いる**ことができる。**but** とほぼ同じだが，but より意味的には強い。

▶ 副詞 yet の用法は問題 501《整理 62》参照。

844 ② 基本

Tenants must not use the apartment for **either** business or profit.
(入居者は，そのアパートを業務用や営利目的のどちらにも利用してはならない)

《not ... either A or B = neither A nor B》

▶ either A or B は「A か B かどちらか」の意味だが，本問のように，**not ... either A or B** の形になると **neither A nor B** と同意で，「A でも B でもない」の意味を表す。

PLUS not ... either A or B の either がとれた **not ... A or B** も **neither A nor B** と同意になることもここで押さえておこう。

整理 92 等位接続詞を用いた相関的表現

both A and B「A も B も」
not A but B「A ではなく B」＝ **B, (and) not A**
not only A but (also) B「A だけでなく B もまた」
either A or B「A か B かどちらか」
neither A nor B「A でも B でもない」
＝ **not ... either A or B**
＝ **not ... A or B**
＊原則として A，B には文法的に対等な表現がくる。

845 ②　**標準**

Poor woman!　She doesn't have any friends **or** relatives to take care of her.
(かわいそうな人。彼女には面倒を見てくれる友人も身内もいない)

《not ... A or B「A でも B でもない」》

▶ 問題 844 で触れた **not ... A or B ＝ not ... either A or B ＝ neither A nor B**「A でも B でもない」が本問のポイント。

846 ③　**発展**

What he says is based on supposition, not **on fact.**
(彼の発言は，仮定に基づいているのであって，事実に基づいているのではない)

《B, (and) not A ＝ not A but B》

▶ 問題 844《整理 92》で取り上げた **not A but B**「A ではなく B」は **B, (and) not A** と表現できることに注意。なお，and は本問のように省略されることも多い。

PLUS 本問を **not A but B** で表現すると以下のようになる。
What he says is *not* based on fact *but* on supposition.
＝ What he says is based *not* on fact *but* on supposition.

847 ④　**標準**

Energy needs are not going to decrease, **nor** are energy sources going to increase.
(エネルギーの需要は減少しないであろうし，またエネルギー資源も増加しないであろう)

《nor の用法》

▶ **nor** は，否定文または否定的内容の前文を受けて，**次の文内容を否定する**接続詞。「また…しない」の意味を表す。**nor のあとに文がくる場合は，倒置形(疑問文と同じ語順)がくる**点にも注意。

▶ 以上，問題 842 ～ 847 は and，but，or，yet，nor などの等位接続詞を中心にした問題。

848 ③ 標準

That there is a difficulty in the plan is obvious.
(その計画が困難であることは明らかだ)

《名詞節を導く接続詞 that》

▶ **接続詞 that には，名詞節を形成し，文中で主語・目的語・補語となる用法がある。** ただし，原則として前置詞の目的語にはならない。本問では主語となる名詞節を形成している。

! ① What は不可。以下の《整理 93》参照。

整理 93 名詞節を導く接続詞 that と関係代名詞 what

いずれも名詞節を形成するが，that は接続詞なので以下に完結した文がくるのに対し，what は節内で名詞の働きをしなければならないから (問題 798 参照)，what を除いてしまうと節内に名詞表現が欠けることになる。**完結した文なら that，名詞表現が欠けていれば what** である。

(1) My parents know (　　) I want this book.
(私の両親は私がこの本を欲しがっていることを知っている)

(2) My parents know (　　) I want.
(私の両親は私が欲しいものを知っている)

＊ (1) は空所のあとに完結した文がきているので，接続詞 that，(2) は節内に want の目的語が欠落しているので what が入る。what は want の目的語の役割を節内で果たす。

849 ③ 基本

John asked Mary **if** she would like to go shopping in the afternoon.
(ジョンはメアリーに午後買い物に行きたいかどうか尋ねた)

《名詞節を導く接続詞 if「…かどうか」》

▶ 接続詞 **whether** と **if** には「…かどうか」の意味を表す名詞節を導く用法がある。if に関しては問題 12《拡充 2》参照。

▶ ただし whether 節が主語・目的語・補語・前置詞の目的語になるのに対し，**if 節は動詞の目的語と形式主語 it をたてた場合の真主語としてしか用いられない**。以下の例参照。

[形式主語の場合]
It is questionable *if* [*whether*] the story is true.
(その話が本当かどうか疑わしい)

▶ 以下のように前置詞の目的語の場合には，whether 節は使えるが，if 節は使えないことに注意。

[前置詞の目的語の場合]
That depends on *whether* [× *if*] your parents agree with your plan.
(それはあなたのご両親があなたの計画に賛成なさるかどうかによって決まるのです)

▶ 本問は，動詞 ask の目的語となる名詞節なので③ if が使える。選択肢に whether があれば，それも可。

! ② that は不可。ask A that 節の形はないことに注意。

850　①　標準

Physical and mental tests determine **whether** applicants will be admitted into one of the military services.
(体力検査と知能検査によって，志願者が兵役につけるかどうかが決まる)

《名詞節を導く接続詞 whether》

▶ **接続詞 whether は名詞節を導き「…かどうか」の意味**を形成する。本問の whether 節は determine の目的語なので，選択肢に if があればそれも可。問題 849 参照。

! ③ that は不可。**determine that 節**は「…ということを決める」の意味を表すが，本問では文意に合わない。

851　④　標準

I'm worried **about whether** she is happy.
(彼女が幸せかどうか心配だ)

《whether 節が前置詞の目的語》

▶ 問題 849 で述べたように **whether 節「…かどうか」は前置詞の目的語として用いられる**。本問の whether 節は前置詞 about の目的語となっている。

▶ **be worried about A**「A について心配している」は基本イディオム。

! ② about that は不可。that 節は原則として前置詞の目的語にはならない。問題 848 参照。③ about if も不可。if 節も前置詞の目的語にはならない。問題 849 参照。

852　③　標準

Every man's work, **whether it is** literature or music or architecture or anything else, is always a portrait of himself.
(人の作り出すものすべて，それが文学であれ音楽であれ建築であれ他の何であれ，常にその人自身を写し出すものだ)

《副詞節を導く whether —— whether A or B》

▶ **whether** は，通例 **whether A or B** の形で用いて「A であろうが B であろうが」の意味を表す副詞節を導く用法がある。

PLUS whether は，**whether ... or not** の形で用いることも多い。
The world will become smaller and smaller, *whether* you like it or *not*.
(好むと好まざるとにかかわらず，世界はだんだん狭くなるだろう)

▶ **副詞節は，一般に文頭，文尾，文中**(本問はこの形)**のいずれにも置かれうる**と認識しておこう。

853　②　標準

The reason I came late was **that** I overslept.

(私が遅れた理由は，寝過ごしたからです)

《that 節が補語 —— The reason is that ...》

▶ 問題 848 でテーマ化した that 節が The reason is の補語で用いられた形。**The reason is that S + V ...**「その理由は…だからだ」で押さえておこう。

▶ 本問は The reason のあとに関係副詞の why が省略されている。why の省略は問題 811 参照。

▶ 日本語で「〜の理由は…だからだ」と言うのと同じように，口語的には，**The reason is because ...** の形も使われることを押さえておこう。ただし③ why は不可。問題 812，および《整理 91》参照。

854 ② 標準

I regard myself as fortunate in **that** I have so many friends.

(私はとてもたくさん友人がいるという点では自分を幸福だと思う)

《in that ...「…する点で／…するので」》

▶ 問題 848 で原則として that 節は前置詞の目的語とならないと述べたが，例外的に **in that ...**「…する点で／…するので」と，**except that ...**「…することを除いて」の形がある。むしろ，**in that**，**except that** で 1 つの接続詞と考える方がいいだろう。

❗ I have so many friends は英文として完結しているので③ what は不可。問題 798 参照。

855 ③ 標準

I know nothing about Mr. Brown **except** that he lives next door.

(ブラウン氏については隣に住んでいることを除くと何も知らない)

《except that ...「…することを除いて」》

▶ 問題 854 で述べた **except that ...**「…することを除いて」が本問のポイント。

856 ① 標準

There is no certainty **that** the meeting will be successful.

(その会合が成功するという確信はない)

《同格の名詞節を導く接続詞 that》

▶ 接続詞 **that** が導く名詞節は，名詞のあとに置かれて，その具体的内容を表す場合がある。これを同格の名詞節という。「**A + that 節**」で「…という A」と訳出するのが原則。

❗ ② which は不可。関係代名詞は節内で名詞としての機能を果たすが，本問の空所のあとには the meeting will be successful という完結した文がきており，関係代名詞が機能する余地はない。

857 ③ 標準

The rumor passed from mouth to mouth **that** he was alive somewhere in the mountains.

(彼が山中のどこかに生存しているといううわさが口伝えに広まった)

《同格の名詞節を導く that ／名詞と同格節の分離》

▶ 問題 856 で述べた **A that 節の同格節が，本問のように名詞 A と that 節とに分離する場合がある**。その理由は問題 836 で述べた先行詞と関係詞節の分離の場合と同じである。本問の場合も「頭デッカチ」になるのを避けたと考えられる。

▶ **from mouth to mouth**「(うわさなどが) 口から口へ」は押さえておくべき成句表現。

▶ 以上問題 848 ～ 857 は名詞節を導く if，whether，that を中心とした問題。

858　③　標準

My uncle broke his promise to take us to the beach. **If** my sister was disappointed, her face didn't show it.

(私のおじは，私たちを海に連れて行くという約束を破った。私の妹は失望していたとしても，表情には出さなかった)

《if ...「たとえ…でも」》

▶ 接続詞 if は **even if ...** で「たとえ…でも」の意味を表すが，**if** だけでも「**たとえ…でも**」という譲歩の意味を表すことがある。

859　②　標準

Don't just sit around waiting for someone to help you. Nobody is going to help you **unless** you ask.

(だれかが助けてくれるのを，何もしないでただ待っていてはいけない。君が求めない限り，だれも助けてはくれないよ)

《unless ...「…でない限り」》

▶ **unless ...** は「…でない限り／…の場合は除くが」の意味を表す。**X unless Y**「Y でない限り X」(X，Y は文内容) の場合には，unless Y で X の内容を否定する「唯一の例外」を表す。本問の場合も，unless you ask「あなたが求める場合は別だが」で Nobody is going to help you「だれもあなたを助けてくれない」の「唯一の例外」を表している。

▶ **unless ...** は **if ... not ...**「もし…でないなら」に置きかえられる場合も多い。本問も以下のように書きかえられる。

Nobody is going to help you *if* you *don't* ask.

(あなたが求めなければだれも助けてくれないよ)

▶ 下の英文では X if not Y を X unless Y にすることができないことに注意。この場合，「私がうれしくなる」条件はふつう無数に存在するので，unless Y で「そうならない唯一の例外」を表すことはできない。

I'll be quite glad *if* Tom *doesn't* come to the party this evening.

(今晩，トムがパーティーに来ないのなら，とてもうれしい)

▶ 一般に unless は if ... not ... に書きかえられるが，if ... not ... はすべて unless に置きかえられるわけではないことを押さえておこう。

860 ① 標準

I'll be surprised **if Tom doesn't have** an accident. He drives too fast.
(トムがもし事故に遭わなければ，私は驚くだろう（きっとトムは事故に遭うだろう）。彼はスピードを出し過ぎるから)

《if ... not ... —— unless ... との相違》

▶ 問題 859 で扱った **if ... not ...**「もし…でないなら」が本問のポイント。

▶ 本問の場合，**unless ...**「…でない限り／…の場合は除くが」を用いることができないことに注意。X if not Y と X unless Y の違いは問題 859 で述べたとおり。「私が驚く」条件は無数に存在するので，②の unless Tom has an accident で「私が驚かない唯一の例外」を表すことはできない。

861 ① 標準

Even if the performance is good, I still say we drop the project, because it has already cost too much.
(たとえ成果が上がるとしても，その計画はすでに費用がかかりすぎたので，やはりやめることを私は主張します)

《even if ...「たとえ…でも」》

▶ 問題 858 で述べた **even if ...**「たとえ…でも」が本問のポイント。

▶ 本問は文意から判断する問題。他の選択肢では文意が通らない。なお接続詞の問題は文意から判断するものが多いので注意。

862 ③ 標準

Dark **as** it was, we managed to find our way home.
(暗かったけれど，どうにか家への帰り道を見つけることができた)

《形容詞＋ as ＋ S ＋ V ... の譲歩表現》

▶ **「形容詞／副詞／無冠詞名詞＋ as ＋ S ＋ V ...」**の形で「**…だけれど**」という譲歩の意味を表す。as の代わりに **though** を用いることもあるので注意。なお無冠詞名詞の例は入試ではまだ出題されているが，今ではほとんど使われていない。

PLUS as を用いた上記の形で，「**…なので**」という理由の意味で用いられることがある点も押さえておこう。以下の例を参照。
Good *as* Tom is, he is loved by his classmates.
(トムはいい人なので，級友に好かれている)

863 ① 基本

Although winters in Britain are cold and there is usually snow, there are very few ski resorts.
(英国の冬は寒くふつう雪も降るけれど，スキーのできる行楽地は非常に少ない)

《although ...「…だけれども」》

▶ 譲歩を表す接続詞 **although**「…だけれども」を入れる。**though** の同意表現。

▶ 本問も文意から判断する問題。他の選択肢では文意が通らない。

864　②　基本

Even though I don’t like carrots, I eat them because my doctor has ordered me to.
(私はにんじんが好きではないけれど，医者が食べるようにと言うので食べている)

《even though ... 「たとえ…にしても／…だけれども」》

▶ **though** ／ **although** は「…だけれども」という意味を表す接続詞だが，**even though**(even although とは言わないことに注意)になると，意味が強まり「たとえ…にしても／…だけれども」という意味になる。even if とほぼ同意だが，**even if** が「事実はどうであれ」といったニュアンスが強いのに対し，**even though** は「事実」を前提に使うといった傾向がある。

! ① Even so「たとえそうだとしても」は副詞句，③ Despite「…にもかかわらず」は前置詞，④ In spite of「…にもかかわらず」は群前置詞なので不可。

865　③　標準

It is often said that an American starts a speech with a joke, **while** a Japanese has an apology to make.
(アメリカ人はジョークを言うことから話を始めるが，日本人はわびることから始めるとよく言われる)

《対比を表す while「…，一方～」》

▶ 接続詞 **while** は，「…する間」の意味以外に，「…，一方～」という**対比**を表す用法がある。

PLUS 接続詞 **while** には「…だけれども」という**譲歩**を表す用法がある。
While I want to believe it, I cannot.
(私はそれを信じたいのだけれど，信じられないのです)

866　④　基本

When spring comes, many professors move their classes outdoors.
(春になると，戸外で授業を行う教授が多い)

《時の副詞節を導く when「…すると」》

▶ 文意から，時の副詞節を導く ④ **When**「…すると」を選ぶ。他の選択肢では文意が通らない。

867　④　標準

How silly it is of you to take a taxi **when** you could easily walk home!
(家まで簡単に歩いて帰ってこられるのにタクシーに乗るなんて，あなたはなんて愚かなんだ)

《譲歩の副詞節を導く when「…だけれども」》

▶ 接続詞 **when** にも，while (問題 865 参照) と同様に，「…だけれども／…なのに」という**譲歩**の意味を表す用法があることに注意。他の選択肢では文意が通らない。

868　②　基本

Before you condemn him, put yourself in his place.

(彼を非難する前に，彼の立場になってみなさい)

《before「…する前に／…しないうちに」》

▶ 本問も文意から判断する問題。② **Before**「…する前に」を選ぶ。

PLUS **before** は，文脈によっては「…しないうちに」と否定的に訳出した方がよい場合がある。これはあくまでも訳出の問題であり，before 以下を否定形にする必要はない。

Write down his phone number *before* you forget.

(忘れないうちに彼の電話番号を書き留めておきなさい)

869 ② 基本

Since he graduated from high school, he has not done anything.

(高校を卒業してから，彼は何もしていない)

《since「…して以来」》

▶ 文意から② **Since**「…して以来」を選ぶ。since がこの意味で用いられるときは，節内の動詞は原則として過去形が用いられることに注意。なお，主節は，本問のように完了時制を用いることが多い。

PLUS **since** には「…して以来」という意味以外に，**理由「…だから」を表す用法がある。**

Bob must have broken it *since* there was no one except him in the room.

(部屋の中にはボブしかいなかったのだから，ボブがそれを壊したに違いない)

870 ③ 基本

I'll be back in Japan **by the time** this letter reaches you.

(この手紙が君に届くまでには，私は日本に戻っているだろう)

《until[till]と by the time》

▶ 接続詞 **until[till]は，「…するまでずっと」の意味**で主節動詞が表す継続した状態・動作の終了の時点を表すのに対し，接続詞 **by the time は「…するまでには」の意味**で主節動詞の行為の完了の期限を表すと覚えておけばよい。日本語の訳出の違いだけでも十分に判断できるであろう。

▶「この手紙が君に届くまでには」の意味だから③ by the time を入れる。

871 ① 基本

You can't vote **until** you have satisfied all the formal conditions.

(すべての公的な条件を満たすまで投票することはできない)

《until[till]「…するまでずっと」》

▶ 問題 870 で述べた **until[till]**「…するまでずっと」が本問のポイント。**not ... until ～**の形は「～するまで…しない」の意味。

▶ **until[till]**は「**…して，ついに～**」と前から訳出する方が自然な場合があるので注意。特に **until の前にカンマがある場合**や，**until の次に at last ／ eventually ／ finally**「**ついに**」**などの語がある場合**は，このニュアンスになる。

They walked on and on, *until finally* they found a little stream.

(彼らはどんどん歩いていったが，ついに小さな川の流れを見つけた)

拡充 16 **not ... until ～**

not ... until ～の形は「～するまで…しない」の他，「～して初めて…する」と訳出した方が自然な場合がある。この文構造を強調構文にすると，**It is not until ～ that ...** の形になる。

It is not until you have satisfied all the formal conditions *that* you can vote.
（すべての公的な条件を満たして初めて，投票することができる）

＊ **not until の代わりに only after を用いてもほぼ同意。**

＝ *It is only after* you have satisfied all the formal conditions *that* you can vote.

872　④　標準

The trouble is, **once** we get used to watching TV, we gradually watch it more and more.
（困ったことに，いったんテレビを見ることに慣れてしまうと，しだいにテレビを見る時間が増えてゆく）

《once ...「ひとたび…すると」》

▶ **once** には接続詞としての用法があり，「ひとたび…すると／いったん…するからには」といった意味で用いられる。

▶ **The trouble is, ...** は **The trouble is that ...**「困ったことに…だ」と同じ表現。カンマを打って that を省略することがよくある。

873　④　標準

It was not **until** I was away from home that I realized how much I loved my parents.
（家を離れて初めて，自分が両親をいかに愛しているかがわかった）

《It is not until ... that ～「…して初めて～する」》

▶ 問題 871《拡充 16》でテーマ化した **It is not until ... that ～**「…して初めて～する」が本問のポイント。

874　③　標準

Mr. Smith grew colder and colder **until** finally he got up and left the room.
（スミス氏は，だんだん寒気がしてきて，ついに立ち上がって部屋から出ていった）

《... until finally ～「…して，ついに～」》

▶ 問題 871 で述べた **... until finally ～**「**…して，ついに～**」が本問のポイント。

875　③　標準

Hanako hardly ever goes out any more, even with friends, **now that** she's married and has two kids.
（ハナコさんは今や結婚して 2 人の子どもがいるのだから，もはや友人とさえ外出することはめったにない）

《**now (that) ...「今やもう…だから」**》

▶ **now (that) ...** は「今や…だから」という意味の接続詞として用いられる。

▶ **hardly[scarcely] ever**「めったに…ない」(= seldom / rarely)(問題 512 参照)もここで再確認しておこう。

876 ④ 基本

Since she was tired, she decided to take the bus instead of walking home.
(彼女は疲れていたので，歩いて家に帰らずにバスに乗ることにした)

《**since「…だから」**》

▶ 問題 869 で扱った**理由を表す since**「…だから」が本問のポイント。

877 ① 標準

A book is not always a good book just **because** it is written by a famous writer.
(有名な作家によって書かれているからといってその本が必ずしも良書というわけではない)

《**not ... because 〜「〜だからといって…でない」**》

▶ **not ... because 〜**の形で「〜だからといって…でない」という意味を表す。この意味では not の否定の意味が because 以下まで及ぶので because の前にカンマを打たない。また本問のように **just / only / simply / chiefly / merely** といった程度を表す副詞を伴うことも多い。なお，これらの副詞は because の前で用いることはできるが，③ since や as の前で使えないことに注意。

▶ **not ... because 〜**の形で「…でない。なぜなら〜だからだ／〜だから…でない」の意味になることもある。以下の例参照。
She *doesn't* study chemistry *because* she dislikes it.
(彼女は化学が好きでないため，化学を勉強しない)

PLUS 理由を表す接続詞の中で，**It is ... that** 〜の強調構文で強調できるのは **because** 節だけであることもここで押さえておこう。
It was *because* [× *since* / × *as* / × *for*] Mary was rich that John married her.
(ジョンがメアリーと結婚したのは，彼女が金持ちだったからだ)

! ② **for** は不可。for「というのも…だからだ」は前文の付加的な説明や理由を表す接続詞。通例，カンマやセミコロンを前に置く。③ **since** も不可。「理由」を表す since 節は通例，主節の前に置き「自明の理由」や「事実の前提」を述べる。本問の because のように，主節の否定の範囲が since 以下におよぶ用法は since にはない。

878 ① 標準

It was a long while **before she understood me.**
(彼女がぼくのことを理解するまでに長い時間がかかった)

《**It is +時間+ before ...**》

▶「**It is +時間+ before ...**」の形で「…するまでに〜の時間がかかる」の意味を表す。本問の while は time の意味をもつ名詞。

PLUS **It will not be long before ...**「まもなく…するだろう」(before 節は時の副詞節だから節内の動詞は現在時制)もよく用いられる表現だが，考え方は同じ。「…するまでに長くはかからないだろう」から，「まもなく…するだろう」の意味が出てきたもの。一緒に押さえておこう。

It will not be long before we meet again.
(まもなく，私たちは再会するだろう)

879　②　　標準

The moment he heard the fire bell, he rushed out of the room.
(彼は火災を知らせるベルの音を聞くとすぐに部屋から飛び出した)

《The moment ...「…するとすぐに」》

▶ **the moment** は接続詞として「…するとすぐに」の意味で用いられる。

整理 94　接続詞 the moment など

接続詞として，as soon as と同様の意味・用法を持つものとして，以下のものがある。いずれも「…するとすぐに」の意味。正確に押さえること。

the moment，**the instant**，**the minute**，**immediately**，**instantly**，**directly**

880　②　　基本

I had hardly read the first page of the book when the doorbell rang.
(その本の最初の 1 ページを読むか読まないかのうちに，玄関のベルが鳴った)

《... hardly ... when ～「…するとすぐに～」》

▶ **... hardly ... when ～**の形で「…するとすぐに～」の意味を表す。

▶ 主節の時制が過去完了の場合，hardly の位置は S had *hardly* done ... when ～になることに注意。(文頭にくる場合は《整理 95》参照)

整理 95　... hardly ... when ～など

「…するとすぐに～」の意味を表す相関表現は，以下のように整理して押さえておくとよい。

(1) ... { **hardly** / **scarcely** } ... { **when** / **before** } ～

(2) ... **no sooner** ... **than** ～

＊主節動詞 (...) に過去完了，従節動詞 (～) に過去形を用いて，過去の内容を表すことが多い。

＊ **hardly**，**scarcely**，**no sooner は否定語だから，文頭にくると主語と動詞は倒置形になる。**(この点は「第 5 章 [18] 疑問文と語順」の主たるテーマ)

＊なお，(1) で hardly, scarcely ではなく not を用いて，**had not done ... before[when] ～**の形になると，「**…しないうちに～する**」の意味となる。

I had *not* gone far *before* it began to rain.
(遠くまで行かないうちに雨が降りだした)

881 ② 基本

The ship had **scarcely** gone out to sea when she was overtaken by a storm.
(海に出るやいなや，その船は嵐に襲われた)

《... scarcely ... when 〜「…するとすぐに〜」》

▶ 問題 880《整理 95》でテーマ化した **... scarcely[hardly] ... when[before] 〜**「…するとすぐに〜」が本問のポイント。

▶ 従節の主語 she は the ship のこと。ship はしばしば代名詞 she[her]で受ける。

882 ② 標準

No sooner had we got up on deck **than** a native gave a loud shout.
(私たちが甲板に出るとすぐに現地の人が大きな叫び声をあげた)

《No sooner had S done ... than 〜》

▶ 問題 880《整理 95》で述べた **... no sooner ... than 〜**の no sooner が文頭にきた形。主語と動詞は倒置される。

883 ④ 標準

She should have done **as** she was told. Then she wouldn't have made mistakes.
(彼女は言われたとおりにすべきだったのに。そうすれば間違いをおかさなかっただろうに)

《様態の as「…するように」》

▶ 接続詞 **as** には多様な用法があるが，「**…するように**」という意味を表す用法がある。

PLUS 様態の as は **as you please[like]**「好きなように」といった成句表現でも用いられるので一緒に覚えておこう。

▶ 接続詞の as の用法は種類が多いので以下にまとめておく。

整理 96 接続詞の as の用法

(1) **原因・理由の as**「…なので」
Let's go by car, *as* I have a car.
(車があるから，車で行きましょう)

(2) **様態の as**「…のように／…とおりに」
He sang *as* she did. = He sang *the way* she did.
(彼は彼女の歌うとおりに歌った)
＊様態を表す接続詞の as は the way でも表現できることも押さえておきたい。

(3) **比例の as**「…につれて／…にしたがって」
As one grows older, one becomes wiser.
(人は年をとるにつれて，賢くなる)

(4) **時の as**「…するとき／…しながら／…したとたんに」
He went out just *as* I came in.
(ちょうど私が入ってきたとき，彼は出て行った)
＊ when や while よりも同時性が強い。

(5) **譲歩の as**「…だけれども」
Tired *as* he was, he went on working.
(疲れていたけれども，彼は働き続けた)
＊譲歩を表すのは，「**形容詞／副詞／無冠詞名詞＋ as ＋ S ＋ V ...**」の形の場合に限られる。問題 862 参照。

884　②　標準

If you pronounce it **the way** I taught you, you'll always get it right.
(私が教えたとおりにそれを発音すれば，常に正しく発音できるだろう)
《様態の the way「…するように」》

▶ 問題 883《整理 96》で述べたように様態の **as**「…するように」は **the way**「…するように」でも表現できる。

▶ the way は，問題 841 で触れた名詞節を導く用例だけでなく，本問のように副詞節も形成することができる。

PLUS アメリカ用法では，**like S ＋ V ...** の形で「…のように」という，as，the way と同じ意味を形成する場合もあることを知っていて欲しい。
Do it *like* I told you.（私が言ったとおりにそれをしなさい）

885　①　標準

I wonder if we are able to see those who are very close to us **as they really are**.
(私たちは非常に身近な人たちをあるがままに見ることができるのだろうか，と私は思う)
《as ＋ S ＋ be 動詞「そのままに／あるがままに」》

▶「**as ＋ S ＋ be 動詞**」で「そのままに／あるがままに」の意味を表す。様態の as の用法の一つで，通例，文尾や目的語のあとで用いられる。複数形の those (who ...)を受けるので① as they really are を選ぶ。

! ④ **as it were** は「いわば」という成句表現。文意に合わない。

886　①　標準

So **far** as I am concerned, you may leave whenever you like.
(私に関する限り，君はいつでも好きな時に出発してよい)
《接続詞 as[so] far as と as[so] long as》

▶ 接続詞 **as[so] far as** は「…する限り（では）」という意味で**範囲・制限**を表すが，**as[so] long as** は時「…する限り／…する間（＝ while)」や**条件**「…しさえすれば（＝ only if)」を表す。日本語では区別がつかない場合が多いので，表す内容をはっきりとさせること。それでも判断がつきにくければ，while または if に置きかえられれば as[so] long as，置きかえられなければ as[so] far as と考えておけばよい。

▶ 本問は範囲・制限を表すので as[so] far as の形にする。while や if には置きかえられない。本問の **as[so] far as S is concerned**「S に関する限り」はよく用いられる表現なので成句表現として押さえておこう。

887 ③ 標準

You can borrow my bicycle, **as long as** you are careful with it.
(扱いに気をつけてくれさえすれば，私の自転車を借りていいですよ)

《「条件」の as[so] long as》

▶ 問題 886 で述べた **as[so] long as**「…しさえすれば」が本問のポイント。

! ④ while は不可。問題 886 で as[so] long as は while に置きかえられると述べたが，本問は「あなたが自転車の扱いに注意する条件を満たしさえすれば」という (only) if の意味なので，while の意味ではない。

888 ① 標準

A: Does Jack live in the suburbs or in the center of the city?
B: **As far as** I know, he lives near the center.
(A「ジャックはその町の郊外に住んでいるのですか，それとも中心部に住んでいるのですか」 B「私の知る限り，彼は中心部の近くに住んでいます」)

《as far as か as long as か》

▶「私が知っている範囲内で言えば」と考えれば① As far as を選べるだろう。**as far as I know**「私の知っている限り」もよく用いる表現なので，そのまま覚えておこう。問題 886，887 参照。

889 ② 標準

Let's take an express train **so that** we can get there 20 minutes earlier.
(20 分早くそこに着くように急行列車に乗りましょう)

《so that S can …「…するために」》

▶ **so that S can[will ／ may] …** で，「…するために」という「目的」を表す副詞節を導く用法がある。

▶ 助動詞を否定形にすれば,「…しないために」の意味になるが，その場合 can ／ could は避けられることが多い。

▶ **that を省略して，so S can …** の形で口語的に用いられることがある。この場合は助動詞に can を用いるのが一般的。

▶ 逆に，so that の so を省略して，that S may ... の形で用いられる場合もあるがこれはかなり文語的表現。この場合は may を用いることが多い。英文読解上押さえておこう。

> **PLUS** **so that** の前に通例カンマを置いて，「それで／その結果」という「結果」を表す用法もあるので注意。
>
> He overslept, *so that* he missed the first train.
> (彼は寝過ごしたため，始発列車に乗り遅れた)

! ① in order にしないこと。**in order that S can[will ／ may] …** で「…するために」という目的を表すが，in order that S can[will ／ may] ... の **that は省略不可**。

890 ④ 標準

Mary didn't want to walk at night on her own **for fear that** something terrible would

happen to her.
(メアリーは何か恐ろしいことが自分の身に起こるといけないので，夜一人では歩きたがらなかった)

《for fear (that) ...「…しないように／…する場合に備えて」》

▶ **for fear (that) S should[might ／ would ／ will] ...** の形で「…しないように／…する場合に備えて」という意味を表す。

PLUS **for fear of doing**「…しないように」もここで押さえておこう。

PLUS **lest S (should) do ...**「…しないように」も同意表現だが，こちらは文語的表現。

891 ②　標準

Let's get going now in case the bus **leaves** early.
(バスが早く出るといけないからもう出発しましょう)

《in case S + V...》

▶ **in case S＋V...** は「…する場合に備えて」という意味を表す点では，問題 890 で扱った for fear (that) ... と同じだが，「…しないように」の意味を表す用法はない点に注意。また，in case の節内に should を用いることもあるが，will ／ would ／ might は用いない点も押さえる。

PLUS **in case S + V...** で「もし…なら」という if と同じ意味を表す用法（アメリカ用法）があることも押さえておこう。
What shall we do *in case* it rains?
（もし雨が降ったら，どうしましょうか）

892 ③　標準

In case there is an accident, report it to me at once.
(事故があった場合には，すぐ私に知らせてください)

《in case S + V...「もし…なら」》

▶ 問題 891 で扱った **in case S＋V...**「もし…なら (＝ if)」(アメリカ用法) が本問のポイント。

! ② If you will have は不可。時・条件を表す副詞節中は未来のことでも現在時制を用いるのであった。If you have なら可。問題 12 参照。

893 ①　標準

Kinesics, the study of body language, is so new as a science **that** its authorities can be counted on the fingers of one hand.
(動作学というのは身体言語の学問のことだが，科学として非常に新しいものなので，その権威者は片手の指で数えられるくらいだ)

《so ... that ～構文》

▶ **so ... that ～**は「とても…なので～／～するほど…」の意味を表す。本問は文構造が複雑であるが，見抜けたであろうか。下線部和訳でも頻出だが，so と that が離れていることがあるので注意したい。

▶ なお，so のあとは形容詞・副詞がくる。名詞を伴うときは「**so ＋形容詞＋ a[an]＋**

名詞」の語順となることも再認識しておこう。問題 558 参照。

894 ④ 標準

Pollution has reached **such** proportions that we are barely able to cope with it.
(汚染はほとんど手がつけられないほどになってしまっている)

《such ... that 〜構文》

- ▶ **such ... that 〜**構文も文意は so ... that 〜構文に同じ。ただし,「**such ＋(a[an])＋(形容詞)＋名詞**」の形をとる。本問は「such ＋名詞」になった形。
- ▶ **so ... that 〜**構文も **such ... that 〜**構文も，**接続詞 that を省略することがある**ことに注意。
- ! ③ so は不可。「so ＋名詞」の形はない。

895 ④ 標準

It was **such** nice weather that we were able to go swimming.
(とても天気がよかったので，私たちは泳ぎに行くことができた)

《so か such か》

- ▶ **nice weather** が「形容詞＋不可算名詞」なので,「**such ＋形容詞＋名詞＋ that 〜**」の形を選ぶ。
- ▶「so ＋形容詞＋不可算名詞［複数形の可算名詞］」は原則として不可だが，形容詞が much ／ many ／ little ／ few の場合は such ではなく **so** を用いることに注意。
  She goes to *so*[× *such*] *many parties* that she never has time for anything else.
  (彼女はとても多くパーティーに出かけるので，他のことをする時間がまったくない)

896 ② 標準

When she saw all her children safe at home, her delight was **such** that she could not speak a word.
(自分の子どもたち全員が無事に家にいるのを見たとき，彼女の喜びは大変なものだったので，言葉が出なかった)

《S is such that ... 構文》

- ▶ **S is such that ...** の形で「S は大変なものなので…／ S は…するほどのものだ」の意味を表す。S is so great that ... とほぼ同意。**S is such that ...** は **Such is S that ...** の倒置形になることも多いので注意しよう。

  PLUS **S is so ... that 〜**も **So ... is S that 〜**の倒置形になりうることも押さえておこう。
  He was so excited that he couldn't speak.
  = *So excited was he that* he couldn't speak.
  (彼はとても興奮していたので，話もできなかった)

拡充 17　not so ... that ～など

問題 893，894，895 は，結果・程度を表す点では同じ。では以下の形をどう訳出すればいいだろうか。

It was **not so** hot **that** I couldn't sleep.

「あまり暑くなかったので，私は眠れなかった」では何のことかわからない。この**英文の not は that 以下をも含めて，文全体を否定している**のである。「とても暑いので眠れなかった，ということはない」の意味。そこから，「私が眠れないほど暑くはなかった」の意味となる。**主節が否定文の時は「～ほど…ない」と後ろから訳し上げる**と押さえておくとよい。なお，not such ... that ～，S is not such that ～の形にも同じことが言える。

897　④　標準

I don't mind lending you the money **provided** you pay it back within a year.

（1 年以内に返してくれるなら，あなたにお金をお貸ししてもかまいませんよ）

《provided (that) ... 「もし…ならば」》

▶ **provided (that) ...** は，接続詞 if と同じ意味を表す。

整理 97　動詞から派生した条件節を導く表現

以下はいずれも **if**「もし…ならば」の意味を表す。

provided (that)，**providing (that)**，**supposing (that)**，**suppose (that)**

＊ supposed (that) の形はない。ダミーの選択肢に使われることがあるので注意。

898　④　標準

You can borrow two books **on** condition that you bring them back within a week.

（1 週間以内に返却するという条件で，2 冊本を借りられます）

《on condition (that) ... 「…という条件で」》

▶ **on condition (that) ...** も，「…という条件で／…ならば」という条件の意味を表す接続詞。if で置きかえられる場合も多い。

899　④　発展

Such was Linda's disappointment that she burst into tears.

（リンダの失望は大変なものだったので，彼女はわっと泣き出した）

《S is such that ... → Such is S that ...》

▶ 問題 896 で扱った **Such is S that ...**「S は大変なものなので…／S は…するほどのものだ」が本問のポイント。

▶ **burst into tears**「**突然泣き出す**」（＝ **burst out crying**）は重要イディオム。

900　②　発展

Living **as** I do so remote from town, I rarely meet people.

（このとおり町からとても離れたところに住んでいるので，人に会うことはめったにあり

第 4 章

ません)

《Living as I do ...》

▶ **分詞構文の強調形は，分詞の直後に as S do を置く。**問題 188 参照。

901 ③ 発展

I taped the artist's speech **so** my students could listen to it later.

(私の生徒たちがあとで聞けるように，私はその芸術家の話を録音した)

《目的を表す so S can ...》

▶ 問題 889 で扱った so that S can ... の that が省略された形，**so S can ...**「…するために」が本問のポイント。

902 ① 発展

Literature **as** we understand it should interest everyone.

(私たちが理解しているような文学はだれにとってもおもしろくなければいけない)

《直前の名詞を限定する節を導く as》

▶ **名詞の直後に as で始まる節をおいて，その名詞を限定する用法がある。A as S＋V ...** で「…するような A」の意味を形成する。英文理解においても重要。

▶ it は literature を指す。また，**literature as we understand it** は「私たちが文学だと理解している(一般的な)文学」という意味。

PLUS **the American way of life as we know it**「私たちが知っているようなアメリカの生活様式」，**the origin of schools as we know them**「私たちが知っているような学校の起源」なども同じ用法。

! ④ which を入れると，which が節内で understand の目的語になるので it が不要になる。

903 ② 発展

They say Bob has been arrested. **Be** it true or not, I will still be his friend.

(ボブが逮捕されたらしい。それが本当であろうとなかろうと，私は依然として彼の友人です)

《Be S A or B の構文》

▶ **Be S A or B** で「S が A であろうと B であろうと」の意味を形成する。問題 852 でテーマ化した **whether S is A or B** と同意。**Be it true or not** は Whether it is true or not と書くことができる。英文読解においても重要。このままの形で押さえてしまうのがよい。

Extra

E-153 ② then → than 標準

No sooner had she crossed a small bridge near the farm **than** the storm resumed with even greater intensity.

(彼女が農場の近くの小さな橋を渡ったとたんに，嵐が一段と激しさを増した)

《No sooner had S done ... than ～》

▶ 問題 882 でテーマ化した **No sooner had S done ... than ～**「…するとすぐに～」の形であることに気づくかが本問のポイント。

E-154　② that → whether　標準

What I want to know is **whether** Mike really wants to become a doctor, for he doesn't make any effort at all.
(私が知りたいのは，マイクが本当に医者になりたいと思っているかどうかということだ。というのも，彼はまったく努力していないからだ)

《名詞節を導く whether》

▶ what I want to know is that 節のままだと文意がとれない。that 節を問題 850 でテーマ化した **whether 節**「…かどうか(ということ)」にすれば文意に合う。

E-155　③ and → or　標準

The word "church" can be used to indicate either a body of people united by the bond of common belief and worship **or** the actual building in which the worship is carried out.
(「教会」という言葉は，共通の信心や信仰のきずなによって結束した人々の集まり，あるいは，礼拝が行われる実際の建物のどちらかを示すために使うことができる)

《either A or B「A か B かどちらか」》

▶ indicate のあとの either に着目する。「A か B かどちらか」を表すのは，either A and B ではなく **either A or B** であった。問題 844《整理 92》参照。

E-156　① so good milk → such good milk　標準

It was **such good milk** that they couldn't stop drinking it. The weather was also warm.
(それはとてもおいしい牛乳だったので，彼らは飲むのをやめられなかった。天気も温暖だった)

《such ＋形容詞＋名詞＋ that ～構文》

▶ good milk という「形容詞＋不可算名詞」の前は so ではなく such でなければならない。「**such ＋形容詞＋名詞＋ that ～**」の形を作ればよい。問題 894，895 参照。

E-157　標準

I had not waited long before he showed up. (until 不要)
(まもなく彼は現れた)

《had not done ... before ～「…しないうちに～した」》

▶ 問題 880《整理 95》で扱った **had not done ... before ～**「…しないうちに～した」の形を完成させる。

▶ **show up**「現れる」は基本イディオム。

第4章

E-158 標準

So numerous **are the family's possessions that they cannot name** them all.
（その一家の財産はあまりにも莫大《ばくだい》すぎて，いちいち数えあげることができない）

《So ... is S that ～の形》

▶ 問題 896 で扱った **So ... is S that ～**「S はとても…なので～」の語順を完成させる。

E-159 標準

Things **don't always go the way we want them to.**
（ものごとはいつも思いどおりにいくとはかぎらない）

《様態の the way S ＋ V ... 「…するように」》

▶ まずは，Things don't always go とまとめ，次に問題 884 でテーマ化した **the way S ＋ V ...**「…するように」の様態を表す副詞節を完成させる。「思いどおりに」は「物事が進んでもらいたいと私たちが思うように」と考えて，the way we want them to と作ればよい。最後の to は代不定詞（問題 129 参照）で to go を表す。

E-160 基本

I didn't tell Mr. Yamamoto anything about the project, **but he spoke as though he knew all** about it.
（私は山本さんにその計画について何も話さなかったが，彼はまるですべて知っているかのような口ぶりだった）

《等位接続詞の but》

▶ 等位接続詞の **but** は 2 文を結ぶ機能があるので，まず but を置く。次に，問題 104 でテーマ化した **as though 節**を as though he knew all about it とまとめる。残った選択肢で主節の S ＋ V を作れば完成する。問題 843 参照。

E-161 基本

We made sure that the gate **was locked so that no one could come into** the factory without permission.
（だれも無断で工場に入れないように門に鍵がかけられていることを，私たちは確認した）

《so that S can ... 「…するために」》

▶ 問題 889 でテーマ化した **so that S can ...**「…するために」の形を作れるかが本問のポイント。

E-162 標準

Barbara has always been interested in history, so the news **that the museum was to close made** her very sad.
（バーバラはいつも歴史に興味を持っていたので，その博物館が閉館になるという知らせに，彼女はとても悲しんだ）

《A that 節「…という A」》

▶ 問題 856 でテーマ化した **A that 節**「…という A」で主語を作れるかが本問のポイント。

▶ that 節内は「**be ＋ to 不定詞**」でまとめる。問題 137 参照。

E-163 標準

No one **has any idea why John behaves as he does**. He is so unusual.
(だれもジョンがなぜあのように振る舞うのか，まったくわからない。彼はとても変わっている)

《様態の as「…するように」》

▶ 問題 604 で触れた **have no idea wh-節**「…かはまったくわからない」を変化させて，まずは，No one has any idea why と作り，次に，問題 883 でテーマ化した**様態の as** を用いて，節内を John behaves as he does とまとめればよい。なお，does は代動詞で behaves の意味。

[16] 前置詞と群前置詞の用法

904 ② 基本

You can hire a bicycle **by** the hour at this shop.
(この店で時間ぎめで自転車を借りられるよ)

《単位を表す by》

▶ **by the A** で「A 単位に／A ぎめで」の意味を表す。必ず the を用いる点，A には単位を表す名詞がくる点を押さえておこう。**by the hour** は「時間ぎめで／1 時間いくらで」の意味。

905 ③ 基本

Since the last war, coffee has been getting more popular with the English.
(この前の戦争以来，コーヒーは英国人にますます人気がでてきている)

《since「…以来ずっと」》

▶ **since** には接続詞だけでなく，前置詞の用法もある。「…以来(ずっと)」の意味を表し，本問のように，**通例**，**完了時制とともに使われる**。

906 ① 基本

After four years in Greece, Taro longed for the familiar sights of Kyoto.
(ギリシャで 4 年過ごしたあと，タロウは京都の見慣れた光景を恋しく思った)

《after「…のあと」》

▶ **after** は「…のあと」の意味。文意から選ぶ。after には接続詞の用法もあることを確認しておこう。

907 ② 基本

We shall go on studying this book **till** the end of the year.
(年末までこの本を注意深く読み続けます)

《till「…まで(ずっと)」》

▶ 問題 870 で述べた**接続詞 till[until]** と **by the time** の違いは，**前置詞 till[until]** と **by** との間でも同じ。

908 ① 基本

If we take an express, we'll get home **by** seven o'clock.
(急行に乗れば，7 時までには家に着くだろう)

《by「…まで(には)」》

▶ 文意からして，**until**「…まで(ずっと)」ではなく，**by**「…まで(には)」を入れる。

909 ③ 基本

That bus will get her to Osaka **in** five hours.
(そのバスに乗ると，彼女は 5 時間で大阪に着きます)

《経過を表す in「今から…で」》

▶ 前置詞 **in** には「**今から…で／…経つと**」という経過を表す用法がある。

PLUS 「…以内に」の意味では **within** を用いる。

You will get there *within* two hours.
(君は 2 時間以内にそこに着くだろう)

910 ④ 標準

Your mail is due to arrive here **within** a week.
(君の郵便は 1 週間以内にここに着くはずだ)

《within「…以内に」》

▶ 問題 909 で扱った **within**「…以内に」を選ぶ。

▶ **be due to do** は「(予定では)…することになっている」の意味。

911 ① 標準

There will be one ten-minute interval **during** the performance.
(公演の間に，10 分間の休憩が 1 回入ります)

《for と during》

▶ **前置詞 for** が通例，数詞などのついた期間を表す語句を従えて，単に「**期間の長さ**」を表すのに対し，**during** は定冠詞や所有格などのついた語句を従えて「**特定の期間**」を表す。**for a week**「1 週間の間」，**during the week**「その週の間」，**during my stay in London**「ロンドンに私が滞在している間」，**during the vacation**「その休暇中」などでその違いを確認しておこう。

▶ 本問は「その公演の間」という特定の期間なので，① during を選ぶ。

! ④ while は接続詞なのであとに「S＋V...」がくる必要がある。よって不可。

912　②　標準

The heavy rainfall has caused vegetable prices to rise daily **for** the last two months.
(豪雨のため，野菜の値段がここ 2 か月の間，日々上昇している)
《for the last two months「ここ 2 か月間」》

▶ 問題 911 で for は for a week のように，単に「期間の長さ」を表すと述べたが，the last[past ／ next] two months のように，定冠詞のあとに last，past，next などがくると，for も during もともに用いることができる。本問はこの用例。もちろん during があれば，それも可である。

913　③　標準

This store stays open all **through** the night.
(この店は，夜の間ずっと開いている)
《through「…の間ずっと」》

▶ **through** は，基本的には「貫通」を表す前置詞であり，期間を表す語があとに来れば「…の初めから終わりまで」の意味になる。**through the night** は「夜の間ずっと／一晩中」の意味。

914　③　標準

I went back to my hometown for the first time **in** ten years.
(私は 10 年ぶりに故郷に帰った)
《for the first time in A「A ぶりに」》

▶ **for the first time in A**（A は時間を表す語）で「**A ぶりに**」という意味になる。英作文にも使える表現なので，正確に押さえておこう。

915　④　標準

On a cold night in February I had an unexpected visit from him.
(2 月の寒い夜，彼の思いがけない訪問を受けた)
《on a cold night「ある寒い夜に」》

▶ 不特定で一般的な朝・午後・夜などを morning，afternoon，evening で表す場合は，**in the morning** ／ **in the afternoon** ／ **in the evening** など **in** を用いるが，特定の朝・午後・夜などや形容詞で修飾する場合には，たとえば **on the morning of June 25th** ／ **on a cold morning** などのように **on** を用いる。night の場合は，不特定で一般的な「夜」なら **at night** を用いるが cold などの形容詞で修飾する場合には **on a cold night** と表現する。

916　④　発展

Toward noon the fog began to disappear, and the sun broke through.
(昼ごろ，霧が晴れ始め，太陽が顔を出した)
《toward noon「昼ごろに」》

▶ **toward[towards]**は，「…の方向へ」という運動の方向性を表す用法が一番多いが，**時間的・数量的に接近していることを示し**，「…ごろ／…近く」の意味を表す用法がある。**toward noon**「昼ごろに」, **toward midnight**「真夜中近くに」などで押さえておこう。

917 ② 基本

The sun rises **in** the east.
(太陽は東から昇る)
《The sun rises in the east.「太陽は東から昇る」》

▶ **The sun rises *in* the east. The sun sets *in* the west.** 日本語では「東から昇る, 西に沈む」と言うが, 英語ではともに **in** を用いる。「東の方で昇る, 西の方で沈む」の感覚で表現するのである。

918 ③ 標準

He was born in a small town **on** the Thames.
(彼はテムズ川のほとりにある小さな町で生まれた)
《on the Thames「テムズ川のほとりで[の]」》

▶ **on** は「接触」を前提にして用いるが, そこから「…に面して/…のほとりに」という意味で用いることがある。特に「**on the +川(の名)**」は頻出。

919 ② 基本

It takes only a few hours to fly **across** the Atlantic.
(大西洋を飛行機で横断するのにはほんの数時間しかかからない)
《横断を表す across「…を横断して」》

▶ 横断を表す前置詞は **across**「…を横断して」を用いる。

! ① **along** は「…に沿って」の意味。③ **through** は「…を通り抜けて」の意味で貫通を表す。④ **past** は「…のそばを通り過ぎて」の意味。

920 ④ 基本

Life changes constantly. Change will always be **with** us.
(人生は絶えず変化する。変化とは常に私たちとともにあるものだ)
《同伴の with「…とともに」》

▶ 同伴の **with** は「…とともに/…と一緒に」の意味を表す。

921 ③ 基本

Mr. Miller walked **through** the forest.
(ミラー氏はその森を歩いて通り抜けた)
《貫通を表す through「…を通り抜けて」》

▶ 問題 919 で触れたが, 貫通を表す前置詞は **through**「…を通り抜けて」を用いる。

922 ③ 標準

My brother's an authority **on** philosophy.
(私の兄は哲学の権威だ)

《関連を表す on「…に関して」》

▶ 関連の **on** は「…に関して」の意味を表す。**about** にも同じ用法があるが，一般に専門的・学問的な内容のものには **on** を用いる。

▶ **an authority on philosophy ／ an authority on Africa ／ an authority on Shakespeare** のように，**an authority on A**「A の権威者」の形はよく用いられる。

923　②　基本

The Prime Minister made a short speech in America **through** an interpreter.
（首相はアメリカで通訳を通して短い演説をした）

《仲介・手段を表す through「…を通して」》

▶ 貫通を表す **through** が，「人」を目的語にとり，「(人)を通して」という**仲介**を表したり，「物」を目的語にとり，**through books**「書物によって」のように「(物)によって」という**手段**を表したりすることがある。

924　①　標準

We danced **to** the music of that famous band for hours.
（私たちは，その有名なバンドの音楽に合わせて何時間も踊った）

《dance to the music「音楽に合わせて踊る」》

▶ 適合・一致の **to** は「…に合わせて／…に合って」の意味を表す。**to the music**「音楽に合わせて」，**to A's liking[taste]**「A の好みに合って」，**to order**「注文どおりに」などで押さえておこう。

925　①　基本

This chimney is **made of** brick.
（この煙突はレンガでできている）

《材料の of「A という材料で」》

▶ 材料の **of** は「…という材料で」の意味を表す。be made[built] of A で使われることが多い。**be made of brick[stone ／ wood ／ silver]**「レンガ[石／木／銀]で作られている」などで押さえておこう。

▶ **原料の場合は from を用いる。be made from oil**「石油で作られている」で押さえておこう。

926　④　基本

Water turns **into** ice at 32° F.
（水は華氏 32 度で氷になる）

《変化を表す into「A に変わって」》

▶ 変化を表す **into** は「…に変わって」の意味を表す。この into は動詞との結びつきが強い。**turn[change] into A**「A に変化する」，**turn[change] A into B**「A を B に変える」，**burst into tears[laughter]**「突然泣き出す[笑い出す]」などで押さえておこう。

927 ① 標準

Among all the magazines on the shelf, there was one that was very interesting.
(棚のすべての雑誌の中で，とてもおもしろい雑誌が 1 冊あった)

《among「…の中に[で]」》

▶ **among** は「…の中に[で]／…の間に[で]」の意味を表す用法がある。目的語には**同類・同種の集まり**を表す複数名詞[集合名詞]がくることに注意。**among friends**「友だちの中に[で]」，**among poor people**「貧しい人々たちの中に[で]」，**among the crowd**「群衆の中に[で]」などで押さえておこう。

PLUS among の用法で「**among the ＋最上級（＋複数名詞）**」＝「**one of the ＋最上級（＋複数名詞）**」となる形もここで押さえておきたい。
He is *among the fastest runners* in Japan.
（彼は日本で最も速いランナーの一人だ）

! ③ Between は不可。原則として，**between は 2 者について用いる**。between the three nations「3 国間で」のように，まれに 3 者以上の場合にも用いることがあるが，among のように「同類・同種の集まり」ではなく「独立した別個のもの」という意識がある。

928 ① 標準

The proposal was dropped because seven people out of ten voted **against** it.
(その提案は 10 人中 7 人が反対投票をしたので否決された)

《反対を表す against「…に反対して」》

▶ 反対を表す前置詞は **against**「…に反対して」，賛成を表す前置詞は **for**「…に賛成して」である。

▶ **vote against A**「A に反対票を投じる」，**vote for A**「A に賛成票を投じる」もここで押さえておこう。

! ② contrary to にしないこと。**contrary to A** は「A に反して」の意味を表すが，**contrary to expectations**「予想に反して」，**contrary to one's own principles**「自分の主義に反して」のように，contrary to A は「A とは逆に」の意味であって，「（賛成に対する）反対」の意味ではない。本問とは逆に，contrary to A が正答で against A がダミーの問題も多い。

929 ① 標準

It is more difficult to swim **against** the stream than to swim with it.
(流れに乗って泳ぐよりも流れに逆らって泳ぐ方が難しい)

《「逆らって」の意味を表す against》

▶ 反対の **against** は，本問のように「…に逆らって」の意味で用いられることがある。

▶ **swim against the stream**「流れに逆らって泳ぐ」，**swim with the stream**「流れに乗って泳ぐ」はそのまま覚えておこう。

PLUS 接触の **against**「…にもたれて」も頻出。**lean against the door**「ドアにもたれる」や **with one's back against the wall**「壁に背をもたれて」などで押さえておこう。

930　④　標準

This city is three hundred feet **above** sea level.
(この町は海抜300フィートにある)
《... above sea level「海抜…」》

▶ **above** は，より高い位置にあることを示す前置詞で，「海抜…／海面より…上に」は **... above sea level** で表す。

PLUS above の反意語は **below** で，より低い位置にあることを示す。**... below sea level** で「海抜…以下／海面より…下に」の意味となる。

931　③　標準

To our surprise, she has gone to Brazil alone.
(私たちが驚いたことに，彼女は一人でブラジルへ行ってしまった)
《to A's ＋感情名詞「A が…したことに」》

▶「**to A's ＋感情名詞**」は，結果としての感情の状態を表す。通例「A が…したことに」と訳出する。感情名詞としては，**surprise**「驚き」，**joy**「喜び」，**grief**「悲しみ」，**disappointment**「失望」などが用いられる。

第4章

932　①　標準

That girl **in** white is a nurse.
(白衣を着たあの若い女性は看護師です)
《着衣の in「…を身につけて」》

▶ 衣服などを身につけていることを示す場合，**in**「…を身につけて」を用いる。**in white[red]**「白い[赤い]服を身につけて」，**in uniform**「制服を着て」，**in jeans**「ジーンズをはいて」などで押さえておこう。なお，**in spectacles**「めがねをかけて」のように衣服以外のものでも使える点に注意。

933　①　基本

Do you have any money **with** you?
(お金を今お持ちですか)
《携帯の with》

▶ **have A with B** で「(B は) A を身につけて持っている」の意味。B は文の主語を受ける目的格の代名詞がくる。**with** 以外に，**on** ／ **about** を用いることもある。

▶ **take A with B**「(B は) A を身につけて持って行く」もここで押さえておこう。
Take an umbrella *with* you. (傘を持って行きなさい)

934　②　標準

Tonight the stars are shining out brilliantly **against** a black sky.
(今夜は，暗い空を背景にして，星がきらきらと輝いている)
《背景を表す against「…を背景にして」》

▶ 背景を表す **against** は「…を背景にして」の意味を表す。**against a[the] blue sky**「青い空を背景にして」で押さえておく。

935 ② 標準

He bought a new camera **for** twenty thousand yen.
(彼は 2 万円で新しいカメラを買った)

《代償・交換を表す for「…の金額で」》

▶ **for** には「…の金額[値段]で／…と引き換えに」という代償・交換を表す用法がある。buy や sell と結びついて，**buy[sell] A for B**「A を B の金額で買う[売る]」の形をとることも多い。

936 ① 標準

What are you moving the furniture for?
(どうして家具を動かしているのですか)

《目的を表す for「…のために」》

▶ **for** は「…のために」という目的を表す用法がある。本問の for の目的語は What。つまり文構造どおりに訳せば「何のために家具を動かしているのか」となる。**What … for?**「何のために…か／どうして…か」はよく用いられる表現で，疑問詞 Why に置きかえられる場合も多い。

937 ② 基本

These kinds of books are **of** little value.
(こういった類の本は，ほとんど価値がない)

《of ＋抽象名詞＝形容詞》

▶「**of ＋抽象名詞**」で形容詞と同じ働きをするものがある。**of value ＝ valuable**，**of importance ＝ important**，**of use ＝ useful**，**of help ＝ helpful** など。本問は value に否定の意味を表す little「ほとんど…ない」がついているので，「ほとんど価値がない」という意味になる。

938 ④ 標準

This problem is too difficult. It's **beyond** me.
(この問題は難しすぎる。ぼくの手に負えない)

《能力の限界を越えていることを表す beyond》

▶ **beyond A** で「A の(能力の)限界を越えて」を表す用法がある。**beyond me** で「私の手に負えない」の意味を表す。成句表現として押さえておこう。**above** にも同様の意味があり，本問は **above me** とも表現できる。

PLUS 以下の beyond を使った成句表現も押さえておこう。**beyond description**「言葉では表現できないほど」，**beyond recognition**「見分けがつかないほど」，**beyond belief**「信じられないほど」，**beyond reach**「手の届かないほど」

939 ④ 標準

Between you and me, John's idea doesn't appeal to me very much.
(ここだけの話だが，ジョンの考えはぼくにはあまりピンとこない)

《between の用法 ―― between A and B》

▶ 2 者を前提にして，「…の間に」の意味を表す場合には **between** を用いる。**between A and B**「A と B の間に」の形で用いられることが多いが，**between you and me**「ここだけの話だが」＝ **between ourselves**（問題 786《整理 88》参照）は成句表現として押さえる。

! ③ Among には，2 者の間を表す用法はないので，不可。問題 927 参照。

940　③　標準

The population in this city rose **by** 15,000 last year to 2.5 million.
（この都市の人口は昨年 15,000 人増えて 250 万人になった）

《差を表す by「…だけ」》

▶ 程度や数量の差を表す前置詞としては **by** を用いる。「…だけ／ほど」の意味。**win by a nose**「わずかの差で勝つ」，**miss the train by a minute**「ちょっとの差で列車に乗り遅れる」，**escape by a hairbreadth**「間一髪で逃げる」など幅広く使われる頻出の用法。

941　④　標準

The president and the secretary talked **over** a cup of coffee.
（社長と秘書はコーヒーを飲みながら話をした）

《従事の over「…しながら」》

▶ **over** には「…しながら」という従事を表す用法がある。飲食物だけでなく **over a book**「本を読みながら」のようにも使う点に注意。

942　④　標準

A language may extend **beyond** national and cultural boundaries.
（言語が国家や文化の境界を越えて広がることがある）

《地理的・分野的範囲を越えることを表す beyond》

▶ 問題 938 で **beyond A**「A の（能力の）限界を越えて」を確認したが，**beyond A** には「A の（地理的・分野的）範囲を越えて」の意味を表す用法がある。**beyond the horizon**「地平線のかなたに」もこの用法。

943　③　標準

The world population is increasing **at** a surprising rate.
（世界の人口は驚くべき割合で増加している）

《割合・程度を表す at》

▶ **at** には割合・程度を表す用法があり「（価値・速度・温度・距離などにおいて）…で」の意味を表す。**at a surprising rate**「驚くべき割合で」，**at a good price**「よい値で」，**at 60 miles an hour**「時速 60 マイルで」などで押さえておこう。

944　①　標準

These two streets separate **like** the branches of a Y.

(この 2 つの通りは，Y の字の枝のように分かれている)

《like A「A のように」》

▶ **like** には前置詞の用法があり，**like A** で「A のように／A に似た／A らしい」などの意味で用いられる。

PLUS like A の反意語 **unlike A**「A と違って／A に似ていない／A らしくない」も押さえておくこと。

945 ③ 標準

Tom is very tall, **unlike** his brothers and sisters.
(トムは兄弟・姉妹とは違ってとても背が高い)

《unlike A「A と違って」》

▶ 問題 944 で扱った **unlike A**「A と違って／A に似ていない／A らしくない」が本問のポイント。

946 ② 基本

I'm not worried about anything **except** the money.
(私はお金のことを除けば何も心配していない)

《除外を表す except「…を除いて」》

▶ 除外の **except** は**修飾する語の直後**において「…を除いて／…以外」の意味を表す。

▶ **except A** は以下の例のように**文尾におくこともできる**。
Everyone *except* John came. (ジョン以外のすべての人が来た)
= Everyone came *except* John.

▶ **except A は文頭では用いない**ことに注意。文頭の場合は副詞句として機能する **except for A**「A を除いて」を用いる。なお，except for A は文尾でも可。
Except for John, everyone came.
= Everyone came *except for* John.

947 ③ 標準

I have read all **but** the last page.
(私は最後のページ以外すべて読んだ)

《除外を表す but「…を除いて」》

▶ **but** には前置詞用法があり，問題 946 でテーマ化した **except** と同様に，「…を除いて／…以外」の意味を表す。

948 ② 発展

Three of my friends, **besides** me, were admitted to the bar.
(私の他に，友人のうちの 3 人が，弁護士になった)

《追加を表す besides》

▶ 追加の **besides** は「…に加えて／…の他に」の意味を表す。

PLUS **besides A** の同意表現として **in addition to A** も押さえておこう。

PLUS よく似た前置詞に **beside** があるが，これは「…**のそばに**」という意味。besides と混同しないこと。

! ③ except にしないこと。except と besides は，日本語にするとともに「…以外に／…の他に」の意味になることが多いが，あくまでも，「**除外**」**が except**，「**追加**」**が besides** と前置詞本来の意味で判断すること。なお，**except A が修飾する語は全体を表す(代)名詞**，具体的に言えば，**every**，**any**，**no のついた代名詞(everyone**，**anything**，**nothing**，**no one** など)や **every**，**any**，**no**，**all** など**のついた名詞**(all the members など)である。したがって，except me が Three of my friends を修飾することは不可。

949　①　標準

He stared me **in** the face.
(彼は私の顔をじっと見つめた)

《stare A in the face「A の顔をじっと見る」》

▶ **stare A in the face** で「A の顔をじっと見る」の意味。まず A をじっと見たことを明らかにし，そのあとの前置詞句でその部位を表現するという英語独特の用法。この種の表現では，前置詞の種類，およびその前置詞句の中では定冠詞の the が用いられるという 2 点が重要。**look A in the eye(s)**「A の目を見る」なども同じ用例。

▶ この用法の stare，look は他動詞。stare at A in the face，look at A in the eye(s) などと表現しないことに注意しよう。

整理 98　stare A in the face など

stare A in the face「A の顔をじっと見る」
look A in the eye(s)「A の目を見る」
shake A by the arm「A の腕をゆさぶる」
catch A by the arm「A の腕をつかむ」
tap A on the shoulder「A の肩を軽くたたく」
kiss A on the cheek「A のほおにキスする」
slap A on[in] the face「A の顔をひっぱたく」など

950　①　標準

She shook the child roughly **by** the arm.
(彼女は子どもの腕を乱暴にゆさぶった)

《shake A by the arm「A の腕をゆさぶる」》

▶ 問題 949《整理 98》で取り上げた **shake A by the arm**「A の腕をゆさぶる」が本問のポイント。

PLUS この形で **by** を使う動詞は **shake**，**catch** の他に，**hold**「…をつかむ」，**seize**「…をぐいとつかむ」，**pull**「…を引っぱる」などが代表例。

951 ① 標準

Today's high temperature set a new record. It's extremely hot **for** this time of the year.
(今日の高い気温は新記録となった。1年のこの時期にしては極めて暑い)

《基準・観点を表す for「…の割には」》

▶ 基準・観点の **for** は「…の割には/…としては」の意味を表す。**for January**「1月の割には」, **for one's age**「年の割には」, **for a foreigner**「外国人としては」などもこの用法。

952 ③ 標準

Despite his many hours of study, he did not make much progress in German.
(彼は何時間もかけて勉強したにもかかわらず, ドイツ語があまり進歩しなかった)

《despite A「Aにもかかわらず」》

▶ **despite A** は **in spite of A** と同意で「Aにもかかわらず」の意味を表す。**despite** が**前置詞**である点に注意。

953 ① 基本

I don't think the car is going **in** the right direction.
(車は正しい方向に向かっていないと思います)

《方角を表す in —— in the right direction》

▶ 名詞 **direction の前では in** を用い, 方角・方向を表す。to と間違えないこと。**in the right direction**「正しい方向に」, **in the direction of A**「Aの方向に」, **in every direction** (= **in all directions**)「四方八方に」などで押さえておこう。

954 ③ 標準

Though he is poor, he is **above** telling lies.
(彼は貧しいけれど, うそをつくような人ではない)

《be above doing「…するような人でない」》

▶ 問題930で述べたように **above A** は「(空間的に) Aより高く」の意味で用いられることも多いが,「人」を主語にとり, **be above doing** の形で「…するような人でない/…するのを恥と思う」の意味を表す用法がある。慣用的な表現として押さえておこう。

▶ 以上は, 前置詞の用法。以下, 群前置詞を中心とした用法に移る。

955 ④ 標準

In addition to taking the regular tests, we have to hand in a long essay.
(定期テストを受けるだけでなく, 長い論文も提出しなければならない)

《in addition to A「Aに加えて」》

▶ **in addition to A** は「Aに加えて」(= **besides A**) の意味。問題948参照。Aには動名詞がくることも多い。

956　③　基本

The thief ran away at the **sight** of a policeman.
(泥棒は警官を見ると逃げ出した)
《at the sight of A「A を見ると」》

▶ **at the sight of A** は「A を見ると」の意味を表す。

PLUS **at the mere sight of A**「A を見るだけで」, **at the thought of A**「A を考えると」, **at the mere thought of A**「A を考えるだけで」もここで押さえておこう。

957　③　標準

I have never seen him smile **in** the presence of others.
(私は彼が人前で微笑むのを一度も見たことがない)
《in the presence of A「A の面前で」》

▶ **in the presence of A** は「A の面前で」の意味を表す。

958　③　基本

He wanted to succeed even at the **expense** of his health.
(彼は健康を犠牲にしてでも成功したいと思った)
《at the expense of A「A を犠牲にして」》

▶ **at the expense[cost ／ sacrifice] of A** は「A を犠牲にして」の意味を表す。

959　①　標準

Farmers are always **at the mercy of** the weather.
(農夫は常に天候のなすがままである)
《at the mercy of A「A のなすがままに」》

▶ **at the mercy of A** は「A のなすがままに」の意味を表す。

960　③　基本

We express our thoughts by **means** of words.
(私たちは考えを言葉によって表現する)
《by means of A「A を用いて」》

▶ **by means of A**「A を用いて／A によって」の意味を表す。

961　④　基本

In spite of the sunny weather, the air was rather chilly.
(日がよく差していたにもかかわらず，空気はかなり肌寒かった)
《in spite of A「A にもかかわらず」》

▶ **in spite of A** は「A にもかかわらず」(＝ **despite A**) という譲歩の意味を表す。問題 952 参照。

PLUS 譲歩を表すその他の群前置詞として，**for all A**「A にもかかわらず」，**with all A**「A にもかかわらず」，**regardless of A**「A (のいかん) にかかわらず」，**irrespective of A**「A (のいかん) にかかわらず」を押さえておこう。

! ① **in place of A** ＝② **instead of A**「A の代わりに」, ③ **in front of A**「A の前に」

962　④　基本

We had to drive very slowly **on account of** fog.
（霧のために非常にゆっくりと運転しなければならなかった）
《on account of A「A の理由で」》

▶ **on account of A** は「A の理由で」の意味を表す。

PLUS「A の理由で」という理由を表す群前置詞は, **because of A**, **owing to A**, **due to A** がある。

! ② **according to A** は「㋐A によれば, ㋑A に従って」の意味。

963　①　標準

Lawyers argue on **behalf** of their clients.
（弁護士は依頼人のために論争する）
《on behalf of A「A のために／A の代理として」》

▶ **on behalf of A** は「A のために／A の代理として」の意味を表す。

964　③　標準

I stayed home all day **instead of** going to work.
（私は仕事に行かないで一日中家にいた）
《instead of doing か without doing か》

▶ instead of A は「A の代わりに」の意味。

▶ **instead of doing** も **without doing** も, 日本語にすれば「…しないで」となるが, 用法上は厳密な区別が必要。X instead of Y は行為の選択を表し,「Y の行為ではなく X の行為を選ぶ」というのがその内容。したがって, X, Y の行為は同時に行えないものとなる。それに対して, X without Y は, X の行為に対して,「Y しないこと」を付加的に加えるもの。つまり「(Y して X することも可能な時に) Y しないで X する」ことを意味するのである。

He left the room *without* saying good-bye.
（彼はさよならも言わずに部屋を出た）〈さよならと言って部屋を出ることも可能〉

965　③　標準

With respect to these letters, the best thing is to burn them.
（これらの手紙に関して, 一番いいのは燃やしてしまうことだ）
《with respect to A「A に関して」》

▶ **with respect to A** は「A に関して」の意味を表す。

PLUS 同意表現として **in respect of A**, **as regards A**, **as concerns A**, **regarding A**, **concerning A** を押さえておこう。

! ④の **without respect to A** は「A にかまわず」の意味。

966　②　標準

Several members preferred the second resolution and spoke in **favor** of it.
（何人かのメンバーが 2 番目の決議案を支持し，賛成演説を行った）

《in favor of A「A に賛成して」》

▶ **in favor of A** は「A に賛成して」の意味を表す。

PLUS 反意表現の **in opposition to A**「A に反対して」もここで押さえておこう。

PLUS **in favor of A** = **for A**，**in opposition to A** = **against A** もここで再確認しておこう。問題 928 参照。

967　③　標準

She sat still for **fear** of waking the baby.
（彼女は赤ん坊を起こさないようにじっと座っていた）

《for fear of doing「…しないように」》

▶ 問題 890 で触れた **for fear of doing**「…しないように」が本問のポイント。

▶ for fear of waking the baby は for fear (that) she should wake the baby と書きかえられることもここで再確認しておこう。問題 890 参照。

! ②の **for the purpose of A** は「A の目的のために」，④の **for the sake of A** は「A の（利益の）ために／A を目的として」の意味。

968　②　標準

He succeeded in the **face** of many difficulties.
（彼は多くの困難をものともせずに成功した）

《in (the) face of A「A をものともせず」》

▶ **in (the) face of A** は「㋐A に直面して，㋑A の面前で，㋒A をものともせず」の意味を表す。本問は㋒の意味。

! ①の **in the cause of A** は「A の（理想，大儀の）ために」，④の **in the way of A** は「A の邪魔になって／A の点で」の意味。

969　①　標準

The plan was a good one **apart** from its cost.
（その計画は，費用の点はさておき，優れたものだった）

《apart from A「A は別にして／A はさておき」》

▶ **apart from A** は「A は別にして／A はさておき」の意味を表す。

PLUS 同意表現の **aside from A** もここで押さえておこう。

! ③の **far from A** は「決して A ではない」，④の **fresh from A** は「A を出たての」の意味。

970　②　標準

He is **in charge of** the men's clothing department.
（彼は紳士服売り場を担当している）

《**in charge of A「A の担当で」**》

▶ **in charge of A** は「A の担当で／A を引き受けて」の意味を表す。本問のように，be 動詞のあとで補語的に使われることが多い。

971　④　標準

New evidence in **support** of the existence of an ancient village at the foot of Mt. Asama has recently been published.

（浅間山のふもとに古代の村落があったことを支持する新しい証拠が，最近公表された）

《**in support of A「A を支持して」**》

▶ **in support of A** は「A を支持して」の意味を表す。

972　②　基本

The fine statue of Hachiko, a faithful dog, stands **in** the middle of the busy square in front of Shibuya Station.

（忠犬ハチ公の立派な彫像は，渋谷駅の前のにぎやかな広場の真ん中にある）

《**in the middle of A「A の真ん中に」**》

▶ **in the middle of A** は「A の真ん中に」の意味を表す。**in the middle of May**「5 月の中頃に」のように，A には「場所」以外に「時」を示す名詞もくることに注意。

973　③　標準

Some writers have used the term 'civilization' in **contrast** with the term 'culture'.

（『文化』との対比で『文明』という言葉を使った作家もいる）

《**in contrast with A「A と対比して」**》

▶ **in contrast with[to] A** は「A と対比して／A と対照的に」の意味を表す。

PLUS **by contrast with A** も同意表現。

974　④　標準

With all his good education, Taro knew little about Japan, because he had left Japan when he was very young.

（立派な教育を受けているにもかかわらず，タロウは非常に幼い時に日本を離れたので，日本のことはほとんど知らなかった）

《**with all A「A にもかかわらず」**》

▶ **with all A** で「A にもかかわらず」＝**in spite of A**（問題 961 参照）の意味を表す。**for all A** でも同意を表すことも押さえておこう。ただし，この 2 つの形は通常の for や with の用法に「all ＋名詞」がついている場合もあり，常に「A にもかかわらず」の意味になるわけではないので，注意しなければならない。読解上極めて重要。以下の例参照。

With all this noise, I couldn't sleep at all.

（このような騒音で私はまったく眠れなかった）

For all older people, it is important to take some exercise.

(すべての年配の人にとって運動をすることは大切である)

❗ ③の **along with A** は「A と一緒に／A に加えて」(= **together with A**) の意味なので不可。

975　①　標準

She was unhappy **for** all her wealth.
(彼女は，財産があるにもかかわらず，不幸だった)

《for all A「A にもかかわらず」》

▶ 問題 974 で述べた **for all A**「A にもかかわらず」が本問のポイント。

976　④　標準

We should admit that there are still many things whose worth cannot be expressed **in terms of** money.
(その価値をお金では表せないような物がまだたくさんあることを認めるべきだ)

《in terms of A「A の観点から」》

▶ **in terms of A** は「A の観点から／A によって」の意味を表す。

❗ ② **in exchange for[of] A**「A と交換に／A の代わりに」

977　③　標準

Car manufacturing is carried out by computer-programmed robots **in place of** human workers.
(自動車生産は，人間の代わりにコンピュータを内蔵したロボットによってなされている)

《in place of A「A の代わりに」》

▶ **in place of A** は「A の代わりに」(= **instead of A**) の意味を表す。**in A's place** も同意表現。

❗ ① **by way of A**「㋐A のつもりで，㋑A を経由して」，② **in opposition to A**「A に反対して」

978　④　基本

She was able to go to college **thanks to** the scholarship.
(奨学金のおかげで，彼女は大学に行けた)

《thanks to A「A のおかげで」》

▶ **thanks to A** は「A のおかげで／A の理由で」の意味を表す。

▶ A には良いことだけでなく，悪い内容もくることに注意。
Thanks to the terrible weather, we had to postpone our trip.
(ひどい天気だったので，私たちは旅行を延期しなければならなかった)

❗ ③ **according to A**「㋐A によれば，㋑A に従って」

979　③　基本

His ideas were far in **advance** of the age in which he lived.
(彼の考えは，彼が生きていた時代よりはるかに先んじていた)

《in advance of A「A より進んで」》

▶ **in advance of A** は「A より進んで」の意味を表す。

980 ① 標準

This company does not discriminate but employs people **regardless of** their sex or race.

(この会社は，性別や人種に関係なく，分け隔てなく雇用いたします)

《regardless of A「A(のいかん)にかかわらず」》

▶ **regardless of A** は「A(のいかん)にかかわらず」(= **irrespective of A**) の意味を表す。問題 961 参照。

981 ④ 標準

A "red-letter day" was originally a holy day on which a church festival took place **in honor of** a saint.

(『祭日』とは，もともと，聖人に敬意を表して教会の祭りが行われる神聖な日であった)

《in honor of A「A に敬意を表して」》

▶ **in honor of A** は「A に敬意を表して／A を祝して」の意味を表す。

982 ④ 標準

Mark gave her a gold brooch **in token of** his love and esteem.

(マークは愛情と尊敬の証として，彼女に金のブローチをプレゼントした)

《in token of A「A のしるしとして」》

▶ **in token of A** は「A のしるしとして／A の証拠として」の意味を表す。

PLUS 同意表現の **as a token of A** も一緒に覚えておこう。

983 ② 標準

Their salaries are set **in proportion to** their sales.

(彼らの給料は売上に比例して設定されている)

《in proportion to A「A に比例して」》

▶ **in proportion to A** は「A に比例して」の意味を表す。

984 ④ 基本

She studied hard with a **view** to becoming a teacher of Japanese.

(彼女は，日本語の先生になるために一生懸命勉強した)

《with a view to doing「…する目的で」》

▶ **with a view to doing** は「…する目的で」の意味を表す。

PLUS 同意表現の **for the purpose of doing** も一緒に押さえておく。

▶ **in order to do**，**so as to do**「…するために」との言いかえも頻出。

985 ③ 基本

In case of fire, break this window and go down the emergency staircase.

(火事の場合には，このガラスを割って非常階段を降りなさい)

《in case of A「A の場合には」》

▶ **in case of A** は「㋐A の場合には，㋑A に備えて」の意味を表す。本問は㋐の用法。なお，接続詞 **in case** は問題 891，892 参照。

986　③　標準

According **to** the newspapers, he will be here today.

(新聞によれば，彼は今日ここに来るそうだ)

《according to A「A によれば」》

▶ **according to A** は「㋐A によれば，㋑A に従って」の意味を表す。本問は㋐の用法。以下は㋑の用例。

The classes are organized *according to* age.

(クラスは年齢別に構成されています)

987　②　標準

I have done the best I could to help you. The rest is **up to** you.

(ぼくは君を助けるために最善を尽くした。あとは君の責任だ)

《up to A「A の責任で／A 次第で」》

▶ **up to A** は，以下の用法を押さえる。「㋐**A（人）の責任で／A 次第で**，㋑**（よくないことを）たくらんで**，㋒**A に匹敵して**，㋓**A（時間や数など）に至るまで**」。本問は㋐の用法。㋐，㋑，㋒は通例 be 動詞のあとで用いられ，補語的な役割を果たす。以下は㋑，㋒，㋓の用例。㋒の用例は通例否定文・疑問文で用いる。

㋑What are you *up to*?　(君は何をやらかそうとしているんだい)

㋒You are not *up to* your father as a doctor.

(医者としては，君はお父さんに及ばないよ)

㋓We sell *up to* ten computers a day.

(私たちは 1 日に最大 10 台はコンピュータを売ります)

988　②　標準

The landlady asked Kitty to leave her apartment immediately, and she was quite at a loss **as to** where she would move.

(女主人はキティにすぐにアパートを出るように頼んだが，彼女はどこへ引っ越せばいいのかまったく途方にくれた)

《as to A「A については」》

▶ **as to A**「A については」は，about に近い表現で文頭・文中で用いる。as to A の A には，本問のように wh-節がくることが多い。

PLUS よく似た表現に **as for A**「A について言えば」があるが，これは通例文頭で用いる。

As for myself, I'm not satisfied with the result.

(私に関して言えば，その結果に満足していません)

▶ **be at a loss**「途方にくれる」は基本イディオム。

989 ① 標準

I'm going to sketch in a bit of the background **by way of** introduction.
（紹介のつもりで，経歴を簡単にお話しします）

《by way of A「A のつもりで」》

▶ **by way of A** は「㋐A のつもりで，㋑A を経由して」の意味を表す。本問は㋐の用法。以下は㋑の用例。
He came to Japan *by way of* Hong Kong.
（彼は，ホンコン経由で日本に来た）

Extra

E-164 ④ until → by 標準

Everybody in this class has to hand in an essay **by** the end of this week.
（このクラスのだれもが，今週末までにレポートを提出しなければならない）

《by the end of this week「今週末までに」》

▶ 問題 907，908 でテーマ化した **until[till] A**「A まで（ずっと）」と **by A**「A まで（には）」の区別が本問のポイント。

E-165 ③ at → in 標準

The reporter said that the typhoon would arrive **in** the next few hours.
（そのレポーターは，あと数時間で台風がやってくると伝えた）

《in the next few hours「あと数時間で」》

▶ 問題 909 でテーマ化した**経過の in**「今から…で／…経つと」が本問のポイント。

E-166 ① without → except または but 標準

There were no customers **except[but]** a group of Japanese tourists in the department store at that time. They were looking for some good souvenirs.
（そのとき，そのデパートには日本人観光客の団体を除いては，客が 1 人もいなかった。その日本人観光客たちは，よいみやげを探していたのだ）

《except A = but A「A を除いて」》

▶ 問題 946，947 でテーマ化した **except A = but A**「A を除いて」が本問のポイント。

E-167 ③ while → during 標準

Because of a bad stomachache, Lucy could neither sleep nor eat **during** her flight over to Singapore.
（ひどい腹痛のため，ルーシーはシンガポールに向かう飛行機に乗っている間，寝ることも食べることもできなかった）

《during her flight「彼女が飛行機に乗っている間」》

▶ 問題 911 でテーマ化した「**特定の期間**」を表す **during** が本問のポイント。while は接続詞である。

E-168　② up for → up to　標準

Telling a good joke well is the highest art. It is an art because it is **up to** you: if you do not get a laugh, you have told it poorly.
(面白い冗談を上手に言うのは，最高の技術である。それが技術なのはあなた次第だからだ。もし笑いを取らないようなら，冗談の言い方が下手だったのだ)

《up to you「あなた次第で」》

▶ 問題 987 でテーマ化した **up to A**「A 次第で／A の責任で」が本問のポイント。

E-169　基本

Have you any good ideas **as to how we can make the best** use of the money?
(どうしたらこのお金をもっとも有効に使えるか，何かよい考えがありませんか)

《as to how 節》

▶ 問題 988 でテーマ化した **as to A**「A については」の A に how から始まる疑問詞節を作る。節内は **make the best use of A**「A をもっとも有効に活用する」を用いれば容易にまとめられるはず。

E-170　標準

The girl stood **with her back against the wall**. (support，toward 不要)
(女の子は壁に背をもたれて立っていた)

《with one's back against the wall》

▶ 問題 929 で述べた **with one's back against the wall**「壁に背をもたれて」を用いるのが本問のポイント。support，toward は使う余地がない。

▶ **付帯状況の with** は問題 196 参照。

E-171　標準

His explanation is far above me. (can't，from，realize 不要)
(彼の説明を聞いてもさっぱりわからない)

《above me「私の手に負えない」》

▶ 問題 938 で述べた **above me**「私の手に負えない」(＝**beyond me**) を用いてまとめられるかがポイント。副詞の far は above me の前に置けばよいので，can't，from，realize が不要となる。なお，この far は強調の副詞で above me を修飾する。

E-172　標準

Will **those in favor of the suggestion** please signify their agreement by raising their hands?
(その提案に賛成の人は，手を挙げて同意を示してもらえませんか)

《those in favor of A「A に賛成の人々」》

▶ 問題 966 でテーマ化した **in favor of A**「A に賛成して」を代名詞の **those**「人々」(問題 732 参照) につけて，主語をまとめられるかがポイント。

E-173 基本

There is sometimes a great difference between theory and practice. Theoretical knowledge is often **of no use unless it can** be applied in a practical way.
(理論と実践の間には，大きな違いがあることがある。理論的知識は，実際的な方法で応用できなければ，役に立たないことが多い)

《of no use「役に立たない」》

▶ 問題 937 でテーマ化した「of＋抽象名詞＝形容詞」から **of no use**「役に立たない」(＝ **useless**) とまとめ，補語で用い，以下接続詞 unless で始まる副詞節を完成させる。

E-174 標準

Maybe you should try again. I'm **afraid your last essay was not up** to standard.
(もう 1 度やり直した方がいいと思う。残念ながら，君のこの前のレポートは，基準に達していなかった)

《be not up to A「A に匹敵していない」》

▶ 問題 987 で述べた **be not up to A**「A に匹敵していない」を用いて，was not up to standard「基準に達していなかった」をまとめられるかがポイント。

[17] 主語と動詞の一致

990　③　標準

Not only the players but also the coach was happy over the victory.
(選手だけでなくコーチもその勝利に酔いしれた)

《not only A but (also) B が主語 —— B に一致》

▶ **not only A but (also) B**「A だけでなく B もまた」**が主語の場合，動詞は B に一致**させる。

▶ ただし，not only A but (also) B を主語で用いる用例は，現代ではごくまれにしかなく，英作文では避けた方が無難。本問も以下のように書いた方がよい。
The coach, *as well as*[*like*] the players, was happy over the victory.

! ① Both the players and the coach，② Either the coach or the players，④ The players as well as the coach が不可である理由は以下の《整理 99》参照。

整理 99　相関的表現が主語の場合の動詞との一致

(1) **複数扱い**するもの (A and B が主語の場合，一般に複数扱い)
both A and B「A も B も」
(2) 原則として **B に一致**させるもの
not A but B「A ではなく B」
not only A but (also) B「A だけでなく B もまた」
either A or B「A か B かどちらか」
neither A nor B「A も B も…ない」
(3) 原則として **A に一致**させるもの
A as well as B「B だけでなく A も」= not only B but (also) A

991　②　基本

Neither you nor I am mistaken.
(君もぼくも間違っていない)

《neither A nor B が主語 —— B に一致》

▶ **neither A nor B**「A も B も…ない」**が主語の場合，動詞は B に一致**させる。問題 990《整理 99》参照。

PLUS **either A or B**「A か B かどちらか」が主語の場合も，動詞は B に一致させることを押さえておこう。

! ① Both you and，③ You as well as が不可である理由は，問題 990《整理 99》参照。

992　③　標準

Two thirds of the work **is** finished.

(その仕事の 3 分の 2 が終わっている)
《「分数＋ of A」が主語 —— A に一致》

▶ **「分数＋ of A」が主語の場合，動詞は A に一致**させる。

整理 100 「分数＋ of A」と同じ扱いをするもの

A に動詞を一致させるものとして，以下の表現を押さえておこう。
most of A「A の大半」，**half of A**「A の半分」，**some of A**「A のいくらか」，**none of A**「A のどれも…でない」，**the rest of A**「A の残り」など

993 ① 標準

Make sure that the sick **are** properly looked after.
(病人が適切な世話を受けられるようにしなさい)
《「the ＋形容詞」が主語の場合 —— 複数扱い》

▶ **the sick** は sick people と同意。「**the ＋形容詞**」で「**…の人びと**」という意味を表す場合は**複数扱い**。本問はこの形。受動態にする点に注意。

PLUS 「**the ＋形容詞**」が**抽象名詞の意味を表す**ことがあるが，この場合は通例**単数扱い**となる。

The beautiful is higher than *the good*.
(美は善よりも高尚である)

▶ **make sure that S ＋ V ...**「…するように手配する」は必須の成句表現。

994 ② 基本

Five kilometers **is** a long way if people have to walk.
(歩かなければならないとすれば，5 キロは長い距離だ)
《距離が主語の場合 —— 単数扱い》

▶ **距離・時間・金額・重量を表す語が主語**の場合，原則として**形は複数形であっても単数扱い**する。

整理 101 形は複数形でも単数扱いする表現

(1) **国・団体・新聞などの名前**
the United States「アメリカ合衆国」，**the United Nations**「国際連合」，**the Times**「タイムズ紙」など
(2) **学問・学科・ゲーム・病気などの名前**
linguistics「言語学」，**statistics**「統計学」，**mathematics**「数学」，**billiards**「ビリヤード／玉突き」，**measles**「はしか」など
(3) **時間・金額・距離・重量などを表す語**
＊時間が単数扱いにならない場合については問題 35 参照。

995 ② 基本

Statistics **is** a required course for majors in economics.
(統計学は経済学の専攻者には必修科目である)

《学問の名が主語の場合 ―― 単数扱い》

- ▶ 問題 994《整理 101》で述べたように，**statistics**「統計学」は形は複数形でも単数扱いをする名詞。

996 ①　基本

The poet and scholar **is** dead.
(詩人であり学者でもある人が死んだ)

《the poet and scholar「詩人であり学者でもある人」が主語の場合 ―― 単数扱い》

- ▶ 問題 990《整理 99》で述べたように A and B が主語の場合，一般に複数扱いをするが，**同一人物や一つのまとまった事柄を示す場合には単数扱い**となる。定冠詞 the が poet の前にしかない点に注意。

997 ②　標準

The English **are a** hardy people.
(イギリス人はがまん強い国民だ)

《the English と people》

- ▶ the English は English people と同意。「**the ＋国名を表す形容詞**」で国民の総称を表し，**複数扱い**とする。
- ▶ **people** が「人びと」の意味の場合は，形は単数形で用い複数扱いとするが，「**国民・民族**」**を表す場合は**，**a people は単数扱い**，**peoples は複数扱い**とすることに注意。

998 ①　標準

The number of students who came up with some answer or other **was** small.
(何らかの解答を出した学生は数少なかった)

- ▶ **the number of A**(**A は複数名詞**)「**A の数**」**は単数扱い**。**the number of A** と **a number of A** の違いは用法・意味とも重要。正確に理解しておこう。問題 413，414，697 参照。
- ▶ **come up with A**「A(答えや考えなど)を思いつく」は頻出イディオム。

999 ②　標準

In America a number of parents **are** angry and worried that guns might easily fall into the hands of their children.
(アメリカではけん銃が簡単に子どもの手に入る可能性があることに腹を立てまた心配もしている親がたくさんいる)

《a number of A が主語 ―― 複数扱い》

- ▶ **a number of A**(**A は複数名詞**)「多くの A ／いくらかの A」は，**複数扱い**になる。問題 413 参照。

1000 ②　標準

Extra police **were sent** to the scene of the trouble.

(警官隊がさらに，騒ぎの現場へと派遣された)

《police が主語の場合 ―― 複数扱い》

▶ **police** は警官の集合体としての「警察／警官隊」を表し，**形は単数であっても常に複数扱い**になる。不定冠詞 a は用いず，the をつければ特定のものを指すか，全体を表すかになる。なお，個々の警官を表す場合は，**police officer ／ policeman ／ policewoman**(複数形 **police officers ／ policemen ／ policewomen**)を用いる。

PLUS **police** と同じ使い方をするものとして，**cattle**「牛」を押さえておこう。
Cattle were grazing in the field.
(牛が野原で草をはんでいた)

Extra

E-175 ② have shown → has shown 標準

The number of tourists in this city **has shown** a steady increase from two thousand visitors five years ago to ten thousand this year.
(この都市を訪れる観光客の数は，5 年前の 2 千人から今年の 1 万人へと，着実に増えている)

《the number of A が主語 ―― 単数扱い》

▶ 問題 998 でテーマ化したように，**the number of A**(**A は複数名詞**)**は単数扱い**。

E-176 ③ promise → promises または promised 基本

Figuring out how human genes work **promises** to lead to many new medical treatments.
(人間の遺伝子がどのように機能するか理解することは，多くの新しい治療法をもたらす可能性がある)

《動名詞が主語 ―― 単数扱い》

▶ 主語が Figuring out how human genes work の動名詞句であることを見抜く。**動名詞や不定詞が主語の場合は単数扱い**となる。

▶ **figure out A ／ figure A out**「A を理解する」(＝ **understand A**)は基本イディオムとして押さえる。

E-177 ② was → were 標準

The door being locked and bolted, the police **were** forced to break into the apartment through the bathroom window.
(ドアには鍵とかんぬきが掛けられていたので，警察は浴室の窓からそのアパートに進入しなければならなかった)

《the police ―― 複数扱い》

▶ 問題 1000 でテーマ化したように，**(the) police「警察」は複数扱い**であった。

▶ The door being locked and bolted, は独立分詞構文の形。問題 183 参照。

▶ **break into A**「A に押し入る」は基本イディオムとして押さえておこう。

E-178　② knows → know　基本

Neither Elizabeth nor her sisters **know** to whom this kind of note must be sent.
(エリザベスも彼女の姉妹たちも，この種類の手紙をだれに送らなければならないのか知らない)

《neither A nor B が主語 —— B に一致》

▶ 問題 991 でテーマ化したように，**neither A nor B**「A でも B でも…ない」**が主語の場合，動詞は B に一致させる**のであった。本問の B は her sisters という複数形なので述語動詞は know としなければならない。

E-179　② were to be → was to be　標準

One way to deal with the problems **was to be** suggested by the committee.
(問題に対処する方法の 1 つが，委員会によって提案されることになっていた)

《one way が主語 —— 単数扱い》

▶ 主語の範囲が，One way to deal with the problems までであることを見抜く。one way は単数形なので，② were to be を was to be に訂正する。were の直前の名詞 the problems が複数形であることに惑わされないこと。

E-180　② are → is　標準

As nuclear physicists have discovered, even the atom, once thought to be the irreducible element of matter, **is** a system whose complexities have hardly begun to be unraveled.
(原子(核)物理学者が発見したように，それ以上分割することができない物質の要素であるとかつて考えられていた原子でさえ，その複雑さが解明され始めたとはとても言いがたい 1 つの組織なのである)

《修飾語句が挿入されている主語と動詞の一致》

▶ **主語のあとに修飾語句が挿入されていたり，ついていたりする場合は，それを取り除いた主語を見極め，その主語に動詞を一致させればよい。**

▶ 本問の場合も even the atom のあとの once thought to be ... という修飾語句の挿入を取り除いてやれば，even the atom are a system となり，② are を is に訂正しなければならないことに気づくはず。

[18] 疑問文と語順

1001　③　標準

What do you think of the new teacher?
(新しい先生についてどう思いますか)

《What do you think of A?「A をどう思いますか」》

▶ **What do you think of[about] A?**「A をどう思いますか」は，このまま覚えてしまうのがよい。厳密に言えば，この形の think は他動詞で疑問代名詞の what が目的語となっている。疑問副詞の① How は使えない点に注意。

1002 ④ 標準

We'd like to hear some more ideas. **What's your opinion** of this matter?
(もう少し考えを聞きたい。この問題についてあなたはどう考えますか)

《What is your opinion of A?「A をどう思いますか」》

▶ **What is your opinion of A?**「A をどう思いますか」は，問題 1001 でテーマ化した **What do you think of[about] A?** の同意表現として押さえておこう。

! ② How do you think にしないこと。不可である理由は問題 1001 参照。

1003 ③ 標準

How large do you think the population of Osaka is?
(大阪の人口はどのくらいだと思いますか)

《population の数を問う疑問詞 —— how large ／ what》

▶ **population の数を問う疑問詞**は，**how large** または **what** を用いる。how many, how much は使えない点を押さえておこう。選択肢に what があればそれも可となる。

▶ なお do you think が文頭ではなく，文中に置かれている理由は問題 1013 参照。

1004 ② 標準

What is the population of Japan?
(日本の人口はどのくらいですか)

《What is the population of A?「A の人口はどのくらいですか」》

▶ **What is the population of A?** で「A の人口はどのくらいですか」の意味を表す。この what は「どのくらい／どれほど」の意味を表す疑問代名詞。**How large is the population of A?** も同意。問題 1003 参照。

PLUS この what を用いた表現として，**What is the number of A?**「A の数はどれくらいですか」，**What is the price of A?**「A の値段はいくらですか」，**What is your age?**「年齢はいくつですか」，**What is your height[weight]?**「身長[体重]はどのくらいですか」なども一緒に押さえておこう。

1005 ② 標準

Who are you to talk to me like that?
(ぼくにそんな口のきき方をするなんて，君は何様のつもりだい)

《Who are you to do ...?》

▶ **Who are you to do ...?** は，「…するなんて君は何様のつもりか」の意味を表す定式化された表現。このまま押さえておこう。

1006 ④ 基本

"How **soon** does the bus leave?"
"It will start in a few minutes."

(「あとどのくらいでバスは出ますか」「2～3分で出発します」)

《how soon「どのくらい経つと」》

▶ **how soon** は「今からどのくらい(時間が)経つと」の意味を表す表現。

整理 102「how＋形容詞・副詞」で問う内容

・**how far**「距離」	・**how long**「時間の長さ･物の長さ」
・**how much**「金額･量」	・**how large**「大きさ･広さ」
・**how often**「頻度･回数」	・**how soon**「時間の経過」

＊「how＋形容詞･副詞」で形容詞･副詞の程度を問う表現は多いが，上記は特に重要なもの。

1007　③　基本

We know that the museum opens at nine o'clock, but we don't know **how late** it is open.

(私たちはその博物館が9時に開くのは知っていますが，どのくらい遅くまで開いているのかは知りません)

《how late「どのくらい遅く(まで)」》

▶ **how late** は「どのくらい遅くまで」の意味を表す表現。「how＋副詞」で副詞の程度を問う表現のひとつ。

1008　①　標準

Do you know how **early** in the evening the show begins?

(その番組は夕方何時ごろ始まるか知っていますか)

《how early in the evening》

▶ **early in the evening**「夕方早く」の表現を前提にして，夕方の開始時間を問うとこの表現になる。

! ② fast, ③ quickly, ④ rapidly はいずれも「速度」の程度を問うことになり，不可。

1009　②　標準

"**How come** you're so late?" "I got lost on the way."

(「どうしてこんなに遅れたの」「途中で道に迷ったんだよ」)

《How come S＋V ...?「どうして…か」》

▶ **how come** は口語的表現で，**why と同じ意味**をもつが，**あとが平叙文の語順**となる。これは How (does it) come (that) S＋V ...? の省略形だからである。

▶ why を使えば，*Why are you* so late? となる。

▶ **get lost**「道に迷う」(＝**lose one's way**) は押さえておくべき表現。

1010　①　基本

"**How** about going on a hike?" "That's a good idea."

(「ハイキングに行きませんか」「それはいい考えですね」)

《How about doing ...?「…しませんか」》

▶ **How[What] about doing ...?**「…しませんか」= **What do you say to doing?** は，動名詞を用いて，話者をも含めた提案を表す。問題163《整理20》参照。

1011 ② 標準

What is the weather in your home town **like** about this time of the year?
(1年のこの時期の，あなたの故郷の天気はどうですか)

《What is S like?「Sはどのようなものか」》

▶ **What is S like?** は，前置詞likeの目的語が疑問代名詞whatになったもので，「Sはどのよう(なもの／人)なのか」という意味を表す。

▶ この表現の主語に形式主語のitを用い，to不定詞と対応させた **What is it like to do?**「…するというのはどういうことか」の形も頻出なので押さえておこう。
What is it like to live in the country late in life?
(晩年を田舎で暮らすというのはどのようなことだろうか)

1012 ④ 基本

Do you have any idea **when the bank closes?**
(銀行がいつ閉まるか知っていますか)

《間接疑問の語順》

▶ 疑問詞やwhether[if]で始まる名詞節を間接疑問と呼ぶが，**間接疑問の節内では，平叙文と同じ語順**となる。When does the bank close? の疑問文を間接疑問にすると，...when the bank closes になる。

▶ **Do you have any idea wh-節?**「…かわかりますか／…か知っていますか」は定式化された表現として押さえておこう。

1013 ④ 標準

Who do you think was the writer of this novel?
(この小説の作者はだれだったと思いますか)

《Who do you think + V ...?》

▶ **do you think[believe／suppose／consider]**など，**yes／noの答えを要求していない疑問文**では，**その目的語となる間接疑問の疑問詞が必ず文頭**にくる。
PLUS 以下は，yes/noの答えを要求する典型例。
"*Do you know who* is the writer of this novel?" "*No*, I don't."
(「この小説の作者はだれだか知っていますか」「いいえ，知りません」)

1014 ④ 基本

It is a pity that nobody was saved in the accident, **isn't** it?
(その事故でだれも助からなかったのは残念ですね)

《肯定文の付加疑問》

▶ **肯定文の付加疑問**は，「**..., 否定の短縮形＋人称代名詞?**」で表す。
PLUS **there is A構文の場合**は，「**..., 否定の短縮形＋ there?**」になることもここで押さえておこう。
There is something wrong with this watch, *isn't there*?
(この時計はどこかおかしいですよね)

1015　②　基本

Tom almost never studied while he was at college, **did he**?
(トムは大学生の時，ほとんどまったく勉強しなかったんですね)
《否定文の付加疑問》
▶ **否定文の付加疑問**は，「**..., 肯定形＋人称代名詞？**」で表す。

1016　④　基本

Let's go for a walk, **shall we**?
(散歩に行きませんか)
《Let's ... の文の付加疑問》
▶ **Let's ... の文の付加疑問**は，「**..., shall we？**」で表す。

1017　②　標準

Let me take a look at that photo, **will you**?
(その写真を見せてくれませんか)
《命令文の付加疑問》
▶ **肯定の命令文の付加疑問**は，「**..., will[won't] you？**」で表す。will と won't のいずれも用いることに注意。
▶ **否定の命令文の付加疑問**は，「**..., will you？**」で表す。

1018　③　標準

Mary scarcely seems to care for me, **does she**?
(メアリーはぼくのことをほとんど気にかけていないようだね)
《scarcely がある場合の付加疑問》
▶ not，never，no など明確な否定語を用いた否定文だけでなく，**scarcely**，**hardly**，**seldom**，**rarely**，**few**，**little** などを用いて，否定の内容の文となっている場合，付加疑問は**肯定文**で対応させる。
▶ 以上，問題 1014 ～ 1018 は付加疑問に関する問題。

1019　④　標準

Tom: I can't decide which one to buy.
Liz: You've got plenty of money, so **why not buy** all of them?
(トム「どれを買うか決められないんだ」 リズ「お金は十分あるんだから，全部買ったらどうなの」)
《Why not do ...？「…したらどう？」》
▶ **Why not do ...？**「…したらどう？／…しなさいよ」は相手に対する提案を表す表現。**Why don't you do ...？** の同意表現として押さえておこう。

第5章

▶ **Why not do ... ?** が話者をも含めた提案を表し，**Why don't we do ... ?**「…しませんか」の意味で用いられることもここで押さえておこう。Why not do ... ? が Why don't you do ... ? の意味なのか，Why don't we do ... ? の意味なのかは，文脈で判断すること。

I feel like eating out tonight, Bill. *Why not* go out for a steak?
（ビル，今晩は外食したいわ。ステーキでも食べに出かけない？）

1020 ③ 標準

"Hey, what do you say to a cup of coffee?"
"OK, **why** not?"
（「ねえ，コーヒーはどう」「うん，いただくよ」）

《Why not?「いいですとも」》

▶ **Why not?**「いいですとも／そうしましょう」は相手の提案に応じるときに用いる表現。会話問題でも頻出表現。

! ① certainly にしないこと。**Certainly not.** は **Would you mind doing ... ?** の提案に対する表現。以下の例参照。

"*Would you mind opening* the window?" "*Certainly not.*"
（「窓を開けてくれませんか」「いいですとも」）

▶ 以上問題 1001 〜 1020 までは，疑問文に関する問題。問題 1021 からは，語順に関する問題へ移行する。

1021 ③ 標準

I hear that a farewell party for Mr. Anderson is to be held **on Tuesday, April the 21st.**
（アンダーソン氏に対するお別れパーティーは 4 月 21 日火曜日に開かれるそうだ）

《「何月何日何曜日に」の語順》

▶「4 月 21 日火曜日に」は **on Tuesday, April the 21st** と表す。April 21 や April 21st とも表記するが，まずは「on Tuesday」と**曜日から表現する**と押さえておこう。本問の表現をそのまま覚えておくのも，汎用性があり有効。

1022 ② 標準

My brother was born **in March, 1970.**
（私の兄は 1970 年の 3 月に生まれた）

《「何年何月に」の語順》

▶「1970 年 3 月に」は **in March, 1970** と表し「in March nineteen seventy」と読む。「月」から「年」の語順になることに注意。

▶「1970 年 3 月 5 日に」だと **on March (the) 5th, 1970** となる。これもそのまま覚えておくのが有効。

1023　④　標準

Philosophy is not **so difficult a subject** as you imagine it is.
(哲学はあなたが想像しているほど難しい科目ではない)

《so のあとの語順》

▶ **so** のあとの語順に注意。**so** ／ **too** ／ **as** ／ **how** が，あとに単数名詞を伴う場合は「**so [too ／ as ／ how]＋形容詞＋ a[an]＋名詞**」の語順になる。本問は④ so difficult a subject を選ぶ。問題 893 参照。

▶ **such** のあとの語順が「**such ＋(a[an])＋(形容詞)＋名詞**」になることもここで再確認しておこう。問題 894 参照。

1024　②　標準

The businessman was leading **too busy a life** to spend weekends with his family.
(その実業家は，とても忙しい生活をしていたため，週末を家族と過ごすことができなかった)

《too のあとの語順》

▶ 問題 1023 で述べた「**too ＋形容詞＋ a[an]＋名詞**」の語順が本問のポイント。

1025　②　標準

It's **so beautiful a day** today that we ought to take advantage of it by doing something outside.
(今日はとてもすばらしい天気なので，外で何かしてこの天気を活用すべきだ)

《so beautiful a day》

▶ 問題 1023 で述べた「**so ＋形容詞＋ a[an]＋名詞**」の語順が本問のポイント。問題 893 参照。

! ① such a fine weather にしないこと。weather は不可算名詞なので a は不要。such fine weather なら可。問題 894，895 参照。③ such nice day も不可。day は可算名詞なので a が必要。such a nice day なら可。

1026　④　標準

The waiter was **such a nice man that** we didn't like to complain about the meal.
(そのウェイターはとてもいい人だったので，私たちは食事のことで文句を言いたくなかった)

《such a nice man》

▶ 問題 1023 で述べた「**such ＋ a[an]＋形容詞＋名詞**」の語順が本問のポイント。問題 894 参照。

▶ so を用いるなら，so nice a man となる。

1027　②　標準

She has been here before, and **so have I**.
(彼女は以前ここに来たことがあるし，私もまた来たことがある)

《so ＋助動詞＋ S》

▶ 前述の肯定内容を受けて，「**so ＋助動詞［be 動詞／完了形の have］＋ S**」の語順で「S もまたそうである」の意味になる。本問のように，前文の完了形を受ける場合は **have** ／ **has** ／ **had** を，一般動詞を受ける場合には **do** ／ **does** ／ **did** を使うことに注意。

PLUS よく似た形に「**so ＋ S ＋助動詞［be 動詞／完了形の have］**」の形があるが，こちらは前述の内容を受けて「実際そのとおりだ」の意味になる。以下の例参照。
You said he was honest and *so he is.*
（彼は正直だと君は言ったが，実際そのとおりだね）

1028 ③ 標準

You said she was kind and so **she is.**
（彼女は親切だと君は言ったが，実際そのとおりだね）

《so she is か so is she か》

▶ 問題 1027 で述べた「**so ＋ S ＋助動詞［be 動詞／完了形の have］**」「実際そのとおりだ」が本問のポイント。

1029 ③ 標準

My wife doesn't usually drink coffee at night, and **neither do I.**
（私の妻はいつも夜コーヒーを飲むというわけではないし，私もそういうわけではない）

《neither do I》

▶ 前述の否定内容を受けて，「**neither ＋助動詞［be 動詞／完了形の have］＋ S**」の語順で「S もまた…しない」の意味を表す。「**nor ＋助動詞［be 動詞／完了形の have］＋ S**」も同意だが，nor は接続詞なので，本問中の and は原則として不要となる。ただし，イギリス用法では，nor の前に and を置くこともある。また neither も副詞なので原則として and が必要だが，本問の and も省略されることがある。

PLUS **nor のあとに文がくる場合は，倒置形（疑問文と同じ語順）になる**こともここで押さえたい。
I have not asked for help, *nor do* I desire it.
（私は助けを求めたことはないし，それを望んでもいない）

1030 ③ 標準

Not until the end of the nineteenth century **did plant breeding** become a scientific discipline.
（19 世紀末になって初めて，植物栽培が科学の領域となった）

《否定の副詞表現が文頭にきた場合 —— 倒置形》

▶ **否定の副詞表現が文頭にくると，以下は倒置形（疑問文と同じ語順）**になる。

▶ 本問の場合，**Not until ...** という否定の副詞表現が文頭にきているので，文の主語と動詞である plant breeding became ... が did plant breeding become ... という倒置形になる。したがって，③ did plant breeding を選ぶ。

▶ 本問を問題 873 でテーマ化した **It is not until ... that 〜**「…して初めて〜する」で書きかえると以下のようになる。
It was not until the end of the nineteenth century *that* plant breeding became a scientific discipline.

1031 ④ 標準

Under no circumstances **must the door be left** unlocked.
(決してドアに鍵をかけないままにしておいてはならない)
《under no circumstances が文頭にきた場合 —— 倒置形》

▶ **under no circumstances** は「**決して…ない**」という**強い否定**の意味を持つ副詞句。これが文頭にきた場合も問題 1030 と考え方は同じで，the door must be left unlocked が must the door be left unlocked という倒置形となる。

拡充 18 強制倒置が生じる場合

問題 1030，1031 で触れた否定の副詞表現以外に，次のような表現も文頭にくると，以下は倒置形となる。

(1) **only のついた句・節が文頭にきた場合**
Only then did I know how glad she was.
(その時になってはじめて彼女がどんなに喜んでいるかがわかった)

(2) **never[little] が文頭にきた場合**
Never have I read such an interesting story.
(こんなにおもしろい話は読んだことがない)

(3) **not only ... but also 〜 が文と文を結んで，not only が文頭にきた場合**
Not only did he ignore what they had said, *but* he *also* lied to them.
(彼は彼らの言ったことを無視しただけでなく，彼らにうそもついた)

(4) **否定語のついた目的語が文頭にきた場合**
Not a merit did I find in his plan.
(彼の計画には何一つ長所を見出せなかった)

1032 ③ 標準

His father, **it seems**, is over seventy.
(彼のお父さんは 70 歳を越えているように思える)
《主節構造の挿入》

▶ あとに **that 節を従える主節構造は**，**挿入表現として**，**文中・文尾に置く**ことができる。本問の前提となる文は以下のとおり。
It seems (*that*) his father is over seventy.

PLUS あとに that 節を従える主節構造は，他にも **I think[suppose ／ believe** など**]**も，挿入表現として文中·文尾に置くことができる。
To be able to express oneself only in words is, *I think*, the sign of poor imagination.
(言葉でしか自己表現できないのは想像力の貧困さの現れだ，と私は思う)

Extra

E-181 ④ do people laugh → people laugh 標準

Examining the language can help to explain why **people laugh**.
(言葉を調べることは，人々がなぜ笑うのかを説明するのに役に立つ可能性がある)

《間接疑問の語順》

▶ why から始まる節は名詞節で explain の目的語を形成している間接疑問。**間接疑問の節内では，平叙文と同じ語順となる**のであった。問題 1012 参照。

E-182 ④ they → there 標準

There have been several complaints about the design of the building, haven't **there**?
(その建物の設計について，いくつか不満の声が上がっていますね)

《there is A 構文の付加疑問》

▶ 肯定の there is A 構文の場合，付加疑問は「**..., 否定の短縮形＋ there?**」になるのであった。問題 1014 参照。

E-183 ④ Mary is → will Mary 基本

A: Will you go shopping this afternoon?
B: No, and neither **will Mary**.
(A：今日の午後，買い物に行きますか。 B：いいえ，私は行きませんし，メアリーも行きません)

《neither will Mary》

▶ 問題 1029 でテーマ化した「**neither ＋助動詞[be 動詞／完了形の have]＋ S**」「S もまた…しない」が本問のポイント。

▶ **go shopping**「買い物に行く」は押さえておくべき表現。

E-184 ④ How do you think about → What do you think about 標準

We were discussing politics when all of a sudden John said, "**What do you think about** the situation in the United States?"
(私たちが政治を論じていたとき，「アメリカの状況について，君たちはどう思う？」とジョンが突然言い出した)

《What do you think about A?「A をどう思いますか」》

▶ 問題 1001 でテーマ化した **What do you think about[of] A?**「A をどう思いますか」が本問のポイント。

E-185 標準

How far do you think we can go in a day?
(一日でどれくらい遠くまで行けると思いますか)

《How far do you think S ＋ V ...?》

▶ do you think を用いる間接疑問の形なので，「距離」を問う **how far**(問題 1006《整理 102》参照)が文頭にくる形を想定し，**How far do you think S ＋ V ...?** を完成させる。問題 1013 参照

▶ **in a day**「一日で」は問題 909 参照。

E-186 標準

Little did I think he would win the first prize.（of 不要）
（私は彼が一等賞をとるとは思ってもみなかった）
《Little did I think ...「…とは思ってもみなかった」》

▶ 問題 1031《拡充 18》で述べたように，little[never] が文頭にきた場合，強制倒置が生じるのであった。

▶ 文頭に Little を置き，**Little did I think S＋V ...** を完成させる。なお，本問の **little** は，never と同意で「**決して…ない**」の意味を表すことに注意。この意味の little は，**think**，**believe**，**expect**，**guess**，**imagine**，**dream** などとともに用いる。

E-187 標準

Not **until later did it occur** to me that something was wrong.
（あとになって初めて，私は何かがおかしいことに気づいた）
《Not until ... が文頭にきた場合》

▶ **Not until ...** という否定の副詞表現が文頭にきた場合，主語と動詞は強制倒置が生じるのであった。問題 1030 参照。

▶ まず，Not until later とまとめ，次に **it occurred to me that 節**「…ということが私に思い浮かんだ」（問題 380 参照）を倒置形にすればよい。

第5章

E-188 標準

Before I went to the U.S., I had **no idea what it would be like to live** in a foreign country.
（私はアメリカに行く前，外国に住むとはどんなことなのかわからなかった）
《I had no idea what S＋V ... ―― 間接疑問の語順》

▶ 問題 604 で触れた **have no idea wh-節**から，I had no idea what ... の基本構造を想定し，what 節内を，**What would it be like to do?**「…するのはどういうことだろうか」（問題 1011 参照）の間接疑問の語順 what it would be like to do にして作ればよい。問題 1012 参照。

E-189 発展

Ask somebody **who knows Kate what she is like.**
（ケイトを知っている人に，彼女がどんな人間か聞いてみなさい）
《What is S like? の間接疑問》

▶ Ask A wh-節「A に…かと尋ねなさい」の基本構造を想定し，A を somebody who knows Kate「ケイトを知っている人」とまとめ，wh-節を **What is S like?**「S はどのような人なのか」の間接疑問の語順 what S is like にして完成させる。問題 1011，1012 参照。

E-190 発展

Look at the sign. It says, "At no **time must this door be left unlocked**." I wonder what's inside.

(あの標示を見てごらん。「決してこのドアの鍵を開けたままにしておいてはいけません」と書いてあるよ。中には何があるのだろう)

《At no time ＋倒置形》

▶ **否定の副詞表現が文頭にくると，強制倒置が生じる**のであった。問題 1030，1031 参照。

▶ まず，At no time を文頭に置き，問題 1031 でも述べた，this door must be left unlocked を倒置形にする。

[19] 否定・省略・強調

1033 ④ 基本

John didn't go to the party, and Mary didn't either. That is, **neither of them went to the party**.

(ジョンはパーティーに行かなかったし，メアリーも行かなかった。つまり，彼らのどちらもパーティーに行かなかったのである)

《二者の場合の全体否定》

▶ **neither** は，2つの物(人)を前提にして「どちらも…ない」の意味を表す。問題 742 参照。

▶ **that is (to say)**「つまり／言いかえれば」は基本イディオムとして押さえる。

! ① either of them didn't go to the party は不可。問題 757 で **any のあとに否定語を置くことはできない**と述べたが，**either もあとに否定語を置くことができない**ことに注意。**not ... either**「どちらも…ない」(＝ **neither**)の形は可。問題 743 参照。

1034 ② 標準

The Tigers lost the first game of the doubleheader, but didn't lose **both** the games.

(タイガースはダブルヘッダーの第1試合を落としたが，両試合とも負けたわけではない)

《not ... both の部分否定》

▶ 接続詞に but を使っていることから **not (...) both**「どちらも…というわけではない」という部分否定を用いて「両試合とも負けたわけではない」の意味を形成する。部分否定と全体否定については，以下を参照。

整理 103　部分否定と全体否定

代名詞（形容詞）との間で形成するものは，以下のように整理しておく。

	部分否定	全体否定
2人（2つ）	**not ... both**	**neither ...** **not ... either**
	どちらも…というわけではない	どちらも…でない
3人（3つ）以上	**not ... all** **not ... every**	**none ...** **no＋名詞** **not ... any**
	すべてが…というわけではない	どれも…でない

1035　②　基本

You cannot **necessarily** see the star with the naked eye.
（肉眼では必ずしもその星が見えるわけではない）
《not necessarily「必ずしも…というわけではない」》

▶ **副詞を用いた部分否定**表現として，**not necessarily**「必ずしも…というわけではない」，**not always**「いつも［必ずしも］…とは限らない」，**not completely**「まったく…というわけではない」などがあるが，「常に／まったく／完全に／正確に」という意味の副詞が否定文中で用いられると，一般に部分否定を表すと考えておけばよい。

❗ ③ hardly，④ scarcely は「ほとんど…ない」という否定的意味の副詞で，両方とも not と合わない。問題 509 参照。

1036　③　基本

I am not in the **least** anxious about it.
（それについて私は，まったく心配していない）
《not (...) in the least「まったく…ない」》

▶ **not (...) in the least** で「まったく…ない」という強い否定の意味を表す。**not (...) at all** の同意表現と考えてよい。

1037　②　基本

These chairs are **by no means satisfactory**. They are just not good enough.
（これらのいすは決して満足できるものではない。それで十分とはとてもいえない）
《by no means「決して…ない」》

▶ **by no means** で「決して…ない」という強い否定の意味を表す成句表現。

整理 104　強い否定を表す副詞句

以下の副詞句は，いずれも「決して…ない」という強い否定を表す表現。
by no means ／ in no way ／ in no sense ／ on no account ／ under no circumstances

＊上記表現が文頭にくると強制倒置が生じることも確認しておこう。問題 1030，1031 参照。

1038 ② 標準

On **no** account should you leave the door unlocked while driving.
(運転している間，必ずドアをロックしておかなければならない)

《倒置形を伴う否定の副詞表現はどれか》

▶ 問題 1037 の《整理 104》で述べた **on no account**「決して…ない」が本問のポイント。

▶ On (　　) account のあとが倒置形になっていることに注目。空所を埋めた副詞句は否定的な意味になるはず。選択肢の中で否定的意味を表すのは② no のみ。

1039 ③ 標準

There can be no doubt **whatever** about it.
(それについては何の疑問もありえない)

《no ＋名詞＋ whatever》

▶ **「no ＋名詞」のあとに whatever** または **whatsoever** を置いて**「まったく…ない」という強い否定の意味を表す**用法がある。

PLUS 疑問文での「**any ＋名詞**」のあとに **whatever** または **whatsoever** を置くことによってその意味を強調する以下の用例もここで押さえておこう。
Is there *any chance whatever* of his recovery?
(彼の回復する可能性は少しでもあるのでしょうか)

1040 ③ 基本

He never climbs a mountain **without** bringing home a little rock.
(彼は山に登ると必ず，小さな石を家に持って帰る)

《never [cannot] ... without doing》

▶ **never[cannot] ... without doing** で「〜しないで…しない／…すると必ず〜する」という二重否定の意味を表す。

1041 ④ 標準

It never rains **but** it pours.
(降ればいつもどしゃ降り。《二度あることは三度ある》—ことわざ)

《never ... but S ＋ V 〜「…すれば必ず〜する」》

▶ この **but** は主節が否定文の時に用いられ，それ自体が「〜しないで」という否定の意味を表す接続詞。したがって，**never [not] ... but S ＋ V 〜**で「〜しないで…しない／…すれば必ず〜する」という二重否定の意味を表す。

▶ 本問の but は入試ではまだ出題されているが，古い表現なので日常的に使うのは避けた方がよい。本英文はことわざ。

1042　④　標準

You are the **last** person I would have expected to see here.
（君にここで会うなんて考えてもいなかった）
《the last A ＋関係代名詞節「最も…しそうもない A」》

▶「**the last A ＋関係代名詞節**」で「最も…しそうもない A ／決して…しない A」という**強い否定**の意味を表す。

PLUS **the last A to do** の形もあるので注意。一緒に押さえておこう。
He is *the last* person *to tell* a lie.
（彼は決してうそをつくような人ではない）

1043　①　標準

Despite the careful treatment, life in the hospital was **anything but** comfortable.
（ていねいな待遇にもかかわらず，入院生活は決して快適なものではなかった）
《anything but A「決して A でない」》

▶ **anything but A** は「決して A ではない」の意味。通例 A には名詞または形容詞がくる。**nothing but A ＝ only A**「A だけ／ A にすぎない」，**all but A ＝ almost A**「ほとんど A」もここで押さえておこう。

！ ④の more than comfortable にすると「快適以上の状態／極めて快適な状態」の意味になるので不可。**more than A** は，問題 577 参照。

1044　③　基本

Everybody expected the musical to be a great hit, but it was **far** from being a success.
（だれもがそのミュージカルは大当たりすると思っていたが，成功にはほど遠かった）
《far from A「決して A ではない」》

▶ **far from A** は「決して A ではない」の意味。通例 A には，動名詞・名詞・形容詞がくる。

1045　②　標準

Most of the job is complete, but a few things **remain to be** done.
（その仕事の大半はできあがっているが，まだなされていないことが少しある）
《remain to be done「まだ…されていない」》

▶ **remain to be done** は「まだ…されていない／これから…されなければならない」という否定的な意味を表す表現。

PLUS 同様に，否定語を用いない動詞表現で否定的な意味を表すものとして，**be yet to do ／ have yet to do**「まだ…していない」を押さえておこう。
He *is*[*has*] *yet to know* what happened to her.
（彼は彼女の身に何があったのかまだ知らない）

PLUS したがって remain to be done ＝ be[have] yet to be done「まだ…されていない」と考えてよい。remain to be done の同意表現として **be[have] yet to be done** もここで押さえておこう。

1046 ④ 発展

It is yet **to be seen** whether this plan will succeed.
(この計画が成功するかどうかまだわからない)
《be yet to be done「まだ…されていない」》

▶ 問題 1045 で述べた **remain to be done** の同意表現 **be [have] yet to be done**「まだ…されていない／これから…されなければならない」が本問のポイント。

▶ **It is yet to be seen whether 節／ It remains to be seen whether 節**「…かどうかまだわからない」の形は定式化された表現として押さえる。整序英作文で頻出。

▶ 以上，問題 1042 ～ 1046 は not，never などの否定語を伴わない否定表現に関する問題。

1047 ③ 基本

I don't like cats and my brother doesn't, **either**.
(私はネコが嫌いだし私の兄もそうだ)
《否定文，either「…もまた…ない」》

▶ **肯定文**で「…もまた (…である)」の意味を表す場合は文尾に「**..., too.**」を置くが，**否定文**で「…もまた (…でない)」の意味を表す場合は文尾に「**..., either.**」を置く。

▶ and 以降は (and) neither [nor] does my brother と表現しても同意であることを確認しておこう。問題 1029 参照。

▶ 以上，問題 1033 ～ 1047 は「否定」に関する問題。問題 1048 から「省略」に関する問題へ移行する。

1048 ① 標準

Some books, if **read** carelessly, will do more harm than good.
(不注意な読み方をすれば，益になるよりも害になる本もある)
《副詞節での「S ＋ be 動詞」の省略》

▶ **副詞節中では「S ＋ be 動詞」がワンセットで省略されることがある**。特に副詞節中の主語が文の主語と一致している場合が多い。本問は，if *they are* read carelessly の they (＝ some books) are が省略された形。

▶ **do (A) more harm than good**「(A の) ためになるよりもむしろ害になる」は頻出表現。問題 256 参照。

1049 ③ 標準

He is not a talkative man; he does not speak **unless** spoken to.
(彼はおしゃべりな人間じゃない。話しかけられない限り，自分からは話さない)
《unless spoken to「話しかけられない限り」》

▶ 考え方は問題 1048 と同じ。本問は unless *he is* spoken to の he is が省略された形。

▶ **unless spoken to**「話しかけられない限り」はよく用いられる表現なので，そのまま覚えておこう。

1050　②　発展

If **not** kept to oneself, a secret will cease to be one.
(だれにも言わないようにしなければ，秘密は秘密でなくなる)

《if not kept to oneself》

- ▶ 考え方は問題 1048 と同じだが，**副詞節が否定文なら**，「S ＋ be 動詞」は省略され **not だけが残る**点に注意。If *it is* not kept to oneself が省略を補った形。
- ▶ **「S」のみ「be 動詞」のみの省略は不可**であることも再確認しておこう。
- ▶ **keep A to oneself** は「A を秘密にしておく／A を独り占めにする」の意味を表す重要表現。問題 791 参照。

1051　④　標準

In 1939, **as in 1914**, everybody wanted war.
(1914 年の時と同様に，1939 年には，だれもが戦争を望んだ)

《様態の as 節中の省略》

- ▶ **様態の as**(問題 883 参照)は，「S ＋ be 動詞」という一般的な副詞節中の省略(問題 1048 参照)だけでなく，主節との共通表現を全面的に省略して，**前置詞句などだけが残る場合がある**。本問では as のあとに everybody wanted war が省略されていると考えればよい。

1052　③　標準

My father is as fond of books as my uncle is **of** paintings.
(私のおじが絵を好きなのと同じくらい，私の父は本が好きだ)

《比較対象 as 以下，than 以下の表現》

- ▶ **比較表現において，その比較対象となる as 以下，than 以下の表現中では，比較の中心概念となる語**(本問では fond)**は，絶対にくり返して表記してはならない。** ここでは，「表記してはならない」fond からつながる of が入る。

1053　①　標準

No doubt they will win the game in the end.
(きっと彼らはその試合に最終的には勝利をおさめるだろう)

《文頭の No doubt》

- ▶ **no doubt** は「確かに／おそらく」の意味をもつ成句的表現だが，本問のように文頭にきていても次が倒置形になっていない点に気づいただろうか。問題 1030，1031 参照。文頭の **no doubt** は (There is) no doubt (that) S ＋ V... の省略形と考えれば，倒置形がこない理由もはっきりするだろう。
- ▶ なお，完全に副詞句となって，以下のように文中で使うこともあるので注意。
  Tom is *no doubt* kind to you, but he isn't kind to everybody.
  (確かにトムは君には親切だが，だれにでも親切というわけではない)

1054　①　標準

Science is based on very careful observations; **wherever** possible, these observations

第5章

must be measured.
(科学は非常に入念な観察に基づいている。だから可能な限り，こういった観察は数量化されなければならない)
《wherever possible「可能な限り」── 副詞節中の it is の省略》

▶ 文意から① wherever を選ぶ。ここではその節内に it is が省略されていることを確認したい。この it は次の主節内容を受けたもの。このように**副詞節中では文意の誤解がありえない場合に，慣用的に it is が省略される場合がある**。

▶ 本問の **wherever** は「(…する) 場合はいつでも」という意味を表す複合関係副詞。**wherever possible**「可能な限り」は慣用的な表現としてこのまま覚えてしまおう。

▶ **if possible**「可能ならば」，**if necessary**「必要ならば」もこの用例と考えてよい。一緒に押さえておこう。

1055 ② 標準

Would you read my letter and correct the mistakes, if **any**?
(私の手紙を読んで，もしあれば間違いを訂正してくれませんか)
《if any「もしあれば」》

▶ **if any** は「㋐もしあれば，㋑たとえあるにしても」の 2 つの意味で使われる。本問は㋐の用法。省略表現を補うと，if (there are) any (mistakes) である。

1056 ④ 標準

It is possible, if **not** probable, that there will be a war between the two countries.
(両国間に戦争が起こる可能性は高いとは言えないまでも，可能性はある)
《B, if not A「A ではないにしても B」》

▶ **B (,) if not A = if not A (,) B** は「**A ではないにしても B**」の意味を表す。A には通例，形容詞・副詞・名詞がきて，A と B は文法的に対等なものとなる。本問の場合は，A と B が形容詞 (A = probable，B = possible) となったもの。読解上も重要な表現なので正確に押さえておこう。

▶ この形の **if** は「条件」ではなく「**譲歩**」(問題 858 参照) の用法。if not probable は if (it is) not probable (that...) と考えればよい。

1057 ② 標準

There is little, **if** any, hope of her recovery.
(彼女が回復する望みは，たとえあるにしても，ほとんどない)
《if any「たとえあるにしても」》

▶ 問題 1055 で述べた **if any** の「㋑たとえあるにしても」の意味。通例この用法は，**few** や **little** などの名詞を否定する語とともに用いる。

▶ この形の **if** も「**譲歩**」(問題 858 参照) の用法。if any は if (there is) any (hope of her recovery) と考えればよい。

1058 ④ 標準

He has seldom, if **ever**, spoken in public.

（彼は人前で話すことは，たとえあったとしても，めったになかった）
《if ever「たとえあるにしても」》

▶ **if ever** は，通例 **seldom ／ rarely**（問題 509《整理 63》参照）などの動詞を否定する語とともに用いて，「たとえあるにしても」の意味を形成する。

▶ この形の **if** も「**譲歩**」（問題 858）の用法。if ever は if (he has) ever (spoken in public) と考えればよい。

! ① any は不可。if any は few や little などの名詞を否定する語とともに用いるからである。問題 1057 参照。if any と if ever は，どちらも日本語にすると「たとえあるにしても」という意味になり紛らわしいので，**few や little のあとでは if any**，**seldom や rarely のあとでは if ever** と正確に押さえておくこと。

1059　②　標準

Is anybody feeling cold? If **not**, let's turn the central heating off.
（寒い人はいませんか。いないなら，暖房を止めましょう）
《前文内容を受ける if not「そうでないなら」》

▶ **if not** は前文の内容を受けて，「**そうでないなら**」の意味を表す。

PLUS 反意表現の **if so**「そうだとすれば」や **even so**「たとえそうだとしても」も前文の内容を受ける慣用表現。一緒に押さえておこう。

1060　③　標準

He seems a very nice person. Even **so**, I don't really trust him.
（彼はとてもいい人のように見える。たとえそうだとしても，本当は，彼のことをあまり信用していない）
《even so「たとえそうだとしても」》

▶ 問題 1059 で触れた **even so**「たとえそうだとしても」が本問のポイント。

1061　④　標準

His condition was, if **anything**, worse than in the morning.
（彼の状態は，どちらかといえば，午前中より悪かった）
《if anything「どちらかといえば」》

▶ **if anything** は「どちらかといえば」の意味を表すもので，本問のように比較級表現とともに用いることが多い。慣用的な省略表現として押さえる。

▶ **if anything** は，問題 1057 の **if any**「たとえあるにしても」と同じ使い方もあるので注意。

1062　②　標準

What if she should find this out?
（彼女がこのことを知ったらどうなるだろう）
《What if ... ?「…したらどうなるだろう」》

▶ **What if ... ?** は，「㋐…したらどうなるだろう／…したらどうだろう，㋑…したってかまうものか」の意味をもつ表現。本問は ㋐ の用法。㋐ の意味の場合は What

第5章

(will[would] happen) if...? の省略，㋑の場合は What (does it matter) if...? の省略と考えればよい。㋑の用例は以下を参照。

My parents won't object, and anyway, *what if* they do?

(両親は反対はしないだろうが，ともかく反対したってかまうものか)

▶ 以上，問題 1048 ～ 1062 まで「省略」に関する問題。問題 1063 から「強調」に関する問題へ移行する。

1063 ① 標準

Why on **earth** did you sell your newly-built house?

(いったいどうして建てたばかりの家を売ったんだい)

《疑問詞の強調 —— on earth》

▶ 疑問詞の直後に，**on earth ／ in the world ／ the hell ／ the devil ／ ever** などの語句をつけて，**疑問詞を強調**する用法がある。正確に覚えておこう。

1064 ② 基本

It was this hospital **which I visited last month.**

(私が先月訪れたのはこの病院だった)

《It is ... that [which ／ who] ～の強調構文》

▶ **It is ... that [which ／ who] ～**「～は…だ」の形で，**強調したい語句を It is と that [which ／ who] ではさんだものを強調構文という。**

▶ 強調構文で**強調できるのは名詞表現と副詞表現**。形容詞表現と動詞表現は不可。

▶ 名詞表現で**「人」を強調する場合は that の代わりに who や whom** を，**「人以外」を強調する場合は which** を用いることもある。

▶ 時制が過去の場合，通例 **It was** になることに注意。本問は，強調構文の前提となる文である I visited this hospital last month. の visited の目的語である this hospital を強調するために which の前に置いた形。

! ① that I first met her，③ that I was born が不可なのは this hospital を that 以下に入れて考えればわかる。ともに I first met her this hospital ／ I was born this hospital となり，文が成立しない。

▶ 前提となる文の副詞句 last month を強調することもできるが，**副詞表現を強調する場合は that しか用いない**ことに注意。

It was last month *that* [× which] I visited this hospital.

(私がこの病院を訪れたのは先月だった)

1065 ③ 標準

What is it **that** you really want to say?

(あなたが本当に言いたいことはいったい何ですか)

《疑問詞の強調 —— 疑問詞＋ is it that (＋ S)＋ V ... ?》

▶ 強調構文で**疑問詞を強調**する場合は，「**疑問詞＋ is it that (＋ S)＋ V ... ?**」の形にする。疑問詞のあとは is it の疑問文の語順になること，また that 以下は平叙文の語順になることを押さえておこう。これも整序問題で頻出。

整理 105　注意すべき強調構文

(1) **疑問詞＋ is it that (＋ S)＋ V …?**（疑問詞を強調した強調構文）

What was it that he was doing then?

（彼がそのときやっていたのはいったい何だったのだろうか）

＊間接疑問にすると以下のように「**疑問詞＋ it is that (＋ S)＋ V …**」の語順になる。

I want to know *what it was that* he was doing then.

（彼がそのときやっていたのはいったい何だったのか，私は知りたい）

(2) **It is not until … that ～「…して初めて～する」**（問題 873 参照）

It was not until Tom came to Japan *that* he learned it.

（トムは日本に来て初めて，それを知った）

1066　④　基本

It wasn't Mary that he went to the museum with. He **went with Sue**.

（彼が一緒に美術館に行ったのはメアリーとではなかった。彼はスーと一緒に行ったのだ）

《It is not … that ～の強調構文》

▶ **It is not … that ～**は，否定を含む強調構文の形で「～なのは…でない」の意味を表す。本問は，その形を読み取って，文意から④ went with Sue を選ぶ。

▶ 以上，問題 1063 ～ 1066 は「強調」に関する問題。問題 1063 を除けば，すべて It is … that ～の強調構文に関する問題だが，強調構文は，客観 4 択問題だけでなく，正誤問題や整序英作文でも最頻出のもの。また，読解上もきわめて重要な構造なので，正確に押さえておこう。

第5章

拡充 19　It is not A but B that …

(1) 強調される部分が **not A but B**「A ではなくて B」になることがある。

It was *not* Mary *but* Sue that he went to the museum with.

(2) **but B** の部分が後置されることがあるので注意。

It was *not* Mary that he went to the museum with, *but* Sue.

Extra

E-191　④ too → either　標準

If you really don't want to go on that tour to the Galapagos Islands, I won't go, **either**.

（君がガラパゴス諸島への旅行に本当に行きたくなければ，私も行かない）

《否定文，either「…もまた～ない」》

▶ **否定文**で「…もまた（～でない）」の意味を表す場合は文尾に「..., too.」ではなく「**..., either.**」を置くのであった。問題 1047 参照。

E-192　③ when viewing → when viewed　標準

A suggestion of Sesame Street's teaching potential, **when viewed** with high regularity in controlled circumstances, is provided by a study carried out in Mexico.

（管理された環境のもとで，非常に規則正しく視聴された場合，セサミ・ストリートは教

育面における可能性を秘めているという示唆が，メキシコで行われた研究によってなされている）

《when viewed「視聴されるとき」—— 副詞節での「S＋be 動詞」の省略》

▶ 問題 1048 でテーマ化した副詞節での「**S＋be 動詞**」の省略が本問のポイント。③ when viewing は when it (＝Sesame Street) is viewing と考えられるが，it と view「…を視聴する」は受動関係が成立するので，when viewed と訂正すればよい。

▶ 主節の主語は a suggestion of Sesame Street's teaching potential だが，when 節の主語が明らかに Sesame Street なので，節内の it is が省略されている。問題 1054 参照。

E-193 ① He → It 標準

It was only by a supreme effort of will and courage that he was able to pull himself together.

（彼は意志と勇気を最大限持とうと努力することによって初めて，冷静になることができた）

《It was only by A … that 〜の強調構文》

▶ ① He を It に直して，**It was only by A … that 〜**「A によって初めて〜した」の強調構文の形を作る。本問は only by A の副詞表現を強調するために It was と that ではさんだ形。問題 1064 参照。

▶ **pull oneself together** は「冷静さを取り戻す／気を取り直す」の意味。

E-194 ③ the north of England → in the north of England 標準

For centuries London had been growing as a commercial port of world importance. But it was **in the north of England** that industrial power brought new prosperity to the country.

（何世紀もの間，ロンドンは世界の重要な商業港として発展してきた。しかし，産業力が英国に新しい繁栄をもたらしたのは，イングランドの北部においてであった）

《It was in the north of England that 〜》

▶ 本英文の前提となる文が，(But) industrial power brought new prosperity to the country in the north of England. であることを見抜く。本英文は **It is … that 〜**の強調構文で，副詞句の **in the north of England** を強調する形としなければならない。問題 1064 参照。

E-195 標準

You **never read a good book without being the better** for it.

（良書を読めば，かならずそれだけ賢くなる）

《never … without doing「…すると必ず〜する」》

▶ 問題 1040 でテーマ化した二重否定の **never … without doing**「…すると必ず〜する」を用いるのが本問のねらい。

▶ without 以下は「**the＋比較級＋ for ＋名詞**」「…のためにそれだけ〜」（問題 588

参照）の形でまとめればよい。

E-196 標準

It is only **their protective equipment that keeps football players from being killed.**
（フットボール選手を死から守るのは彼らの防具のみである）
《It is ... that ～の強調構文》

▶ 問題 1064 でテーマ化した **It is ... that ～の強調構文**を用いるのが本問のねらい。まず，強調構文の前提となる文を考える。選択肢に keep と from があることから動詞は **keep A from doing**「A が…するのを妨げる」（問題 301《整理 43》参照）だと見抜き，only their protective equipment keeps football players from being killed という文を想定する。次に，与えられた日本語から強調すべき語句は only their protective equipment だから，それを It is のあとに置き，that のあとは，そのまま動詞表現を続ければよい。

E-197 標準

It was due to her great efforts that Ann was able to overcome the difficulties.
（アンがその難局を克服できたのは，大変な努力をしたおかげだった）
《It was ＋副詞表現＋ that ～》

▶ 与えられた日本語から，Ann was able to overcome the difficulties と due to her great efforts の 2 つをまとめる。残りの選択肢が it was と that になるので，「**It was ＋副詞表現＋ that ～**」の強調構文（問題 1064 参照）だと想定し，まとめた副詞表現を It was と that の間にはさむ。

▶ **due to A**「A の理由で」は問題 962 参照。

E-198 標準

What **is it that you dislike about computerized** education?（reason 不要）
（コンピュータ化された教育が嫌いな理由は何ですか）
《疑問詞の強調 ―― 疑問詞＋ is it that ＋ S ＋ V ... ?》

▶ 問題 1065 でテーマ化した疑問詞を強調する強調構文，「**疑問詞＋ is it that ＋ S ＋ V ... ?**」を用いるのが本問のポイント。that のあとは you dislike about computerized education と作るので，reason は使う余地はない。なお前提となる英文は What do you dislike about computerized education ? である。

E-199 基本

She **has no ear whatever for** modern Jazz.
（彼女はモダン・ジャズがさっぱりわからない）
《no ＋名詞＋ whatever》

▶ 問題 1039 でテーマ化した「**no ＋名詞＋ whatever**」「まったく…ない」を用いて has の目的語を作れるかが本問の狙い。

▶ **have no ear for A**「A（音楽など）がわからない」は押さえておくべき成句表現。

第5章

have an ear for A「A(音楽など)がわかる」と一緒に押さえておこう。なお，このearは「**音を聞き分ける力**」の意味。

E-200 基本

What if we run out of water before we cross the desert?
(砂漠を横断する前に水がなくなったら，どうなるだろう)
《What if…?「…したらどうなるだろう」》

▶ 問題1062でテーマ化した**What if…?**「…したらどうなるだろう」を用いるのが本問のポイント。

▶ **run out of A**「Aを使い果たす[切らす]」は押さえておくべき成句表現。

E-201 標準

The last thing they wanted was for the newspapers to find out that they were soon to be married. They had not even told their friends or relatives about it.
(彼らが最も望んでいなかったのは，彼らがもうじき結婚するということを新聞社がかぎつけることであった。彼らは結婚について，友人や親戚にさえ知らせていなかったのだ)
《the last A＋関係代名詞節「最も…しそうもないA」》

▶ 問題1042でテーマ化した「**the last A＋関係代名詞節**」「最も…しそうもないA／決して…しないA」を用いるのが，本問のポイント。

▶ まず，主語をThe last thing they wantedと作ってbe動詞のwasでつなぎ，次に，補語となるto find out that…の不定詞句の意味上の主語をfor the newspapersとまとめ，wasのあとに置けばよい。

さくいん

このさくいんでは，項目が掲載されている場所を，問題番号で示しています。Extra 問題や「整理」に掲載されている項目に関しては，「E-137 (p.254)，整理 55 (p.143)」のように，Extra 問題の番号や，整理の番号とともに（　）にページ数を示しています。

■ G ■

■ H ■

■ J ■

■ K ■

■ L ■

■ M ■

■ P ■

■ Q ■

■ T ■

■ U ■

■ V ■

■ W ■

編　著　者

瓜生　豊（うりゅう　ゆたか）

1956年生まれ。同志社大学文学部英文科卒業。現在，河合塾講師。
著書に「全解説頻出英文法・語法問題1000」，「全解説頻出英熟語問題1000」，「全解説入試頻出英語標準問題1100」，「全解説頻出英語整序問題850」，「全解説実力判定英文法ファイナル問題集〈標準編／難関大学編〉」（桐原書店），「英単語2001」（共著）（河合出版）がある。

篠田重晃（しのだ　しげあき）

1955年生まれ。東京大学文学部語学・文学類卒業。河合塾など予備校講師を経て著述業に専念。2013年1月逝去。
著書に「全解説頻出英文法・語法問題1000」，「全解説頻出英熟語問題1000」，「全解説入試頻出英語標準問題1100」，「全解説頻出英語整序問題850」，「全解説実力判定英文法ファイナル問題集〈標準編／難関大学編〉」（桐原書店），「英文読解の透視図」（共著）（研究社出版），「英単語2001」（共著）（河合出版）がある。

●英文校閲　Suzanne Schmitt Hayasaki / Karl Matsumoto

営業所のご案内

札幌 / 仙台 / 東京 / 東海 …………………… (03) 5302-7010

大阪 / 広島 / 福岡 …………………………… (06) 6368-8025

営業時間 9:00～17:00（土日祝を除く）

大学受験スーパーゼミ
全解説　頻出英文法・語法問題1000　増補改訂版

1993年7月25日　初　版　第1刷発行
1998年4月1日　初　版　第19刷発行
1998年7月1日　新装版　第1刷発行
2005年4月20日　新装版　第27刷発行
2005年10月10日　第2版　第1刷発行
2023年4月10日　第2版　第46刷発行
2024年1月10日　第2版新版　第1刷発行

編著者　瓜生 豊 ／ 篠田 重晃
発行者　門間 正哉
印刷・製本　図書印刷株式会社

発行所　株式会社 桐原書店
〒114-0001 東京都北区東十条3-10-36
TEL　03-5302-7010（販売）
www.kirihara.co.jp

▶装丁／大江 雅人　本文レイアウト／桐原書店制作室

ISBN978-4-342-72671-2
Printed in Japan